Achim Landwehr

Geburt der Gegenwart

Eine Geschichte der Zeit im 17. Jahrhundert

S. FISCHER

Erschienen bei S. FISCHER

© S. Fischer Verlag GmbH,
Frankfurt am Main 2014

Satz: Fotosatz Amann, Memmingen
Druck und Bindung: CPI books GmbH, Leck
Printed in Germany
ISBN 978-3-10-044818-7

Inhalt

Kalenderzeit 7
Kalenderblatt 1717 – Geburt der Gegenwart – Ein Massenmedium – Alte Zeiten, neue Zeiten – Was ist Zeit? – Kulturzeit – Zeitschaft

Ein Ende von Anfang an 41
Kalenderblatt 1630 – Das alltägliche Ende – Finale Kalkulationen – Zeit und Ewigkeit – Tausend Jahre – Endloser Weltuntergang – Das Ende als Realität – Quirinus Kuhlmann – Der Niedergang – Irdischer Verfall – Humane Dekadenz

Verehrung der Vergangenheit 91
Kalenderblatt 1649 – Gestern war besser – Der Angriff der Vergangenheit auf die übrige Zeit – Zeugen der Vergangenheit – Das schwierige Alter – Gutes altes Recht – Neue Vergangenheiten – Genealogische Verschiebungen – Theorie der Erde – Biblische Historie – Antiquarianismus

Im Hier und Jetzt 147
Kalenderblatt 1681 – Die Zeit der Zeitung – Zeitungsstreit – Welche Gegenwart? – Der Streit zwischen den Alten und den Gegenwärtigen – Fiktiver Realismus – Warum das 17. Jahrhundert?

Ordnung und Turbulenz 205
Kalenderblatt 1670 – Alamode – Zeit und Mode – Kleiderordnungen – Der Charme der Wiederholung – Katechismen – Vielzeitigkeit

Zeit und Macht 255
Kalenderblatt 1673 – Zeitenwechsel – Uhren- und Kalenderzeit – Der Siegeszug der Uhr – Naturalisierung der Zeit – Zeitstrafen

Anfang ohne Ende 297
Kalenderblatt 1655 – Astrologie – Das Ende vom Ende – Das Ende des Schreckens – Die Geburt der Zukunft aus dem Geist der Apokalypse – Projektemacherei – Wahrscheinlichkeiten und Häufungen – Versicherungen in der Verunsicherung

Anhang
Nachwort 355
Anmerkungen 356
Quellen und Literatur 381
Abbildungsnachweis 437
Sachregister 438
Personenregister...................................... 442

Kalenderzeit

Zeit zeigt sich nicht, sie macht sich bemerkbar.

Hans Blumenberg[1]

Kalenderblatt 1717

Keine Eintragung für den 1. Januar. »Anfang deß Jenners« ist dort vorgedruckt zu lesen, dazu die Worte »Neue Jahr« und »GOTT geb Glück«, aber es gibt keine handschriftlichen Notizen. Zu Beginn des Jahres ist das vielleicht nicht allzu verwunderlich. Für den 2. Januar weiß der Kalendertext zu vermelden, dass es »windig und gewölckig« wird, aber handschriftliche Notizen finden sich nicht. Der 3. Januar ist der Gedenktag für die heilige Genoveva von Paris – von dem Kalendernutzer wurde immer noch nichts eingetragen. Die Symbole verraten, dass der 5. Januar ein Tag ist, an dem der Aderlass nicht schädlich, aber auch nicht besonders wirksam ist, während es sich um einen guten Tag zum Schröpfen handelt. Für den 12. Januar verzeichnet der Kalender einen Neumond, Notizen finden sich immer noch nicht. Man muss bis zum 15. Januar springen, um eine erste kryptische, handschriftliche Anmerkung zu finden: »P. Ph.«

Kann es ein, dass der Besitzer dieses Kalenders nicht recht wusste, wie er mit dem weitgehend weißen Papier umgehen sollte? Im Grunde lässt sich ein Kalender ohne größere geistige Anstrengung mit Terminen, Einkaufszetteln, kurzen Beobachtungen und Adressen füllen. Dem Grafen Johann Maximilian IV. Emanuel von Preysing-Hohenaschau – geboren 1687, gestorben 1764, eine politisch einflussreiche Figur am Hof der Münchner Kurfürsten in der ersten Hälfte des 18. Jahrhunderts[2] – fiel es zunächst aber offensichtlich schwer, seinen Kalender tatsächlich zu benutzen. Einige Namenskürzel pro Woche ohne weitere Erläuterungen, mehr ist im ältesten der von ihm überlieferten Kalender aus dem Jahr 1717 kaum zu finden. Erst ab dem Juni des Jahres 1717 werden die Einträge häufiger, denn Preysing nahm teil an einem Feldzug nach Ungarn gegen das Osmanische Reich im Gefolge des bayerischen Kurprinzen Karl Albrecht.[3]

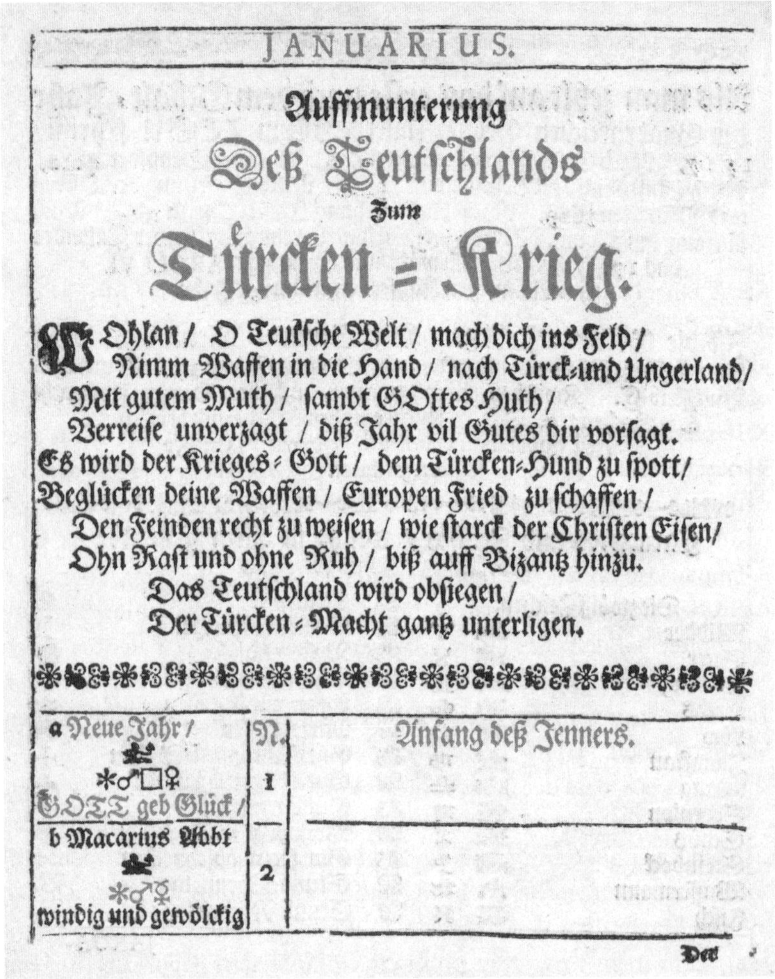

JANUARIUS.

Auffmunterung
Deß Teutschlands
Zum
Türcken = Krieg.

Wohlan / O Teutsche Welt / mach dich ins Feld /
Nimm Waffen in die Hand / nach Türck=und Ungerland /
Mit gutem Muth / sambt GOttes Huth /
Verreise unverzagt / diß Jahr vil Gutes dir vorsagt.
Es wird der Krieges= Gott / dem Türcken=Hund zu spott /
Beglücken deine Waffen / Europen Fried zu schaffen /
Den Feinden recht zu weisen / wie starck der Christen Eisen /
Ohn Rast und ohne Ruh / biß auff Bizantz hinzu.
Das Teutschland wird obsiegen /
Der Türcken = Macht gantz unterligen.

a Neue Jahr / ☿ ☐ ♀ GOTT geb Glück / b Macarius Abbt ☌ ☿ windig und gewölckig	N.	Anfang deß Jenners.
	1	
	2	

Abb. 1 Der »Schreib-Calender« von Graf Johann Maximilian IV. Emanuel von Preysing-Hohenaschau auf das Jahr 1717 mit der ersten Januar-Doppelseite

Jenner hat XXXI. Täg.

Der Engel deß Herrn erschiene Joseph. Matth. 2. Tagl. 8.st. 12.m.

	N.
c. Genovefa J. ♌ ✱♀☐☿ mit Sonnschein/	3
b Titus Bischoff ☿✴☽ ☾ 2. Uhr/ 17. m. W. sehr un=	4
c Telesphorus P. ☿✴☽ ☌♏ △♃ gestirne	5
f H.H. 3. König ♒ ☌♂ ♍ Schnee=	6
g Luctanus M. ♒ ✱ ☉ oder Regen=	7
a Erhard. Laur. J. ♓ ☌ ♀ Gerisel/	8
b Julianus Mart. ♓ ☐ ☽ ☉ frostig/ und	9

A 2   Sa

Der von Preysing verwendete Kalender trägt den Titel:

»Schreib-Calender / Auf ein besondere Form und Weiß / allen Obrigkeiten / Kauff- und Handels-Leuthen / auch männiglich zum täglichen Nutz also eingericht Auf das Jahr nach der Geburt JESU Christi MDCCXVII. Samt einer kurtzen Practica / darneben auch die fürnehmste Messen / und allen Jahr-Märckten im Fürstenthum Ober- und Nidern-Bayrn«.[4]

Sein Besitzer war ein treuer Kunde, denn er benutzte über Jahrzehnte hinweg immer den gleichen Kalender. Das Exemplar des Jahres 1717 – Preysing war 30 Jahre alt – ist das erste in einer Reihe von Kalendern, die aus seiner Hand überliefert sind und die er bis zu seinem Tod im Jahr 1764 fortführte.[5]

Der Markt für Kalenderdrucke war zu Zeiten Preysings schon sehr ausdifferenziert. Die Verleger versuchten den Wünschen und Bedürfnissen unterschiedlicher Käufergruppen entgegenzukommen. Sie vertrieben daher spezielle Kalender mit jeweils abgestimmten Inhalten und unterschiedlichen Informationsangeboten.[6] Auch Preysings Kalender offenbart eine solche Zielgruppenorientierung, denn im Titel werden die Obrigkeiten sowie die Kauf- und Handelsleute als Adressaten angesprochen. Für sie waren die weitgehend weißen Seiten gedacht, um Termine festzuhalten, kurze Notizen zu machen, Stichworte aufzuschreiben. Die Botschaft dieses »Schreib-Calenders« liegt auf der Hand: Seine Benutzer waren dazu aufgefordert, ihren Tagesablauf zu gestalten oder auch Geschehnisse im Rückblick tagebuchartig festzuhalten. Beide Verwendungsweisen, die vorausschauende Organisation wie die rückblickende Reflexion, finden sich auch bei Preysing.

Preysings Kalender geben, wenn auch meist nur stichwortartig, vielfach Auskunft über sein Leben und seinen Aufstieg bei Hof. Aber das soll hier weniger interessieren. Vielmehr lohnt ein Blick in diesen Kalender als Medium. Denn bis auf das Schriftbild ähnelt Preysings Kalender für das Jahr 1717 in seinem Aufbau den Terminkalendern, die man auch heute noch käuflich erwerben kann: Für jede Woche ist eine Seite reserviert, etwa drei Viertel der Seite sind für eigene Eintragungen vorgesehen, das letzte Viertel enthält neben kalendarischen Angaben Hinweise zu den Tagesheiligen, astronomische Informationen, Wettervorhersagen (für das gesamte Jahr!) und astrologische Handreichungen. Letztere sind in Form von Zeichen wiedergegeben und informieren beispielsweise über günstige Tage zum Aderlassen, Haareschneiden oder Säen und Ernten.

Warum aber konnte Preysing mit dem unbedruckten Teil der Kalenderseite zunächst offenbar wenig anfangen? War er nicht dazu in der Lage oder nicht daran gewöhnt, seinen Tages-, Wochen- und Monatsablauf selbst zu organisieren? War er möglicherweise in derart festgelegte Abläufe eingebunden, dass eine individuelle Planung nicht nötig war? Warum kaufte er sich dann aber einen Kalender für »Obrigkeiten« und »Kauff- und Handels-Leuthe«, der schon von seiner Struktur her die eindeutige Aufforderung enthielt, Tagesabläufe selbst zu gestalten und unterschiedliche Vorgänge zu synchronisieren? War dieses Kalendermedium neu für ihn, so dass er sich an seinen Gebrauch erst gewöhnen musste? (Dies jedenfalls gelang nach einer gewissen Zeit, schließlich verwendete er die Kalender nicht nur über Jahrzehnte, sondern kaufte sich später auch sogenannte durchschossene Exemplare,[7] in die zusätzliche leere Seiten eingebunden waren, um mehr Raum zum Schreiben zu schaffen.) Oder ist die ganze Sache wesentlich einfacher – und damit plausibler –, dass es nämlich in diesen ersten Monaten des Jahres 1717 kaum etwas gab, was des Eintragens wert gewesen wäre?

Wir werden dies nie mit letzter Sicherheit wissen. Eindeutig ist jedoch, dass Preysing mit seiner Jahrzehnte währenden Verwendung des Kalenders etwas tat, das uns heute selbstverständlich erscheint: Er nutzte ihn, um Treffen festzuhalten, Termine zu notieren, Ereignisse zu vermerken, Geschehnisse zu reflektieren. Durch die Organisation seines Tagesablaufs gestaltete er aktiv seine eigene Gegenwart und nähere Zukunft. Mit dem Erwerb eines Kalenders kaufte er sich also den gestaltbaren Freiraum für ein Jahr im Voraus (zumindest soweit seine Verpflichtungen dies zuließen). Kalender enthalten mit ihren weitgehend leeren Seiten die Aufforderung, Zeit zu nutzen und zu gestalten.

Das mag uns trivial anmuten, denn welche anderen Möglichkeiten, Kalender zu verwenden, sollte es geben? Historisch gesehen ist aber ein solcher Einsatz von Kalendern und ein entsprechendes Verständnis von Zeit alles andere als trivial. Denn Kalender wie derjenige Preysings waren ein verhältnismäßig junges Phänomen. Kalenderdrucke gehörten zwar zu den frühesten Erzeugnissen der Buchdrucker und finden sich in deren Repertoire seit der Mitte des 15. Jahrhunderts. Für lange Zeit waren diese Kalender aber nur zu einem geringen Teil der eigenen Gestaltung überlassen, waren gerade nicht durch leere Seiten gekennzeichnet, sondern im Gegenteil mit zahlreichen Informationen gefüllt, ja, geradezu vollgestopft. Kalender des 16. und 17. Jahrhunderts quollen über von Hinweisen, Texten, Symbolen und Informationen. Sie gaben vor, was an dem betreffenden Tag geschehen würde, wodurch er gekennzeichnet war und wie man sich an diesem speziellen Tag am besten zu verhalten habe. Der Raum für die eigene Gestaltung (und damit auch für das eigene Schreiben) fiel demgegenüber deutlich geringer aus. Mit anderen Worten: Ältere Kalender waren gerade nicht darauf angelegt, die eigene Gegenwart zu gestalten, denn diese Gegenwart und die nähere Zukunft schienen schon im Vorhinein festzustehen.

Insofern ist Preysings Schreibkalender durchaus bemerkenswert. Wenn Kalender auf die eine oder andere Art jeweils aktuelle Zeitmodelle repräsentieren, dann lässt sich eine einfache Frage stellen: Warum sind die Seiten in Preysings Kalender weiß geworden?

Geburt der Gegenwart

Ich kann mir die Frage sparen, ob Sie einen Kalender besitzen. Selbstverständlich verfügen Sie über ein solches Hilfsmittel zur Terminorganisation. Der Kalender gehört gewissermaßen zu den unhinterfragten Ausstattungsgegenständen erwachsener Menschen. Und obwohl Kalender inzwischen vielfach elektronisch verwendet werden, haben sie sich im Prinzip gar nicht so weit von dem Modell entfernt, das schon Preysing nutzte.

Kalender sind aus unserem Alltag nicht wegzudenken. Es gibt nur wenige Privilegierte, die es sich leisten können, ihr Leben ohne einen Kalender zu gestalten. Kleinkinder gehören zu dieser bevorzugten Gruppe der Kalenderlosen – allerdings auch nur, weil sie sich Eltern halten, die die Terminorganisation für sie übernehmen. Tatsächlich jedoch sind alle, die eingebunden sind in Familien, Vereine, Firmen, Netzwerke, Organisationen und Hierarchien, die verstrickt sind in Abläufe, Verfahren, Geschäfte und Prozesse, die zu tun haben mit Terminen, Verträgen, Projekten oder Vereinbarungen, auf Gedeih und Verderb darauf angewiesen, einen Kalender zu führen, wenn sie nicht im organisatorischen Chaos versinken wollen. Es gibt Taschenkalender, Wandkalender, ewige Kalender, elektronische Kalender, Kunstkalender oder Organizer. Kein Computer und kein Mobiltelefon kommen ohne Kalender aus. Wir sehen Kalender als nützlich an, sie erleichtern unseren Alltag, wir sind von ihnen umzingelt, und wir sind von ihnen abhängig. Der Kalender erweist sich tagtäglich als hilfreiches Medium, um unseren Alltag zu strukturieren. Und zuweilen beschleicht einen der Verdacht, dass unsere Kalender das Leben führen, das wir zu führen meinen. Weil also der Kalender selbstverständlich und allgegenwärtig geworden ist, lohnt sich eine nähere Betrachtung dieses unscheinbaren Gegenstandes – lohnt sich eine ›Entselbstverständlichung‹ des Selbstverständlichen.

Natürlich ist der Kalender nicht die Ursache für historische Transformationen gleich welcher Art. Aber Kalenderdrucke sind ein geeignetes Beispiel, an dem sich das Problem untersuchen und vorführen lässt, das in diesem Buch im Mittelpunkt stehen soll. Sie sind nämlich Ausdrucksformen von Zeitvorstellungen und Zeitmodellen, mit denen Kulturen in bestimmten historischen Situationen operieren. Und das Modell, das sich mit dem Terminkalender und seinen weitgehend leeren Seiten verbindet, setzt auf Gegenwart. Die weißen Seiten beinhalten die explizite Aufforderung, die eigene Gegenwart zu gestalten und damit überhaupt erst zu einer ausgefüllten, wenn nicht sogar erfüllten Gegenwart zu machen. Ein solches Modell ist alles andere als selbstverständlich, wie der historische Blick erweisen soll.

In diesem Buch geht es also nicht um eine Geschichte des Terminkalenders. Eher geht es – das Exempel Preysings vor Augen – um die Frage, wie der Terminkalender überhaupt möglich werden konnte. Welche Bedingungen und Voraussetzungen mussten gegeben sein, um dieses Medium in einer bestimmten historischen Konstellation sinnvoll erscheinen zu lassen?

Mit einer solchen Frage ist man verwiesen auf Vorstellungen bestimmter Zeitmodelle. Ich möchte im Folgenden vor allem mit Blick auf das 17. Jahrhundert vorführen, wie es in Europa zu einem sehr grundlegenden Wandel dieser Zeitmodelle kam. Oder anders formuliert: Dieses Buch handelt davon, wie im 17. Jahrhundert die Gegenwart erfunden wurde. Genauer, aber etwas weniger eingängig formuliert: Es geht um die Frage, wie unser heute noch vorherrschendes Verständnis von Gegenwart im Verlauf des 17. Jahrhunderts emergierte, wie es also geschah, dass man sich auf eine neue Art und Weise auf Gegenwärtigkeit beziehen und damit umgehen konnte.

Das Verb ›emergieren‹ ist dabei erklärungsbedürftig. Emergenzphänomene zeigen sich allenthalben: in V-Formation fliegende Vögel, der Ameisenhaufen, der Stau – all diese und viele weitere Phänomene besitzen Eigenschaften, die bei den einzelnen Elementen, aus denen sie sich zusammensetzen, nicht auftreten. Das Verhalten von Vögeln, Ameisen oder Autofahrern lässt sich nicht dadurch erklären, dass sich ein Verantwortlicher identifizieren ließe, dem das Ergebnis der gemeinsamen Aktivitäten zugeschrieben werden könnte. Vogelschwärme, Ameisenhaufen oder Staus sind nicht geplant und nicht gesteuert, sondern resultieren aus einfachen Regularien und lokalen Interaktionen, die zu komplexeren Regelmäßigkeiten führen – sie emergieren.[8] Nicht anders verhält es sich mit Formen des Zeitwissens. Niemand beschließt, dass die Vergangenheit zu verehren, die Zukunft zu gestalten oder die Gegenwart zu nutzen sei. Solche Modelle emergieren als nicht planbare Ergebnisse verhältnismäßig komplexer Interaktionen, die sich zudem noch über lange Zeiträume erstrecken.

An diese erste These von der wachsenden Bedeutung und Ausbreitung der Gegenwart schließt sich noch eine zweite an: Es war nämlich keineswegs ›Gegenwart‹ allein, die das Verständnis von Zeit im 17. Jahrhundert dominierte, sondern dieses Zeitmodell hatte mit einer Vielzahl anderer Vorstellungen und Praktiken von Zeit zu konkurrieren. Das 17. Jahrhundert war nicht geprägt von einem einzigen Zeitmonopol, sondern von einer Vielzeitigkeit, also einer Vielzahl parallel zueinander bestehender Zeiten.

Diese historische Veränderung erscheint mir deswegen von Bedeutung, weil sich damit ein Konzept von ›Gegenwart‹ etabliert hat, das bis zum heutigen Tag wirksam ist. Ich möchte daher eine historische Beschreibung unternehmen, mit der die Gegenwärtigkeit der ›Gegenwart‹ des 17. Jahrhunderts verdeutlicht werden kann. Und vor allem möchte ich die Frage stellen, warum es ausgerechnet in diesem Zeitraum zu einer Veränderung im Zeitwissen kam und was das möglicherweise mit uns zu tun hat.

Kalender sollen hierbei als Leitfaden dienen. Es wird auch anderes historisch überliefertes Material zur Sprache kommen, wie Zeitungen, Genealogien, Romane, Konversationslexika, Modejournale und anderes mehr. Aber Kalender eignen sich besonders gut, weil sie auf mehrfache Weise Temporalität zum Gegenstand haben. Am Anfang dieser Reise durch die Zeit soll das Ende stehen (Kapitel 2), weil das Wissen von der Zeit in Europa über Jahrhunderte hinweg von der Überzeugung geprägt war, dass die Welt an ein vorherbestimmtes Ende gelangen würde – ein Ende, das nicht allzu weit entfernt war. Zugleich wurde der Vergangenheit eine ungemein große Autorität zugeschrieben (Kapitel 3). Während das Künftige heilsgeschichtlich vorherbestimmt war, galt das Zurückliegende lange als vorbildlicher Maßstab in allen Belangen, nicht zuletzt weil die Vorstellung herrschte, die Schöpfung befinde sich in einer Abwärtsspirale des Niedergangs. Doch diese überlebensgroße Bedeutung der Vergangenheit veränderte sich während des 17. Jahrhunderts merklich. Daneben trat eine durchaus als neu zu bezeichnende Aufmerksamkeit für die eigene Gegenwart und eine Entdeckung von Gegenwärtigkeit als Möglichkeitszeitraum (Kapitel 4). In einer Situation, in der Zukunft noch nicht in einem fortschrittsgeschichtlichen Sinn als umfänglich gestaltbarer Zeitraum verstanden werden konnte, die Vergangenheit aber zugleich an Autorität einbüßte, gewann Gegenwart an Bedeutung. Da wir es hier aber nicht mit einem schlichten Ablösungsvorgang zu tun haben, muss man die Vielzahl der Zeiten angemessen berücksichtigen, die parallel oder auch in deutlicher Konkurrenz zueinander bestanden (Kapitel 5). All diese temporalen Verschiebungen, die sich während des 17. Jahrhunderts beobachten lassen, führten einerseits zu heftigen Turbulenzen im Zeitgefüge, andererseits zu beständigen Ordnungs- und Stabilisierungsbemühungen. Es gab durchaus unterschiedliche Formen, mit Zeit umzugehen – Formen, die dann aber auch wieder synchronisiert und zeitlich in Einklang gebracht werden mussten. Sowohl die Konkurrenz von Zeitmodellen als auch deren Synchronisation verweisen auf die politische Dimension von Zeit. Denn mit Zeit zu hantieren erzeugt zahlreiche Wechselverhältnisse zwischen Zeit und Macht (Kapitel 6). Zeitorganisationen gewinnen nicht nur Macht über Gesellschaften und Menschen, sondern es bedarf auch Formen der Machtausübung, um Zeitmodelle zu installieren, wie nicht zuletzt Kalenderreformen zeigen. Am Ende steht schließlich der Anfang (Kapitel 7). Denn mit der Gewinnung von Gegenwart als zeitlichem Möglichkeitsraum konnten auch neue Anfänge gewagt und konnte aus der einst heilsgeschichtlich geschlossenen Zukunft ein potentiell gestaltbarer Zeitraum werden.

Ein Massenmedium

Mit den Kalendern ist es eine verzwickte Sache. Wir schenken Ihnen kaum Aufmerksamkeit (in dem Sinn, dass wir fragen, um was es sich bei diesem Medium eigentlich handelt), aber ohne sie würde unser Alltag nicht mehr funktionieren, könnte die Politik nicht arbeiten und würde die Weltwirtschaft kollabieren. Diese Mischung aus Allgegenwart und Unauffälligkeit macht sich auch in der historischen Überlieferung bemerkbar. Kalender sind bereits seit Jahrhunderten ein Massenprodukt – und gerade deswegen so selten. Entweder wurden sie von ihren Besitzern nicht der Überlieferung für wert befunden (und wir können daher einem Kalendersammler wie Preysing nur danken),[9] oder sie wurden von den Archiven als nicht aufbewahrenswert erachtet und an Altpapierhändler verkauft.

Dabei sind Kalender wichtige historische Dokumente alltäglicher menschlicher Erfahrung. Gerade Kalender aus vergangenen Jahrhunderten haben eine ungemein breite Palette an Inhalten und Rezeptionsformen anzubieten – wenn auch in spröder und zunächst wenig aufsehenerregender Form. Seit dem 15. Jahrhundert entwickelte sich der Kalender zu einem universellen Informationsmittel,[10] verfügte über »den Wechsel des Vielfältigen, über eine geordnete Unordnung«, die ihn schnell unverzichtbar machte.[11]

Kalender dienten seit dem 16. Jahrhundert als Medien, um Welt zu ordnen und Wissen zu organisieren.[12] Man könnte frühneuzeitliche Kalender als populäre, komprimierte Wissensspender bezeichnen. Sie waren seit ihrer massenhaften Verbreitung im 16. Jahrhundert dazu in der Lage, relativ breiten Bevölkerungskreisen auf verhältnismäßig schlichte Art und Weise wichtiges, weil lebensalltäglich relevantes Wissen zu vermitteln. Genau deswegen waren ihre Seiten lange Zeit gerade nicht weiß, sondern im Gegenteil angefüllt mit einer überbordenden Masse an Informationen.

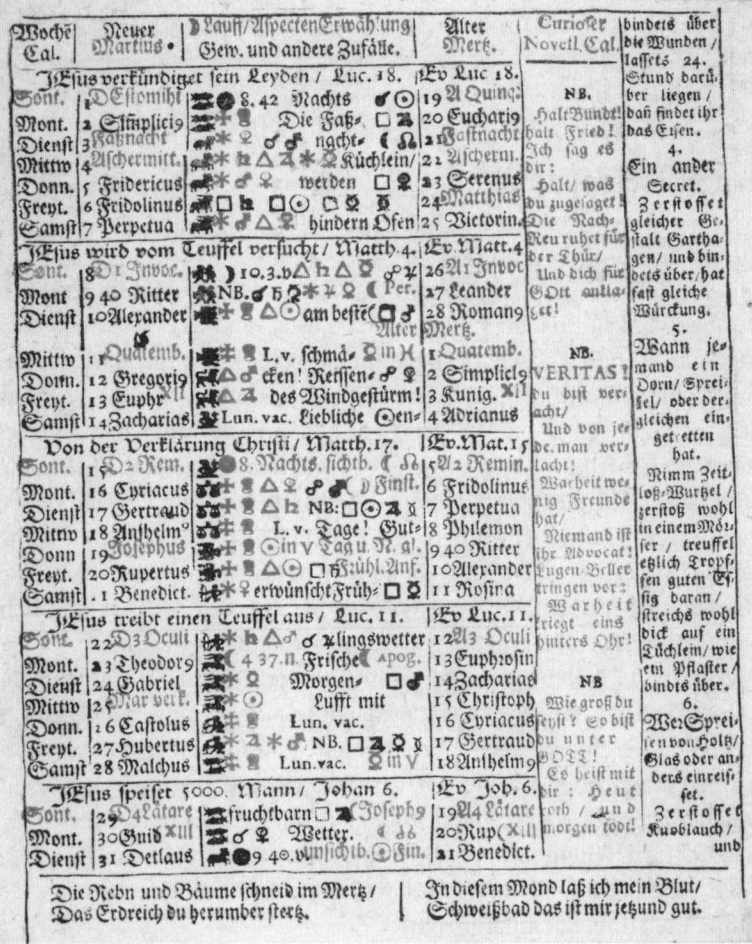

Abb. 2 Eine Monatsdoppelseite aus dem »Europäischen Currier«, einem Geschichtskalender auf das Jahr 1699, von Paul Conrad Balthasar Han. Im Gegensatz zu den von Preysing benutzten Kalendern gibt es hier nur wenig Platz zum Schreiben, stattdessen überwiegen die vorgegebenen astronomischen, astrologischen, medizinischen, kirchlichen, zeithistorischen und lebenspraktischen Informationen.

gegen dem Neben: Menschen beschaffen sey / sammt ihren freundlich / doch falsch und heuchlerischen Worten und Geberden/nur nach unserer wenigen Einfalt betrachtet / und Teutschland dargegen gehalten/ allzeit mit dieser angehengten Frage : Ob nicht Teutschland oder die Teutsche Nation heut zu Tage der Frantzösischen Nation (im vorig. und diß Jahr verhandleten Puncten) nachgeartet habe? Jetzt wollen wir auch der Frantzösischen Sprach und Kleidung gedencken/ und ebenmäßig die Teutsche dargegen halten und sehen/ wie sie auch in diesem denen Frantzosen nachgeartet seynd? 2c.

Was ihre Sprache anbetrifft/ kommt sie fein zimlich wohl/ mit ihren falschen Worten/ Geberden und Complimenten überein: dann die Frantzösische Sprach muß anderst außgesprochen dann geschrieben werden/ anderst ist sie gedruckt/ und anderst wird sie gelesen / und scheinet/ als habe GOtt der HErr diese Nation mit ihrer eignen Sprache bezeichnen und damit heimlich andeuten wollen/daß sie Leuthe seyen/ die anderst dencken als sie reden / und man also diese arglistige Vögel/ an ihrem Gesang kennen solle.

Gleichwohl und dessen ohngeacht/ liebten die Teutsche diese Sprach vor allen andern/ ja sie zogen dieselbe ihrer eigenen Mutter-Sprach vor/ und verachteten sie neben ihr/ welcher nicht Frantzösisch parliren oder plaudern kunte/ der muste ein verachter Teutscher Michel seyn; Es kam auch so weit/ daß an theils Fürstlichen Höfen/das edle Gottes Wort/ mit Teutscher Zungen geprediget/nimer recht schmecken noch munden wolte; In Summa/ diese falsch-listig-betrügliche Sprach/ hatte in allem den Vergang! Ich will jetzt nicht reden von denen Handtirenden und Kauffleuthen/ die ihres Handels und Gewerb halben der Sprach müssen kundig seyn/ jedoch brauchen sie auch dieselbe viel und offt ohne Noth / da es nicht seyn müste oder solte; sondern ich rede von solchen Leuthen/ die es gantz nicht vonnöthen haben/ da es weder ihre Profession noch Beruff und Standt nicht erfordert; Es ist ein sehr löblich Ding / daß man die Jugend die Sprachen lernen lasse; Aber muß es dann eben diese Sprache seyn / oder da man ja Frantzösisch lernet/ muß sie darum continuirlich im Mund geführt / und darneben andere Sprachen verachtet werden! Hat man nicht in vorigen Jahren / auf die Uralte/ schöne und herrliche Lateinische Sprache sehr viel gehalten? Haben nicht hohe Standts-Personen/ vornehme Herren und reiche Leuthe/ ihr Söhne/ auf Universitäten in Teutschland geschickt/ die Lateinische Sprach perfect/ nebenst andern schönen Sitten und Tugenden zu erlernen/ mit welcher man ja auch/ und fast besser als mit der Frantzösischen/ durch die gantze Welt kommen konte: Anjetzo aber wird diese schöne/ alt rühmlich Lateinische Sprach/ bey denen jetzigen Frantzösisch gearteten Teutschen/ fast gar nichts mehr geachtet;

B Currier-Calender. Ja

Martius h.æ XXXI Tag.

1
2
3
4
5
6
7
8
9
10
11
12
13
14
15
16
17
18
19
20
21
22
23
24
25
26
27
28
29
30
31

Die Kalenderdrucke, die Anfang des 15. Jahrhunderts entstanden, dienten zunächst nicht der zeitlichen Synchronisation, sondern der medizinischen Information. Ärztliche Behandlungsmethoden waren während des Mittelalters und der Frühen Neuzeit strikten Regeln unterworfen. Das Aderlassen, das Schröpfen oder das Purgieren (also die Anwendung von Abführmethoden) mussten zum richtigen Zeitpunkt durchgeführt werden. Diese Zeitpunkte ergaben sich aus dem Mondstand im Tierkreiszeichen. Schon seit der Antike hatten sich Humoralmedizin (auf der Basis der Vier-Säfte-Lehre) und Astrologie zu einer unauflöslichen Melange vermengt und erlangten als Iatromathematik (Astromedizin) uneingeschränkte Autorität. Frühe Aderlasskalender des 15. Jahrhunderts enthielten daher verhältnismäßig wenige Daten zur näheren Bestimmung des Jahres, dafür aber detaillierte Angaben zu Mondbewegungen und Aderlassvorschriften.[13]

Seit dem Beginn des 16. Jahrhunderts wurden dann immer mehr Informationen in die Kalender eingefügt. Neben die medizinischen Hinweise traten beispielsweise agrarische und allgemeine astrologische Angaben. Die Popularisierung der Astrologie hatte dazu geführt, dass Jahresprognosen mit ihren Vorhersagen über große politische Entwicklungen und über alltägliche Belange Eingang in die Kalender fanden. Neben den kalendarischen Angaben und dem Prognostikon waren beschreibbare Spalten ein wichtiger Bestandteil des ›Gesamtkunstwerks Kalenderdruck‹. Dadurch konnte der Kalender zugleich als Notizbuch verwendet werden. Gegen Ende des 16. Jahrhunderts wurden dann Texte aufgenommen, die eine Unterhaltungs- und Bildungsfunktion übernahmen. Wurden zunächst historische Gedenktage notiert, entwickelten sich daraus schließlich knappe historische Beiträge. Das thematische Spektrum erweiterte sich vor allem im Verlauf des 18. Jahrhunderts, so dass hier die Wurzel für die moralisch-belehrende Kalendergeschichte zu finden ist.[14]

Kalender konnten also ganz grundlegende Fragen beantworten, vor allem: Was ist zu tun, und wann ist es zu tun? Durch ihre Kopplung von Astronomie und Astrologie wussten sie beide Aspekte miteinander zu vermitteln. Auf der Grundlage des Einflusses von Mond und Planeten auf das menschliche Leben konnten sie Fragen der alltäglichen Lebensbewältigung beantworten. Und durch die kalendarische Verknüpfung mit bestimmten Daten konnten diese Tätigkeiten auch exakt verzeitlicht werden.

Aber Kalender waren nicht nur deswegen populäre Wissensspender, weil sie das Was und das Wann beantworten konnten, sondern auch weil sie dies in einer Form taten, die im Extremfall sogar von Analphabeten verstanden werden konnte. Die wichtigsten Informationen – Wetterphänomene, astronomische Erscheinungen (Mondphasen etc.) und astrologische Informationen – wurden mittels bildhafter Zeichen, den sogenannten Erwählungen, vermittelt, die auch ohne Lesefähigkeit leicht memoriert werden konnten.[15] In Preysings Schreibkalender waren diese Erwählungen, wie damals üblich, tabellarisch zusammengefasst. Hier gibt es nicht nur die auch heute noch geläufigen Zeichen für die Sternbilder oder für einzelne Mondphasen, sondern ebenso für gute Tage, um zur Ader zu lassen, zu schröpfen, zu säen und zu pflanzen, Medikamente einzunehmen oder die Haare zu schneiden. Solche astrologisch fundierten Informationen wurden in konziser und äußerst verknappter Form der Leserschaft mitgegeben.

Kalender wurden in sehr hohen Auflagen gedruckt und verkauft. Für den größten Teil der Bevölkerung waren sie neben Bibel und Gebetbuch häufig die einzigen Lesestoffe, die permanent erworben und spätestens seit der Mitte des 16. Jahrhunderts massenhaft produziert und verbreitet wurden.[16] Ausgehend von ihrer jährlichen Erscheinungsweise kann man schätzen, dass die verschiedenen Kalenderdrucke und -typen in der Summe die bei weitem höchste Gesamtauflage aller Druckschriften zwischen dem 16. und dem 18. Jahrhundert erzielten.[17] Es liegen Zahlen vor, nach denen in England in der Mitte des 17. Jahrhunderts Kalenderausgaben die Auflage von ca. 400000 Stück erreichten, womit in etwa jede dritte Familie des Königreichs mit einem Kalender versorgt worden wäre.[18] Auch in Italien waren Kalenderdrucke seit dem 16. Jahrhundert ein populäres Medium, was sich nicht nur am erschwinglichen Preis, sondern ebenso am kleinen Format, an der nicht besonders hohen Papierqualität sowie an der Einfachheit der darin präsentierten Themen ersehen lässt.[19] Der in Wien gedruckte »Krakauer Schreibkalender« war in der Mitte des 17. Jahrhunderts ein echter Verkaufsschlager und erreichte Auflagen von etwa 250000 Stück.[20] Vom »Badischen Landkalender« ist dokumentiert, dass er 1740 eine Auflage von 13000 Exemplaren hatte, und dies bei einer Einwohnerschaft in der Markgrafschaft Baden von ca. 90000 Personen. Setzt man für das 18. Jahrhundert eine durchschnittliche Auflagenhöhe von 10000 Exemplaren pro Kalender an und rechnet diese auf die wahrscheinlich über 200 Kalender hoch, die parallel allein im deutschsprachigen Raum erschienen, dann ergibt dies eine Schätzung von etwa zwei Millionen Kalendern pro Jahr.[21]

Kalenderdrucke lohnen sich als Betrachtungsgegenstand also nicht nur, weil ihre Inhalte Wirklichkeit organisierten, Wissen vermittelten und zeitliche Zusammenhänge vor Augen führten, sondern auch weil sie sich an einem Markt orientieren mussten. Sie konnten nicht nur Vorstellungen einer sozialen oder intellektuellen Elite repräsentieren, sondern mussten sich immer den Interessen ihrer Käufer und damit sozial größerer Kreise anpassen. Drucker und Verleger versuchten in ganz Europa ihre Produkte im Einklang mit den Rezipienteninteressen verkäuflicher zu gestalten.[22] Auf den Absatz für weitere gesellschaftliche Kreise weist auch der von Beginn an sehr hohe Anteil volkssprachlicher Kalenderdrucke hin.[23] Man kann durchaus sagen, dass Kalender die »Bibliothek des gemeinen Mannes« waren.[24] Diesen Status konnten sie nicht zuletzt durch ihren niedrigen Preis erreichen.[25] Auch Handwerksgesellen oder Tagelöhner konnten sich vom Verdienst eines halben Arbeitstages einen Kalender kaufen.[26]

Für die Drucker und Buchhändler scheint sich das Kalendergeschäft gelohnt zu haben, wie der Nürnberger Ratsschreiber Wolfgang Brauser in seinem 1687 erschienenen »Hurtigen Briefsteller« deutlich machte: »Man frage in den Buchdruckereyen und Buchläden, welche Arbeit, Bücher und Schriften, am stärksten abgehen, so wird sichs finden, daß man den besten Nutzen von den Calendern hat.«[27]

Und auch für Autoren konnte die Kalenderschriftstellerei im 17. Jahrhundert ein einträgliches Geschäft sein. Ein – in dieser Form sicherlich außergewöhnliches – Beispiel ist Markus Freund (1603–1662). Der Pfarrer aus Hohenlohe war einer der erfolgreichsten Kalenderschriftsteller seiner Zeit. Vom Nürnberger Verlagshaus Endter, ein europaweit führendes Unternehmen in diesem Bereich, das auch Freunds Kalender veröffentlichte, bezog er gegen Ende seines Lebens ein jährliches Honorar von 300 Gulden, womit er den Verdienst von Lehrern oder Pfarrern deutlich übertraf. Manche der von ihm begründeten Kalender, wie der

»Newer und Alter Zeit- und WunderCalender« (erschienen von 1658 bis 1807), wurden unter seinem Namen über anderthalb Jahrhunderte publiziert.[28]

Ein anderes Beispiel ist Johann Heinrich Voigt (1613–1691). Nach einer Ausbildung zum Buchbinder wandte er sich im Alter von 23 Jahren der Mathematik zu und wurde Schreib- und Rechenmeister an unterschiedlichen Stadtschulen. Seinen ersten Kalender schrieb er im Jahr 1665, als er sein 50. Lebensjahr bereits überschritten hatte. Dem vorausgegangen waren autodidaktische Studien des Lateinischen und der Astronomie. Mit seinen Kalendern war er so erfolgreich, dass er den Lehrerberuf bald aufgeben konnte. Die Gunst Herzog Rudolf Augusts von Braunschweig-Lüneburg und eine schwedische Pension entledigten ihn aller materiellen Sorgen. Sein Leben beschloss er als königlich-schwedischer Mathematiker in Stade. Die Pension, die ihm die schwedische Krone im Jahr 1686 zugesprochen hatte, wurde bis in das Jahr 1700 ausbezahlt – so weit im Voraus hatte er bereits seine Kalender erstellt.[29]

Die große Verbreitung der Kalender lässt zweierlei vermuten: Einerseits dürften sie einen wesentlichen Einfluss auf die Vorstellungen von Zeitlichkeit in der Bevölkerung gehabt haben.[30] Denn die Benutzer von Kalendern unterwarfen sich freiwillig den formalen Zwängen dieses Mediums. Das Medium ›Kalender‹ konnte für seine Benutzer so zu einem recht engen Korsett werden, dem sie sich anzupassen hatten.[31] Zugleich war dieses Medium aber auch stark an seinen Rezipienten orientiert, muss also seinerseits allgemein vorherrschende Zeitvorstellungen aufgegriffen haben.

Alte Zeiten, neue Zeiten

Geschichte beschäftigt sich nicht mit Vergangenheit. Wie könnte sie auch, Vergangenheit ist schließlich vergangen, für uns nicht mehr greifbar, nur noch in zufällig bis absichtsvoll überlieferten Relikten zu fassen.[32] Geschichtsschreibung interessiert sich zwar für die Vergangenheit, ist aber immer auf die eine oder andere Art und Weise eine Auseinandersetzung mit der Gegenwart. Jede historische Arbeit offenbart bei näherem Hinsehen unweigerlich ihren tagesaktuellen Bezug, mal mehr, mal weniger offensichtlich. Auch eine Beschäftigung mit Zeitkonzepten des 17. Jahrhunderts ist keine Wissenschaftsesoterik, sondern hat ihren Bezug zu Fragen und Problemen des frühen 21. Jahrhunderts.

Die zum Teil schon seit Jahrzehnten diskutierten grundsätzlichen Probleme, die das derzeitige und zukünftige Leben auf diesem Planeten betreffen, haben unweigerlich Auswirkungen auf unsere Auffassungen von und Einstellungen zur Zeit: der Klimawandel und seine weitreichenden Konsequenzen, die Endlichkeit irdischer Rohstoffe, die Überalterung in industrialisierten Gesellschaften, die Auswirkungen einer Wachstums- und Fortschrittsideologie, die grassierende Staatsverschuldung – all diese und weitere Phänomene finden auch ihren temporalen Niederschlag.[33]

Der französische Historiker Alexandre Escudier hat für die Folgen, die diese risikobehaftete Situation auf unsere Zeitvorstellung hat, den treffenden Ausdruck der »innerweltlichen Eschatologie« geprägt. Demnach wissen wir, dass das Dasein der Menschheit auf Erden an sein Ende gelangen kann. Wir wissen aber aufgrund der großen Komplexität der einschlägigen Systeme und klimatischen Variablen noch nicht, wann dieses Ende kommen wird. Angesichts der kurzfristigen Perspektive wirtschaftlicher Systeme einerseits und der geopolitischen Kräfteverhältnisse andererseits legt diese ökologische Endzeitperspektive das ganze zeitliche Dilemma offen. Es geht um die temporale Quadratur des Kreises im heutigen politischen Handeln: die unmögliche Harmonisierung der Langfristigkeit ökologischer Auswirkungen, wie sie von der globalen technisch-industriellen Sphäre ausgelöst wurden, mit der Kurzfristigkeit demokratisch legitimierten politischen Handelns.[34]

Was Mitte des 20. Jahrhunderts noch in einem recht optimistischen Sinn als Fortschritt bezeichnet werden konnte, ist inzwischen zu unserer Vergangenheit geworden.[35] Wir haben es – nicht ausschließlich, aber doch in unübersehbarer Weise – mit einem Zeitmodell zu tun, das wohl seit dem 17. Jahrhundert in Europa nicht mehr so aktuell war wie heute, nämlich mit der Endlichkeit der Welt. Während aber in früheren Jahrhunderten das Weltende in einem heilsgeschichtlichen Sinn aufgefasst wurde, müssen wir es inzwischen in einem ökologischen Sinn verstehen. Ein Ende der Gegenwart wird möglich.[36] Zudem wird ersichtlich, dass jede Zukunftsgestaltung immer auch mit einer Zukunftsvernichtung einhergeht, weil jede gegenwärtige Entscheidung, die auf das Kommende zielt, alternative Entscheidungen ausschließt – auch und gerade für kommende Generationen.[37]

Die Endlichkeit der Welt zeigt auch deswegen so klare Konturen, weil sie im Konflikt mit der Vorstellung von Fortschritt und Wachstum steht, deren Wurzeln ebenfalls in den Zeitraum des 17. und 18. Jahrhunderts zurückreichen. Wir sind es nämlich noch immer gewohnt, mit dem Blick in eine offene Zukunft zu denken, linear und progressiv. Fortschritt und Wachstum sind immer noch Normen, die nicht verhandelbar zu sein scheinen.

»Die mit dem Begriff ›Wachstum‹ verbundene Vorstellungswelt durchzieht jede Faser unserer gesellschaftlichen und privaten Existenz. [...] Der Begriff ›Wachstum‹ hat magische und parareligiöse Qualität, weshalb man sogar im Fall einer Rezession vom ›negativen Wachstum‹ spricht, als sei das Schrumpfen der Wirtschaftsleistung [...] der Leibhaftige, den ein guter Christ nicht beim Namen nennen darf.«[38]

Ökologie und Ökonomie verdeutlichen auf besondere Weise die tektonischen Verschiebungen in unseren Zeitauffassungen. So sieht beispielsweise der Journalist Andreas Zielcke in den Reaktionen auf globale Wirtschaftskrisen eine Neuausrichtung temporaler Verhältnisse am Werk, wenn auch keine freiwillig gewählte. Lange war ›die Zukunft‹ die zeitliche Schwester von ›Amerika‹ als Chiffre für unbegrenzte Möglichkeiten. Seit geraumer Zeit verstärkt sich der Eindruck, dass sich genau diese Zukunft recht schnell verbraucht haben könnte. Inzwischen lässt sich dieser Eindruck auch mit immer erdrückenderem Zahlenmaterial belegen. Wir sind möglicherweise schon längst Zeugen (und ›Zeit-Genossen‹) einer Gegenwart, die ihre Zukunft vernachlässigt und deren Potentiale verbraucht. Laut Zielcke geht es eigentlich nicht mehr um die Frage, ob wir heute schon unser Morgen verspielen, sondern ob nicht die jüngst vergangene Gegenwart unsere Zukunft aufs Spiel gesetzt – und verloren hat.[39]

Ob diese Diagnose zutrifft, wird – jawohl! – erst die Zukunft zeigen. Vielleicht liegen all diese düsteren Prognostiker ja falsch? Allerdings hat sich diese Form der Selbstbeschreibung inzwischen zu einem recht einhelligen Chorgesang verdichtet, zu einem *basso continuo*, der allen politischen, gesellschaftlichen, wirtschaftlichen und kulturellen Diskussionen unterliegt. Das sagt nicht nur viel über die Selbstbeschreibung der Gegenwart des frühen 21. Jahrhunderts aus, sondern wird, wie jedes Selbstbild, ob zutreffend oder nicht, seine eigene diskursive Wirkmächtigkeit entfalten. Es scheint, als würden wir inzwischen auf ein Zeitmodell der Moderne zurückblicken, das lange dominierend war, nun aber seiner Musealisierung entgegengehen könnte, weil es sich womöglich überlebt hat.[40]

Doch wer sich historisch mit solchen Formen des Zeitwissens beschäftigt, will sich nicht in der erinnernden Bewahrung erschöpfen, sondern versucht durch die Beschäftigung mit dem historisch ganz Anderen (und gleichzeitig Ähnlichen) die Augen für unsere eigene Situation zu öffnen.[41] Die Auseinandersetzung mit Zeitwissen der Frühen Neuzeit kann daher nicht nur zeigen, vor welchem Hintergrund es zu entsprechenden Neumodellierungen kam, sondern was es für Kulturen bedeutet, mit dem Verlust von Gewissheiten konfrontiert zu werden. Das 17. Jahrhundert war in einem hohen Maß durch Unsicherheiten, Krisensemantiken und Ordnungsverluste geprägt.[42] Daher stellt sich in diesem Buch (wie für unsere Gegenwart des frühen 21. Jahrhunderts) die Frage: Was passiert, wenn etablierte und als verlässlich gedachte

Sachverhalte instabil werden? Wie werden solche Infragestellungen des als sicher Gewussten, wie werden Brüche in etablierten Wirklichkeitsmodellen kulturell wahrgenommen und mit Sinn ausgestattet? Und welche Auswirkungen hat das insbesondere auf das Wissen von und den Umgang mit Zeit?

Was ist Zeit?

Keine Abhandlung zum Thema ›Zeit‹ scheint ohne das folgende Zitat existieren zu können (weshalb es jetzt gleich zum Einsatz kommen soll, um der offensichtlichen Zitierpflicht Genüge zu tun): »Was ist also ›Zeit‹? Wenn mich niemand danach fragt, weiß ich es; will ich einem Fragenden es erklären, weiß ich es nicht.«[43]

Man könnte Augustinus, dem Urheber dieses Satzes, mehrere Antworten auf die Frage anbieten. Eine erste reflektiert den naturwissenschaftlichen Erkenntnisstand, der uns im frühen 21. Jahrhundert vom Kirchenvater des 4. Jahrhunderts trennt. Danach ist die Grundlage der Zeit eine physikalisch exakt bestimmbare Sekunde. Die Dauer einer Sekunde wiederum entspricht den 9 192 631 770 Schwingungen zwischen den Hyperfeinstrukturniveaus eines Cäsium-Nuklids mit dem Atomgewicht 133.[44] Mit dieser Maßeinheit operieren Atomuhren, wie sie beispielsweise von der Physikalisch-Technischen Bundesanstalt in Braunschweig betrieben werden. Solche Atomuhren stellen normierende Grundlagen für die Zeit dar, wie sie derzeit unseren Alltag bestimmt.

Mit dem Verweis auf die Braunschweiger Bundesanstalt liegt auch eine zweite Antwortmöglichkeit nahe, nämlich die juristisch-politische: Zeit ist das, was gesetzlich festgelegt wird. Im deutschen Kaiserreich wurde im Zuge der Weltzeitregelung bereits 1893 ein »Gesetz betreffend die Einführung einer einheitlichen Zeitbestimmung« erlassen, das seither in unterschiedlichen Fassungen fortgesetzt und angepasst wurde. Seit dem 12. Juli 2008 gilt in Deutschland die jüngste Fassung des »Gesetzes über die Einheiten im Messwesen und die Zeitbestimmung«.[45] Darin wird auch festgelegt, dass die Braunschweiger Bundesanstalt die gesetzliche Zeit darzustellen und zu verbreiten hat. Will man sich allen tiefschürfenden Problematisierungen hinsichtlich der Zeit entledigen, kann man also auf diese Verbindung von Naturwissenschaft und Politik verweisen, die festlegt, was Zeit ist.

Man kann aber auch versuchen, eine gänzlich andere Antwort zu geben: Zeit gibt es nicht. Zeit wird häufig so behandelt, als käme ihr eine eigene, von den Menschen unabhängige Existenz zu, als sei sie eine eigene Dimension, als würde hoch über uns eine riesige Uhr ticken, die uns die absolute Zeit vorgibt, nach der wir uns zu richten haben, als wären die Atomuhren tatsächlich nur die Schauseite eines zwar vorhandenen, aber leider unsichtbaren Phänomens. Dem ist selbstverständlich nicht so.

Das geradezu Unausweichliche, Zwanghafte und vorgegeben Natürliche, das wir mit der Zeit verbinden, lässt sich wohl besser als Irreversibilität, als Unumkehrbarkeit fassen. Denn was wir als Zwangsjacke einer eigenständigen Dimension begreifen, die auf den Namen ›Zeit‹ hört, ist zunächst nichts anderes als die Erfahrung, dass sich die Dinge nicht zurückentwickeln.[46] Das zerbrochene Glas setzt sich nicht wieder zusammen, den gestrigen Tag können wir nicht noch einmal durchleben, und Menschen werden nicht jünger. Irreversibilität schließt Wiederholung oder Rückkehr natürlich nicht grundsätzlich aus: Das zerbrochene Glas lässt sich möglicherweise reparieren, man kann versuchen, die Ereignisse des gestrigen Tages so gut es geht noch einmal zu durchleben, und Verjüngungsphantasien sind nicht erst das Ergebnis der Möglichkeiten plastischer Chirurgie, sondern wohl so alt wie die Menschheit selbst. Aber dazu ist Kraftaufwand notwendig, und es ist von vornherein klar, dass das Ergebnis nicht dem ursprünglichen Zustand entsprechen wird.[47]

Geht man aber einen Schritt weiter von der Irreversibilität zur Zeit, dann haben wir es mit einem kulturellen und historischen Produkt zu tun. Ansammlungen von Menschen, unabhängig davon, ob man diese als Gruppen, Gesellschaften, soziale Systeme, Kulturen oder wie auch immer bezeichnen mag, bedienen sich bestimmter Techniken, durch die sie etwas hervorbringen, das sich als Zeit benennen lässt. Medien wie Kalender oder Uhren kehren diesen Effekt aber nicht selten um, denn sie erwecken den Eindruck, als würden sie etwas neutral registrieren – nämlich ›die Zeit‹ –, das unabhängig von unserem Wollen und Wirken in einer eigenen Sphäre existiert. Einem solchen »supravitalen« Zeitmodell anzuhängen ist auf jeden Fall vereinfachend, wahrscheinlich naiv und unter Umständen sogar gefährlich.[48]

Tatsächlich machen sich Kulturen ihre jeweils eigene Zeit und bedienen sich dazu unterschiedlicher ›Zeitmaschinen‹. Das Wort ›Zeitmaschine‹ soll hierbei keine Apparatur bezeichnen, mit der man, wie im bekannten Roman von H. G. Wells, durch die Zeit reisen kann. Das ist allein schon gedanklich problematisch, weil die Voraussetzung einer solchen Zeitreise eine eindimensionale und absolute Zeit wäre, durch die man sich wie durch ein Land bewegen könnte, das eine bestimmte geographische Ausdehnung hätte. Ich vertrete hier die These, dass wir in einer Vielzahl von Zeiten leben, die sich nicht auf einen einzigen Nenner herunterbrechen lassen, womit also gar nicht klar wäre, durch welche Zeit man mit Wells' Zeitmaschine reisen sollte. Wenn ich hier von ›Zeitmaschine‹ spreche, dann meine ich das in einem durchaus produktiven Sinn: Wenn Kulturen sich ihre eigene Zeit (oder besser: ihre eigenen Zeiten) machen, dann benötigen sie dazu bestimmte Techniken. Die geläufigsten sind Uhren und Kalender. Sie scheinen eine Zeit nur zu registrieren, die sie tatsächlich beständig hervorbringen.

Das Perfide an der Zeit und unseren geläufigen Vorstellungen von ihr lässt sich an einer einfachen Beobachtung verdeutlichen: Immer und überall ist die Rede davon, dass Zeit gemessen wird. Zeit ist allerdings nicht sinnlich wahrnehmbar, man kann sie nicht sehen, hören oder riechen. Das bringt natürlich ein Problem mit sich, denn wie kann man ernsthaft behaupten, etwas zu messen, das sich jeder Wahrnehmung verweigert? Eine Stunde ist und bleibt sinnlich ungreifbar. Die Zeit entzieht sich der konkreten Zugänglichkeit – und das, obwohl alles Erscheinen Zeit in Anspruch nimmt und alles sinnlich Wahrnehmbare der Zeit verfallen ist.[49] Aber was tun Uhren dann? Messen sie nicht die Zeit? Wohl kaum. ›Die Zeit‹ als nicht existente, aber höchst wirkmächtige Vorstellung kann von Uhren gar nicht erfasst werden. Vielmehr zeigen Uhren »sozial normierte Geschehensabläufe mit gleichmäßig wiederkehrenden Ablaufmustern«[50] an, wie Minuten, Stunden, die Länge eines Arbeitstages oder die Dauer eines 100-Meter-Laufs. Uhren und Kalender stellen daher Standardisierungen dar, deren Zweck es ist, Relationierungen zu bewerkstelligen. Mittels Uhren können Vergleiche angestellt werden über die Dauer oder die Geschwindigkeit von Abläufen, die keinen unmittelbaren Vergleich zulassen, weil sie zeitlich oder räumlich zu weit auseinanderliegen. Uhren sind demnach sozial standardisierte Muster, um solche nicht direkt vergleichbaren Abläufe miteinander in Beziehung zu setzen. Im Verlauf der Jahrhunderte wurden Uhren daher nicht nur hinsichtlich ihrer Genauigkeit verbessert, sondern erfuhren durch ihre vereinheitlichende Normierung und globale Gültigkeit eine große Bedeutungssteigerung.[51]

Es handelt sich also zunächst um eine durchaus praktische, Abläufe vereinfachende Angelegenheit. Doch darf man den fatalen Effekt nicht übersehen, den ›Zeitmaschinen‹ wie Uhren, Kalender und andere Einrichtungen haben. Sie durchlaufen nämlich einen Prozess der Naturalisierung, machen also vergessen, dass es sich um technische Hilfsmittel handelt, mit denen Zeit nur koordiniert wird. Stattdessen werden sie als sichtbarer Ausdruck dieser unheimlichen Macht namens ›Zeit‹ aufgefasst. Aber:

»Es ist nicht die ›Zeit‹, die wir messen, nein, wir messen Veränderungen, Dynamiken, Prozesse und nennen dies ›Zeit‹. Die Uhr mißt demnach nicht die ›Zeit‹ vielmehr ist es der Lauf der Zeiger, den wir als ›Zeit‹ bezeichnen und mit besonderen Maßstäben etikettieren (Stunde, Minute, Sekunde). Dieser Sachverhalt verleitete Einstein dazu, die ›Zeit‹ als eine ›hartnäckige Illusion‹ zu kennzeichnen. [...] Daher ist die Zeit ein menschengemachtes Netz, in dem man Spinne und Fliege zugleich ist. Indem wir die ›Zeit‹ kontrollieren, kontrollieren wir uns selbst. Wir produzieren, so gesehen, jene ›Zeit‹, die auf uns wirkt.«[52]

Zeit wird so zu einem der »schwarzen Löcher des Denkens«,[53] weil sie kein empirisches Außerhalb besitzt, weil Zeit nur in der Zeit vorkommt.[54] Wenn Zeit also nicht existiert, wären wir doch wieder bei der Ratlosigkeit des Augustinus. Lässt sich Zeit nicht bestimmen, obwohl sie unseren Alltag bestimmt? Möglicherweise ist es hilfreicher, die Zeit nicht an ihrem vermeintlichen Kern packen zu wollen, sondern sie eher über die Ränder anzugehen. Zeit hat keinen eindeutig identifizierbaren Ort (wo immer dieser auch angesiedelt werden mag: bei Gott, im Universum, im Individuum oder in der Gesellschaft), sondern Zeit entsteht im ›Zwischen‹.[55] Die Frage kann also nicht mehr lauten, was Zeit ist, sondern muss auf das Problem abzielen, wie Zeit verwirklicht wird, wie sie verwendet wird, in welchen Zusammenhängen sie dingfest gemacht werden kann. An die Stelle der definitorischen und abstrakten Frage nach *der Zeit* tritt die historische Frage nach *den Zeiten*.[56]

Kulturzeit

Eine Geschichte der Zeit kann ihren Gegenstand nicht in naiver Weise voraussetzen. Vielmehr ist das Problem in den Mittelpunkt zu stellen, wie Gesellschaften sich selbst zu bestimmten Geschehensabläufen und standardisierten Maßstäben der Zeitmessung in Beziehung setzen. Mit einem geglückten Ausdruck des Soziologen Norbert Elias kann man davon ausgehen, dass Gesellschaften sich ›zeiten‹, das heißt, die für sie bedeutsamen und erinnerungswürdigen Ereignisse in die Dimension der Zeit einordnen.[57]

Die historische Perspektive dürfte dafür ausreichend Belegmaterial liefern. Auch angesichts aller physikalischen oder juristischen Normierungen bleibt festzuhalten, dass Zeit immer um soziale Gruppen unterschiedlicher Größe zentriert war und ist – nicht zuletzt sind auch rechtliche und naturwissenschaftliche Festlegungen nichts anderes als Ergebnisse gesellschaftlicher Regulierungsprozesse.[58] Zeit ist daher zu verstehen als ein Mittel zur Orientierung in der sozialen und kulturellen Welt; sie dient ganz wesentlich dazu, das Zusammenleben von Menschen zu organisieren.

Die Regelmäßigkeit bestimmter Naturabläufe wie Tag-und-Nacht-Wechsel, Mondphasen, Jahreszeiten oder die Umlaufbahn der Planeten, die wesentlich zur Bestimmung der Zeit dienen, haben ohne Frage ihre Gültigkeit, auch ohne menschliche Beobachtungen. Um aus diesen Erscheinungen jedoch Grundlagen der Zeitmessung zu machen und aus ihnen Vorstellungen von ›der Zeit‹ abzuleiten, mithin spezifische Formen des Zeitwissens hervorzubringen, bedarf es des kulturellen Faktors. Schon Aristoteles hat festgestellt, dass es keine Existenz der Zeit ohne ein Bewusstsein geben kann, das diese Zeit wahrnimmt[59] – anders formuliert: kein Zeitwissen ohne menschliche Beobachtung. Die chronometrisch gemessene Zeit läuft nur so lange weiter, wie jemand da ist, der sie misst.[60] Es handelt sich um einen menschlichen und kulturellen Maßstab, der mit seinen Urhebern verschwinden wird.

Zeit ist also in all ihren Formen Teil der Kultur. Dies gilt unabhängig davon, ob man Varianten individuellen Zeitempfindens thematisiert oder naturwissenschaftlich orientierte Zeitvorstellungen, die Zeit als quantitativ, homogen, unendlich teilbar und kontinuierlich ansehen.[61] Zeit lässt sich nicht angemessen verstehen, wenn man sie als Container begreift, in die Geschehnisse menschlichen Lebens fügsam eingeordnet werden. Zeit ist vielmehr ein Bestandteil dieser Geschehnisse selbst,[62] denn sie entsteht erst, wenn etwas durch jemanden gemacht wird – weil mit diesem Machen immer auch Zeit erzeugt wird.

Zeitschaft

Ich will hier keine Theorie der Zeit entwickeln, sondern den Versuch einer Zeit-Geschichte unternehmen. Die Feststellung mag vielleicht überraschen, dass eine solche Geschichte der Zeit für die historischen Wissenschaften kein bevorzugtes Objekt darstellt.[63] Das hat sicherlich damit zu tun, dass die Beschäftigung mit Geschichte die Frage nach Veränderungen in der Zeit voraussetzt, von daher auf den ersten Blick kaum die Notwendigkeit besteht, sich mit dieser Zeit nochmals explizit zu beschäftigen – weil dies vermeintlich ohnehin schon immer geschieht. Bei näherem Hinsehen fällt jedoch auf, dass Zeit eher vorausgesetzt als problematisiert wird. Zeit ist der Rahmen, in dem sich Geschichte abspielt, aber in all seiner sozialen und kulturellen Bedingtheit gelangt dieser Rahmen kaum einmal in den Blick.[64] Gerade aufgrund ihrer vermeintlich selbstverständlichen ›Anwesenheit‹ wird die Zeit tendenziell übersehen: »›Zeit‹ ist etwas geradezu gefährlich Allgegenwärtiges [...].«[65] Und ebendies macht eine Geschichte der Zeit umso notwendiger, denn: *Die Zeiten ändern sich mit der Zeit.*«[66] Für eine Geschichte der Zeit ist daher weniger die Frage von Bedeutung, was diese Zeit denn nun ist, sondern vielmehr, wie der Mensch und wie soziale Gruppen zur Zeit kommen[67] und wie sich die Arten und Weisen des Zur-Zeit-Kommens im Lauf der Geschichte verändert haben. Das zeigt sich nicht zuletzt anhand der kaum behandelten Frage, was in unterschiedlichen historischen Konstellationen jeweils unter ›Gegenwart‹ verstanden wurde.

Einige begriffliche Instrumente können als Hilfsmittel dienen, um in diesem unendlichen Ozean der Zeiten nicht gänzlich die Orientierung zu verlieren: Zeitwissen, Pluritemporalität, Zeitregime und Zeitschaft sollen mir im Folgenden als begriffliche Richtungsweiser dienen.

Den Ausdruck ›Zeitwissen‹ (der eigentlich im Plural als *die* Zeitwissen verwendet werden sollte) habe ich bereits erwähnt. Mit diesem Begriff will ich dem Eindruck entgegenwirken, es handele sich bei der Zeit um eine objektive Gegebenheit, gewissermaßen ein Naturphänomen, das es nur noch korrekt zu messen gelte. Denn ›die Zeit‹ gibt es nicht, es gibt immer nur unterschiedliche Wissensformen von der Zeit.[68] Der Begriff ›Zeitwissen‹ bezeichnet daher die soziale und kulturelle Verankerung von Zeit. Unter dieser Maßgabe ist Zeit keine abstrakte, objektive, vom Menschen losgelöste Dimension. Vielmehr handelt es sich um bestimmte, soziokulturell hervorgebrachte Formen des Wissens von der Zeit, die notwendigerweise der historischen Transformation unterliegen.

Dass Zeitwissen immer nur in der Mehrzahl vorkommt, soll mit dem Begriff der Pluritemporalität unterstrichen werden. Pluritemporalität bezeichnet den Umstand, dass Kulturen, soziale Gruppen, Objekte, Ereignisse usw. zumindest potentiell dazu in der Lage sind, eigene Zeitformen auszubilden. Es handelt sich um den methodischen Zweifel an der möglicherweise naheliegenden Idee, wir hätten es nur mit einer einzigen Zeitform zu tun, die mit der Zeit der Uhren und Kalender zur Deckung gebracht werden könnte.[69] Der Ausdruck der Pluritemporalität ist zudem in der Lage, temporale Spannungssituationen zu beschreiben, die in einer bestimmten historischen Konstellation vorherrschen. In solchen Momenten lassen sich zum Beispiel parallel zueinander Phänomene finden, die durch ein rückwärtsgewandtes Zeitmodell, durch reversible Zeitschleifen oder durch den Vollzug irreversibler Zeitsprünge gekennzeichnet sind. Solche Spannungsverhältnisse sollten nicht voreilig wegerklärt werden, indem man einen bestimmten Umgang mit Zeit als den einzig angemessenen identifiziert. Sie müssen im Gegenteil in ihrer Komplexität thematisiert und in den Vordergrund gerückt werden. Der Begriff der Pluritemporalität kann darüber hinaus verhindern, dass sich eine Geschichte der Zeit (also auch meine hier vorgelegte) voreilig auf ein Fortschrittsmodell des Zeitwissens festlegt. Denn alte Formen des Zeitwissens verschwinden nicht einfach, um von neueren nahtlos ersetzt zu werden. Sie werden abgedrängt, verlieren an Bedeutung, erfahren weniger Beachtung, behalten aber trotzdem eine gewisse Bedeutung bei und nehmen an der allgemeinen Konkurrenz der vielfältigen Zeitformen teil.[70]

Das Wissen von der Zeit ist allerdings nicht nur sozial und kulturell fundiert, ist nicht nur historisch variabel und kommt nicht nur in pluralen Formen vor, sondern ist auch machtgesättigt. Der Begriff des ›Zeitregimes‹ (auch hier ist der Plural angemessen) bezeichnet diese machtförmige Aufladung unterschiedlicher Formen des Zeitwissens. Zeit wurde und wird immer eingesetzt, um Macht zu demonstrieren, Macht auszuüben oder auch Gegenmächte zu etablieren.[71] Umgekehrt kann Macht dazu verwendet werden, die einzige Ressource zu vermehren, die sich eigentlich nicht vermehren lässt: Zeit. Dinge zu erschaffen oder zu zerstören erfordert Zeit – die mittels Delegation multipliziert und potenziert werden kann.[72]

Von dem Kunsthistoriker George Kubler stammt die Formulierung, dass es für Objekte ebenso viele Möglichkeiten gibt, Zeit einzunehmen, wie sie Raum einnehmen können.[73] Diese These verweist auf den untrennbaren Zusammenhang von Zeit und Raum, der sowohl im relativitätstheoretischen Begriff der ›Raumzeit‹ wie auch im historischen ›Zeitraum‹ zum Ausdruck kommt. Der Konnex von Raum und Zeit kommt einer Binsenweisheit gleich. Es gibt keine Erfahrung, die ohne einen Ort und ohne eine Zeit auskäme. Mit Blick auf den Raum akzeptieren wir dabei völlig selbstverständlich seine Diversifizierung, seine ungeheure Vielfältigkeit, haben keinerlei Schwierigkeiten, von Räumen im Plural oder von Landschaften zu sprechen. Bei der Zeit geht man hingegen üblicherweise immer noch davon aus, dass es sich um eine einzige und um eine einheitliche handelt. Die Vorstellung unterschiedlicher, parallel zueinander existierender Zeiten wirkt befremdlich.

Der Begriff ›Zeitschaft‹ soll dazu dienen, parallel zum Begriff der Landschaft die Vielfältigkeit der Zeiten zum Ausdruck zu bringen.[74] Im Englischen ist der Begriff *timescape* schon eher etabliert.[75] Im Deutschen wird zuweilen der Ausdruck des Chronotopos verwendet, wie er vom russischen Literaturwissenschaftler Michail Bachtin etabliert wurde.[76] Die ›Zeitschaft‹ soll ein komplexes Ensemble bezeichnen, das über die Verbindung von zeitlichen beziehungsweise historischen Dimensionen mit räumlichen Konstellationen hinausgeht. Es handelt sich um den Zusammenhang von äußerlichen Voraussetzungen (wie Tag-und-Nacht-Wechsel, Jahreszeiten, Umlaufbahn der Planeten, Entropie, individuelle Erfahrungen des Vergehens von Zeit in Alterungsprozessen etc.), kulturellen Konstruktionen (in Form von Zeiterfassungssystemen oder Konzepten von Vergangenheit/Gegenwart/Zukunft) sowie sozialen, politischen und wirtschaftlichen Nutzungen von Zeit, die jeweils wechselseitig aufeinander einwirken.

Mit einem solchen Begriff der Zeitschaft ergibt sich die Möglichkeit, komplexe Zeitsituationen in den Blick zu nehmen und zu beschreiben, und zwar ohne sich im Vorfeld auf ein bestimmtes Verständnis von Zeit festlegen zu müssen. Damit wäre zunächst und vor allem eine offene Beschreibungskategorie vorgegeben, die sich situationsspezifisch auffüllen lässt. Gerade weil dieses Kunstwort gewöhnungsbedürftig ist, kann es deutlich machen, dass es sich bei der Zeit nicht um etwas gewissermaßen Natürliches, um etwas nahezu Selbstverständliches handelt, sondern um etwas historisch und kulturell spezifisch Geformtes.

* * *

Eine Zeitschaft muss als ebenso komplex, vielfältig und bunt angesehen werden wie eine Landschaft (wenn auch mit dem entscheidenden Nachteil, dass sie nicht sinnlich wahrnehmbar ist). In diesem Buch möchte ich die europäische Zeitschaft des längeren 17. Jahrhunderts (also mit Ausgriffen in das 16. und das 18. Jahrhundert) genauer in den Blick nehmen. Wie bereits ausgeführt, erscheint mir dieser Zeitraum deswegen relevant, weil hier mit einer gestiegenen Bedeutung von ›Gegenwart‹ und einem stärkeren Bezug auf Gegenwärtigkeit ein Zeitwissen etabliert wurde, das auch heute noch gilt. Die Frage, die sich aus einem solchen Befund ergibt, ist jedoch, wie es zu diesen Verschiebungen im europäischen Zeitwissen kam. Bevor aber die Gegenwart zu ihrem Einsatz kommt, müssen wir dem Ende aller Zeiten ins Auge blicken.

Ein Ende von Anfang an

What we call the beginning is often the end
And to make an end is to make a beginning.
The end is where we start from.

T. S. Eliot[1]

Kalenderblatt 1630

Es sah nicht gut aus. Die Prognosen wiesen auf Krieg und Blutvergießen hin, auf Pest, Inflation und Hunger, auf Überschwemmungen und Erdbeben, auf den Tod von Oberhäuptern und den Zerfall der politischen Ordnung. Der Schluss, den man aus solchen Aussichten zu ziehen hatte, war naheliegend. Das Ende der Welt kündigte sich an. Solche Verhältnisse als »Elender/betrübter Zustand« zu bezeichnen kam fast schon einer Untertreibung gleich. Gleichwohl machte der unbekannte Herausgeber des Kalenders mit diesem Titel auf den wesentlichen Inhalt seiner Zusammenstellung aufmerksam, in der die Vorhersagen von 20 unterschiedlichen Kalendermachern und Astrologen für das Jahr 1630 vereinigt waren.[2]

Wir haben es hier nicht mit einem klassischen Kalender zu tun, der als terminlicher Wegweiser durch das Jahr dienen würde, sondern mit einer Art Metakalender, einem »Best of« (oder »Worst of«) der wichtigsten – und trübsinnigsten – Aussichten auf das kommende Jahr. Dass dieser Blick voraus nicht allzu erfreulich ausfallen konnte, ist für ein deutschsprachiges Produkt dieses Zeitraums nicht verwunderlich. Immerhin befinden wir uns inmitten des Dreißigjährigen Krieges, und dieser Konflikt, in den erhebliche Teile Europas direkt oder indirekt involviert waren, gab kaum Anlass zu freudigen Erwartungen. Der Kalenderschreiber Mauritius Huberinus (Moritz Huber, Lebensdaten unbekannt), der in der ersten Hälfte des 17. Jahrhunderts in Nürnberg tätig war, fand hierfür fast schon poetische Worte:

»Es ist männiglichen bekand / das die jenigen / welche sich unterstehen einen Moren weiß zu baden / oder Wasser in einem Sieb auffzuhalten / jedesmals vergebens gearbeitet haben. Eben dergleichen würde auch mir wiederfahren / wann ich dieser zeit / von Krieg und Unfrieden viel prognosticirens machen wolte/weil kein Winckel in der Welt zu finden/ darinnen Mars sein Panier nicht auffgestecket hette [...].«[3]

Die Zustände waren aber nicht nur wegen der Dominanz des Kriegsgottes elend und betrübt. Vielmehr war der Krieg nur ein Indiz für einen wesentlich größeren Problemzusammenhang, nämlich für die Überzeugung vom nahenden Ende der Welt. David Herlicius (David Herlitz, 1557–1636), Mathematiker, Dichter und vielfach Gelehrter aus Pommern, wurde in dieser Zusammenstellung dazu wie folgt zitiert:

»Das Griechische Wort Prognosticon heisset so viel auff Deutsch/eine zuvor verkündigung derer ding/die noch künfftig sind. Was sol ich dann vom Krieg verkündigen/der (Gott im hohen Himmel erbarme es doch nunmehr endlich) nicht zukünfftig/sondern leyder/leyder gegenwertig gnug ist? Und ich glaub nicht/das der Teuffel/als der Höllische Störenfried zu wüten auffhören werde. Weil er sieht/daß der liebe Jüngste Tag nicht mehr fern sein werde. [...] Ach wer nur hier bald selig sterben/und mit frieden in sein Schlaffkämmerlein kommen möchte.«[4]

Von hier aus war es dann nicht mehr weit bis zu den biblischen, endzeitlichen Plagen, wie sie in der Offenbarung des Johannes eindrücklich geschildert werden und wie sie ein gewisser Jan von der Gartau in dieser Sammlung zusammenfasst.

»[D]ann es sind die letzten Zeiten und Tage/darinnen solche Zeichen und Wunder müssen geschehen/wovon Christus/alle Propheten/Aposteln und heilige Männer geweissaget/und von andern viel geschrieben worden. Die Wunder nun/so geschehen sollen/sind diese/nemlich es geschehen Zeichen an der Sonn/Mond und Sternen [...] Es seyn Pestilentz und theure Zeit/und Erdbeben hin und wieder.«[5]

Außerdem drohten Krieg und Viehseuchen, gefolgt von Unwettern, Heuschrecken, Finsternis, Vernichtung der Gottlosen und schließlich dem Jüngsten Gericht – und von all dem kündete das Jahr 1630 nach Christi Geburt laut Auskunft dieser Kalenderkompilation nur allzu deutlich.[6]

Das alltägliche Ende

Am Anfang steht also das Ende. Wenn man im 17. oder im 16. oder in noch früheren Jahrhunderten über die Zeit und den Lauf der Geschichte nachdachte, dann war dieses Nachdenken fast notwendig final ausgerichtet.[7] Die Zeit hatte ein Ende. Für einen ganz erheblichen Teil der europäischen Geschichte war das Ende aller Zeiten nicht nur ein fernes und ungefähres Abstraktum, das fahl durch den Nebel zukünftiger Entwicklungen schimmerte. Es stellte vielmehr eine konkrete Gegenwart dar. Das Ende war gewiss und allseits präsent.[8]

Dieses Ende konnte sich auf sehr vielfältige Art und Weise manifestieren.[9] Das Ende des individuellen Lebens stand den Menschen als jederzeit drohendes Szenario unmittelbar vor Augen – nicht zuletzt weil sein plötzliches und unvorhersehbares Eintreten zu den beständigen Erfahrungen des Alltags gehörte. Doch die Erwartung des Endes der Welt beeinflusste die alltägliche Lebensgestaltung ebenso sehr.[10] Diese Fixierungen auf das letzte Stündlein oder das Jüngste Gericht ergaben sich aus der zutiefst christlichen Prägung der europäischen Wirklichkeit dieser Zeit. Das abendländische Christentum – seit der Reformation in verschiedene Konfessionen aufgespalten – durchdrang den Alltag der Menschen in jeder nur erdenklichen Weise. Es gab eigentlich keinen Lebensbereich, der nicht (auch) durch die Religion geprägt war. Möglicherweise spielte das Christentum seit dem 16. Jahrhundert sogar eine noch größere Rolle im Leben der Menschen als in den Jahrhunderten zuvor. Insbesondere durch eine engere Verbindung von Staat und Kirche sowie durch die neuen medialen Möglichkeiten, die der Buchdruck mit beweglichen Lettern mit sich gebracht hatte, konnten christliche Inhalte auf eine neue Weise in den Alltag eindringen.[11] Man kann durchaus davon sprechen, dass die Menschen dieser Zeit der Überzeugung waren, »Akteure in einem göttlich-kosmischen Drama zu sein, für dessen

Aufführung ihnen Gott mit der Bibel nicht nur das Drehbuch, sondern auch die Regieanweisungen gegeben hatte«.[12]

Die Deutung der eigenen Welt und des eigenen Lebens war in einem Maße religiös imprägniert, wie man sich das zu Beginn des 21. Jahrhunderts nur noch schwer vorstellen kann. Dabei ist es vielleicht weniger die Bedeutung des Religiösen an und für sich, die in der historischen Rückschau Schwierigkeiten bereitet, sondern es ist die Alternativlosigkeit, die befremdlich anmutet. Es gab nämlich während der Frühen Neuzeit noch kein Weltdeutungsmodell, das der Religion ernsthaft Konkurrenz hätte machen können – oder zutreffender formuliert: Diese Alternativen bildeten sich in Form der Wissenschaften erst allmählich aus. Für den weitaus überwiegenden Teil der Menschen in Europa bedeutete dies, dass sie auf religiöse Deutungsmuster zurückgreifen mussten, wenn sie sich die Welt erklären wollten.[13]

Das galt nicht zuletzt auch für das Nachdenken über die Zeit, über Vergangenes und Zukünftiges, über Ursprünge und Vergänglichkeiten, über den Anfang und das Ende. Und das Ende war nah. Auch wenn es mit sehr vielen Fragezeichen und Unsicherheiten ob seiner konkreten Ausgestaltung verbunden war, so war doch ein ganz erheblicher Teil der europäischen Bevölkerung der Überzeugung, dass dieses Ende kommen würde, dass es bald kommen würde – möglicherweise schon unmittelbar vor der Tür stand.

Es war eine unhinterfragte Selbstverständlichkeit, dass das irdische Schöpfungswerk irgendwann an sein Ende gelangen werde, um einer anderen Welt Platz zu machen. Die Anhänger des Christentums stimmten seit dessen Anfängen darin überein, dass Christus durch seine Auferstehung den Weg des Heils vorgezeichnet habe. Wenn im Christentum über das Heil nachgedacht wurde, dann war dies immer mit einer Eschatologie verknüpft, mit einer Lehre von den letzten Dingen und dem Ende der Welt, deren zentrale Aussage darin bestand, dass Christus am Ende der Zeiten auf die Erde zurückkehren werde. Endzeitliches Denken führte daher zu einer Inversion der Geschichte: Sie beginnt mit dem Ende und endet mit dem Anfang.[14]

Finale Kalkulationen

Es gab nicht nur *ein* Ende. Es gab eine Vielzahl an Endzeitvorstellungen, die zu unterschiedlichen Zeiten vorherrschten und die vor allem den jeweiligen Bedürfnissen unterschiedlicher konfessioneller und sozialer Gruppen angepasst waren. Das Ende der Welt, wie man sie kannte, war zwar stets der zentrale Bestandteil – darüber hinaus gab es aber große Meinungsverschiedenheiten darüber, wann das Ende kommen würde, wie es konkret vonstattengehen sollte und wer auf welche Weise davon betroffen wäre.[15]

Mathematische Annäherungen können verdeutlichen, wie bedeutsam und konkret für die Zeitgenossen des 16. und 17. Jahrhunderts das Ende der Welt war. Zwar wurde regelmäßig wiederholt, dass die näheren Umstände zukünftiger Entwicklungen mehr als ungewiss seien, und es war theologisch recht heikel, sich in entsprechenden Mutmaßungen zu ergehen. Doch war das Verlangen, Näheres über das drohende Finale zu erfahren, unübersehbar. Hierauf verwendeten die Menschen eine nicht unerhebliche Menge an Zeit und Energie. Grundlage war die weithin geteilte Überzeugung von der begrenzten Zeit, die der Welt überhaupt zur Verfügung stand. Auf der Grundlage biblischer Angaben und heilsgeschichtlicher Überlegungen wurden für die Dauer der Schöpfung in etwa 6000 Jahre veranschlagt – abgeleitet aus den sechs Schöpfungstagen sowie aus dem Umstand, dass für den Schöpfer tausend Jahre wie ein Tag seien (2. Petrus 3,8). Aufgrund der – sehr schwierigen – Summierung alttestamentarischer Generationenfolgen kam man auf einen Schöpfungszeitpunkt, der circa 4000 Jahre vor Christi Geburt gelegen haben musste, so dass der Welt nach dieser Zeitenwende noch etwa 2000 Jahre zur Verfügung standen.

Solche Berechnungen zum Alter und zur noch währenden Dauer der Welt wurden auch jeder Käuferin und jedem Käufer eines Kalenders mit der größten Selbstverständlichkeit präsentiert. Denn zu den standardisierten Basisinformationen eines Kalenders gehörte die heilsgeschichtliche Einordnung des jeweiligen Jahres. Im Kalender des Mathematikers und Astronomen David Froelich (1595–1648) für das Jahr 1651[16] findet sich beispielsweise folgende, in dieser Form typische Zusammenstellung:

»Im Jahr nach der heiligen Geburt deß Sohns Gottes 1651 [Jahre].
Von Erschaffung der Welt 5600 [Jahre].
Von der Sündflut 3944.
Vom Leiden/Sterben und Aufferstehung Christi 1618.
Vom Anfang des Julianischen Calenders 1695.
Von dem Newen und durch den Pabst Gregorium XIII. corrigirten Calender 69.
Von der beharrlichen Regierung des H. Römischen Teutschen Reichs durch die hochlöblichsten Oesterreichischen Ertzhertzöge das 213.
der Kayserlichen Regierung Ferdinandi III. das 15.
der Königlichen Ungerischen Crönung das 26.
der Böhmischen das 24.
Von Anfang des jetzigen Teutschen Krieges das 33. Jahr«[17]

Insbesondere unter den Reformatoren des 16. Jahrhunderts ging man jedoch davon aus, dass die letzten 1000 dieser etwa 6000 Jahre währenden Haltbarkeit um der Gnade willen verkürzt würden (Matthäus 24, 22), so dass das Ende der Welt nicht erst 2000 Jahre nach Christi Geburt, sondern bereits jetzt, im 16. Jahrhundert stattfinden würde. Und für ebendiese unmittelbar zu erwartende Apokalypse fanden die Zeitgenossen in ihrer Gegenwart mehr als genug Hinweise: Seuchen, Naturkatastrophen, Kriege, bedrohliche Kometen, aber insbesondere der Zustand der päpstlichen Kirche waren mehr als deutliche Fingerzeige, wohin die Reise ging.[18]

Es gab sehr prominente Vertreter einer mathematisierenden Eschatologie. Einer der im 16. Jahrhundert sicherlich einflussreichsten war Martin Luther, der sich auf die Weissagung des Propheten Elia bezog. Demnach sollte die Welt dreimal 2000 Jahre dauern: 2000 Jahre vor Verkündigung der Zehn Gebote, 2000 Jahre unter dem göttlichen Gesetz und 2000 Jahre unter dem Messias. Für Luther bedeutete diese Berechnung aber nicht, dass das Jüngste Gericht erst im Jahre 2000 nach Christi Geburt kommen würde und damit aus der Perspektive des 16. Jahrhunderts noch Jahrhunderte hinausgeschoben werden musste. Er nahm vielmehr eine Beschleunigung der Endzeit an – eine fast schon modern anmutende Idee der Temposteigerung. Er fand nicht nur entsprechende Bibelstellen, die besagten, dass die letzten Tage um der Auserwählten willen verkürzt würden, sondern extrapolierte aus dem Umstand, dass Jesus vor seiner Auferstehung nicht volle drei, sondern nur zweieinhalb Tage tot gewesen sei, die Regel, dass man das letzte Jahrtausend halbieren müsse. Die Welt würde demnach nicht 6000, sondern nur 5500 Jahre dauern – ein Zeitraum, der laut Luther dem Jahr 1540 nach Christus entsprach. Hält man sich vor Augen, dass Luther diese Berechnung in ebendiesem Jahr 1540 anstellte, kann man erahnen, wie sehr er (und andere) das Weltende nicht nur als unmittelbar bevorstehend ansahen, sondern geradezu herbeisehnten.[19]

Ähnliche Berechnungen finden sich im 16. und 17. Jahrhundert allenthalben, wobei die zeitliche Einordnung apokalyptischer Erwartungen zunehmend präziser gestaltet wurde. Die prophezeiten Ereignisse wurden einer immer detaillierteren Terminplanung unterworfen und zugleich mit exakteren Bestimmungen hinsichtlich vergangener und gegenwärtiger Ereignisse verknüpft.[20] Zahlreiche Stimmen warteten während des 16. Jahrhunderts mit Terminierungen des Weltendes auf, wobei sich die Daten zum Ende des 16. Jahrhunderts verdichteten. Die Jahre 1577, 1578, 1580, 1581, 1584, 1588, 1604, 1618 oder 1623 wurden unter anderem genannt. Keine herausragende Rolle spielte hingegen das Jahr 1600 als markanter Punkt einer Jahrhundertwende. Diesem Aspekt ließen die Zeitgenossen offensichtlich noch keine größere Aufmerksamkeit zukommen.[21]

Dass all diese Daten ohne apokalyptische Ereignisse verstrichen, brachte ihre Befürworter nicht etwa dazu, sich von ihren Vorstellungen zu verabschieden. Daniel Schaller (1550–1630), Pfarrer in Stendal, reagierte zum Beispiel in einer eigenen Schrift auf den Umstand, dass das prognostizierte Jüngste Gericht für das Jahr 1588 ausgeblieben war. Er veröffentlichte seine Überlegungen 1589 unter dem Titel: »Ein New Theologisch Prognosticon auff das 89. und folgende Jar. Wider die grosse Hochschedliche Sicherheit der Welt/die da meinet sie sey mit dem 88. Jahr uber den Angstberg hinueber«. Nach seiner Meinung könnte sich das Problem ergeben, dass zu viele Menschen glaubten, sie seien nun dem Ende entkommen und dürften sich über diesen Aufschub Gottes freuen – zu früh, wie Schaller betonte. Denn für ihn war es offensichtlich, dass die Welt zunehmend alterte und dass der Aufschub nur von kurzer Dauer sein konnte. Das Ende war höchstens aufgeschoben, aber sicher nicht aufgehoben.[22]

Um etwas Ordnung in die vielen unterschiedlichen Berechnungen zu bringen, unternahm es Elias Reusnerus (1555–1612), Professor für Geschichte in Jena, im Jahr 1600, die diversen Kalkulationen zusammenzutragen, die erstellt worden waren, um den Zeitraum zwischen dem Anbeginn der Welt und der Geburt Christi zu berechnen. Er kam dabei auf nicht weniger als 24 Vorschläge. Ein größerer Teil bewegte sich im Bereich von etwa 4000 Jahren, aber insgesamt reichte die Spanne von 3079 bis zu 5984 Jahren. Die Talmudisten gingen beispielsweise von 3374 Jahren aus, Augustinus nannte die Zahl von 5351 Jahren, Joseph Scaliger nannte 4712 Jahre als zutreffend, während Gerhard Mercator eher von 3966 Jahren ausging.[23] Mehr als ein Jahrhundert später, im Jahr 1738, erschien die »Chronologie de l'histoire sainte et des histoires étrangères«. Darin führte der Hugenotte Alphonse de Vignolles (1649–1744), als Exulant in Berlin lebend und dort Mitglied der Akademie der Wissenschaften, rund 200 verschiedene Datierungen des Beginns der Schöpfung an. Die höchste setzte 6894 Jahre, die niedrigste 3483 Jahre von der Erschaffung der Welt bis zur Geburt Christi an.[24]

Die Ambivalenz all dieser Endzeiterwartungen ist nicht zu übersehen. Einerseits war die stete Androhung des Jüngsten Gerichts bedeutsam für die didaktische Zielsetzung von Predigten. Andererseits bestand das Problem, dass diese Drohung ihre moralische Wirkung nur entfalten konnte, wenn das Gericht als zugleich nah *und* unberechenbar konzipiert wurde. Das Ende der Welt musste immer wieder als unmittelbar bevorstehendes Ereignis datiert werden, um dadurch eine moralische Verbesserung unter den Gläubigen zu erreichen. Wenn sich diese Datierungen dann aber immer wieder in Luft auflösten oder weiter in die Zukunft verschoben wurden, barg dies die Gefahr, dass solchen Prophezeiungen nicht mehr geglaubt wurde.[25]

Trotzdem blieben viele Jahresangaben als Termine des Jüngsten Gerichts im Umlauf. Ihnen allen ist gemeinsam, dass sie die Naherwartung der Zeitgenossen dokumentieren und den gegenwärtigen Zuständen nur mehr wenige Jahrzehnte, zuweilen nur noch wenige Jahre Restzeit zubilligten. Ein sehr einflussreiches Exempel hierfür ist Nicolaus Reimarus Ursus (Nicolaus Reimers, 1551–1600), von dem posthum im Jahr 1606 eine Schrift mit dem Titel erschien: »Chronologische / Gewisse und unwiderlegliche Beweisung / auß heiliger Göttlicher Schrifft und heiligen Vättern / daß die Welt vergehen / und der Jüngste tag kommen werd / innerhalb 77. Jaren: An zurechnen von disem jetzlauffenden Jar Christi 1596. etc.« Auf der Grundlage einer biblischen Chronologie bemühte sich Reimarus um den Beweis, dass die Welt spätestens im Jahr 1673 an ihr Ende kommen sollte. Dank der Autorität der Heiligen Schrift und der Kirchenväter konnte er nicht nur errechnen, dass der Schöpfung nicht mehr als 6000 Jahre gegeben waren, sondern dass davon bereits 5923 Jahre verstrichen waren. Aus der Restsumme ließ sich die Prophezeiung leichthin ableiten, wobei Reimarus betonte, dass natürlich nur Gott das genaue Datum wissen könne und niemand Einblick in seine Vorsehung habe.[26]

Nun war Nicolaus Reimarus nicht irgendjemand, sondern – wie auf dem Titelblatt dieser apokalyptischen Chronologie deutlich hervorgehoben – Hofmathematiker und -astronom des deutschen Kaisers Rudolf II. in Prag und auf diesem Posten Vorgänger von Tycho Brahe und Johannes Kepler. Hier sprach also ein mehrfach mit Autorität ausgestatteter Gelehrter, was seinen Aussagen ein entsprechendes Gewicht verlieh. Reimarus steht damit stellvertretend für eine intensivierte Debatte über das nahende Ende der Welt, wie sie um 1600 besonders im deutschen Sprachraum geführt wurde. Es gab zahlreiche Bemühungen nicht nur gelehrter, sondern häufig auch magischer Art (beide Bereiche waren keineswegs eindeutig voneinander zu trennen), um die Geheimnisse der letzten Tage zu entschlüsseln. Unterschiedliche Wissenstechniken aus der Astrologie, Alchemie oder Zahlenmystik wurden bemüht, um Gewissheit zu erlangen. Es dürfte daher auch kein Zufall sein, dass beispielsweise der Faust-Stoff seit dem späten 16. Jahrhundert in Deutschland populär wurde (die »Historia von D. Johann Fausten« erschien erstmals 1587)[27] oder dass die ersten Rosenkreuzer-Schriften seit 1614 in Deutschland erschienen[28] – schließlich drehen sich beide Themenkreise um den Zugang zu verborgenem Wissen im Zusammenhang mit der Rettung oder auch dem Untergang der Welt.

Aber diese Sicht auf das Ende der Zeiten war selbstredend kein deutsches Spezifikum, sondern ein europäisches Phänomen. Zu den bekanntesten biblischen Chronologien des 17. Jahrhunderts gehört diejenige von James Ussher (1581–1656), dem anglikanischen Bischof von Armagh in Irland. Ussher war in der Hierarchie der anglikanischen Kirche weit aufgestiegen, besaß Einfluss als politischer Berater am englischen Königshof und genoss eine europäische Reputation als Gelehrter. Er war also keineswegs ein abseitiger Spinner, sondern ein anerkannter Vertreter der Kirche und der Gelehrtenwelt. Seine Chronologie erschien in zwei Teilen in den Jahren 1650 und 1654. Ussher war zu seiner Zeit nur der bis dahin letzte in einer sehr langen Reihe europäischer Gelehrter, die aufgrund biblischer Informationen versuchten, das Alter der Welt zu berechnen. Seine Chronologie ist auch deswegen von Bedeutung, weil sie zeitgenössisch sehr viel Aufmerksamkeit erfuhr und exakte Ergebnisse präsentierte. So datierte Ussher beispielsweise die Erschaffung von Himmel und Erde auf die Nacht zum 23. Oktober 4004 vor Christus. Der Mensch und alle anderen Lebewesen erblickten konsequenterweise am darauffolgenden Freitag, den 28. Oktober, das Licht der Welt. Auch die Sintflut konnte Ussher genau bestimmen: Noah und seine Familie bestiegen die Arche am Sonntag, den 7. Dezember 2349 vor Christus.[29] Solche tagesgenauen Datierungen mythischer Ereignisse mögen heutigen Lesern zunächst amüsant vorkommen. Von den Zeitgenossen hingegen wurden sie sehr ernst genommen. Sie offenbaren aber zugleich ein Problem, eine durchaus explosive Ambivalenz, die solchen Vorhaben innewohnte: Welche Auswirkungen musste es auf Glaubensüberzeugungen und mythische Erzählungen haben, wenn man ihnen mit immer exakteren und wissenschaftlich fundierten Methoden zu Leibe rückte? Und was, wenn diese wissenschaftlichen Bemühungen nicht dazu führten, die Gewissheit über Glaubensinhalte zu stärken, sondern sie im Gegenteil als unhaltbar und irrational vorzuführen?

Zeit und Ewigkeit

Es musste nicht unbedingt die mathematische Berechnung sein, die Gewissheit über das Weltende versprach. Eine andere Möglichkeit war der Rückgriff auf biblische Prophezeiungen. Auch hier war es wieder vornehmlich die Reformation, die solche Deutungsangebote aufgriff und Schilderungen vom Jüngsten Gericht, Bilder der Apokalypse und Vorstellungen vom Antichristen, wie sie im Buch Daniel und in der Offenbarung des Johannes zur Verfügung standen, in teils drastischer Art und Weise übernahm.[30]

Das alttestamentarische Buch Daniel entstand 165 v. Chr. während des Makkabäeraufstandes in Palästina. Der Text datiert die geschilderte Handlung aber um vier Jahrhunderte zurück, in die Zeit der babylonischen Gefangenschaft des Volkes Israel. Der junge Jude Daniel wird mit seinen Glaubensgenossen am Hof Nebukadnezars festgehalten. Daniel deutet dem König einen Traum, der diesen zutiefst beunruhigte. Darin sah der König eine große Statue, deren Kopf aus Gold, deren Brust und Arme aus Silber, deren Bauch und Lenden aus Kupfer, deren Beine aus Eisen und deren Füße teils aus Eisen und teils aus Ton bestanden. Ohne Zutun eines Menschen traf ein Stein diese Statue an den Füßen und zermalmte sie, woraufhin sie einstürzte und zu Staub zerfiel. Der Stein aber wurde zu einem Berg, der die gesamte Welt ausfüllte. Daniel deutet dem König diesen Traum in einem politisch-heilsgeschichtlichen Sinn, nach dem jedes Material, aus dem die Statue geformt ist, für ein großes Reich steht. Der goldene Kopf war das Reich Nebukadnezars, dem immer geringere Reiche folgten, bis das vierte und letzte schließlich von Gott zermalmt werden sollte, um stattdessen sein eigenes, ewiges Reich zu errichten (Daniel 2, 32–45).[31]

Die Traumdeutung Daniels wurde in der europäischen Geschichte intensiv rezipiert und in Form der Vier-Reiche-Lehre zu einem zentralen

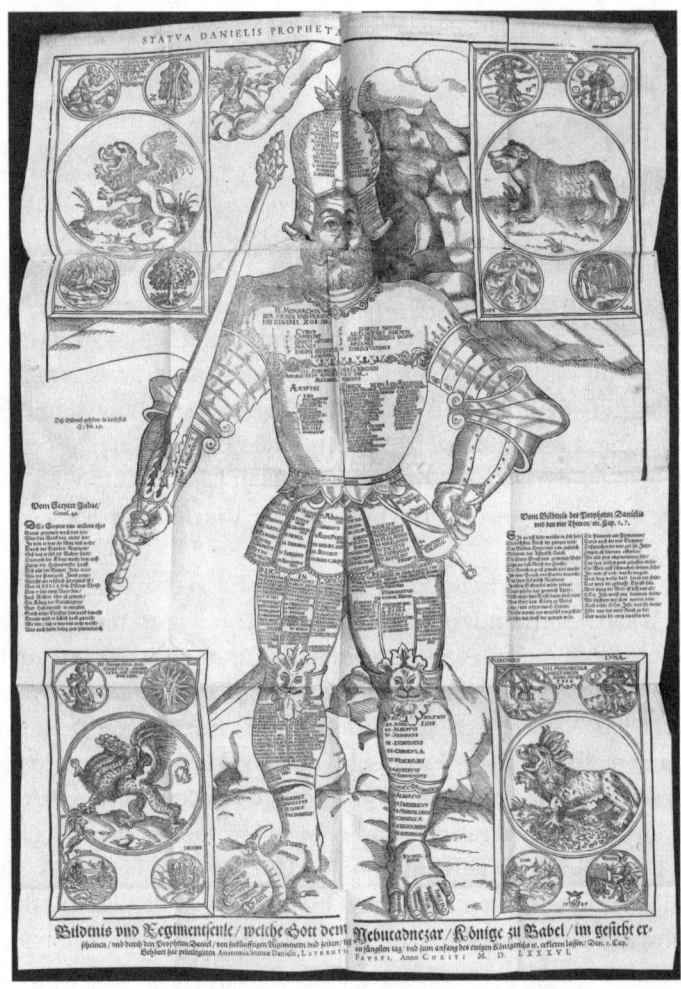

Abb. 3 Der aufwendige Holzschnitt aus dem Jahr 1586 ist eine gelungene und vor allem sehr detaillierte Illustration der Danielsprophezeiung: Man sieht die Statue, die Nebukadnezar im Traum erschien, unterteilt in vier Abschnitte: Der Kopf kennzeichnet das erste Reich der »Assyrier und Chaldeer«, Schultern und Brust repräsentieren die »Monarchia der Meden und Persen«, der Bauch steht für die »Monarchia der Griechen« und ab der Hüfte abwärts findet sich die »Monarchia der Römer«, wobei jeweils die Namen der Monarchen eingetragen sind.[32]

Element heilsgeschichtlicher Deutung.[33] Auf Grundlage der Danielsprophezeiung wurde eine Abfolge von vier großen Weltreichen angenommen, des assyrisch-babylonischen, des persisch-medischen, des griechisch-mazedonischen und des römischen Reichs. Mit dem letzten, dem römischen Reich, sollte sich zugleich die Heilsgeschichte erfüllen. Vor allem aber wurde diese Danielsprophezeiung zu einer wichtigen Schaltstelle für eine Ablösung der Zeit aus der weltlichen Diesseitigkeit und ihre Übertragung in eine göttliche Jenseitigkeit. Denn mit dem Untergang des letzten Reiches sollte auch die historische Zeit auf Erden mit all ihren Veränderungen und Mühsalen enden, um der jenseitigen Ewigkeit Platz zu machen. Auf Grundlage der Danielsprophezeiung (und anderer biblischer Texte) ließ sich ein Gegensatz von Zeit und Ewigkeit entwerfen, der mindestens bis in das 17. Jahrhundert hinein für das christliche Europa von überragender Bedeutung war.

Eine solche Unterscheidung von Zeit und Ewigkeit *(tempus/aeternitas)* ist grundlegend für Kulturen, die in der jüdisch-christlichen Tradition stehen (aber wahrlich nicht nur für diese).[34] Sie ordnet einem Gott (oder mehreren Göttern) eine überlegene Position zu, weil sich in seiner Sphäre alle Dinge in einer gleichzeitigen Ewigkeit befinden und damit dem zersetzenden Wandel enthoben sind. Für den Menschen hingegen befinden sich die Dinge entweder in einem bereits abgeschlossenen oder in einem noch kommenden Zeitraum. Habhaft kann er ihrer nur im flüchtigen Moment der Gegenwart werden. Zeitliche Veränderung ist somit nichts anderes als das Resultat einer beschränkten Sicht der Sterblichen. Dagegen sind die ›Dinge an sich‹ als Teil der göttlichen Schöpfung einem zeitlosen Bereich zuzuordnen, in dem sie von Anbeginn waren und immer bleiben werden. Die Ewigkeit siegt immer über die Zeit.[35]

Die Unterscheidung von Zeit und Ewigkeit spielt bis in das 17. Jahrhundert hinein eine grundlegende Rolle in den Wirklichkeitsentwürfen europäischer Kulturen. Andreas Gryphius (1616–1664) brachte diese Differenz auf besonders anschauliche Weise zum Ausdruck. Er bemühte den Gegensatz von Zeit und Ewigkeit immer wieder, um die Eitelkeit und Oberflächlichkeit der Welt anzuprangern und ihr die einzig bedeutsame Orientierung am Jenseits entgegenzustellen. In dem Gedicht »Beschluß deß Jahrs« heißt es beispielsweise:

»Wir / die wir eine weile blühen.
Vnd mit der zeit von hinnen ziehen.
Wir werden mit der zeit in Erden
Vnd leichten Staub verkehret werden /
Der vor Ewigkeit geherrschet: vnd in Ewigkeit wird bleiben
Heist vns menschen wieder kommen; Doch jhn selbst mag nichts vertreiben.«[36]

Die Finalisierung allen zeitlichen Denkens, wie sie auf Grundlage der Danielsprophezeiung entworfen wurde, führte aber nicht nur zu einer Unterscheidung von Zeit und Ewigkeit, sondern hatte überdies Konsequenzen für den Blick auf die eigene Gegenwart. Dadurch ließ sich die göttliche Uhr auf einen Blick erfassen – und man konnte erkennen, dass es fünf vor zwölf war.[37] Da das (Heilige) Römische Reich (Deutscher Nation) das letzte der vier Weltreiche darstellte, konnte sich die Prophezeiung Daniels jederzeit erfüllen.

In seiner Entstehungszeit war das Zeit- und Geschichtsmodell der Danielsprophezeiung eine ideale Waffe im Kampf gegen das römische Imperium, weil es keiner Menschengewalt mehr bedurfte, um das Reich zu vernichten. Man musste nur auf die Zeit setzen und warten, bis es seiner unausweichlichen Bestimmung zugeführt wurde.[38] Im weiteren Verlauf der Aufstiegsgeschichte des europäischen Christentums büßte das Modell der vier Weltreiche diese subversive Funktion ein, da es zur dominanten Geschichtsdeutung avancierte. Es ging nun nicht mehr um das nahende Ende herrschender politischer Verhältnisse, sondern um die Ausblendung der Gegenwart zugunsten des Weltendes und der Ewigkeit. Die Jetztzeit mit all ihren Schrecknissen, Komplexitäten und Ambivalenzen konnte in ihrer Bedeutung radikal minimiert werden, indem alle Schwierigkeiten und Uneindeutigkeiten auf das nahende Ende verwiesen wurden – denn dann würden sie endgültig ausgelöscht.

Die weitreichende Bedeutung prophetischer Praxis, wie sie auf der Grundlage des Buchs Daniel etabliert wurde,[39] lässt sich ein weiteres Mal besonders gut an Martin Luther verdeutlichen. In seiner Einleitung zur Prophezeiung aus dem Buch Daniel schrieb er im Jahr 1541:

»Ich aber fur mich lasse mir dar an genügen, das der Jüngste tag für der Thür sein mus, Denn die Zeichen, so Christus verkündigt, vnd die Apostel Petrus vnd Paul, sind nu fast alle geschehen. Und die Bewme schlahen aus, die Schrifft grunet vnd blüet. Ob wir den Tag nicht so eben wissen können, ligt nicht dran, Ein ander mache es besser. Es ist gewisslich alles am Ende.«[40]

Der Historiker Marcus Sandl hat die Reformation vor dem Hintergrund dieses apokalyptischen Denkens als »ein Unterfangen ohne Zukunft«[41] bezeichnet – doch gerade das habe die umwälzende und traditionssprengende Kraft dieser Bewegung ausgemacht. Denn die apokalyptischen Überzeugungen können nicht einfach als Gegensatz zu einer aufgeklärten und rationalen Zukunftsgestaltung gesehen werden, sondern bleiben eng auf das Kommende bezogen. Die Naherwartung des Weltendes und die Überzeugung von Aufbruch und Erneuerung im Zeichen der Ewigkeit waren um 1500 zwei Seiten einer Medaille.[42]

Tausend Jahre

Das christliche Verständnis von Zeitlichkeit beruht im Kern auf einer Offenbarung (denn nichts anderes bedeutet das griechische Wort *apokalypsis*: ›Offenbarung‹ oder ›Enthüllung‹, nicht ›Weltuntergang‹).[43] Sie ist im Neuen Testament durchgehend präsent. Ihr kommt aber insbesondere im letzten Buch der Bibel große Bedeutung zu: in der Offenbarung des Johannes.[44] Diese Textsammlung ist für das christliche endzeitliche Denken von fundamentaler Bedeutung, aufgrund ihrer metaphorischen und geradezu hermetischen Sprache aber auch schwer verständlich und vielfältig interpretierbar. Sie erlaubt kaum konkrete Aussagen über das endzeitliche Geschehen, reiht vielmehr Symbole und Metaphern aneinander, die sich einem unmittelbaren Verständnis verschließen und der Phantasie reichlich Spielraum lassen.[45] Und genau in diese Lücke, die sich zwischen esoterisch formulierten Visionen und alltäglichen Lebenserfahrungen auftut, konnten historische Formen eschatologischen Denkens hineinstoßen.

Auf das Kapitel 20 in der Offenbarung des Johannes geht eine endzeitliche Vorstellung zurück, die als Chiliasmus beziehungsweise Millenarismus bezeichnet wird. Im Kern beinhaltet sie die Überzeugung einer tausendjährigen innerweltlichen Herrschaft von Christus und den Heiligen. Es handelt sich gewissermaßen um ein Zwischenreich, das die Zeit bis zum Jüngsten Gericht zu überbrücken hatte. Diese Deutung war im europäischen Christentum zwar kaum mehrheitsfähig, sondern wurde im Gegenteil von kirchlichen Institutionen fast durchgehend bekämpft. Sie behielt aber im Rahmen dissidenter religiöser Vergemeinschaftungen eine hohe Attraktivität.[46]

Der Chiliasmus verdient nicht zuletzt deswegen besondere Aufmerksamkeit, weil er in der Lage war, unter den Zeitgenossen spezifische Aktivitäten auszulösen. Denn mit ihm verband sich die Vorstellung, das

Reich Gottes zumindest teilweise schon im Hier und Jetzt zu realisieren, so dass sich die Möglichkeit bot, für dieses Ziel handelnd einzugreifen. Erwartetes Weltende und möglicher Neuanfang mussten kein Widerspruch sein, sondern konnten Hand in Hand gehen. Der aus dem Griechischen abgeleitete Begriff ›Chiliasmus‹ enthält, ebenso wie sein aus dem Lateinischen stammender Gegenpart ›Millenarismus‹, die wesentliche inhaltliche Aussage bereits in seinem Wortstamm. Beide Begriffe leiten sich von dem Zahlwort ›tausend‹ ab. Damit verweisen sie auf die (nicht zwangsläufig mathematisch zu verstehende) Dauer eines Reiches auf Erden, das der eigentlichen Vollendung der Schöpfung und damit auch dem Ende von Zeit und Geschichte vorangehen sollte. Man ging davon aus, dass der Messias ein zweites Mal auf die Erde kommen, sein Tausendjähriges Reich errichten und mit den Gläubigen in diesem Friedensreich regieren werde, bevor sich dann die Eschatologie erfüllen sollte. Dieses Tausendjährige Reich sollte durch paradiesische Zustände geprägt sein, durch große Fruchtbarkeit, Gelehrsamkeit der Menschen, ein hohes Lebensalter, das Fehlen des Bösen sowie einen allgemeinen Zustand von Glück und Zufriedenheit. Der Chiliasmus war, mit anderen Worten, eine Form christlicher Utopie.[47]

Innerhalb des Chiliasmus gibt es eine große Anzahl von Differenzierungen und Untergruppen, von denen – gerade mit Blick auf die Vorstellungen vom ›Ende‹ der Zeit – hier nur zwei genannt sein sollen, der Prämillenarismus und der Postmillenarismus. Diese Richtungen unterschieden sich in der Frage, *wann* Christus im Verlauf des Tausendjährigen Reiches in Erscheinung treten würde. Die Prämillenaristen gingen davon aus, Christus trete bereits zu Beginn des Reiches auf der gegenwärtigen Erde in Erscheinung, das himmlische Jerusalem schwebe hernieder und werde dadurch für die Gläubigen bereits vor dem Ablauf der tausend Jahre erlebbar. Hier wohnte dem Ende bereits ein neuer Anfang inne, und zwar in einer diesseitigen Form. Im Prämillenarismus ergab sich daher nicht nur die Möglichkeit, sondern geradezu die Pflicht, tätig am Vollzug dieser Heilsgeschichte mitzuwirken. Verdeutlichen lässt sich dies an bekannten Vertretern dieser Richtung, wie dem Reformator Thomas Müntzer (1489–1525), bei dem Ideen von Veränderung und Wandel nicht negativ besetzt waren.[48] Im Gegenteil waren solche Veränderungen notwendig, um die biblischen Prophezeiungen und visionären Erzählungen Wirklichkeit werden zu lassen. Nur auf diese Weise konnten die Sünder vernichtet werden und die Gerechten den Sieg erringen. Damit verband sich auch eine deutliche Diesseitigkeit des prämillenaristischen Denkens. Die Herrschaft Gottes sollte nicht einfach nur passiv erwartet, sondern aktiv herbeigeführt werden, um die innergeschichtliche Heilszeit einer tausendjährigen Herrschaft der Gerechten zu eröffnen.[49] Im Postmillenarismus hingegen erschien Christus erst nach Ablauf der tausend Jahre. Man ging von einer langsamen und allmählichen Offenbarung des Gottesreichs auf der gegenwärtigen Erde aus, und auch das Himmlische Jerusalem sollte sich erst nach Ablauf der tausend Jahre auf die Erde niedersenken. Im Kontext dieser Richtung machte es wenig Sinn, tätig an der Realisierung dieser Vision mitzuwirken, weil die Zeit schlicht abgewartet werden musste.[50]

Endloser Weltuntergang

Bekanntlich kommt der Weltuntergang nie aus der Mode. Der letzte aller Tage will immer wieder neu erlebt werden. Regelmäßig werden wir mit mehr oder weniger ernsthaften Szenarien beglückt, die das Ende des Wohlstands, der Zivilisation, der Erde oder gar des Universums voraussagen. Mal sind es angebliche Prophezeiungen aus Maya-Kalendern, die das Ende der Welt verkünden, mal ist es, wie im Jahr 2000, der befürchtete und dann doch nicht eingetretene Zusammenbruch weltweiter Computernetzwerke. Seit 9/11 ist angeblich die westliche Zivilisation in existentieller Gefahr, Wirtschafts- und Finanzkrisen bedrohen den Wohlstand des industrialisierten Teils der Welt – und der Klimawandel schwebt schon länger als Damoklesschwert über unseren Köpfen. Und das sind nur die Beispiele aus der allerjüngsten Vergangenheit. Immer wieder erregen Berichte über religiöse Sekten allgemeine Aufmerksamkeit. In den harmloseren Fällen versammeln sie sich, um ein sicher geglaubtes endzeitliches Ereignis zu erwarten, in dramatischeren Fällen versuchen sie allerdings mittels kollektivem Selbstmord, diesem Ende entgegenzueilen.

Der Philosoph Hans Blumenberg hat auf seine unnachahmliche Weise die psychologischen Gründe für die fortdauernde Attraktivität apokalyptischer Visionen ausgelotet. Vordergründig gehe es um einen alle Dinge verklärenden Zustand, zumindest für diejenigen, die an der Welt Verzicht geleistet haben.

> »Aber es geht doch auch und womöglich in hintergründigerer Weise um die Aufhebung des Ärgernisses, welches der einzelne daran nimmt, daß die Welt über die Grenzen seiner Lebenszeit hinweg unberührt fortbesteht und sich noch anderer Freuden zu erfreuen anschickt, als ihm selbst vergönnt sein mögen [...]; nur so ist zu verstehen, welch geringen

Aufwandes an Rhetorik und Einfallskraft es bedarf, dies als Emotion und Motion zu mobilisieren. Ganze Völkerschaften sind durch die Worte eines einzigen Predigers in Bewegung gesetzt worden, wenn er nur zu beschwören vermochte, die gerade Lebenden würden noch erleben, was überhaupt zu erleben sei. Doch sind alle Arten und Abarten von Apokalypsen nicht nur Mitteilungen, daß ihre Hörer und Leser Zeugen des Endes bestehender Dinge und Nutznießer einer daraus emporsteigenden neuen Welt sein würden, sondern darin zugleich Versprechungen, sie brauchten sich nicht von einer gleichgültigen Welt überleben zu lassen.«[51]

Angesichts des Dauerbrenners ›Weltuntergang‹ stellt sich die Frage, was so außergewöhnlich am apokalyptischen Denken des 16. und 17. Jahrhunderts sein soll, dass man sich damit ausführlicher beschäftigen müsse. Handelt es sich nicht einfach um einen weiteren Baustein im endzeitlichen Denken, ohne das der Mensch anscheinend nicht auszukommen vermag? Ist es nicht nur der christliche Vorläufer einer Denktradition, der wir in gewisser Weise immer noch verhaftet sind, je nachdem, welchem Weltbild wir anhängen?

Nicht ganz, denn das apokalyptische Denken, wie es bis in das 17. Jahrhundert hinein vorherrschte, zeichnet sich vor allem durch seine Unumgänglichkeit aus. Man konnte sich, mit anderen Worten, nicht aussuchen, ob man vom Untergang der Welt und vom Ende der Zeiten überzeugt sein wollte oder nicht. Man konnte sich höchstens für unterschiedliche im Umlauf befindliche Zeitpunkte sowie Arten und Weisen dieses Endes entscheiden. Ernsthafte andere Projektionen zukünftiger Entwicklungen standen nicht zur Verfügung. Oder besser gesagt: standen *noch* nicht zur Verfügung, denn genau diese Alternativen zeitlicher Organisation bildeten sich im Verlauf des 17. Jahrhunderts allmählich aus – Alternativen, die nicht zuletzt eine größere Aufmerksamkeit für Gegenwärtigkeit zuließen.

Die verschiedenen Glaubensgemeinschaften, die sich seit der Reformation in Europa ausgebildet hatten, boten sehr unterschiedliche Sichtweisen auf das Weltende an. Im Protestantismus spielte das apokalyptische Denken eine ganz erhebliche Rolle.[52] Es diente nicht zuletzt der Identitätsstärkung der jungen Glaubensrichtung. Im Kampf zwischen Gott und Teufel, zwischen den Rechtgläubigen und dem Antichrist sah

Endloser Weltuntergang 63

Abb. 4 Das »Buch der Chroniken und Geschichten« ist inzwischen bekannter unter dem Titel »Schedelsche Weltchronik«. Das unter Federführung des Nürnberger Humanisten und Mediziners Hartmann Schedel (1440–1514) entstandene Riesenprojekt erschien 1493 und unternimmt nichts weniger als eine Universalhistorie unter heilsgeschichtlicher Perspektive, die bis an die unmittelbare Gegenwart des späten 15. Jahrhunderts heranführt. Die Chronik begnügt sich aber nicht damit, nur die Vergangenheit zu beleuchten, sondern hängt noch zwei weitere Kapitel an, welche die heilsgeschichtlich verbürgte Zukunft behandeln. Hier geht es um das Jüngste Gericht und die Herrschaft des Antichrist. Letztere ist geprägt durch das Auftreten der Propheten Henoch und Elija (rechts zu sehen), die von den drohenden Gefahren predigen. Danach tut der Antichrist als »verkerer und zerrüder des menschlichen geschlechts« sein Werk, falsche Propheten geben sich als Gottes Sohn aus (linke Seite der Abbildung), der Tempel Gottes wird zerstört, und jegliche Form der Ordnung zerfällt. Schließlich wird der Antichrist auf dem Ölberg durch den Erzengel Michael (oberer Bildabschnitt) geschlagen, so dass bald darauf das Jüngste Gericht anbrechen kann.[53]

sich der Protestantismus als diejenige Bewegung, der das Licht der Erkenntnis zuteilwurde, um in großer Klarheit die Wahrheit zu verkünden. Da sich der Antichrist nach protestantischer Überzeugung schon längst im römischen Papsttum etabliert hatte, blieb den Rechtgläubigen nichts anderes, als das unabweisliche Ende zu erwarten, das die Erlösung bringen würde.[54]

Im Katholizismus sowie im Calvinismus reagierte man von offizieller Seite ablehnend auf apokalyptische Denkrichtungen. Die Vorhersage des Weltuntergangs wurde schlicht untersagt – als ob das die Überzeugten ernsthaft von ihrer Überzeugung hätte abbringen können. So findet sich auch in diesen Konfessionen trotz entsprechender Verbote fast zwangsläufig apokalyptisches Gedankengut.[55] Die katholische Kirche musste beispielsweise schon deswegen Schwierigkeiten mit apokalyptischen Überlegungen haben, weil durch die hierarchisch strukturierte Papstkirche die gottgewollte Ordnung bereits gegeben war. Der Antichrist würde zwar irgendwann auftauchen und das Ende der Welt einleiten, aber verunsichern konnte dieser Umstand aufgrund der Heilsgewissheit im Rahmen der katholischen Kirche nicht. Im Katholizismus war die Frage nach dem Ende aller Zeiten und nach dem Geschehen am Jüngsten Tag potentiell in einer übergeordneten Institution aufgehoben. Auch wenn die Apokalypse also eine durchaus reale Erwartung war, so dachte man sie sich im Katholizismus als zeitlich nicht besonders nahe und auch weniger erschreckend als im Protestantismus. Trotzdem gab es Befürchtungen, krisenhafte Erscheinungen oder Prophezeiungen, die auch im Katholizismus immer wieder apokalyptische Strömungen beförderten.[56]

Solche unübersehbaren Konjunkturen endzeitlicher Überzeugungen im 16. und 17. Jahrhundert hatten Auswirkungen auf das Zeitwissen. Die Vorstellung vom Ende der Welt löste eine Dynamik aus und provozierte das Empfinden einer Beschleunigung. Wenn die Zeit sich auf ihr Ende zubewegte, bot die Zukunft nicht mehr das Immergleiche. Im Kontext der Apokalyptik entstand also ein wichtiger Bestandteil des Selbstverständnisses der Neuzeit – und zwar nicht obwohl, sondern weil man der Überzeugung war, am Ende der Zeiten zu leben.[57]

Zugleich ließ diese endzeitliche Sichtweise die Gegenwart zu einem bedeutungslosen Warteraum werden. In eine determinierte, weil heilsgeschichtlich vorherbestimmte Zukunft konnte man nicht eingreifen. Man mochte sich, so gut es eben ging, auf dieses Kommende vorbereiten, verändern konnte man es nicht. Die Gegenwart war daher kein Möglichkeitsraum, in dem unterschiedliche Zukünfte entworfen werden konnten. Ihr kam im Zeitwissen keine besondere Rolle zu. Es handelte sich um ein Hier und Jetzt, das durch eine vorherbestimmte Zukunft und durch eine autoritativ gedachte Vergangenheit nahezu erdrückt wurde. In Zedlers »Universal-Lexicon« – der Band mit dem entsprechenden und sehr knappen Artikel erschien 1735 – wurde »Gegenwart« überhaupt nicht als Zeitraum bestimmt, sondern allein als die Wahrnehmung eines Gegenübers, als Koexistenz von Objekten, mithin als relationale Gleichzeitigkeit.[58] ›Gegenwart‹ war also ein räumlicher Zustand, keine zeitliche Differenzierung.

Das Ende als Realität

Weil die Religion in alle anderen Lebensbereiche hineinragte, blieb in der Frühen Neuzeit endzeitliches Gedankengut nicht auf den Bereich des Religiösen beschränkt. Wenn man von der Apokalypse sprach, betraf dies nicht nur Fragen des Glaubens, sondern in einer Welt, die sich selbst ohne Religion überhaupt nicht denken konnte, immer auch Fragen der Politik oder der gesellschaftlichen Ordnung. Einsetzbar waren endzeitliche Argumente in vielfältiger Weise, sie konnten bestehende Ordnungen stabilisieren, aber auch untergraben. In Europa wurde das apokalyptische Gedankengut häufig mit politischen und sozialen Krisen verknüpft. Zu den gesellschaftlichen Unsicherheiten kamen teils massive Veränderungen in der konfessionellen Gemengelage, so dass die fundamentale Frage nach dem ›richtigen Glauben‹ und dem Weg zum eigenen Seelenheil zu einer höchst konfliktanfälligen Angelegenheit wurde.

Das Münsteraner Täuferreich der Jahre 1534/35, in dem eine Gruppe radikaler Apokalyptiker das letzte Königreich vor der Wiederkehr des Messias errichten wollte, war ein extremes Beispiel.[59] In weniger aufsehenerregenden, aber sehr nachhaltigen Formen erlebte millenaristisches Denken in England seit dem späten 16. Jahrhundert einen spürbaren Aufschwung. Nähere Aufschlüsse über den konkreten Ablauf der Endzeit versuchte man vornehmlich durch die Deutung von Symbolen und Prophezeiungen aus der Heiligen Schrift zu gewinnen. Diese Hinweise wurden auf Ereignisse und Personen der eigenen Gegenwart bezogen. Wesentliche Bestandteile hierfür waren die Entlarvung und Vernichtung des Antichrist, die Bekehrung der Juden, das Wiederauftauchen der verlorenen Stämme Israels, die Wiedererrichtung des Tempels in Jerusalem und die erneute Niederlassung der Juden im Heiligen Land.[60]

Man darf sich nicht der Illusion hingeben, solche Überlegungen wären in England auf allgemeine Zustimmung gestoßen. Insbesondere die politischen Obrigkeiten waren über diese Verlautbarungen keineswegs erfreut, erachteten sie vielmehr als gefährlich und subversiv für die soziopolitische Ordnung, weil sie ja nichts anderes verkündeten als die Ersetzung der bestehenden Ordnung durch eine andere. Daher waren zahlreiche Schlüsselwerke des Millenarismus verboten und mussten, falls überhaupt, im Ausland (häufig in den Niederlanden) gedruckt werden. Aber auch den Import solcher Werke versuchte die englische Regierung zu unterbinden.[61]

Der schottische Mathematiker John Napier (1550–1617) machte sich nicht nur einen Namen auf Gebieten, die wir heute den strengen Naturwissenschaften zurechnen, sondern betätigte sich auch in Sachen biblischer Chronologie und systematischer Analysen der Offenbarung des Johannes. In seinem Buch »A Plaine Discovery of the whole Revelation of Saint John« aus dem Jahr 1593 enthielt er sich zwar einer genauen Datierung, allerdings stellte er viele Spekulationen an, die einen Untergang des Antichrist in Rom für das Jahr 1639 und das Jüngste Gericht im Jahr 1700 wahrscheinlich erscheinen ließen.

Joseph Mede (1586–1638) war ohne Frage einer der einflussreichsten apokalyptischen Denker, nicht nur in England, sondern europaweit.[62] Immerhin behauptete er von sich, den Schlüssel zur Offenbarung gefunden zu haben, und nannte sein 1627 veröffentlichtes Buch daher folgerichtig »Clavis Apocalyptica«. Er wurde in Cambridge ausgebildet, wo er auch nach seinem Studium für den Rest seines Lebens blieb und vor allem Griechisch unterrichtete. Er hatte zahlreiche humanistische Interessen, betätigte sich aber ebenso in der Mathematik, der Botanik, der Astrologie und beteiligte sich an anatomischen Sektionen. Am bekanntesten wurde jedoch seine Abhandlung zur biblischen Eschatologie, deren lateinisches Original 1643 auch ins Englische übersetzt wurde. Für protestantische Kreise war Medes »Clavis Apocalyptica« besonders attraktiv, weil es ihm gelang, die Historie des Protestantismus mit den Beschreibungen der Johannes-Offenbarung in Einklang zu bringen. Er meinte, belegen zu können, dass die bisherige Entwicklung des Protestantismus exakt den Vorhersagen des Johannes entsprach.[63]

Auch Francis Potter (1594–1678) würde man nicht unbedingt für einen

Menschen halten, der zu apokalyptischen Spekulationen neigte: Ausgebildet in Oxford, wurde er Pfarrer der anglikanischen Kirche, tat sich jedoch als Erfinder und mechanisch begabter Zeitgenosse hervor, der spezielle Quadranten und Kompasse entwickelte. Er malte und zeichnete aber auch, war ein großer Liebhaber des Schachs, betätigte sich als Imker und experimentierte in den 1640er Jahren auf dem Gebiet der Bluttransfusion. Insbesondere wegen dieser medizinischen Forschungen wurde er 1663 Fellow der »Royal Society«. Sein berühmtestes Werk befasste sich aber mit einer ganz anderen Frage, nämlich der mystisch-mathematischen Behandlung der Zahl 666, der angeblichen Zahl des Antichrist.[64] Erschienen 1642 unter dem Titel »An Interpretation of the Number 666«, bezog er in diesem Werk vor allem mittels Wurzelrechnung die Zahl des Antichrist auf unterschiedliche Institutionen der katholischen Kirche.[65] Samuel Pepys (1633–1703), der weniger als Staatssekretär des englischen Marineamts denn als Verfasser eines umfangreichen Tagebuchs bekannt geworden ist, erwähnt in seinem Selbstzeugnis, dass er sich Potters Buch mehr als 20 Jahre nach dessen erstem Erscheinen gekauft und darin mit großem Interesse gelesen habe.[66] Es ist kein Zufall, dass Potters Überlegungen für ihn von Bedeutung waren, schließlich kaufte er sich das Buch im signifikanten Jahr 1666 – zudem das Jahr, in dem »the great fire of London« die englische Hauptstadt in weiten Teilen zerstörte.[67]

Von Interesse sind solche Figuren, die im 17. Jahrhundert auffallend häufig auftreten, weil sich bei ihnen Aspekte verbinden, die nach unserem Dafürhalten unvereinbar sind. Aber für Napier, Mede, Potter und viele andere war es offensichtlich kein Problem, beide Welten miteinander zu verknüpfen, Rationales und Irrationales in Beziehung zu setzen – weil es sich noch gar nicht um getrennte Welten handelte.

Das gilt auch für einen deutschen Autor, der in England und anderen Teilen Europas großen Einfluss ausübte. »Diatribe de Mille Annis Apocalypticis«, ein Bericht über die kommenden tausend Jahre der Kirche Gottes nach den Offenbarungen Daniels und Johannes‹ – so lautete der Titel der apokalyptischen Schrift von Johann Heinrich Alsted (1588–1638).[68] Das Buch erschien erstmals 1627 in Frankfurt am Main und war aufgrund dieser lateinischen Erstausgabe zunächst in gelehrten Kreisen erfolgreich. Nach der Übersetzung ins Deutsche (1630) und Englische

(1643) erlangte es auch für größere soziale Kreise Bedeutung.[69] Alsted entwarf als vielseitig gelehrter und interessierter reformierter Theologe eine Kirchengeschichte der besonderen Art, indem er nicht nur die Vergangenheit, sondern auch die prophetisch ausformulierte Zukunft des Christentums berücksichtigte. Das kommende Tausendjährige Reich interpretierte er als eine – zumindest aus christlicher Perspektive – durchaus erfreuliche, ja geradezu glückliche Phase der künftigen Weltgeschichte. Zu erkennen sei diese Periode nämlich an der Auferstehung der Märtyrer und ihrer Herrschaft über die Welt, an der Bekehrung der Heiden und Juden, an der Befreiung der Kirche von Verfolgung durch den Tod ihrer Feinde, am andauernden Frieden, an der Reform der Lehre und des Lebens, an der Majestät und dem Ruhm der Kirche sowie an der ewigen und wahren Freude. Und einen Termin konnte er für dieses Paradies auf Erden auch angeben: Im Jahr 1694 sollte es so weit sein.[70]

An Einfluss gewannen die Überlegungen Alsteds und anderer nicht zuletzt zur Zeit des Bürgerkriegs und der Republik in England (1642–1660).[71] Für einen Zeitraum von knapp zwei Jahrzehnten erschienen zahlreiche Schriften apokalyptischen Inhalts, weil die Zensur weitgehend ausgesetzt war. Zugleich etablierten sich etliche Gruppen, die ihre endzeitlichen Überzeugungen in die alltägliche Lebenspraxis überführten. Bewegungen wie die Independenten oder Gruppen wie die Levellers, die Diggers, die Ranters oder die Fifth Monarchy Men waren stark durch einen geradezu revolutionären Millenarismus beeinflusst, dem eine passive Duldungshaltung nicht genug war, sondern der die aktive Teilnahme an der Errichtung des letzten Königreichs erforderte.[72]

Auch wenn im England des 17. Jahrhunderts millenaristisches Gedankengut einen besonderen Aufschwung erfuhr, so waren es zu dieser Zeit keineswegs nur Protestanten von den Britischen Inseln, die solchen Überlegungen etwas abgewinnen konnten. Menasseh ben Israel (1604–1657) entstammte einer portugiesischen jüdischen Familie, die, wie so viele andere in dieser Zeit, vor der Inquisition nach Amsterdam geflohen war, um dort wieder den eigenen Glauben leben zu können.[73] Er war nicht nur ein wichtiges Mitglied der jüdischen Gemeinde Amsterdams, mit Rembrandt bekannt (der ein Porträt von ihm anfertigte) und zeitweise Lehrer Spinozas, sondern betätigte sich auch als Drucker, Verleger und Buchhändler.[74] Diese Tätigkeit brachte ihn in Kontakt mit der nichtjüdischen Gelehrtenwelt Europas der ersten Hälfte des 17. Jahrhunderts. Hier trafen messianische Erwartungen, wie sie in jüdischen Gemeinden Europas – und auch von Menasseh ben Israel – gepflegt wurden, auf millenaristische Überzeugungen vor allem protestantischer Strömungen, und beide stellten zahlreiche Übereinstimmungen fest. Insbesondere in den 1650er Jahren engagierte sich Menasseh für die Sache eines jüdischen Messianismus. Er untersuchte in seiner Veröffentlichung »Esperança de Israel/Spes Israelis« aus dem Jahr 1650 die Frage nach den Zeichen für einen kommenden Messias und für die Rückführung Israels aus der Verbannung ins Heilige Land. Und er engagierte sich im England Oliver Cromwells aktiv für eine Wiederansiedlung jüdischer Gemeinden, weil puritanische Millenaristen ihrerseits davon überzeugt waren, dass die wohlwollende Aufnahme von Juden sowie deren Konversion zum Christentum eine konstitutive Bedingung für die anbrechende Endzeit seien.[75]

Zu den Diskussionspartnern von Menasseh ben Israel gehörte auch eine Person, die man zunächst gar nicht mit jüdischen Messianisten oder protestantischen Millenaristen in Verbindung bringen würde. Der portugiesische Jesuit António Vieira (1608–1697) ist nicht nur von Interesse, weil er als populärer und erfolgreicher Prediger wirkte, weil er als Missionar in Brasilien große Bekanntheit erlangt und sich für die Rechte der indigenen Bevölkerung eingesetzt hat, sondern weil er ein Buch mit dem fraglos paradoxen Titel geschrieben hat: »História do Futuro« (1649).[76] Mit Menasseh und den englischen Puritanern teilte er die Überzeugung, dass sich Juden überall ansiedeln dürfen sollten, da ihre Konversion zum Christentum bald bevorstünde und sich somit die apokalyptischen Prophezeiungen erfüllen würden. Seine millenaristischen Überzeugungen hat er in ebendieser »Geschichte der Zukunft« niedergelegt, deren Titel aus einer christlichen Perspektive keineswegs widersprüchlich klingen musste. Denn die christliche Zukunft war insofern schon immer Vergangenheit, als ihr Ablauf durch den Schöpfer längst festgelegt und in der Bibel durch diverse Prophezeiungen bereits angedeutet worden war. Daher konnte man eigentlich kaum etwas anderes tun, als die Geschichte dieser vergangenen Zukunft für die Gegenwart zu schreiben. António Vieira verstand sich als ein Prophet der Vergangenheit.[77]

Wenden wir den Blick in den Osten Europas, dann können wir dort im späten 17. Jahrhundert nicht den Propheten der Vergangenheit, sondern einen Propheten der Zukunft am Werk sehen, der mit Propheten des Untergangs in existentielle Konflikte geriet. Man schrieb den 31. Dezember des Jahres 7208, als nicht wenigen Menschen im Reich des russischen Zaren das Ende der Welt deutlich vor Augen stand. Schließlich lautete das Datum des nächsten Tages auf den 1. Januar des Jahres 1700. In einem langen, zähen und sehr verlustreichen Kampf hatte sich der Untergang angekündigt, der nun ein symbolisch aufgeladenes Datum bekommen sollte. Denn Zar Peter I. hatte den alten byzantinischen Kalender, der seine Jahreszählung nicht mit der Geburt Christi, sondern mit dem ersten Schöpfungstag begann, abschaffen und die Zeitrechnung auf den Julianischen Kalender umstellen lassen. Dadurch erhielten die schon lange bestehenden apokalyptischen Erwartungen in Russland zusätzliche Nahrung – oder war es möglicherweise ein Anfang vom Ende der Endzeit?[78]

Apokalyptische Vorstellungen hatten auch in Russland schon seit dem 15. Jahrhundert Konjunktur. Neue Nahrung erhielten sie im Verlauf des 17. Jahrhunderts durch zahlenmystische Überlegungen und vor allem durch eine Spaltung innerhalb der russisch-orthodoxen Kirche zwischen den sogenannten Altgläubigen und der institutionalisierten Kirche. Die Berichte und Darstellungen sind zwar mit einer gewissen Vorsicht zu genießen, aber in der Gegend um Nischni Nowgorod hörten die Bauern im Herbst 1668 angeblich auf, die Felder zu bestellen. Zu Beginn des verhängnisvollen Jahres 1669, in dem der Satan erscheinen sollte, versammelten sie sich im Freien, beteten, taten Buße und empfingen die Sakramente. Sie hüllten sich in weiße Gewänder und legten sich in Särge, um gegen Mitternacht die Posaune des Erzengels zu erwarten.[79]

Das Ausbleiben des Weltuntergangs zu diesem Datum beendete aber keineswegs die apokalyptischen Überzeugungen der Altgläubigen. Vielmehr wurden sie nicht zuletzt durch die Reformbemühungen Zar Peters I., der von ihnen als der personifizierte Antichrist angesehen wurde, weiter genährt. Im letzten Drittel des 17. Jahrhunderts mussten die Altgläubigen einerseits systematische Verfolgung erdulden und bereiteten sich andererseits auf das prophezeite Ende der Welt vor. Es kam zu Revolten in altgläubigen Klöstern, zu Aufständen von Kosaken und Bauern in Südrussland, zur Flucht Tausender Altgläubiger über die Grenzen des russischen Reichs in die östliche Wildnis und in Extremfällen sogar zu kollektiven Selbstmordaktionen. In der Küstenregion zwischen Nowgorod und Archangelsk hatten sich besonders radikale Altgläubige versammelt. In ihrer aussichtslosen Lage wurde durch ihre Anführer die Selbstverbrennung als Gang durch das Fegefeuer gepredigt. Schätzungen zufolge starben bei solchen Aktionen bis zum Ende des 17. Jahrhunderts etwa 20 000 Menschen. Als zweite Taufe sollte die Selbstverbrennung der Läuterung der Seele dienen und den Eintritt ins Paradies beschleunigen. Es kam auch zu Suizidfällen durch Fasten oder Ertrinken und zu Begräbnissen bei lebendigem Leib.[80]

Quirinus Kuhlmann

Inmitten dieser apokalyptischen Erwartungen, Polemiken, Anfeindungen, Aufstände und Massenselbstmorde wurde in Moskau im Jahr 1689 ein Mann verbrannt. Quirinus Kuhlmann (1651–1689) stammte aus Schlesien, hatte größere Teile Europas bereist und war im Zuge der Mission, auf der er sich befand, auch nach Russland gekommen, wo sein Leben auf tragische Weise ein Ende fand. Seine Mission bestand darin, die Welt davon zu überzeugen, dass er nicht nur Dichter, Philosoph und Mystiker, sondern dass er ein Prophet, ja, der Messias selbst war.

Quirinus Kuhlmann kann als Beispiel dafür stehen, dass apokalyptisches Gedankengut auch an der Wende vom 17. zum 18. Jahrhundert, in der vermeintlichen Morgendämmerung der Aufklärung, noch keineswegs verschwunden war.[81] Es hatte sicherlich an Bedeutung eingebüßt, aber Kuhlmann war kein Einzelfall. Europa brachte im 16. und 17. Jahrhundert viele selbsternannte Propheten und Messiasfiguren hervor. Die Zahl derjenigen, die aktenkundig geworden sind, schätzt man für den Zeitraum zwischen 1550 und 1700 auf etwa 300. Die Dunkelziffer dürfte deutlich höher liegen. Viele von ihnen behaupteten, von Engeln überbrachte Botschaften erhalten zu haben, einige hielten sich für Johannes den Täufer oder für alttestamentarische Propheten, andere für den Sohn Gottvaters. Manche glaubten, im Kindesalter von Erzengeln entführt worden und mit der göttlichen Weisheit begnadet worden zu sein.[82]

Eine der bekanntesten Messias-Figuren des 17. Jahrhunderts ist Sabbatai Zwi (1626–1676), dem es für einige Jahre gelang, in Teilen des europäischen Judentums messianische Hoffnungen zu wecken. Er stammte aus dem an der Ägäis gelegenen Smyrna im Osmanischen Reich und soll bereits 1648 erste Visionen empfangen haben. 1665 erklärte er sich in Gaza zum Messias, benannte zwölf Gemeindemitglieder als Repräsentanten der zwölf Stämme Israels und setzte damit eine Bewegung in Gang, die zunächst im östlichen Mittelmeerraum, dann aber auch in Europa kurzzeitig erheblichen Einfluss entfalten konnte. Zu Beginn des Jahres 1666 reagierte die osmanische Regierung zunehmend empfindlich auf Sabbatais Wirken, ließ ihn verhaften und zwang ihn, zum Islam überzutreten.[83]

Auch Kuhlmann war eine in vielerlei Hinsicht außergewöhnliche Figur von ebenfalls europäischer Ausstrahlung, wenn auch sicherlich nicht so einflussreich wie Sabbatai Zwi. Kuhlmann wurde in Breslau als Kind einer Kaufmannsfamilie geboren. Sein Vater starb, als Quirinus drei Jahre alt war, seine Mutter überlebte ihn jedoch um mehr als 30 Jahre. Nach eigener Aussage scheint Kuhlmann schon früh die Berufung zum Dichter in sich verspürt zu haben. In seiner Kindheit verbrachte er viel Zeit in den Bibliotheken Breslaus, wohl nicht zuletzt wegen seines Stotterns, durch das er sich sozial isoliert fühlte. Schon während seiner Schulausbildung auf dem Breslauer Ratsgymnasium erlangte er Bekanntheit wegen seiner Gelehrsamkeit und seiner Dichtkunst. 1671 begann er an der Universität Jena das Jurastudium, das er aber kaum ernsthaft betrieb. Er konzentrierte sich vielmehr auf seine Betätigungen als Poet und Universalgelehrter. Nach einem Wechsel an die Universität Leiden hatte Kuhlmann sein zentrales Erweckungserlebnis, das sein gesamtes weiteres Leben grundlegend verändern sollte. Ein Freund hatte ihn auf Jakob Böhmes »Mysterium Magnum«, einen Kommentar zur Genesis aus dem Jahr 1623, aufmerksam gemacht. Für Kuhlmann war diese Lektüre mehr als eine intellektuelle oder gar mystische Erfahrung. Es war eine göttliche Offenbarung, die er nach eigener Darstellung durch die Lektüre 1674 erhalten, im Jahr 1675 niedergeschrieben und 1676 veröffentlicht hatte. Im Rückblick verstand Kuhlmann diese Bekehrung zu Böhm als Anweisung Gottes, die große Hure Babylon in Form der römischen Papstkirche zu Fall zu bringen.[84]

Die Jahre 1674/75 sind der Zeitraum, in dem Kuhlmanns messianische Karriere begann. Er betonte fortan, dass er sein Wissen der göttlichen Gnade verdanke, dass er einfache Weisheiten vertrete, die aber nicht ihm, sondern Gott als seinem Lehrer zuzuschreiben seien. Kuhlmann sah sich als das auserwählte Werkzeug Gottes. Bestärkt wurde er in dieser Auffassung durch die Lektüre von Amos Comenius' Sammlung von Prophezeiungen in dem Buch »Lux in tenebris«.[85] Dieses Buch interpretierte Kuhlmann als sein Altes Testament, während seine eigenen Dichtungen, die er in dem von ihm so betitelten »Kühlpsalter« versammelte, das Neue Testament darstellten. Er sah es als seinen Auftrag an, die Fünfte Monarchie des Tausendjährigen Reichs zu verwirklichen, wie sie im Buch Daniel prophezeit war. Diese Fünfte Monarchie identifizierte er zunehmend mit dem ›Kühlreich‹, seinem eigenen Königtum, das er als entscheidenden Schritt im Fortgang der Apokalypse prophezeite.[86]

Mit der Einsicht in seine messianische Aufgabe begann Kuhlmann ab 1674 in Europa herumzureisen, hielt sich in England auf, reiste zum osmanischen Sultan Mehmet IV. nach Istanbul, lebte in Holland, predigte in vielen europäischen, vor allem calvinistischen Gemeinden und versuchte schließlich auch den russischen Zaren von seiner Mission zu überzeugen, was ihn allerdings das Leben kostete. All diese Unternehmungen waren getrieben von dem Versuch, Koalitionen zu schmieden, um den Katholizismus endgültig zu besiegen. Insbesondere seine Reisen zu den großen Potentaten endeten regelmäßig in einem Fiasko. In Istanbul wurde er nicht zum Sultan vorgelassen, eine Reise nach Jerusalem konnte er mangels Geldes nur als imaginierte ›Geistreise‹ absolvieren, und in Moskau wurde er 1689 verhaftet und schließlich am 4. Oktober gemeinsam mit seinem Anhänger Conrad Nordermann als Ketzer verbrannt.[87] Es fanden sich jedoch an allen Orten immer wieder Unterstützer, die ihn versorgten, beherbergten und von seinem messianischen Auftrag überzeugt waren.[88]

Kuhlmann veröffentlichte zahlreiche Schriften. Sein wichtigstes Werk ist aber der »Kühlpsalter«, der in zwei Bänden zwischen 1684 und 1686 erschien und seine mystisch-messianischen Visionen enthält.[89] Als Millenarist, Prophet und selbsterklärter Messias war Kuhlmann im Kontext des späten 17. Jahrhunderts wie gesagt nicht einzigartig, aber die von ihm eingesetzte Symbolik sowie seine ausgefeilte Poetik heben ihn von anderen Figuren dieser Zeit ab und machen ihn beispielsweise auch heute noch zum Gegenstand germanistischer Abhandlungen.[90] Diese Qualität hob er auch selbst immer wieder hervor. Er betonte beispielsweise, dass er der einzige Messias sei, der seine Mission in eigenen Gedichten beschreibe. Und in dieser Dichtung sind die Motive der theologischen Spekulation über die Fünfte Monarchie, die Weissagungen über das dritte, spirituelle Reich und die Doktrin von den sechs Weltaltern in einem dichten poetischen Bildgewebe miteinander verbunden. Kuhlmann selbst sah sich dabei als ›Gottes Samenkorn‹. Durch ihn werde das Tausendjährige Reich verwirklicht, er sei gesegnet als König der Fünften Monarchie – er sei damit aber auch geschlagen als Prediger und Knecht, der auf dem schweren Weg vorangehen müsse.[91]

Im »Kühlpsalter« wird dieser Weg nachvollziehbar, denn in zahlreichen Gedichten folgt Kuhlmann seinen Stationen von Breslau im Jahr 1670 bis zu seiner messianischen Vollendung 1686. Er beschreibt mystische Erfahrungen, die jeweils einen konkreten Ort und ein konkretes Datum erhalten. Dieser autobiographische Zugang war für Kuhlmann wichtig, weil er in Form einer symbolischen Überhöhung seinen eigenen Lebensweg als Entfaltung des Geheimnisses ansah, das kommen werde. Der Titel des »Kühlpsalters« spielte einerseits auf die biblischen Psalmen des Alten Testaments an, die Kuhlmann neu schreiben wollte, um damit sein ›Kühlreich‹ zu eröffnen. Andererseits ist darin sein eigener Name verarbeitet, den er ebenfalls in unterschiedliche Richtungen ausdeutete. Von besonderer Bedeutung war dabei seine Interpretation der Apostelgeschichte 3,19–20. In der Luther-Übersetzung heißt es: »So tut nun Buße und bekehret euch, dass eure Sünden ausgetilgt werden, damit Zeiten der Erquickung vom Angesicht des Herrn kommen und er den euch vorherbestimmten Christus Jesus sende.« In der Vulgata-Fassung steht »tempora refrigeri«, von Luther mit ›Zeiten der Erquickung‹ übersetzt, von Kuhlmann allerdings als ›Zeiten der Kühlung‹ gedeutet – und dadurch mit seiner Person und seinem Namen verbunden. Der Vers der Apostelgeschichte war für ihn also der eindeutige Hinweis, dass er der Messias sei. In dieser Funktion bezeichnete er sich selbst als Jesuel: »Der Sohn des Sohnes Gottes Jesu Christi und Printz, Prophet, Prister des ewigen erlösten Königreiches Jesuels«.[92] Kuhlmanns Poesie beanspruchte, die Ankunft der ›kühlenden‹ Zeit nicht nur zu verkünden, sondern zugleich hervorzurufen. Er konnte die magischen Worte aussprechen, welche die Kraft des Schöpfungswortes wiederherstellten und die neue Zeit eröffneten. In der Tradition jüdisch-christlicher Theologie transportierte der »Kühlpsalter« als zentrale Aussage, dass das göttliche Wort schöpferische Kraft habe. Es handelte sich daher auch nicht einfach ›nur‹ um eine Sammlung mystischer Gedichte, sondern um eine Anlehnung an die Schöpfung der Welt durch die Kraft des Wortes.[93]

Der Niedergang

In all den apokalyptischen, auf ein letztes Ende ausgerichteten Gedankengebäuden, die im 17. Jahrhundert in Umlauf waren, ging man nicht davon aus, dass das Finale plötzlich und heftig kommen würde. Ganz im Gegenteil, es war langsam und qualvoll. Schlimmer als das Ende war also der Weg dorthin. Denn zunächst musste sich die Welt permanent verschlechtern, bevor das Ende der Zeiten anbrechen konnte. Und für einen solchen Niedergang gab es ausreichend Hinweise. Wenn man nur genau genug hinsah, ließen sich die Zeichen des Verfalls nicht übersehen. Ebenso wie das Jüngste Gericht als mehr oder weniger fernes, aber unweigerlich eintretendes Ereignis ein fester Bestandteil des christlich-europäischen Geschichtsdenkens war, gehörte auch die Überzeugung von der Dekadenz der Welt zu den etablierten Schemata, Wandel in der Zeit wahrzunehmen.

Wenn man im 16. und 17. Jahrhundert über Veränderung nachdachte, dann konnte diese häufig nur zum Schlechteren geschehen.[94] Das lässt sich bereits an dem Umstand ablesen, dass Worte, die mit Neuem in Verbindung gebracht werden konnten, deutlich negativ besetzt waren. Man konnte etwas Bestehendes verbessern oder Vergessenes wiederentdecken – aber um das Neue sollte man besser einen großen Bogen machen. Wenn Veränderung welcher Art auch immer thematisiert wurde, griff man nicht selten auf Beschreibungsformen zurück, die die Verehrung der Vergangenheit unterstrichen. Da war dann beispielsweise von einer *translatio* die Rede, von einer Übertragung bewährter Zustände und Gegebenheiten der Vergangenheit auf die Gegenwart. Mit dieser Figur konnten faktische Entwicklungen und Veränderungen unter einem Mantel der Beständigkeit verhüllt werden. Es gab die *translatio imperii*, also die Übertragung der antiken römischen Kaiserwürde auf die deutschen Kaiser des Mittelalters und der Frühen Neuzeit, die diesen Titel exklusiv für sich beanspruchten. Es gab aber auch die *translatio studii*, den Transfer kultureller Bildungsgüter aus dem antiken Griechenland und Rom beispielsweise nach Italien oder Frankreich. In diesen Fällen mussten sich Veränderungen stets als Rückgriffe auf altehrwürdige Zeiten tarnen.[95]

Dasselbe kann man beobachten bei wesentlich bekannteren und gängigeren Ausdrücken wie ›Reformation‹ oder ›Renaissance‹. Diese Bezeichnungen sind für uns inzwischen zu selbstverständlichen historischen Epochenbegriffen geworden, wobei sie eine nicht unwesentliche inhaltliche Neujustierung erfahren haben. Verbinden wir damit inzwischen den Aufbruch zu etwas Neuem, zu einer neuen Kirche, einem neuen Menschenbild oder einem neuen Kultur- und Bildungsverständnis, war die Intention der Zeitgenossen des 15. und 16. Jahrhunderts eine gänzlich andere. Wenn sie von *renovatio, restitutio, regeneratio, reparatio* oder *reformatio* sprachen, dann meinten sie – wie das Präfix re- deutlich anzeigt – immer die Rückkehr zu einem vergangenen Zustand, der einem gedachten Ideal entsprach und den man im Krebsgang wieder zu erreichen versuchte. Auch hier ging es also nicht um Erneuerung – oder wenn, dann nur um Erneuerung durch Wiederherstellung des Vergangenen.[96] Das Neue wurde mittels einer rückwärtsgewandten Bewegung domestiziert.[97] Der Fortschritt musste also immer ein Rückschritt sein zu den Alten, den Antiken, den Vorfahren.

Der englische Historiker Peter Burke hat eine ganze Reihe von Metaphern versammelt, die den frühneuzeitlichen Zeitgenossen zur Verfügung standen, um den allseits vermuteten und beobachteten Verfall zum Schlechteren in Worte zu fassen: Da war die Rede vom nahenden Herbst,[98] der aufziehenden Dunkelheit, der untergehenden Sonne, dem abnehmenden Mond, dem verebbenden Meer, der herannahenden Flut, der ausgedörrten Erde, der Krankheit, dem Alter oder dem Tod einer Zeit. Die Einsichten in gegenwärtige Zustände und die Aussichten auf künftige Geschehnisse waren alles andere als erfreulich. Man muss dabei jedoch im Auge behalten, dass es sich für die Zeitgenossen nicht einfach nur um Metaphern handelte, sondern um zutreffende Beschreibungen der Welt, ihres Zustandes und ihres weiteren Schicksals. Das hatte nicht nur etwas mit Überzeugungen zu tun, sondern ebenso mit Beweisführungen. Unter biblisch-christlichen Vorzeichen argumentierte man in solchen Fällen mit Hilfe von Korrespondenzen,[99] soll heißen: Im Rahmen der göttlichen Schöpfung hing, vom Makrokosmos bis zum Mikrokosmos,[100] alles mit allem zusammen, verwies beständig aufeinander und verhielt sich in korrespondierender Weise, selbst wenn es sich um Gegenstände handelte, die aus Sicht des frühen 21. Jahrhunderts nichts miteinander zu tun haben. So hielt man es beispielsweise für durchaus konsequent, dass sich im Lauf der Geschichte die großen Weltreiche von Osten nach Westen bewegten – schließlich folgte die Sonne der gleichen Bahn; oder dass Staaten einen Weg von der Kindheit über das Erwachsenendasein bis zum Alter und Tod nachvollzogen – schließlich handelte es sich um politische Gemeinwesen in Korrespondenz zu menschlichen Lebewesen.[101]

Peter Burke verdanken wir eine Systematisierung von sechs Bereichen, in denen man während der Frühen Neuzeit Niedergangsphänomene besonders markant auszumachen meinte: Erstens wurde der Verfall auf einer kosmischen Ebene angesiedelt, denn es war die Schöpfung in ihrer Gesamtheit, der ein solches Schicksal drohte. Die Welt wurde als alter Mensch beschrieben, der seinem unweigerlichen Ende entgegenging, was man gemeinhin an der Natur und ihrem Verfall ablesen konnte. All diese Phänomene wiesen auf die Rückkehr Christi und auf die Erfüllung der Zeiten hin. Ein zweiter Aspekt war der moralische Verfall, der Niedergang in Sitten und Gebräuchen. Diese Vorstellung bezog sich einerseits auf die grundsätzliche Sündenbeladenheit des Menschen, prangerte andererseits den Verlust von Einfachheit und Ursprünglichkeit zugunsten eines überbordenden Luxus an. Seine Fortsetzung fand dieses Argument in einem dritten Bereich, dem Niedergang der Kirche. Seit dem Beginn der Reformation durch Martin Luther kam es in ganz Europa immer wieder zu Bemühungen, die Kirchen (ganz gleich welcher Konfession) erneut zu reformieren, zu ihren Ursprüngen zurückzuführen, auf die Schlichtheit des Glaubens anstatt den Reichtum und die Macht zu verpflichten, um somit die Heiligkeit vergangener Zeiten über die Verkommenheit der Gegenwart obsiegen zu lassen. Viertens ist der Verfall im Bereich des Politischen beobachtet worden, im Niedergang großer Imperien, Königreiche oder Republiken. Damit verband sich nicht nur der moralische Verfall durch den Missbrauch politischer Macht, sondern auch bestimmte historische und politiktheoretische

Modelle. So ging man in antiker Tradition von einem zyklischen Wechsel der klassischen Verfassungsformen Monarchie, Aristokratie und Demokratie und ihrer jeweiligen Verfallsformen aus. Die biblische Tradition stellte ergänzend die Vier-Reiche-Lehre zur Verfügung. Ein fünfter Bereich war der Verfall von Kultur, Sprache, Künsten und Wissenschaften. Hier ging man nicht nur davon aus, dass sich eigentlich nichts Neues erfinden lasse, das Bestehende höchstens verbessert werden könnte, sondern es gab auch die Überzeugung, dass es unmöglich sei, das Genie und die Qualität der Antike jemals wieder zu erreichen. Als sechster und letzter Bereich ist der wirtschaftliche Niedergang zu nennen, der nicht nur im Handel, im Verfall des Geldwerts oder im schwindenden Reichtum zu entdecken war, sondern auch ganz wesentlich im Rückgang der Bevölkerung.[102]

Irdischer Verfall

Der Verfall war im 16. und 17. Jahrhundert ein tatsächliches, ein physisches und für jedermann und jede Frau zu beobachtendes Phänomen. Man konnte dem allmählichen Untergang zusehen, zum Beispiel bei einem genaueren Blick auf die Erde. Diverse gelehrte Beobachter des 17. Jahrhunderts vermuteten unter anderem, dass Erdbeben den Planeten immer häufiger heimsuchten, dass der Boden deutlich weniger fruchtbar war als noch zu biblischen oder antiken Zeiten und dass die Leuchtkraft und Wärme der Sonne und anderer Sterne deutlich nachgelassen hatte. Zugleich wurde der Himmel von einer zunehmenden Zahl unheilverkündender Kometen heimgesucht.[103]

Diese und viele andere Beobachtungen wurden entsprechend dem allgemeinen Aufbau von Dekadenzerzählungen in ein Schema eingepasst, das von einem perfekten normativen Ursprung in der Schöpfung und einer totalen Negation der Ordnung in einer zukünftigen Vernichtung ausging. Dazwischen breitete sich der zähe und quälende Verfall aus.[104] Die perfekte Ordnung lag für die frühneuzeitlichen Zeitgenossen unzweifelhaft in den glorreichen Zuständen eines goldenen Zeitalters, das in einer nur ungefähr bestimmten Vergangenheit vermutet wurde. Aus dieser Vergangenheit kannte man Berichte, wonach die Erde einst so fruchtbar gewesen sei, dass sie nicht nur Pflanzen, sondern sogar Lebewesen hervorgebracht habe. Das Klima sei angenehmer und wärmer gewesen, herausragende Herrscherpersönlichkeiten hätten für Ordnung, Frieden und Gerechtigkeit gesorgt, Hunger habe es nicht gegeben, Geldverleiher hätten auf Zinsen verzichtet, und Frauen seien ihren Ehemännern grundsätzlich treu gewesen (der umgekehrte Fall wurde weniger thematisiert). Die Menschen hatten bessere Zähne, weil es noch keinen Tabak gab, sie konnten sich von Wurzeln und Baumrinde ernähren und im Notfall auch mehrere Tage bis zum Kinn in Sümpfen ausharren, ohne gesundheitliche Schäden davonzutragen.[105]

Demgegenüber machte sich für nicht wenige Zeitgenossen beim Blick auf gegenwärtige Zustände Trostlosigkeit breit. Man kann zur näheren Bestimmung solcher Verfallsszenarien das Buch »The Fall of Man, or the Corruption of Nature« aufschlagen. Seinen Autor vermag man sich nicht so recht als fröhlichen Menschen vorzustellen. Godfrey Goodman (1582/83–1656) war anglikanischer Geistlicher und seit 1624 Bischof von Gloucester, und mit seiner zeitgenössisch sehr einflussreichen und weidlich diskutierten Darstellung verbreitete er keine sonderlich positive Weltsicht. Würde man versuchen, die zentrale Argumentation des Buchs zusammenzufassen, so würde sie auf eine zielgerichtete Deutung nicht nur der Weltgeschichte, sondern des Geschehens im gesamten Universum hinauslaufen. Laut Goodman wurde der Mensch von Gott als perfektes Wesen erschaffen, und die Schöpfung der Welt erfolgte zum Nutzen dieses perfekten Wesens. Das Leiden der Menschen wird von Goodman dann, in einem wenig überraschenden und biblisch-traditionellen Sinn, als Ergebnis ihrer Sündhaftigkeit gedeutet. All das wäre eigentlich wenig aufsehenerregend. Goodman erfuhr unter Zeitgenossen jedoch deswegen größere Aufmerksamkeit, weil er diese theologische Interpretation mit einer spezifischen Naturauffassung verband. Sein Buch lässt sich als eine durchgehende Klage über das Unglück des Menschen lesen, die zirkulär und damit sich selbst bestätigend vorgeht: Das Leiden der Menschen kann demnach nur eine Strafe für ihre Sündhaftigkeit sein, und wir müssen uns das Elend der Menschen nur näher ansehen, um ihre Sündhaftigkeit zu erkennen. Da die Schöpfung dem Menschen untertan ist, wird auch sie in diesen Strudel hineingezogen. Deshalb ist die Erde durch einen unübersehbaren Verfall gekennzeichnet – und dieser Verfall ist im Umkehrschluss wieder Beweis für die Sündhaftigkeit des Menschen.[106]

Durch den unmittelbaren Zusammenhang des menschlichen Sündenfalls mit allen außermenschlichen Phänomenen lösen sich für Goodman zwei wichtige Unterschiede auf: erstens der Unterschied zwischen dem Sündenfall und dem kontinuierlichen Verfall der Schöpfung, zweitens der Unterschied zwischen der Dekadenz auf mikrokosmischer und auf makrokosmischer Ebene. Daher kann er auch eine Kausalität herstellen zwischen dem sündhaften Verhalten der Menschen und der Tatsache, dass es auf der Welt Dornensträucher und Unkraut gibt, die im Garten Eden noch nicht existiert hatten. Insbesondere die Veränderungen und Verluste, die durch die Sintflut hervorgerufen worden waren, konnten niemals wiedergutgemacht werden. Auch die schlechte Qualität des landwirtschaftlich zu bearbeitenden Bodens führte Goodman auf dieses Ereignis zurück. Die niedrigstehenden und bösartigen Tiere sind für ihn nichts anderes als Ergebnisse der vorausgesetzten Kausalität: Anstatt tapfere Löwen, mutige Einhörner, grimmige Tiger oder kräftige Elefanten hervorzubringen, beherbergte die Erde inzwischen Würmer, Mücken oder Schmetterlinge. Das Klima war ihm gleichfalls Beweis für den Niedergang: Die Erde war abgekühlt, in Kälte erstarrt und von der Sonnenwärme verlassen. In anderen Gegenden hingegen wurde sie durch die Sonne verbrannt und durch eine übermäßige Trockenheit ausgedörrt. Der Frühling war generell zu trocken und der Sommer zu feucht, so dass die Ernte verfaulte, noch bevor sie reif war. Zudem war durch diese allgemeinen Verfallserscheinungen ein Großteil der Erde inzwischen unbewohnbar geworden. Unwirtliche Flüsse, Berge, Wüsten, Wildnisse und Meere erschwerten das Leben der Menschen.[107]

Aber ganz und gar pessimistisch und destruktiv konnte und wollte Goodman den Niedergang der Schöpfung dann doch nicht sehen. Vielmehr erkannte er im täglich zu beobachtenden Zerfall auch einen Akt göttlicher Gnade. Denn Gott konnte den dauerhaften Bestand einer sündenbeladenen Welt nicht ertragen, litt sogar an diesem Niedergang. Bevor diese Welt daher mit den Leiden und Schwächen eines hohen Alters geplagt werde, so Goodman, habe Gott ein Nachsehen mit ihr und erlöse sie von einer langen und quälenden Krankheit; deshalb vertilge er die Erde mit Feuer, um die Schöpfung zu erlösen und von ihren Sünden zu reinigen.[108]

Humane Dekadenz

Ein genauerer Blick auf die Gattung Mensch machte das ganze Ausmaß des Verfalls deutlich. Aus Texten und Bildern des 16. und 17. Jahrhunderts meint man zuweilen die Seufzer der Verzweiflung zu hören, ausgelöst von dieser erdrückenden Gewissheit, dass es bergab ging. So war man sich weithin sicher, dass die Menschen des 16. und 17. Jahrhunderts im Vergleich zu ihren antiken Vorfahren in puncto Körpergröße, Lebensdauer und Muskelstärke eindeutig nachgelassen hatten. Belege hierfür gab es genug in der wichtigsten autoritativen Darstellung alter Zeiten, in der Bibel, wonach Menschen wie Methusalem Hunderte von Jahren alt geworden waren und es von Männern mit gigantischer Körperstatur nur so wimmelte. Der englische Dichter John Donne (1572–1631) sinnierte darüber, dass die Altvorderen in alttestamentarischen Zeiten nicht nur den Sommer der Schöpfungsgeschichte *er*lebt, sondern deswegen auch länger *ge*lebt hätten, während er sich selbst als einen Zeitgenossen des Winters der Schöpfung sah, gestraft mit einem kurzen Erdendasein. Noch im frühen 18. Jahrhundert findet man die Überzeugung, dass es mit dem Menschen physisch und – untrennbar damit verbunden – auch moralisch bergab gehe. Die Lektüre von Jonathan Swifts »Gullivers Reisen« (1726) muss manche in ihren dunklen Visionen über das weitere Schicksal der Menschheit bestärkt haben. Übermäßiger Luxus und Verdorbenheit, so glaubte man, würden sich auch körperlich auswirken, daher werde die Gattung Mensch sich in Richtung der Pygmäen entwickeln, so dass in nicht allzu ferner Zukunft Verhältnisse wie im Lande Liliput herrschen würden.[109]

Der Mensch ließ aber nicht nur in physischer Hinsicht nach, sondern erschien in der Jetztzeit des 17. Jahrhunderts auch weniger intelligent, dafür bösartiger und anfälliger für Krankheiten. Der Bedarf nach Sehhilfen wurde unter anderem als ein klares Indiz dafür gewertet, dass es mit der physischen Verfassung der Spezies bergab ging, schließlich waren Brillen in der Antike unbekannt gewesen – nicht weil man sie nicht hätte erfinden können, sondern weil sie schlicht unnötig gewesen waren.[110]

Was für den Menschen als Einzelwesen zutraf, ließ sich auch ohne Schwierigkeiten auf die Gattung als Ganzes übertragen. Die Menschheit nahm nämlich nicht nur qualitativ, sondern auch quantitativ ab. Europaweit herrschte die Überzeugung vor, dass die Bevölkerung rein zahlenmäßig zurückging. Angesichts des zeitgenössischen wirtschaftstheoretischen Grundsatzes, dass der Reichtum eines Landes wesentlich von der Größe der Bevölkerung abhing,[111] lässt sich die Tragweite einer solchen Diagnose erahnen. Ausführungen und Diskussionen um den Faktor Bevölkerung finden sich gehäuft während des 17. und 18. Jahrhunderts – und in diesem Zeitraum nicht selten (wenn auch keineswegs ausschließlich) mit einem negativen Vorzeichen. Autoren wie der Philosoph David Hume (1711-1776) und andere brachten ihre Überzeugung zum Ausdruck, dass die Bevölkerungszahl insbesondere im Vergleich mit der Zeit der antiken Griechen und Römer gesunken sei.[112]

Dieser Diskurs ist über Jahrhunderte hinweg zu beobachten und auch noch im 18. Jahrhundert sehr präsent. Der Schriftsteller und Philosoph Montesquieu (1689-1755) ging in seinen »Persischen Briefen« davon aus, dass die Zahl der Erdbevölkerung immer weiter zurückgehe.[113] In dem 1721 ursprünglich anonym veröffentlichten Briefroman nutzt Montesquieu die Außenperspektive einer fiktiven persischen Gesandtschaft, um kritische Blicke auf die zeitgenössischen Verhältnisse in Frankreich und Europa zu werfen. In einem Schreiben führt der Perser Rhedi an seinen Briefpartner Usbek Folgendes aus:

> »Vielleicht hast Du etwas nicht beachtet, was mich alle Tage wieder erstaunt: Wie kommt es, daß die Erde heute so gering bevölkert ist im Vergleich zu früher? Wie konnte die Natur ihre wunderbare Fruchtbarkeit der Frühzeit verlieren? Sollte sie etwa schon gealtert sein und an Schwäche leiden? Ich bin länger als ein Jahr in Italien gewesen, wo ich nur noch Überreste des einst so berühmten antiken Italien vorgefunden habe. Obwohl alle Leute in den Städten wohnen, sind diese gänzlich verlassen und entvölkert, und es sieht so aus, als wären sie nur noch

deshalb vorhanden, um den Ort anzuzeigen, wo die mächtigen Städte standen, von denen in der Geschichte so viel berichtet wird. [...] Kurzum, wenn ich meinen Blick über die Erde streifen lasse, finde ich nichts als Verfall und habe den Eindruck, als hätte sie gerade die Verheerungen von Pest und Hungersnot mitgemacht. [...] Aufgrund einer unter solchen Voraussetzungen möglichst genauen Berechnung bin ich zu dem Ergebnis gekommen, daß heute nur noch der zehnte Teil der früheren Bevölkerung auf der Erde lebt. Erstaunlich ist, daß sie sich täglich mehr entvölkert. Wenn es so weitergeht, wird sie in zehn Jahrhunderten nur noch eine einzige Wüste sein.«[114]

Diese Schilderung ist für Usbek Anlass, um ebenfalls eine längere Abhandlung zur Frage des Niedergangs der Bevölkerung zu verfassen. Darin wird nun nicht die völlig gegenteilige Meinung vertreten, dass beispielsweise die Zahl der Menschen auf der Erde tatsächlich ansteige. Vielmehr geht auch Usbek von einer abnehmenden Bevölkerungszahl aus, legt aber an diesen Umstand ein anderes Zeitmodell an, das nicht nur eine goldene Vergangenheit und eine düstere Zukunft im Blick hat. Er konzentriert sich beim Umgang mit diesem Thema auf die Gegenwärtigkeit. Damit ist Montesquieus Schrift ein Beleg für eine Verschiebung im Zeitwissen, wie sie im Verlauf des 17. Jahrhunderts vonstattengegangen ist.

Denn für Usbek ist die Welt nicht unzerstörbar, sie ist vielmehr ständigen Veränderungen unterworfen:

»Die Erde unterliegt wie die anderen Planeten den Gesetzen der Bewegung. In ihrem Inneren vollzieht sich ein ständiger Kampf ihrer Grundkräfte; denn das Meer und der Kontinent scheinen in einem ewigen Krieg zu liegen, und in jedem Augenblick entstehen neue Verbindungen. Die Menschen befinden sich auf einem derart den Veränderungen unterworfenen Wohnsitz in einer ebenso unsicheren Lage. Hunderttausende von Ursachen können die Menschen vernichten und erst recht natürlich ihre Zahl erhöhen oder verringern.«[115]

Auf zwei Aspekte kommt es bei Usbeks Ausführungen insbesondere an, einerseits auf seinen Hinweis, dass sich die Bevölkerungszahl verringern *oder* erhöhen könnte, andererseits auf die Benennung der Ursachen. Usbeks (und damit auch Montesquieus) Haltung in dieser Sache ist also keineswegs deterministisch. Es gelingt Usbek/Montesquieu vielmehr mit Konzentration auf die eigene Gegenwart, alternative Entwicklungspfade aufzuzeigen. Und sowohl mit Blick auf die Ursachen wie auch hinsichtlich einer möglichen Zunahme der Bevölkerung bietet er Argumente an.

Der Rückgang der Bevölkerung ist bei Montesquieu also kein apokalyptischer Automatismus mehr, vielmehr muss man im Blick behalten, »daß die große Veränderung von den Verhaltensweisen der Menschen kommt«. Diese Verhaltensweisen wiederum werden durch die Religionen geprägt, und sowohl Christentum als auch Islam seien laut Usbek/Montesquieu für eine Zunahme der Bevölkerung weit weniger günstig, als es die Religion des antiken Roms gewesen sei. Denn diese habe zwar die Polygamie verboten, aber die Scheidung zugelassen – eine Kombination, die sich sehr günstig auf die Fortpflanzung auswirke.[116] Durch die Änderung dieser religiösen Praktiken, so könnte man die Gedanken Usbeks weiterführen, ließe sich auch die demographische Entwicklung beeinflussen. Zudem sei es vor allem der wirtschaftliche Wohlstand, der laut Montesquieu zu einer Anhebung der Bevölkerungszahl führen könne.[117]

Für die Zeit um 1700 ist es (noch) keineswegs selbstverständlich, solche Zusammenhänge herzustellen. Vor allem muss sich dazu das Zeitwissen erheblich verändert haben. Denn Usbek zeigt mit seiner Argumentation nicht nur auf, *wie* sich die demographische Entwicklung beeinflussen lässt, sondern er geht auch davon aus, *dass* sich eine in die Zukunft gerichtete Entwicklung überhaupt steuern lässt – und zwar durch Handeln, das in der Gegenwart stattfindet. Mit einer solchen Sichtweise können die Bewegungen markiert werden, mit denen schließlich ein grundlegender kultureller Wandel einhergeht.

Montesquieu/Usbek bringt – immer noch im Zusammenhang des Bevölkerungsthemas – genau diesen Umstand eines kulturellen Wandels folgendermaßen auf den Punkt: »Die Fruchtbarkeit eines Volkes hängt manchmal von den geringfügigsten Dingen der Welt ab, so daß man oft nur dem Denken eine neue Richtung geben muß, um seine Zahl zu erhöhen.«[118] Dem Denken eine Richtung geben – das ist es, was Montesquieu hier tut und mit ihm um 1700 auffallend viele andere Menschen. Und davon sind dann auch die grundlegenden temporalen Ordnungen einer Kultur betroffen. So begründet Usbek in einem weiteren Schreiben die fatalen Auswirkungen der Zeitkonzepte des Islam auf die Bevölkerungsentwicklung. Wenn aber Usbek über den Islam schreibt, ist klar, dass der hinter ihm stehende Montesquieu das Christentum meint:

»Dagegen werden die mohammedanischen Länder immer menschenleerer wegen einer Meinung, die zwar auf dem heiligen Glauben beruht, aber äußerst verhängnisvolle Auswirkungen hat, wenn sie sich einmal in den Köpfen festgesetzt hat. Wir betrachten uns als Reisende, die nur an eine andere Heimat denken sollen. Nützliche und dauerhafte Werke, Bemühungen, das Glück unserer Kinder zu sichern, Vorhaben, die über ein kurzes und flüchtiges Leben hinausreichen, kommen uns wie ein Hirngespinst vor. Ohne Sorge für die Gegenwart, unbekümmert wegen der Zukunft, geben wir uns nicht die Mühe, die öffentlichen Gebäude wiederherzustellen, unbebautes Land zu kultivieren oder solches zu bewirtschaften, das bebaubar ist. Wir leben in allgemeiner Gleichgültigkeit und lassen die Vorsehung walten.«[119]

In diesen wenigen Worten ist sehr viel von dem zusammengefasst, was den Wandel frühneuzeitlicher Zeitkonzepte ausmacht, wie er sich um 1700 in verdichteter Form beobachten lässt. Einerseits wird der Lauf der Dinge, ob es sich nun um die Bevölkerung oder andere, dem zeitlichen Wandel unterworfene Gegenstände handelt, nicht mehr zwangsläufig durch die Vorgaben der Vergangenheit bestimmt. Vielmehr ist es möglich, durch das Eingreifen in der eigenen Gegenwart die Zukunft zu gestalten. Andererseits bedarf es dazu keiner grundlegenden neuen Welt, sondern eines Umdenkens in den Köpfen, wie Montesquieu/Usbek sich ausdrückt – also eines kulturellen Wandels. Ein entsprechendes neues Zeitwissen würde einen Umschlag bedeuten von der Vorsehung zur Vorsorge, von der Prophetie zur Projektion. Denn Usbek fordert unmissverständlich dazu auf, nicht das vermeintlich feststehende Kommende einfach nur zu erwarten, sondern heute schon daran zu arbeiten, dass das Morgen besser wird. Es handelt sich um die Differenz zwischen einer passiv erwarteten und einer aktiv gestalteten Zeit. Mit ebendiesem Umschlag muss auch zwangsläufig ein verändertes Verständnis von Vergangenheit, Gegenwart und Zukunft einhergehen.

***

Die Aussichten auf das Leben waren für die Zeitgenossen des 16. und 17. Jahrhunderts nicht unbedingt erfreulich. Die Dinge, die da kommen würden, waren schon längst vorherbestimmt, man musste eigentlich nur noch auf ihr Eintreffen warten. Die Wegweiser zeigten eindeutig in Richtung Untergang, und der Weg zu diesem Ende erschien als einziger, steiniger Abstieg, als unaufhörlicher Verfall, der nur belegen konnte, was man ohnehin schon wusste, dass die Zukunft nämlich bereits vergangen war. Trost ließ sich darin finden, dass der Weg durch das irdische Jammertal mit dem Versprechen auf das Leben nach dem Tod belohnt wurde. Es konnte also besser werden, wenn auch nicht mehr in dieser Welt.

Aber es gab noch eine zweite Möglichkeit, sich angesichts all der Unbill aufzurichten: Wenn die Zukunft schon verschlossen, weil vorherbestimmt und endzeitlich imprägniert war, dann blieb immer noch der Blick in eine bessere Vergangenheit.

Verehrung der Vergangenheit

Gewisse Dinge scheinen nicht wiedererlangbar zu sein.
Vielleicht beweist das die Realität der Vergangenheit.

J. M. Coetzee[1]

Kalenderblatt 1649

Heinrich VIII. von England und die Frauen – das ist ein Thema, das nicht erst unsere Gegenwart zu faszinieren weiß und in Form von Biographien, historischen Romanen, Ausstellungen, Computerspielen oder Fernsehserien kommerziell aufbereitet wird. Auch frühere Jahrhunderte fanden an dem eigenwilligen Umgang des englischen Königs mit seinen Ehegattinnen ihren schaurigen Gefallen. Für das Jahr 1649 veröffentlichte der bekannte Kalenderautor Markus Freund ein Werk unter dem Titel »Alter und Newer Historischer Calender«.[2] Freund hat mit Sicherheit nur die kalendarischen und astronomischen Informationen verfasst, während der historische Textteil aus anderen Veröffentlichungen übernommen wurde. Und hier wird sie eben erzählt, die »trawrige[n] Geschicht«, wie es »sich mit der Königin Anna in Engllland begeben« hat und wie diese Anne Boleyn »auf Befehl ihres Herrn und Gemahlen König Heinrichs des achten enthaubtet worden« ist.[3] Vorgeführt wird dann aber weniger ein dramatisches Rührstück, sondern der Versuch einer historischen Einordnung der Geschehnisse. Denn die Darstellung beginnt mit den Rosenkriegen, dem Aufstieg des Hauses Tudor, Heinrichs Weg auf den Thron, der Scheidung von Katharina von Aragon und mündet in eine Darstellung der englischen Reformation, bevor ausführlicher die Rede auf Anne Boleyn kommt. Es handelt sich also um eine durchaus seriöse, wenn auch tendenziöse Schilderung, die sich die Ehrenrettung der zweiten Frau Heinrichs VIII. zum Ziel gesetzt hat. Man kann aber kaum bestreiten, dass hier für ein größeres Publikum historisches Wissen in kondensierter Form aufbereitet wurde.

Auf diese Art und Weise wurde in jedem Jahrgang dieses »Alten und Newen Historischen Calenders« eine neue Geschichte aus der Vergangenheit erzählt, meist mit europäischer Perspektive und meist mit der angemessenen Dramatik, um das Interesse der Käufer zu wecken. So findet sich in anderen Jahrgängen beispielsweise eine Erzählung über Charles de Gontaut, Herzog von Biron, der 1602 wegen einer geplanten

Abb. 5 Titelblatt des »Alten und Newen Historischen Calenders« auf das Jahr 1649

Erhebung gegen Heinrich IV. von Frankreich hingerichtet wurde; oder die Geschichte von Mary Stuart, Königin von Schottland, die auf Befehl Elisabeths I. von England im Jahr 1587 enthauptet wurde; oder die Geschichte von dem Attentat auf Wilhelm von Oranien im Jahr 1584. Von der Mitte des 17. Jahrhunderts aus gesehen, hatten sich in den zurückliegenden Jahrzehnten der europäischen Geschichte mehr als genug Tote angesammelt, um eine große Zahl von Kalendern mit blutrünstigen Darstellungen zu bestücken.

Historie als Unterhaltung für den Kalenderkäufer? Im 17. Jahrhundert war es eine häufig gewählte Strategie, auf dem umkämpften Markt für deutschsprachige Kalender auf geschichtliche Themen zu setzen, um das eigene Produkt verkäuflicher zu gestalten. Allerdings ist die zeitliche Perspektive von Kalendern eine zukünftige, auf das kommende Jahr ausgerichtete, und keine rückwärtsgewandte. Daher waren die Prognosen und Horoskope mit ihrem Blick in eine astrologisch fassbare Zukunft die wesentlichen Inhalte der frühen Kalender. Erstmals im deutschen Sprachraum fügte Hieronymus Lauterbach im Jahr 1572 einem Kalender eine Historienspalte hinzu, in der Monat für Monat die wichtigsten Gedenktage aufgelistet wurden. Diese historische Orientierung setzte sich an der Wende vom 16. zum 17. Jahrhundert zögerlich, aber stetig fort. In dieser frühen Phase folgten Historienspalten in Kalendern vornehmlich einer geschichtlichen Tiefendimension, reichten von der frühen Geschichte Ägyptens oder den Ursprüngen des Osmanischen Reiches bis in das 16. Jahrhundert hinein, vermieden es aber üblicherweise, Inhalte aus der jüngeren Vergangenheit zu thematisieren.[4] Das änderte sich im Verlauf des 17. Jahrhunderts. Die Inhalte wurden immer aktueller, rückten näher an die eigene Gegenwart heran, so dass des Öfteren auch Inhalte aus Zeitungen des vergangenen Jahres in einem Kalender konzentriert zusammengefasst wurden.[5]

Kalenderdrucke belegen damit nicht nur, wie bedeutsam historische Inhalte für ihre Ausgestaltung waren,[6] sondern zeigen zugleich die Ehrfurcht an, die man ganz allgemein Zuständen der Vergangenheit entgegenbrachte. Und sie machen deutlich, wie diese Ehrfurcht allmählich von einer stärkeren Aufmerksamkeit für die eigene Gegenwart überdeckt wurde.[7]

Gestern war besser

Früher war nicht einfach nur alles besser, sehr viel früher war sogar nahezu alles perfekt. Auf diese – fraglos zugespitzte – Formel lässt sich die Auffassung über vergangene Zeiten bringen, wie sie im 16. und 17. Jahrhundert (und auch zuvor) dominierte. Eine solche Sicht auf die Vergangenheit korrespondiert aufs vorzüglichste mit den eschatologischen Überzeugungen vom zukünftigen Ende aller Zeiten und einem entsprechend vorgeschalteten Niedergang. Die einzelnen Komponenten hingen unauflöslich miteinander zusammen: Das Vergangene war das Ideale, das nicht mehr erreicht werden konnte, weil seither ein kontinuierlicher und unumkehrbarer Verfall vonstattengegangen war, der in einen wie auch immer ausgestalteten Untergang münden würde. Und trotz der Unmöglichkeit einer Wiederherstellung der perfekten früheren Verhältnisse bemühte man sich immer wieder genau darum, wohl wissend, dass solche Versuche scheitern mussten.

Eine solche Charakterisierung ist ohne Frage vergröbernd und lässt zahlreiche Details und Varianten außer Acht. Aber sie trifft für diesen Zeitraum einen wesentlichen Kern, dass nämlich die Vergangenheit die Wahrheit sprach. Auf diese Aussage lässt sich die Wertschätzung alles Alten in Mittelalter und Früher Neuzeit verdichten. Mindestens bis in das 17. Jahrhundert hinein (und auch noch darüber hinaus) führte die Ehrfurcht vor dem Vergangenen zu der Überzeugung, dass das, was früher richtig war, heute unmöglich falsch sein konnte. Vor diesem Hintergrund muss das feste Traditionsschema der europäischen Kulturgeschichte gesehen werden, Muster der Antike oder des Urchristentums aufzugreifen, um sie in der Gegenwart wieder zum Leben zu erwecken.[8]

Der damit einhergehende Traditionalismus war aber nicht einfach nur ein Festhalten am Überkommenen, sondern trug ein ganz spezifisches Ethos in sich, nämlich die Verehrung der Würde und der Weisheit, die allem Alten eigen sind. Deswegen ist dieses Geschichtsdenken auch mehr als ein simpler Konservatismus. Es handelte sich um eine Verehrung der Vergangenheit, aus der eine schier übermächtige Autorität hervorging. Da von den Vorfahren bereits alles vortrefflich geordnet worden war, konnte eigentlich nichts Neues mehr geschaffen werden. Aus dieser Haltung leitete sich eine grundsätzliche Ablehnung des Neuen ab.[9] Um dem Vorwurf zu entgehen, man würde mit seinem eigenen Tun Neuerungen etablieren, zog man sich auf die Position zurück, dass man sich ausschließlich auf die Alten beziehe und diese im Prinzip nur abschreibe. Durch Ausweisung der Alten als Autoritäten konnte man versuchen, das eigene Werk gegen Neuerungsvorwürfe zu immunisieren.[10]

In dieser Weise die Vergangenheit zu verehren wies historischen Bemühungen bestimmte Aufgaben zu. Es war zentrales Anliegen der Historie, zur Vergegenwärtigung des Vergangenen beizutragen, dieses Vergangene gewissermaßen am Leben zu erhalten, es vor Augen zu führen, ja es sogar zu vergegenständlichen. Geschichtsschreibung sollte Vergangenes für die Gegenwart verfügbar machen, und zwar nicht zuletzt deshalb, weil dieses Vergangene in seiner Vorbildlichkeit als belehrendes Vorbild (oder auch als Abschreckung) zur sittlichen Unterweisung der jetzt Lebenden dienen konnte. Was die Historie damit leistete, war die Nivellierung des Unterschieds zwischen den beiden Zeitstufen Vergangenheit und Gegenwart.[11]

Die Geschichtsschreibung musste Probleme der Gegenwart lösen, indem sie Antworten aus der Vergangenheit lieferte. Den Historikern wurde dabei gerade keine Eigenständigkeit oder Kreativität zugestanden, sondern sie hatten als Kompilatoren das nötige Material zusammenzutragen, also nur dasjenige an Antworten aufzubereiten, was ohnehin schon vorhanden war. Widersprüche in der Jurisprudenz sollten durch das Aufzeigen ihrer Entstehung gelöst, Fragen der Ethik durch beispielhafte moralische Normen aus der Vergangenheit beantwortet werden. Insbesondere in der Theologie sollte die Beschäftigung mit der Geschichte Hilfestellungen leisten, indem sie die Ordnung der Zeiten belegte, deren Begründer Gott selbst war. Der eigentliche Zielpunkt dieser Bemühungen war also nicht die Erkenntnis der Vergangenheit, sondern die Erkenntnis der Ewigkeit. Absicht des Geschichtsschreibers musste es sein, im historischen Geschehen den unsichtbaren göttlichen Willen sichtbar werden zu lassen.[12]

Ohne die Einbeziehung der theologischen Dimension ist ein solches Denken über Zeit und Geschichte nicht zu verstehen. Geschichte ist Heilsgeschichte und somit der Lenkung Gottes unterworfen. Das bedeutet aber auch, dass sich Gott in der Geschichte offenbart und ihr einen besonderen Rang verleiht. Geschichte als solche ist nicht von Menschen bewirkt, sondern von Gott vollzogen. Als Ausdruck göttlichen Willens und göttlicher Vorsehung wird sie zu einem Bestandteil der christlichen Religion.[13] Für Geschichtsschreiber des Mittelalters entfiel damit eigentlich der methodische Anspruch, Geschichte in ihrem Verlauf umfassend verstehen und erklären zu wollen. Geschichte wurde nicht systematisch erforscht, sondern bestätigend gedeutet.[14]

Das zeigt sich auch beim Einsatz und der Verwendung des Materials, mit dessen Hilfe historische Werke verfasst wurden. Galten prinzipiell Augenzeugen als die glaubwürdigsten Gewährsleute für Berichte von denkwürdigen Geschehnissen, so musste man sich bei der Befassung mit großen Zeiträumen zwangsläufig auf schriftliche Überlieferungen verlassen. Während man heutzutage bei der Einschätzung historischen Materials vor allem die Maßstäbe der zeitlichen Nähe zum Geschehen, der Unmittelbarkeit der Beobachtung oder der Verfasserintention anlegt, ging man im Mittelalter nach anderen Prinzipien vor. Von Bedeutung war grundsätzlich der Status der übermittelnden Person. Ihr sozialer Stand spielte eine wichtige Rolle in puncto Glaubwürdigkeit. Sodann räumte man älteren Zeugnissen den Vorrang vor jüngeren ein: Antiquität bedeutete Qualität. Die zeitliche Nähe zum Geschehen spielte hingegen eine untergeordnete Rolle, vielmehr hatte das älteste Geschichtszeugnis den Rang des zuverlässigsten Dokuments. Konsequenterweise erhielt die Bibel nicht nur als Gottes Wort, sondern auch als chronologisch ältestes Zeugnis des Christentums einen herausragenden Platz, und Moses wurde auf diese Weise zu einem unumgänglichen Historiker.[15] Die Bibel hatte also immer recht. Wenn es dennoch zu Widersprüchen bei der Behandlung eines historischen Gegenstands mit den Inhalten der Bibel kam, konnte es dafür eigentlich nur drei Gründe geben: Entweder lag es an der Mangelhaftigkeit der benutzten Abschrift, an einem

Irrtum in der Übersetzung oder an der Borniertheit des Benutzers – aber sicherlich nicht an der Heiligen Schrift.[16]

Die Bibel wurde also nicht nur als ein heiliges Buch angesehen, nicht nur als das schriftliche Fundament der christlichen Religion, sondern auch als historischer Tatsachenbericht, der aufgrund seines (gedachten) Entstehungszusammenhangs und seines Alters schlicht unbezweifelbar war.[17] Genau dieser Umstand bereitete vielen Autoren des 17. Jahrhunderts erhebliche Probleme, denn sie mussten ihre eigenen Erkenntnisse und Einsichten mit der Bibel in Einklang bringen.

Während des gesamten Mittelalters und bis weit in das 17. Jahrhundert hinein war an einem solchen Zeitwissen kaum zu rütteln. Das lässt sich beispielhaft an Philipp Melanchthon (1497–1560) zeigen, dem Reformator und Weggefährten Martin Luthers. Er trat mit Nachdruck für eine intensive Beschäftigung mit Geschichte auf unterschiedlichen Ebenen ein. Er forderte nicht nur die Einführung eines eigenen Universitätsfachs, sondern betätigte sich selbst als Historiker und Geschichtstheoretiker. Aufgrund seiner historischen Arbeiten und vor allem aufgrund der Wirkmacht seiner Persönlichkeit prägte Melanchthon die frühneuzeitliche Geschichtsschreibung des Protestantismus (nicht nur in Deutschland) ganz erheblich. Dabei bedeutete für ihn Geschichte immer noch und vornehmlich Geschichtstheologie. So schrieb er 1532 in seinen Ausführungen »Wozu historien zu lesen nützlich ist«, dass der in verschiedenen biblischen Prophezeiungen geweissagte Geschichtsablauf ein Beleg für die Grenzenlosigkeit der göttlichen Allmacht sei. Die Historie zeige, dass und wie Gott immer wieder unmittelbar in die Geschehnisse eingreife. Nicht nur in diesen, sondern auch in anderen Zusammenhängen zeigen sich deutliche Parallelen zur Geschichtstheologie Otto von Freisings aus dem 12. Jahrhundert, von dem Melanchthon nicht nur wichtige Argumente, sondern teils auch die Ausdruckweise übernommen hat. So war sich Melanchthon mit Otto von Freising darin einig, dass Gott der Geschichte einen sinnvollen Verlauf gab, wodurch alle historischen Geschehnisse trotz ihrer Vielfalt und Unüberschaubarkeit in einem allgemeinen Ganzen aufgingen. Dadurch ließ sich die Geschichte nicht nur in ihrer Gesamtheit bis zum Jüngsten Gericht erschließen, sondern dadurch konnte sie auch zur Lehrmeisterin des Lebens, zur *magistra vitae* werden.[18]

Was sich in dieser Form bei Melanchthon findet, gilt über seine Person und seine konfessionelle Zugehörigkeit hinaus. Denn bei allen Differenzen, die zwischen Katholiken und Protestanten hinsichtlich des Verständnisses und des Einsatzes von Geschichte bestanden, blieb den unterschiedlichen Konfessionen doch gemeinsam, dass sie sich weiterhin auf das universale Konzept der mittelalterlichen Chronistik und auf ein gemeineuropäisches Verständnis von der Relevanz der Vergangenheit für die Gegenwart bezogen.[19]

Der Angriff der Vergangenheit auf die übrige Zeit

Für einen nicht unerheblichen Teil der europäischen Geschichte kann man den paradoxen Satz aufstellen, dass die Zukunft immer schon Vergangenheit war. Was in der Zukunft geschehen würde, war bereits festgelegt und im Schöpfungsplan bestimmt worden.[20] Diese Vergangenheit bestimmte nicht nur auf übermächtige Art die Zukunft, sondern ragte auch unmittelbar in die Gegenwart hinein.[21] Unser heutiges Verhältnis zur Geschichte zeichnet sich durch einen grundlegenden Anachronismus aus: Für uns ist es selbstverständlich, dass die Vergangenheit nicht die Gegenwart ist. Für frühere Jahrhunderte sah dies deutlich anders aus. Und das lässt sich nicht nur anhand der Geschichtsschreibung, sondern auch in seiner lebenspraktischen Bedeutung an zahlreichen Details verdeutlichen.[22] So trugen gemäß diesem Verständnis von Vergangenheit alle Menschen aller Zeitalter die Verantwortung für die von Adam und Eva begangene Erbsünde in sich. Ebenso war es herrschende Überzeugung unter den Christen, dass alle Juden (immer noch) schuldig an der Kreuzigung Christi waren, denn diese Ereignisse waren nicht Teil einer abgeschlossenen Vergangenheit, sondern waren zeitlos und damit auch für die Gegenwart von unzweifelhafter Bedeutung.[23]

Die Gegenwart war damit eingezwängt zwischen der Rückorientierung auf eine als ideal gedachte Vergangenheit und der Konzentration auf eine vorherbestimmte Zukunft und verschwand nahezu vollständig. Während die antike und die biblische Vergangenheit beständige Aktualisierungen erfuhren, wurde die Gegenwart von diesen Vergangenheiten regelrecht verschlungen, weil nur das Gestern Sinn stiften konnte. Daher rühren auch die auffallenden chronologischen Überblendungen, die für uns mit Blick auf frühere Jahrhunderte immer wieder frappierend sind. Deswegen meinten die Kreuzfahrer, in Jerusalem die tatsächlichen Henker Christi zu bestrafen, deswegen wurden auf Gemälden den Personen aus der Antike oder aus biblischen Zusammenhängen mittelalterliche Gewänder übergestülpt.[24]

Diese Überformung der Gegenwart durch die Vergangenheit betraf viele Bereiche. So war und blieb beispielsweise für die Gelehrten und Geistlichen Latein (und zu einem geringeren Grad Griechisch) die einzige zivilisierte Sprache. Sie bezogen sich dabei immer noch auf das sprachliche Ideal des antiken Rom, auch wenn sich dieses Latein über die Jahrhunderte stark verändert hatte. Es war aber gerade die weiterhin verwendete lateinische Sprache, die Menschen des Mittelalters davon abhielt, die tatsächliche Distanz zwischen ihrer eigenen Zeit und der idealisierten Antike zu erkennen. Auch andere Beispiele zeigen die Überblendung weit auseinanderliegender Zeiträume: Einhard, der Biograph Karls des Großen, schrieb ganze Seiten aus Suetons Biographien römischer Kaiser ab, weil er überzeugt war, dass dies die beste Art sei, den fränkischen Herrscher zu charakterisieren.[25] Rahewin entlehnte seine Darstellung der Kämpfe Friedrich Barbarossas in Oberitalien weitgehend der antiken Schilderung des Jüdischen Krieges gegen die Römer durch Josephus. Auch die Benennungen von Völkern ließen sich problemlos übertragen. Egal ob Awaren, Ungarn oder Osmanen, sie alle wurden während des Mittelalters unterschiedslos als ›Hunnen‹ bezeichnet, weil sie (aus der Sicht der abendländischen Christenheit) sämtlich aus dem Osten kamen. Nicht nur die Bezeichnung blieb identisch, auch die Merkmale, mit denen diese Völker charakterisiert wurden, blieben antik. Der Klosterchronist Petrus von Montecassino konnte im 12. Jahrhundert schreiben von »Soliman, dem König der Hunnen, die wir jetzt Türken nennen«.[26]

Der Historiker Reinhart Koselleck hat mit seiner Beschreibung von Albrecht Altdorfers Bild »Alexanderschlacht« ein sehr eindrückliches Beispiel dafür gegeben, was es im 16. Jahrhundert bedeuten konnte, dass die Vergangenheit in die Gegenwart hineinragte und ein autoritatives Modell für sie abgab. Herzog Wilhelm IV. von Bayern hatte das Historiengemälde 1528 in Auftrag gegeben, das die Schlacht bei Issus 333 v. Chr. zum Gegenstand hat. Abertausende von Soldaten sind in dichtem Gedränge und mit großer Dynamik dargestellt. Dabei wird eine doppelte Überblendung der Zeiten deutlich. Erstens versucht das Bild nicht nur einen bestimmten Moment der Schlacht darzustellen und

Der Angriff der Vergangenheit auf die übrige Zeit 103

Abb. 6 Albrecht Altdorfer, »Alexanderschlacht« (1529)

einzufrieren, sondern unternimmt es auch, die Geschichte und den Ablauf der Schlacht zu erzählen. Auf den Bannern der Heerhaufen sind die Zahlen der Kämpfenden, Gefallenen und Gefangenen festgehalten, wie sie sich in der Überlieferung des Curtius Rufus finden. Hier sind also bereits Tote numerisch erfasst, die auf dem Gemälde noch kämpfend unter den Lebenden weilen. Zweitens, und wesentlich auffallender: Es wäre ohne eine entsprechende (schriftliche) Erläuterung kaum sichtbar, dass es sich um die Schlacht bei Issus handelt, vielmehr meinen wir »den letzten Ritter Maximilian vor uns zu sehen oder die Landsknechtshaufen der Schlacht zu Pavia. Die meisten Perser gleichen vom Fuß bis zum Turban den Türken, die im selben Jahr, da das Bild entstand, 1529, Wien vergeblich belagerten. Mit anderen Worten, das geschichtliche Ereignis, das Altdorfer festhielt, war für ihn gleichsam zeitgenössisch. [...] Altdorfer, der die dargestellte Historie geradezu statistisch erhärten will, indem er die Schlachtteilnehmer in zehn Zahlenkolonnen aufführt – er hat auf eine Zahl verzichtet, auf das Jahresdatum. Seine Schlacht ist nicht nur gleichsam zeitgenössisch, sie scheint ebenso zeitlos zu sein.«[27]

Der Umgang mit historischen Differenzen, wie in Altdorfers Gemälde und anderen Zusammenhängen praktiziert oder besser: gerade nicht praktiziert, stellt sich aus Sicht des frühen 21. Jahrhunderts zunächst als grober Anachronismus dar, dem es egal zu sein scheint, ob ein Ereignis vor einem Jahr oder vor nahezu zwei Jahrtausenden stattfand.

Eine solche Einschätzung wird aber dem im 16. Jahrhundert vorherrschenden Zeitwissen nicht gerecht.[28] Denn erstens war auch den Zeitgenossen des frühen 16. Jahrhunderts und mit ihnen Alexander Altdorfer durchaus bewusst, dass es einen Unterschied zwischen dem Hier und Jetzt und der Zeit Alexanders des Großen gab. Allerdings: Dieser Unterschied spielte für Altdorfer und viele seiner Zeitgenossen eine andere Rolle als für uns. Der Unterschied zwischen den historischen Zeiten wurde zwar erkannt, aber nicht als übermäßig bedeutsam konzipiert. Deshalb war auch die Thematisierung dieser Differenz kaum von Bedeutung, viel wichtiger war die diachrone Überblendung dieses Unterschieds als Synchronismus, das Zusammenfallen unterschiedlicher Zeiten in der Gleichzeitigkeit.[29]

Zeugen der Vergangenheit

Die Verehrung der Vergangenheit blieb keineswegs beschränkt auf intellektuelle Debatten oder gewichtige Gemälde, sondern zeigt sich auch im Alltag der vielen. Denn das Leben der Menschen war unter anderem von der Überzeugung geprägt, dass das Gute, Wahre und Schöne zeitlich schon hinter ihnen lag.

Man könnte irgendwo beginnen. Beginnen wir also in Franken. Wenn die territorialen Zustände im deutschsprachigen Raum vor 1800, also im Heiligen Römischen Reich Deutscher Nation mit seinen über 300 politischen Einheiten, gerne als Flickenteppich bezeichnet werden, dann trifft diese Charakterisierung insbesondere auf Franken zu. Hier versammelten sich zahlreiche Klein- und Kleinstterritorien. Bistümer, Reichsstädte, Grafschaften waren so bunt durcheinandergewürfelt, dass eine kartographische Darstellung dieser Zustände auch heute noch schwierig ist.[30]

In diesem territorialen und auch konfessionellen Durcheinander kam es immer wieder zu Auseinandersetzungen über Zuständigkeiten. Herrschaftsrechte wurden eingefordert, angezweifelt, zurückgewiesen. Einige Herrscher versuchten ihre Machtbereiche auszudehnen und ihre Territorien zu konsolidieren, wie beispielsweise die Hohenzollern, deren fränkische Linie um Nürnberg größere Gebiete ihr Eigen nannte. Bei diesen Versuchen trafen sie jedoch regemäßig auf erheblichen Widerstand. Deshalb gelang es weder den Hohenzollern noch einer anderen politischen Macht in Franken bis zum Ende des Heiligen Römischen Reichs im Jahr 1806, ein ernstzunehmendes, geschlossenes Territorium auszubilden. Franken blieb ein Flickenteppich – bis es von Bayern geschluckt wurde und der Tragödie zweiter Teil begann.

Die diffuse territoriale Situation Frankens provozierte zwischen dem Spätmittelalter und dem frühen 19. Jahrhundert zahlreiche Konflikte, die auf dem Rechtsweg (und zuweilen auch auf dem Gewaltweg) ausgetragen wurden. Dies setzte eine enorme Produktion beschriebenen Papiers in Gang, was uns heute ermöglicht, dieses historische Material zu studieren und daraus Schlüsse zu ziehen. Ein rechtliches Institut, das sehr häufig eingesetzt wurde, wenn Auseinandersetzungen um Herrschaftsrechte auftraten, war das Zeugenverhör.[31] Solche Verhöre liefen etwas anders ab, als wir uns das heute vorstellen. Streitgegenstand waren häufig die genauen Verläufe territorialer Grenzen, die Besitzrechte an Waldstücken, das Recht zur Erhebung von Abgaben oder die Ausübung strafrechtlicher Kompetenzen, mit anderen Worten: alles das, was eine politische Obrigkeit zur Bewahrung oder zum Ausbau ihrer Macht für nötig erachtet. Wenn nun zwei Obrigkeiten dasselbe Recht oder dasselbe Stück Land für sich beanspruchten, gab es unterschiedliche Möglichkeiten, das Problem zu lösen. Das Zeugenverhör war eine sehr wirkmächtige Variante. Dazu wurden nicht nur diejenigen Personen befragt, die direkt mit dem Streitfall zu tun hatten, wie Fürsten, Räte, Amtsleute oder Juristen, sondern es wurde auch regelmäßig die lokale Bevölkerung vorgeladen, die ihr Wissen preisgeben sollte.[32] Wenn man sich solche Zeugenverhörprotokolle mit ihren teils Hunderten von Seiten näher ansieht, dann fällt auf, dass die lokale Bevölkerung nicht in ihrer Gesamtheit befragt wurde, sondern dass man sich auf eine Gruppe besonders konzentrierte – auf ältere und alte Männer.

Die kleine Reichsstadt Dinkelsbühl hatte regelmäßig mit den machtpolitischen Begehrlichkeiten der fränkischen Hohenzollern zu kämpfen. Aus diesem Grund griff der Rat von Dinkelsbühl wiederholt zum Instrument solcher Zeugenverhöre, um seine eigenen Rechte und Ansprüche zu verteidigen. In den Jahren 1612 und 1613 wurden wieder einmal sowohl von brandenburgischer als auch von Dinkelsbühler Seite zahlreiche Personen über ihre Kenntnisse der rechtlichen und politischen Zuständigkeiten befragt.[33] Die Brandenburger wie auch die Dinkelsbühler boten jeweils 50 Zeugen auf, allesamt männlich. Ihr Alter lag meist zwischen 50 und 70 Jahren, nur wenige waren jünger, einige waren älter. In Bezug auf den Umgang mit Zeit fällt in diesen Protokollen Unterschiedliches auf. Zunächst das Alter der Zeugen, dann jedoch auch die mangelnde Zuverlässigkeit ihrer Altersangaben. Denn besieht man sich die Aussagen näher, können einem an der einen oder anderen Stelle Zweifel kommen.

Ein Contz Bopp aus Feuchtwangen sagte aus, er sei über 87 Jahre alt – wie viel älter, wusste er aber offensichtlich nicht zu sagen. Nur der Umstand, dass er 57 Jahre als Schuster gearbeitet habe, kann diese Angabe etwas konkretisieren. Auch Hans Staudt aus Gunzenhausen gab an, über 47 Jahre alt zu sein; Hans Eitel Lerch war über 60 Jahre alt. Viele Altersangaben fallen durch ihre runden Zahlen auf.[34] Die Männer waren dann ›etwa 60‹ oder ›etwa 70‹ Jahre alt. Balthasar Baur aus Dinkelsbühl gab an, kommende Fastnacht 60 Jahre alt zu werden; Melchior Hitzler wollte an Jakobi (dem 25. Juli) 80 Jahre alt geworden sein; der Hutmacher Hans Schröpel sagte ausdrücklich, dass er sein Alter nur auf 82 Jahre schätzen könne; und der Bäcker Melchior Suffner gab im gleichen Verfahren zu unterschiedlichen Gelegenheiten einmal 63 Jahre, das andere Mal 68 Jahre als Alter an. Die Genauigkeit der Angaben schien keine bedeutende Rolle gespielt zu haben, wichtiger war eine Aussage wie diejenige von Leonhardt Heckler aus Lehengütingen, der behauptete, der Älteste seines Ortes zu sein.

Bei sozial Höhergestellten, bei Adligen und Amtsträgern waren die Altersangaben oft präziser. Der 70-jährige Bernhardt von Hutten kannte beispielsweise sein Geburtsjahr 1542 »laut eins alten meßbuchs«.[35] Christoph Sebastian von Jaxheim wusste sogar – und das ist eher ungewöhnlich – seinen genauen Geburtstag zu nennen, den 6. Oktober 1569, ebenso wie der Kaufmann Matthäus Baumgartner, der am 22. Juli 1613 seinen 54. Geburtstag feierte.[36] Doch auch hier kam es zu interessanten Mischungen aus exakten Angaben und vorsichtigen Relativierungen, wenn der Steuerschreiber Benedikt Schad aus Dinkelsbühl beispielsweise zu Protokoll gab, dass er »nach seiner Meinung 1567 geboren« worden sei.[37] Fraglich wird diese Angabe jedoch, wenn er behauptet, sich an die Eroberung der ungarischen Stadt Sygeth durch die Osmanen im Jahr 1566 erinnern zu können – also ein Jahr vor seiner vermuteten Geburt.

Warum nun wurden all diese Zeugen befragt, die nur mittelbar mit der juristischen Auseinandersetzung zu tun hatten, also nur als Bewohner von Stadt und Territorium davon betroffen waren? Angesichts der zahlreichen Unterschiede, die man unter ihnen hinsichtlich der sozialen Stellung und der wirtschaftlichen Situation feststellen kann (vom Adligen bis zum armen Handwerker), gibt es drei Merkmale, die sie alle gemeinsam haben: Alle waren Männer, alle stammten aus der betroffenen Gegend, in der sich der Rechtsstreit abspielte, und alle waren fortgeschrittenen Alters. Während sich die Attribute Männlichkeit und Lokalität in einer patriarchalisch organisierten Gesellschaft und angesichts verlangter Ortskenntnisse noch erklären lassen, wirft die Altersstruktur Fragen auf. Warum wurden hier vor allem 50-, 60- und 70-Jährige – und, soweit möglich, noch Ältere – befragt?

Die Praxis solcher Zeugenverhöre war in dieser Zeit ein europaweites Phänomen.[38] In England findet man während des Mittelalters und der Frühen Neuzeit beispielsweise die Institution des *proof of age*. Dabei musste der Erbe eines Kronvasallen, der seine Lehen direkt vom König erhielt, in der englischen Kanzlei seine juristische Volljährigkeit beweisen, um seine Erbschaft antreten zu können. Bei männlichen Erben lag dieses Alter bei 21 Jahren, weibliche Erben mussten als Unverheiratete 16 und als Verheiratete 14 Jahre alt sein. Um das entsprechende Alter, das zum Antritt des Erbes berechtigte, belegen zu können, waren Zeugen zu benennen, die zumindest das Geburtsjahr des potentiellen Erben bestätigten. Kein Problem, so könnte man meinen, der Einsatz von Schriftlichkeit hatte seit dem 14./15. Jahrhundert deutlich zugenommen, weshalb sich eine Geburtsurkunde hätte anlegen lassen, um den Geburtstermin zu bestätigen. Gerade bei höheren sozialen Schichten ließe sich eine solche Vorgehensweise erwarten. Auch kann man für zahlreiche andere Bereiche des politischen, gesellschaftlichen und rechtlichen Lebens solche Tendenzen zu einer umfassenderen Verschriftlichung nachweisen Aber diesen Weg beschritt man bei den *proofs of age* nicht.

Vielmehr misstraute man den schriftlichen Zeugnissen bis in das 16. Jahrhundert hinein, weil man sich unsicher war, ob sie die Zeit auch wirklich überdauern würden. Schrift wurde vielfach noch als ein flüchtiges Medium angesehen. Und wenn ein solches Dokument erst einmal verloren war, wer konnte dann noch für seinen Inhalt bürgen? Außerdem schienen geschriebene Dokumente unzuverlässig, weil sie gefälscht werden konnten. Schriftlichkeit wurde deswegen gegenüber der Erinnerung eines verlässlichen Zeugen deutlich geringer geschätzt. Und so kam es auch bei der Bestätigung des erbfähigen Alters englischer Kronvasallen zum Einsatz von zumeist älteren, männlichen Zeugen, welche die Geburt, häufiger jedoch die Taufe eines Erben bestätigen sollten.[39]

Das schwierige Alter

Es war die Hervorbringung von Wissen über die Vergangenheit, die man sich von solchen Zeugenbefragungen erhoffte und die durch dieses juristische Institut offensichtlich auch geliefert wurde. Bei Grenz- und Herrschaftsstreitigkeiten wurden die Zeugen als Träger der Memoria befragt, als Hüter der Erinnerung, die informativ und autoritativ von vergangenen Zuständen berichten sollten. Das von den Prozessparteien jeweils vorgebrachte Argument sollte durch diese Memoria der Bevölkerung autorisiert und legitimiert werden.[40] Die Erinnerungen der Bevölkerung, die mittels Zeugenbefragungen zum Vorschein gebracht wurden, hatten den Vorteil, nicht einfach nur juristisches Argument zu sein, das man unter Umständen durch ein Gegenargument aushebeln konnte. Ihren Aussagen kam ein höherer Status zu – sie waren Wissen. Aus dem Mund dieser zumeist betagten Zeugen sprach die unüberbietbare Autorität der Vergangenheit, die sich nicht ohne weiteres widerlegen ließ, es sei denn, man verfügte über ein qualitativ höherwertiges, also noch älteres Wissen. Man versuchte also, möglichst viele möglichst alte Menschen aufzubieten, um von ihnen zu erfahren, was sie über den Fall wussten, und auf dieser Basis ein Urteil zu fällen.

Ab wann aber galt man überhaupt als alt? Und welchen Status genossen die Alten? Nicht richtig ist, dass man aufgrund der niedrigen statistischen Lebenserwartung im Mittelalter und in der Frühen Neuzeit bereits mit etwa 40 Jahren als alt gegolten hat. Zwar war die durchschnittliche Lebenserwartung tatsächlich niedrig, daraus aber den Schluss abzuleiten, die Menschen seien in den meisten Fällen nicht sehr viel älter geworden, ist ein Treppenwitz neuzeitlicher Statistik. In diese Sterblichkeitsberechnungen, die nicht zeitgenössisch, sondern das Produkt nachträglicher Quantifizierung sind, werden nämlich alle Menschen eingerechnet, also auch diejenigen Säuglinge und Kleinkinder, die der hohen Kindersterblichkeit zum Opfer fielen. Diese war nach heutigen Maßstäben in der Tat sehr hoch. Wenn man allerdings die Kindheit überlebt hatte, war es nicht außergewöhnlich, das 60. oder 70. Lebensjahr zu erreichen; es gibt auch ausreichend Belege für Menschen im Alter von 80 oder 90 Jahren.[41]

Auch vor 1800 galt man in Europa irgendwann zwischen dem 60. und 70. Lebensjahr als ›alt‹. Ablesen lässt sich dies an den Vorgaben, in welchem Alter man aus dem Militärdienst oder aus einem öffentlichen Amt entlassen wurde, um in den ›Ruhestand‹ zu treten (den es in dieser Form noch nicht gab). Im 13. Jahrhundert wurden sowohl in England wie auch im von Kreuzzüglern eroberten Jerusalem Ritter mit 60 Jahren außer Dienst gestellt. In Kastilien und Léon wurden Wachtposten und Soldaten erst mit 70 Jahren von ihren Pflichten entbunden. Im gleichen Zeitraum wurde man in England, Florenz, Venedig oder Pisa ebenfalls mit 70 Jahren aus dem öffentlichen Dienst entlassen.[42] Die Altersgrenzen definierten sich also nicht wesentlich anders als heute.

Und auch mit einem anderen Stereotyp muss aufgeräumt werden, der Vorstellung nämlich, dass Alte höheres Ansehen genossen hätten und in der Gesellschaft generell geehrt worden wären.[43] Mit Blick auf Mittelalter und Frühe Neuzeit kann man dieses Vorurteil nicht aufrechterhalten. Alte genossen kaum einen besonderen Status, waren in gewisser Hinsicht sozial sogar schlechter gestellt, insbesondere wenn sie nicht mehr arbeiten konnten.[44] Es gibt Darstellungen von Gesellschaftsmodellen aus dem 13. Jahrhundert, in denen die Alten gemeinsam mit Kindern und Frauen in einer einzigen Randgruppe zusammengefasst wurden, die keinem gesellschaftlichen Rang, Beruf oder Stand zugeordnet war. In manchen mittelalterlichen Texten wurden sie eingestuft wie Invalide, Fremde oder Arme. Die Betonung ihrer körperlichen oder geistigen Schwäche wurde als Begründung für ihre untergeordnete soziale Stellung und ihren Ausschluss von politischen Ämtern herangezogen. Das einzige Privileg, das ihnen des Öfteren zugebilligt wurde, war die Befreiung von bestimmten Pflichten. Ansonsten genossen sie weder Vergünstigungen noch besondere Ehrungen, nur weil sie alt waren.[45]

Es gab eigentlich nur einen Bereich, in dem die Alten eine herausgehobene Stellung genossen: Sie dienten als Hüter lokaler Bräuche und Traditionen und daher auch regelmäßig als Zeugen bei rechtlichen Auseinandersetzungen.[46] Der Grund dafür war jedoch nicht, dass man dem

Alter besonders ehrerbietig begegnet wäre. Es war eine andere Zeitvorstellung und vor allem eine andere Idee von Vergangenheit, die mit dieser juristischen Praxis in Verbindung stand: Die alten Menschen, die man in den Zeugenstand rief, wurden als Brücke in die Vergangenheit benutzt. Ihr Alter brachte den erheblichen Vorteil mit sich, dass sie verbürgt und authentisch von früheren Zuständen berichten konnten. Von ihnen wollte (und musste) man etwas darüber erfahren, wie die Zustände früher gewesen waren, wie die Besitzverhältnisse einst ausgesehen hatten, wo die Grenze vormals verlaufen war und welche Rechte in alten Zeiten ausgeübt worden waren.[47] Die Alten galten aufgrund ihres Alters nicht als besonders weise, sondern sie waren Mittel zum Zweck, und der Zweck lautete, sich ihrer Erinnerung[48] zu bedienen und einen Blick in die Vergangenheit zu werfen.

Wenn man sich aber auf das ›unvordenkliche‹ Alter einer Gewohnheit, eines Rechts oder eines sonstigen Phänomens berief – wie alt war dieses ›Alte‹ dann tatsächlich? Mit welchen Zeiträumen hat man zu rechnen? Reichte die Erinnerung tatsächlich zurück in die Urgründe des historischen Gedächtnisses, handelte es sich um mehrere Generationen, gar Jahrhunderte? Naturgemäß ist es schwierig, die Ursprünge ›uralter‹ Traditionen genauer auszuloten und zu datieren – denn diese Traditionen leben schließlich davon, dass man nur ungefähre Kenntnis von ihnen hat, eben weil sie so ›uralt‹ sind.[49] In denjenigen Fällen, in denen sich dieses Alter genauer bestimmen lässt, ist das Ergebnis allerdings recht ernüchternd. Denn durchschnittlich genügten vier bis fünf Jahrzehnte, damit etwas als ›alt‹ gelten konnte. In England wollte König Karl I. ab 1625 den Hof wieder zu seinem ›alten‹ Glanz zurückführen und ›alte‹ Zeremonien wieder einsetzen – die größtenteils gerade einmal in die Zeit Elisabeths I. im späten 16. Jahrhundert zurückreichten. Im Rahmen lokaler Sitten und Gewohnheiten bedeutete ›alt‹ vielfach, dass man deren Ursprünge nicht genau datieren konnte. Insbesondere bei Streitigkeiten vor frühneuzeitlichen Gerichten machen die überlieferten Prozessunterlagen deutlich, dass beispielsweise ›uralte‹ Grundstücksgrenzen üblicherweise auf nicht mehr als ein paar Jahrzehnte Gültigkeit verweisen konnten.[50]

Verantwortlich für den relativ kurzen Zeitraum, den eine Gewohnheit oder ein Gegenstand benötigten, um als ›alt‹ zu gelten, war nicht zuletzt die immer noch verhältnismäßig geringe und erst im Verlauf der Frühen Neuzeit auch im Alltag zunehmende Schriftlichkeit. Denn erst sie bot die Möglichkeit, Erinnerung auf Papier zu bannen, also medial auszulagern und eine »zerdehnte Kommunikationssituation«[51] zu ermöglichen. Dadurch tritt ein Heute mit einem zeitlich exakt datierbaren Gestern in Verbindung. Bis es allerdings in breiten Gesellschaftsschichten so weit war, dominierte in einer vornehmlich illiteraten Gesellschaft eine unzureichend datierte und deswegen ›unvordenkliche‹ Vergangenheit.[52]

Gutes altes Recht

In welcher Zeit existiert das Recht? Recht konstituiert sich nach unserer Auffassung dadurch, dass es von einer Institution eingesetzt wird, die – auf welcher legitimatorischen Basis auch immer – dazu berechtigt ist, ebendies zu tun, nämlich Recht zu setzen.[53] Der Staat schafft Recht, und er tut dies hier und heute. Das Alter spielt dabei keine Rolle. Ein Gesetz wird nicht dadurch bedeutsamer oder wirkmächtiger, dass es älter wird. Es gilt vom Tag seiner Einsetzung bis zum Tag seiner Abschaffung. Es ist gegenwärtig, oder es ist gar nicht. Die Vergangenheit eines Gesetzes hat vor allem eine Konsequenz: »Zeitablauf führt dazu, dass der historische Gesetzgeber immer älter wird und am Ende alt aussieht.«[54] Dies war in mittelalterlichen und frühneuzeitlichen Kulturen anders. Für sie zeichnete sich Recht nicht zuletzt dadurch aus, dass es alt war. Und weil es alt war, war es zugleich gut. Was es hingegen nicht benötigte, ja in einem gewissen Sinn noch nicht einmal haben durfte, war eine dahinter stehende Institution, die für dieses Recht verantwortlich zeichnete. Recht war Gewohnheit, und deshalb war Alter seine wichtigste Eigenschaft. Dieses im idealen Fall unvordenkliche Herkommen musste bezeugt werden durch die ältesten und glaubwürdigsten Leute, konnte aber auch auf externe Gedächtnishilfen Bezug nehmen, auf Urkunden, Rechtsbücher, materielle Überreste oder andere Dinge, welche die Lebenszeit des Menschen überdauern.[55]

Ursprüngliche Rechtssetzung geht im Modell des ›guten alten Rechts‹ also nicht vom Staat oder einer anderen diesseitigen Institution aus, sondern von Gott selbst. Dieses Recht ist keine künstlich und intentional geschaffene Ordnung, sondern ist Teil der göttlichen Schöpfung. Es kann zwar gebeugt und gefälscht werden, aber es kann dadurch nicht nachhaltig beeinträchtigt werden, denn es besitzt aufgrund seines göttlichen Gehalts gewissermaßen die Fähigkeit, sich immer wieder selbst herzustellen. Sollte ein Recht etabliert werden, das dem alten Herkommen widerspricht, so handelt es sich um Unrecht, es ist dann kein *usus*, sondern *abusus*.[56] Daher bricht auch älteres Recht das jüngere (während es für unser Rechtsverständnis genau umgekehrt ist, dass nämlich jüngere Regelungen den Vorzug vor älteren genießen). Das Alte wird als Ideal verstanden, dem das Jüngere – das wenn schon nicht als korrumpiert, dann zumindest als qualitativ minderwertig verstanden wird – weichen muss.[57]

Besonders augenfällig ist das Alter als spezifische Qualität des Rechts, wenn keine geltenden rechtlichen Regelungen vorhanden sind. Auch dann kann neues Recht im eigentlichen Sinn nicht geschaffen werden. Entsprechende Normen für einen solchen Fall können nicht intentional gesetzt, sondern nur gefunden werden. Man geht also davon aus, dass das Recht per se ein geschlossenes und perfektes System darstellt (sonst könnte es kaum Gottes Recht sein), dass es aber in Teilen verlorenging oder vergessen wurde. Also muss man sich bemühen, es wiederherzustellen oder wiederzufinden. Gefunden werden kann dieses Recht in dem, was sich als »Gesamtgewissen«[58] der Bevölkerung bezeichnen lässt. Da das Recht alle Menschen umschließt, die einem bestimmten Rechtsgebiet angehören, kann es bei diesen auch immer wieder ›aufgefunden‹ werden. Es ist also weder gelehrtes Wissen noch ein Rechtsbuch vonnöten, sondern es genügt die Anfrage an das ›Rechtsgefühl‹ der Gesamtheit. So wird auch verständlich, warum die Befragung von (möglichst alten) Zeugen einen so großen Stellenwert in Rechtsauseinandersetzungen gewinnen konnte.[59]

Das Ideal vom guten alten Recht war eine zentrale, wenn auch nicht die einzige Möglichkeit der Normschöpfung.[60] Wie in vielen traditionalistischen Kulturen wurde auch in Europa vor dem 18. Jahrhundert Recht häufig als ›alt‹ konzipiert und damit auch als ›gut‹ verstanden. Allerdings gab es über den Weg des Konsenses immer auch die Möglichkeit, neues Recht zu setzen oder bestehendes Recht zu ändern. Doch auch diese Möglichkeiten zur Rechtsänderung durch Konsens wurden durch die Orientierung am überlieferten Recht relativiert. Die tatsächlichen Gestaltungsmöglichkeiten waren also durch eine Dominanz der Tradition begrenzt. Der Umgang mit dem Recht weist daher eine unübersehbare Vergangenheitsorientierung auf.[61]

Neue Vergangenheiten

Dann aber geschah etwas im Verlauf des 17. Jahrhunderts. Es ist nicht ganz leicht, dieses ›Etwas‹ genauer zu bestimmen. Wir haben es nicht mit einer Veränderung zu tun, die sich mit einem einschneidenden und leicht zu erinnernden Ereignis verknüpfen, mit einem Paukenschlag ankündigen oder mit einer einzigen, biographisch fassbaren Person verbinden würde. Vielmehr macht sich dieser Wandel anhand unscheinbar anmutender Kleinigkeiten bemerkbar, anhand leichter Verschiebungen, die sich verdichten und die – systematisch zusammengetragen – zu mehr als nur einer ungefähren Ahnung werden. Kurz gesagt, veränderte die Verehrung der Vergangenheit ihre Form, schwächte sich in manchen Bereichen ab, löste sich sogar gänzlich auf. Allerdings war es nicht so, dass die Zeitgenossen des 17. Jahrhunderts kein Interesse mehr an der Vergangenheit gehabt oder sich nicht mehr in einem positiven Sinn auf sie bezogen hätten. Vielmehr veränderten sich die *Beziehungen* zwischen Gegenwart und Vergangenheit.

Augenfällig wird dieser Wandel, wenn bisher bestehende Formen der Vergangenheitsverehrung verschwinden. Sie verabschieden sich lautlos und unbemerkt von der historischen Bühne, so dass man ihr Fehlen zunächst kaum bemerkt. Kehren wir noch einmal kurz zu den Zeugenbefragungen zurück. Sie sind ein auffälliges Beispiel für die Unauffälligkeit des Vorgangs. Sie wurden noch bis in das 17. Jahrhundert hinein praktiziert, doch ebbte im Verlauf des 17. Jahrhunderts die juristische Praxis der Zeugenbefragung allmählich ab.[62] Die Alten konnten ihre herausgehobene Position als lebende Archive der Lokalgeschichte seit dem 17. Jahrhundert nicht mehr unumstritten behaupten, zumindest nicht im Bereich des geltenden Rechts. Die zunehmend archivalisch überlieferte Dokumentation rechtlicher Verhältnisse raubte den Alten viel von ihrem früheren Prestige. Ablesbar wird dies unter anderem an

Sprichwörtern, die lange zum unverzichtbaren Bestandteil überlieferten und auch gelehrten Wissens gehörten, seit dem späten 17. Jahrhundert aber unübersehbar (und unüberhörbar) aus den Konversationen verschwinden. Das Wissen der Alten, das in diesen Sprichwörtern eingeschlossen war, wurde insbesondere von der geistigen Elite zusehends verachtet.[63]

Auch die Kalenderdrucke zeigen an, dass ein anderer Umgang mit Vergangenheit möglich wurde. Neben die geradezu ehrfürchtige Bezugnahme auf glorreiche frühere Zeiten trat zunehmend die Behandlung der allerjüngsten Vergangenheit, der ›Zeitgeschichte‹ der letzten Jahre. Damit scheint einerseits der Vorbildcharakter uralter Zustände zu verblassen, andererseits die Aufmerksamkeit für die eigene Gegenwart an Kontur zu gewinnen. Die Aufnahme historischer Inhalte in die Kalender steht in einem engen Zusammenhang mit diesen Transformationen. Denn wozu die Historienspalten zumindest unterschwellig beigetragen haben, das ist die allmähliche Ersetzung heilsgeschichtlicher Vorstellungen durch ein historisches Verständnis, das sich an einem abstrakten Zeitschema und an menschlichen (nicht mehr nur göttlichen) Maßstäben orientierte.[64]

Nun lässt sich trefflich darüber streiten, wann die Aufnahme historischer Inhalte in das Medium des Kalenders zu einer neuen Auffassung von Aktualität und Gegenwart geführt haben mag. Die ersten Anzeichen lassen sich bereits im frühen 17. Jahrhundert ausmachen. Sie verstärkten sich in den folgenden Jahrzehnten – ohne jemals ausschließlich dominierenden Charakter zu erlangen –, um an der Wende zum 18. Jahrhundert deutlich zutage zu treten. Die Germanistin Helga Meise hat in ihrer Untersuchung der Kalender von Markus Freund festgestellt, dass sich vor allem gegen Ende des 17. Jahrhunderts Veränderungen im zugrundeliegenden Zeitmodell bemerkbar machen: Statt Vorfällen aus der Vergangenheit wurden nun aktuelle Ereignisse geschildert; an die Stelle überhistorischer Typen (der Bauer, der Soldat, der Fürst etc.) traten konkrete, zumeist noch lebende Personen der Gegenwart; statt Geschichten im göttlichen Heilsplan zu verorten, blieben die handelnden Personen mit ihren politischen Taten und Geschicken für sich stehen; und schließlich ließ auch die astrologische Einbindung der Geschichten nach, und sie verselbständigten sich *als* Geschichten.[65]

Genealogische Verschiebungen

Die Genealogie ist nicht einfach eine Form, um Generationenabfolgen festzuhalten und familiäre ›Ursprünge‹ zu klären. Es geht dabei auch nicht nur um die Stellung des Subjekts innerhalb der biologischen Verwandtschaft. Die Genealogie will mehr: Sie war über Jahrhunderte hinweg dazu in der Lage, Stand und Rang eines Menschen in der Gesellschaft zu bestimmen und zugleich die ehrende Erinnerung an die Vergangenheit aufrechtzuerhalten.[66] Und es ist gerade die Genealogie, die zeigen kann, wie sich die Sicht auf die Vergangenheit im Verlauf des 17. Jahrhunderts merklich veränderte.

Dazu muss man sich die Bedeutung der Genealogie vor Augen führen. Es handelte sich für einen Großteil der europäischen Geschichte um sehr viel mehr als einen netten Zeitvertreib für Familienforscher. Genealogie muss als eine grundlegende kulturelle Denk- und Ordnungsform begriffen werden.[67] Sie übernahm vor allem zentrale juristische Funktionen, denn Rechts- und Rangordnungen beruhten auf der Abstammung. Die Genealogie diente dazu, die Privilegien und Besitzansprüche einer Familie zu untermauern, indem deren Alter nachgewiesen wurde.[68]

Als Kulturtechnik verankert die Genealogie Erfahrungen, die im Diesseits gemacht werden, in einem göttlich fundierten und letztendlich auf das Jenseits orientierten Ordnungsdenken. Unabhängig davon, ob es sich um den Baum Jesse, die Abfolge von Universalreichen oder den Stammbaum einer Adelsfamilie handelte, solche Modelle der Genealogie verwiesen jeweils auf ihre eigene Altertümlichkeit.[69] Das Zeitkonzept, mit dem Genealogien über Jahrhunderte hinweg umgingen, war daher im Kern ein ahistorisches. Das hohe Alter einer Familie sollte zwar erwiesen werden, was nicht selten durch den Rückgriff auf angebliche mythische Ursprünge und Vorfahren geschah, die teils bis in die Antike, zuweilen auch bis in biblische Zeiten zurückgeführt wurden. Das Ziel dabei war aber nicht, die Wandlungen einer Familie vorzuführen, sondern im Gegenteil den Nachweis zu erbringen, dass eine Familie gegenüber diesen Wandlungen resistent war.[70]

Die Genealogie wurde so zu einer der zentralen europäischen Formen des Weltverstehens. Im Kontext der mittelalterlichen und frühneuzeitlichen Kulturgeschichte Europas hatte die Genealogie schlicht den Vorteil, dass sie aufs trefflichste mit der vorherrschenden Verehrung der Vergangenheit, der Autorität des Alters und der Wirkmächtigkeit mythischer Ursprungsgeschichten in Verbindung gebracht werden konnte. Denn die Genealogie setzt einen sogenannten Probanden als Ausgangspunkt einer Beziehungsstruktur. Dieser Proband übernimmt die Rolle des Ursprungs, des Urahns, von dem sich alle und alles ableiten. Durch diese Darstellungstechnik werden Elemente zu Gliedern einer Kette,[71] zu Bestandteilen eines vielfältigen verwandtschaftlichen Beziehungssystems. Und sie können immer wieder auf ›den Ursprung‹ oder auf ›das Allgemeine‹ zurückgeführt werden. Das hat eine doppelte Konsequenz: Einerseits erhält der einzelne genealogische Bestandteil, das jeweilige Individuum, dadurch seine Existenzberechtigung, gewinnt durch seine jeweilige Position in der genealogischen Kette eine konstitutive Qualität. Andererseits wird dieses ›Element‹ in seiner Individualität unterdrückt, da es seine Qualität nicht nur aus seinem jeweiligen So-Sein, sondern aus seinem genealogischen In-Beziehung-Sein gewinnt.[72]

Blut war zur Stützung dieses Kontinuitätsdenkens ein wichtiges Hilfsmittel. Es war maßgeblich dafür verantwortlich, dass verwandtschaftliche Stabilität gewahrt wurde, denn das Blut einer Familie erneuerte und wiederholte sich in jedem ihrer Mitglieder. Zurückzuführen ist dies auf die physiologischen Theorien, wie sie durch den spätantiken Arzt Galen aufgestellt und über Jahrhunderte hinweg als unumstößliche medizinische Grundsätze anerkannt worden waren. Die männlichen und weiblichen Samen, deren Mischung den Zeugungsakt konstituierte, waren laut Galen nichts anderes als geschäumtes Blut, das in der Hitze des Geschlechtsaktes entstand. Da im Mittelpunkt der Zeugung also das Blut stand (wenn auch in einem besonderen Aggregatzustand), ist es nicht verwunderlich, dass in ihm gewissermaßen die Matrix von Vererbung und Kontinuität über die Zeit hinweg gesehen wurde. Noch heute bewahrt unsere Sprache Reste dieses Denkens auf, beispielsweise wenn von ›Geblüt‹ oder ›Blutsverwandtschaft‹ die Rede ist. Auch das lateinische *consanguinitas* (*sanguis* lat.: Blut) ist vor diesem Hintergrund mit ›Verwandtschaft‹ nur unzureichend übersetzt. Es unterstreicht vielmehr die Kontinuität des Blutes entgegen der Erfahrung von historischer Veränderlichkeit und zeitlicher Vergänglichkeit.[73]

Nun würde man gemeinhin vermuten, dass der europäische Adel bereits ›seit unvordenklichen Zeiten‹ darauf geachtet habe, seine Altehrwürdigkeit und in die Jahrhunderte zurückreichende Abstammungslinie zu dokumentieren. Aber weit gefehlt. Vor dem 15. Jahrhundert interessierte sich dieser europäische Adel nämlich nur sehr bedingt für seine eigene Geschichte. Man war von Adel, daran gab es nichts zu deuten und zu diskutieren, so dass es lange Zeit nicht als notwendig angesehen wurde, dieses Faktum eigens historisch zu untermauern. Wieso etwas begründen, das sich ohnehin von selbst verstand? Selbstverständlich legten auch mittelalterliche Adelsgeschlechter großen Wert auf ihre Vorfahren und damit auf ihre Vornehmheit. Aber es gibt wenig Hinweise, dass sie über längere Zeit differenzierte Inhalte der eigenen Familiengeschichte tradiert hätten. Erst seit dem 15. Jahrhundert scheint sich in dieser Hinsicht etwas grundlegend verändert zu haben, denn ab diesem Zeitpunkt kann man zunehmende, teils überbordende Bemühungen von Adelsfamilien feststellen, sich ihrer eigenen Geschichte zu versichern und diese auch gegenüber anderen Angehörigen des Adels oder gegenüber den Untertanen öffentlichkeitswirksam zu machen. Mit dem allmählichen Wachstum territorialer Zentralgewalten, die sich im Verlauf der Geschichte (im erfolgreichen Fall) zu Staaten ausbilden sollten,[74] wuchs die Konkurrenz unter den sozialen und politischen Entscheidungsträgern. Wollte man in diesem Konkurrenzkampf nicht zurückfallen und wollte man dem Druck, der durch wachsende Territorialgebilde aufgebaut wurde, standhalten, musste man Gegendruck aufbauen – unter anderem durch eine historische Rückversicherung der eigenen Familiengeschichte. Hierin ist sicherlich ein wesentlicher Grund für den Aufstieg der (adligen) Genealogie seit dem 15. Jahrhundert zu sehen.

Doch wie schreibt man die Geschichte einer Familie, und wie erstellt man deren Genealogie, wenn diese Familie bisher wenig Wert auf ebendiese Geschichte gelegt hat? Es war nicht der Adel selbst, der diese Aufgabe übernahm, sondern vom Adel beauftragte Bürgerliche, nicht selten

Humanisten, die als umfassend und klassisch Gebildete während des 15. Jahrhunderts solche Genealogien anlegten.[75] Da sie dafür zumeist wenig bis gar kein Material vorfanden, dürften die gelehrten Verfasser ihren adligen Auftraggebern in panegyrischer Absicht eine Version von deren eigener Hausgeschichte vorgetragen haben, die diese dankbar übernahmen. Auf diese Art und Weise ließen viele Adelshäuser seit dem 15. Jahrhundert zur Feder greifen und ihre Familiengeschichte aufschreiben, wie beispielsweise die von Georg Spalatin verfasste Chronik der Sachsen und Thüringer aus dem Jahr 1530. Weil die Genealogen des 15. und 16. Jahrhunderts also keinen vorgefertigten Stoff vorfanden, mussten sie selbst aktiv und zu Erfindern einer Geschichte werden, die sich als ›unvordenklich‹ zu präsentieren hatte – und tatsächlich brandneu war.[76]

Gewissermaßen über den Umweg solcher Anforderungen wurden die ersten Grundlagen neuzeitlichen geschichtswissenschaftlichen Arbeitens gelegt. Denn um die nur diffus übermittelten genealogischen Informationen zur Familienzusammengehörigkeit auf eine halbwegs zuverlässige Basis zu stellen, mussten Archivforschungen unternommen und Kontakte zu benachbarten beziehungsweise verwandten Höfen aufgenommen werden. Dabei konnte es tatsächlich vorkommen, dass ein beauftragter Genealoge mit der völligen Unkenntnis eines Fürsten konfrontiert wurde. So erging es beispielsweise David Chyträus (1530–1600), der als mecklenburgischer Hoftheologe 1596 von seinem Landesherrn Herzog Ulrich den Auftrag erhielt, die Genealogie der Dynastie zu erstellen. Allerdings verfügte Herzog Ulrich über keinerlei Informationen, konnte beispielsweise auch nicht sagen, an welchem Datum er selbst oder seine Frau geboren worden waren. Auch besaß er – weit schwerwiegender – kaum Kenntnisse über die eigene Hausgeschichte.[77] Gerade an diesem Beispiel lässt sich zeigen, wie unwichtig es offensichtlich in diesem Zeitraum war, etwas über die Vergangenheit in einem *historischen* Sinn zu wissen, während zugleich ein Bewusstsein dafür wuchs, ebendieser Geschichte nicht nur nachzugehen, sondern sie auch zu dokumentieren und dauerhaft zu erhalten.

Das Medium des Stammbaums wurde als zentrales Darstellungsmittel der Genealogie seit dem 15. Jahrhundert in immer größeren gesellschaftlichen Kreisen eingesetzt.[78] Es war aber auch im 16. und 17. Jahrhundert weiterhin üblich, sich auf mythische Zeitvorstellungen zu beziehen. Fürsten und Nationen wurden immer noch und immer wieder, wie schon im Mittelalter, auf antike Gründergestalten zurückgeführt (biblische Figuren wurden hingegen seltener bemüht). Jakob Mennel erstellte beispielsweise in den Jahren zwischen 1505 und 1518 eine Prunkgenealogie für die Habsburger. Darin wurde die Dynastie nicht nur auf die Trojaner Priamos und Hektor zurückgeführt, sondern ebenso deren Verwandtschaft mit den führenden Geschlechtern Burgunds, Österreichs und Frankreichs sowie mit zahlreichen Heiligen dieser Länder ›bewiesen‹ – ein Unterfangen, das nicht zuletzt den Anspruch der Habsburger auf die Universalmonarchie untermauern sollte.[79]

Wie die Genealogie mit ihrem mythischen Zeitkonzept zu einem umstrittenen Terrain werden konnte, zeigt das Beispiel Frankreichs. Denn im Zuge der französischen Religionskriege der zweiten Hälfte des 16. Jahrhunderts, in denen es zu konfessionellen Auseinandersetzungen zwischen Katholiken und Hugenotten sowie – untrennbar damit verbunden – zu Konflikten unterschiedlicher Dynastien um die Königskrone kam,[80] wurden auch genealogische Argumente eingesetzt. Nachdem das Königshaus der Valois mit König Heinrich III. im Jahr 1589 ausgestorben war, konkurrierten zwei andere Familien um den Thronanspruch, die Guises und die Bourbonen. Die Herzöge von Guise ließen sich 1580 eine Genealogie erstellen, durch die ihre Familie direkt auf Karl den Großen zurückgeführt wurde. Die zahlreichen Fälschungen, die sich in diesen und anderen Genealogien fanden, sowie allgemeine politische Motive veranlassten Heinrich IV. von Frankreich, der als Vertreter der Bourbonen schließlich den Thron errungen hatte, im Jahr 1595 das Amt eines Genealogen der königlichen Stände einzurichten (*généalogiste des ordres du Roi*). Im Jahr 1605 wurde diesem ein Wappenrichter (*juge d'armes*) zur Seite gestellt. Insbesondere Letzterer sollte die Genealogien von 20 000 französischen Adelsfamilien überprüfen. Spätestens im Verlauf des 17. Jahrhunderts kam es in Frankreich zu dem, was man im Nachhinein als Verwissenschaftlichung der Genealogie bezeichnen könnte. Vorangetrieben wurde diese Entwicklung unter anderem durch den Kronbeamten Albert Duchesne, der seit 1609 nicht nur historische Dokumente, sondern auch zahlreiche genealogische Werke veröffentlichte, zum Beispiel über die französischen Könige, den Klerus und mehrere Adelshäuser Frankreichs sowie über die Päpste. Seit Mitte des 17. Jahrhunderts setzten Pierre und Charles-René d'Hozier diese Arbeit in gewisser Weise fort, indem sie nicht nur die Genealogien von rund 150 Adelsfamilien erstellten, sondern diese auch durch zahlreiche historische Dokumente belegten.[81]

All diese Bemühungen schützten aber nicht vor möglichen Problemen: Ludwig XIV. ließ im Jahr 1711 den Genealogen der Familie Bouillon, eines Geschlechts des französischen Hochadels, einkerkern und das Grabdenkmal der Familie abreißen, weil er durch deren genealogische Verlautbarungen seine Majestät gekränkt sah.[82] Doch dieses Beispiel musste im frühen 18. Jahrhundert schon fast als eine Reminiszenz an ›alte Zeiten‹ verstanden worden sein, denn wie in vielen anderen Bereichen, so hatte sich auch in der Genealogie in den Jahrzehnten um 1700 ein neues Zeitverständnis etabliert, das weniger als mythisch, sondern vielmehr als historisch zu kennzeichnen ist – mit nicht unerheblichen Konsequenzen.

Genealogien stellen Zeit grundsätzlich in zwei Formen dar. Einerseits geht es um die Abfolge von Generationen in der Zeit. Andererseits soll aber dieses zeitliche Nacheinander durch die Betonung eines temporalen Präsentismus, durch die Gegenwärtigkeit der Vergangenheit aufgehoben werden, und zwar indem alle Generationen als gegenwärtig zur Anschauung gebracht werden. Nicht zuletzt hat der Stammbaum die Funktion, das Gedenken an frühere Generationen wachzuhalten, und zwar indem sie als weiterhin in der Gegenwart anwesend vorgeführt werden.

Eine solche Beschreibung trifft zumindest bis in das späte 17. Jahrhundert hinein zu. Als Option bleibt ein solches Zeitwissen auch danach (und im Prinzip bis heute) bestehen, jedoch wird es seit dem späten 17. Jahrhundert im Bereich der Genealogien möglich, auch gänzlich andere temporale Ordnungsmuster zu verwenden.[83] Diese Veränderung des genealogischen Zeitwissens erfolgte mit dem Aufkommen der Zeitungen. In diesen Zeitungen spielten genealogische Informationen eine wichtige Rolle, denn die dynastischen Wechselfälle der europäischen Herrscherhäuser wurden immer wieder als Nachrichten verbreitet. Ohne die entsprechenden genealogischen Hintergrundinformationen waren diese Nachrichten im Einzelnen aber kaum zu verstehen.[84] Auf den offensichtlichen Bedarf an allgemeinen genealogischen Informationen reagierte der europäische Buchmarkt mit sogenannten Generalgenealogien, in denen die wichtigsten Fürstenhäuser Europas verzeichnet waren. Die älteste gedruckte Generalgenealogie für den deutschsprachigen Raum stammt aus dem Jahr 1563. Um 1720 kam diese Gattung dann zu einem Ende.

Bei der Untersuchung dieser Generalgenealogien hat der Historiker Volker Bauer auf zwei Aspekte hingewiesen: Erstens wurden die Bücher im Verlauf der Zeit immer leichter und kleiner. Die frühen Generalgenealogien aus der Mitte des 16. Jahrhunderts waren noch Ergebnisse von jahre-, wenn nicht jahrzehntelanger Arbeit, verfolgten Ursprünge einer Familie möglichst weit in die Vergangenheit zurück und waren als große, schwergewichtige Folianten mit teils mehreren tausend Seiten gestaltet. Solche Werke müssen eher als Immobilien angesehen werden, die Repräsentationszwecken dienten und den Anspruch hatten, für die Ewigkeit zu gelten.[85] Im Verlauf des 17. Jahrhunderts nahmen die Genealogien jedoch sowohl an Gewicht wie auch an Format deutlich ab und wurden eher zu leichtgewichtigen Taschenbüchern.[86] Möglich wurde diese Formatreduktion durch einen zweiten Aspekt: Die dargebotenen Informationen wurden immer aktualitätsbezogener und verzichteten zunehmend auf die Darstellung langer Generationsketten, konzentrierten sich vielmehr auf den Status quo. Die Ursprünge der jeweiligen Fürstenhäuser waren kaum mehr von Belang, vielmehr genügte jetzt die Betrachtung der letzten fünf Generationen. Zudem fußten diese Genealogien nicht mehr auf umfangreichen Quellenrecherchen, sondern stellten vor allem Kompilationen bereits vorhandener Informationen dar, konnten also auch wesentlich schneller produziert und auf den Markt gebracht werden. Anstatt Tausende von Seiten zu umfassen, genügte beispielsweise den sehr erfolgreichen, seit 1656 erscheinenden »Tübingischen Tabellen« üblicherweise eine Doppelseite pro Stammtafel, so dass selbst die ausführlichste Ausgabe von 1695 nicht mehr als 44 Blatt umfasste.[87]

Mit dem Wechsel von Ewigkeit zu Aktualität wird bereits deutlich, worin die eigentliche Bedeutung dieses auf den ersten Blick eher unscheinbaren Mediums der Genealogie liegt. Denn diese Verschiebungen in der medialen Erscheinungsweise lassen sich nicht nur damit erklären, dass es sich um pragmatische Erwägungen gehandelt oder dass ›der Markt‹ nach einem anderen Medium verlangt habe. Eine solche zunächst naheliegende Erklärung verschiebt die Frage nur in einen anderen Bereich. Die steigende Nachfrage nach vornehmlich handlichen Genealogien hat mit einer Verschiebung im Zeitwissen zu tun. Offensichtlich ließ das Interesse an gelehrten und umfänglichen Werken nach, weil es wichtiger wurde, genealogische Informationen schnell und möglichst aktuell bereitzustellen.[88] Von Genealogien wurde seit der Mitte des 17. Jahrhunderts nicht mehr erwartet, möglichst weit in die Vergangenheit zurückzureichen. Sie sollten die Gegenwart zur Darstellung bringen und gegenwärtigen Interessen dienen.

Als bräuchte es für eine solche Ausdehnung von Gegenwart im späten 17. Jahrhundert noch eines weiteren, stichhaltigeren Beweises, haben uns die Zeitgenossen den Gefallen getan, einen solchen gleich mitzuliefern. Im späten 17. Jahrhundert taucht eine Reihe von Generalgenealogien auf, die bereits im Titel deutlich auf ihren Gegenwartsbezug aufmerksam machen. Am Anfang steht die in den Jahren 1667 bis 1671 in drei Teilen erschienene Genealogie »L'Europe Vivante« von Samuel Chappuzeau (1625–1701). Bereits 1672 lag von diesem Werk eine deutschsprachige Ausgabe vor unter dem Titel »Jetztlebendes Europa«. Der Gegenwartsbezug dieser Genealogie wird allerdings nicht nur im Titel markiert, sondern auch durch den Inhalt eingelöst. Die Publikation war nicht das Ergebnis reiner Buchgelehrsamkeit, sondern Chappuzeau hatte seine Erkenntnisse vornehmlich auf Recherchereisen gewonnen. Zum anderen wurden für die dargestellten europäischen Territorien sowohl die wichtigsten politischen Daten aufgenommen als auch genealogische Informationen zur Person des Regenten, zu seinem Alter, seiner Regierungszeit, seiner Frau, seinen Eltern und seinen Kindern – und zwar mit dem Anspruch größtmöglicher Aktualität.[89] Diese Umstellung »führte von der Pflege fürstlicher Memoria und gelehrter Geschichtsschreibung auf der einen zur gegenwartsbezogenen, stets revidierbaren Kurzinformation auf der anderen Seite«.[90]

Chappuzeaus Veröffentlichung war nicht die einzige in jener Zeit, die das Signalwort »jetzt« im Titel führte. Unter dem Pseudonym Melissantes veröffentlichte Johann Gottfried Gregorii (1685–1770) im Jahr 1715 eine »Genealogische Beschreibung aller jetzt lebenden durchlauchtigsten Häupter« unter dem Titel »Das jetzt lebende Europa«. Peter Ambrosius Lehmann (1663-1729) war dem bereits 1694 vorangegangen mit dem Werk »Da Itzt-herrschende Europa Oder Beschreibung aller Christlichen Potentaten«. Noch früher war das ebenfalls unter Pseudonym (Friedrich Leutholf von Frankenberg) veröffentlichte Werk von Bernhard von Zech (1649-1720) erschienen, und zwar 1675 unter dem Titel »Der Iztregirenden Welt Große Schaubühne«.[91]

Genealogien wurden im späten 17. Jahrhundert aber nicht nur immer aktueller, sie wurden auch immer historischer. Auf den ersten Blick scheint dies gegen eine Ausdehnung der Gegenwart in diesem Medium zu sprechen. Denn bei manchen Genealogien, die sich ausgestorbenen Familien widmeten, haben wir es geradezu mit einer Musealisierung zu tun. Friedrich Lucae (1644-1708) veröffentlichte in den Jahren 1702 und 1705 zwei ebenfalls durch Signalwörter gekennzeichnete Bücher: »Des Heil. Römischen Reichs Uhr-alter Graffen-Saal« und »Des Heil. Römischen Reichs Uhr-alter Fürsten-Saal«. In beiden Fällen ging es ihm – wie der Titel deutlich macht – gerade nicht um Aktualität, sondern um »abgestorbene Gräffliche« beziehungsweise »abgestorbene Hoch-Fürstliche Geschlechter« und um deren Bewahrung im historischen Gedächtnis.[92] Unter zeit-geschichtlicher Perspektive ist dieser vermeintliche Gegensatz zwischen Aktualität und Musealisierung aber gar keiner. Denn die Konzentration auf ausgestorbene Familien bildet nur die konsequente Kehrseite des Aktualitätsbezugs. In dem Moment, in dem der Gegenwart deutlich größeres Gewicht zugemessen wurde, musste konsequenterweise eine Abtrennung von der Vergangenheit stattfinden. War bis weit in das 17. Jahrhundert hinein die Vergangenheit durch ihren präsentischen Charakter bestimmt, wurde sie nun im späten 17. Jahrhundert von der Gegenwart abgekoppelt und als tatsächlich vergangener Zeitraum historisiert – was sich dann auch in entsprechenden Genealogien niederschlagen konnte, die sich diesem abgeschlossenen Zeitraum widmeten.

In der Medienwelt des frühen 21. Jahrhunderts hat nun die Gattung der Genealogie eher geringe Bedeutung. Dies könnte zu der Ansicht führen, dass es sich auch in der Frühen Neuzeit um eine spezialisierte Publikationsform gehandelt habe, die nur für einen kleinen Personenkreis von Interesse gewesen sei. Vor diesem Hintergrund würde natürlich auch die Aussagefähigkeit von Generalgenealogien hinsichtlich eines veränderten Zeitwissens deutlich schrumpfen. Aber man sollte frühneuzeitliche Genealogien nicht unterschätzen. Denn diese Bücher zielten tatsächlich auf ein recht breitgefächertes Publikum und erfüllten die Informationsbedürfnisse größerer Kreise. Das lässt sich an unterschiedlichen Aspekten ablesen. So zeigt bereits das verlegerische Engagement für diese Gattung den hohen Grad der Kommerzialisierung an, den dieses lukrative und daher auch umkämpfte Segment des Buchmarkts im späten 17. Jahrhundert erreicht hatte. Mehrere Serien solcher Universalgenealogien drängten gleichzeitig auf den Markt und machten sich gegenseitig Konkurrenz. Dabei zielte man eindeutig auf eine nicht-akademische, aber politisch interessierte Leserschaft, wie es beispielsweise in »Die Durchläuchtige Welt / Oder Kurtzgefaßte Genealogische / Historische und Politische Beschreibung / meist aller jetztlebenden Durchläuchtigen Hohen Personen« von Samuel Heinrich Schmidt aus dem Jahr 1697/98 formuliert wurde. Die Zielgruppe dieses Werks wurde folgendermaßen benannt: »Der Politischen Jugend zum Nutzen / und denen Reisenden zur Bequemligkeit.«[93] Damit war die Universalgenealogie sicherlich nicht auf dem Weg zum Massenmedium, aber sie hatte ein deutlich breiteres Publikum im Blick. Sie sollte im Schulunterricht ebenso von Nutzen sein wie für den jungen Adligen auf seiner Grand Tour oder den bürgerlichen Gelehrten, wenn diese sich auf ihren Reisen über die Verhältnisse in besuchten Residenzstätten informieren wollten. Auch der erschwingliche Preis sowie das kostengünstige Kleinformat sind eindeutige Indizien dafür, dass man Ende des 17. Jahrhunderts auf größere gebildete Kreise zielte, die nach solchen Informationen verlangten.

Theorie der Erde

Eine neue Sicht auf die Vergangenheit wird auch in Bezug auf die Geschichte unseres Planeten erkennbar. Denn im späten 17. Jahrhundert entbrannte unter den Stichworten einer ›Theorie der Erde‹ beziehungsweise einer ›Geschichte der Erde‹ eine intensiv geführte Diskussion. Dabei wurde das Problem verhandelt, wie man sich angesichts der auftretenden Spannungen zwischen Theologie und neuer Naturgeschichte die Evolution der Erde vorstellen könnte. Diese Theorie der Erde begriff sich selbst zum Teil als etwas gänzlich Neues, wenn nicht gar Revolutionäres. Sie grenzte sich von den etablierten Wissenschaften deutlich ab, indem sie neue Fragen stellte und darauf auch neue Antworten zu geben versuchte.[94]

Die Anfänge einer neuen Erdgeschichte, die sich als Spezialfall einer umfassenderen Naturgeschichte verstand, reichen bis in die Mitte des 17. Jahrhunderts zurück. Damals waren es Nikolaus Steno (1638–1686) und Athanasius Kircher (1602–1680), die erste Grundlagen entwickelten. René Descartes (1596–1650) hat sie in seiner »Principia philosophiae« von 1644 ausführlich thematisiert. Eigentlicher Begründer dieser neuartigen Theorie der Erde ist jedoch der englische Theologe Thomas Burnet (~1635–1715) mit seiner 1681 erschienenen »Telluris theoria sacra«, der heiligen Theorie der Erde. Diesem Buch folgten rasch weitere Veröffentlichungen mit ähnlicher Stoßrichtung, etwa John Woodwards »An Essay towards a Natural History of the Earth« von 1692, John Rays »Three physico-theological Discurses« aus dem Jahr 1693 oder William Whistons »Nova Telluris Theoria«, die 1696 publiziert wurde. Auch Gottfried Wilhelm Leibniz reihte sich mit seiner »Protogaea« in diese Diskussion ein, die er ebenfalls als eine »nova scientia« würdigte.[95]

Was im Zuge dieser Theorie der Erde geschah, war alles andere als eine Nebensächlichkeit. Aus der biblizistischen Erzählung der Erdgeschichte wurde eine diachronistisch erzählte Naturgeschichte. Das Sechs-Tage-Werk der göttlichen Schöpfung verwandelte sich unter den Händen der Erdtheoretiker in einen phasengegliederten Naturprozess, an dem Gott nur noch durch einen initialen Akt beteiligt war.[96] Und die Theorie der Erde hatte auch einen eindeutigen Gegenwartsbezug – einfach weil es nur in bedingter Form historisches Material gab, das für diese Art der Geschichtsschreibung verwendet werden konnte. Daher war die Selbstbezeichnung ›Theorie der Erde‹ auch kein Zufall. Zwar erforschte sie die Vergangenheit des Planeten, nutzte die Natur als ›Archiv‹, verstand Fossilien und andere Funde als überlieferte ›Dokumente‹ – aber all das waren absichtslos überkommene Überreste, denen man eine Bedeutung und einen Aussagewert erst zuschreiben musste, und dies konnte nur vor dem Hintergrund der Erfahrungen und Phänomene der Gegenwart geschehen. Insofern verstand sich diese frühe historische Geologie wesentlich als ein theoretisches Unterfangen.[97]

Auf der historischen Ebene wurde das chronologische Korsett der Bibel gesprengt – nicht mit einem Mal, aber jeder neue Atemzug, den diese Erdtheorie tat, löste die Umschnürung ein weiteres Stück. Nicht nur für die Entstehung eines unendlichen Universums musste der biblische Zeitrahmen deutlich weiter gesteckt werden, auch für die Geschichte der irdischen Natur genügte die mosaische Ära nicht mehr. Während des 17. Jahrhunderts gelang es immer weniger, aufgefundene Fossilien als Teil einer Naturgeschichte zu begreifen, die sich ausschließlich einer einmaligen und einjährigen Sintflut verdankte. Stattdessen wurde es immer drängender, die terrestrische Katastrophengeschichte hinter dieses biblische Ereignis in die weitere Vergangenheit zu verlängern. Im Verlauf des 18. Jahrhunderts tat dann die Erforschung der Schichtenstruktur der Erdoberfläche das Ihrige, um diese Probleme noch zu vergrößern. Die Untersuchung von Flözen und Gebirgen machte die Einsicht unumgänglich, dass es schon längst vor der Sintflut andere umstürzende Ereignisse dieser Art gegeben haben musste, die das Gesicht der Erde entscheidend verändert hatten. Wie ließ sich angesichts solcher Erkenntnisse der biblische Schöpfungsbericht noch retten? Nur indem man ihn mittels argumentativer Hilfskonstruktionen einschränkte und nicht als Beschreibung der ersten Einrichtung der Erde betrachtete, sondern als Geschichte ihrer letzten großen Umgestaltung.[98]

Thomas Burnets ›heilige Theorie der Erde‹ kommt auf den ersten Blick sehr unscheinbar daher. Bei der Lektüre dieses Buchs erscheint es, als sei eigentlich alles weiterhin beim Alten, als hätte sich die Sichtweise auf die Menschheit und die Erde kaum verändert, als würden die heiligen Texte der Christenheit immer noch so ausgelegt, wie man dies seit gefühlten Ewigkeiten getan hatte – doch unter der Oberfläche brodelt es unmerklich, es zeigen sich Risse in der vermeintlich glatten Schauseite, Veränderungsmöglichkeiten werden sichtbar, und zwar ohne dass dies von Burnet so beabsichtigt gewesen wäre.

Thomas Burnet war Theologe, ein fraglos frommer und gelehrter Anglikaner auch mit kirchenpolitischem Einfluss, der ihn unter Wilhelm III. sogar an den englischen Königshof führte. Burnet hatte nicht einmal andeutungsweise die Intention, gegen eine biblisch fundierte Geschichte der Schöpfung und der Erde zu argumentieren. Ganz im Gegenteil fügte er nicht umsonst seiner Theorie das Adjektiv ›heilig‹ bei, denn er bemühte sich auf vielfache Weise darum, das durch die Bibel vermittelte Bild der Erde zu bestätigen – und doch schuf er mit seinem spezifischen Vorgehen wesentliche Grundlagen dafür, genau diese biblische Sicht der Geologie zwar nicht zum Einsturz zu bringen, aber doch ins Hintertreffen geraten zu lassen.[99]

Das umfangreiche Werk Burnets ist in vier Bände gegliedert und wurde zwischen 1680 und 1690 veröffentlicht, zunächst auf Latein, dann auch in einer vom Autor selbst angefertigten englischen Übersetzung. Schon der Aufbau macht deutlich, dass Burnet keinerlei Intention hatte, das biblische Bild der Erdgeschichte aufzugeben: Der erste Teil behandelt die Sintflut, der zweite Teil das einstige und inzwischen verlorene Paradies, der dritte Teil beschreibt den künftigen Weltenbrand, und der vierte widmet sich schließlich dem neuen Himmel und der neuen Erde und damit dem wiedergewonnenen Paradies, das nach dem Weltenbrand wiedererrichtet werden sollte. So weit, so wenig überraschend. Auch ein Blick in den Text offenbart, dass Burnet mit seiner Darstellung vor allem die Absicht verfolgte, eine unfehlbare Übereinstimmung von Gottes Wort in der Heiligen Schrift mit Gottes Taten in den Vorgängen der Natur zu belegen.[100]

Wo sollte hier eine Überraschung liegen? Und warum löste diese Darstellung eine nachhaltige Diskussion aus? Es sind in der Tat weniger die

Interpretationsvarianten von Interesse, die Burnet im Rahmen einer biblisch fundierten Erdgeschichte anbot, weil diese nur in Nuancen von den etablierten Standards abwichen. Wesentlich aufschlussreicher ist seine Methode, denn hier steckt tatsächlich der argumentative Sprengstoff, den Burnet wohl kaum platzieren wollte. Er ging davon aus, dass nur die Bibel unfehlbar wahr sein könne, weshalb seine heilige Theorie der Erde dazu beitragen sollte, die Übereinstimmung einer Physik der natürlichen Ursachen – die es im späten 17. Jahrhundert eben schon in recht ausgereifter Form gab – mit den feststehenden Ereignissen der biblischen Erzählung zu belegen. Weil es für ihn notwendigerweise eine Übereinstimmung zwischen göttlichen Worten und Taten zu geben hatte, musste Burnet auch eine Harmonie zwischen Physik und Bibel annehmen. Alles andere konnte keinen Sinn ergeben. Unter dieser Grundvoraussetzung verhielt sich Burnet dann allerdings wie ein rationaler Naturwissenschaftler reinsten Wassers. Für ihn war es unbestritten, dass die Geschichte der Erde, wie sie in der Bibel verbindlich festgeschrieben war, nur dann angemessen erklärt werden konnte, wenn sich für alle Ereignisse der Heiligen Schrift natürliche Ursachen ausfindig machen ließen. Man konnte nach Burnet nicht einfach die Autorität der Schrift über die Rationalität der Natur triumphieren lassen, indem man sie schlicht postulierte. Vielmehr musste die Übereinstimmung zwischen beiden Bereichen aufgedeckt werden, weil die Wahrheit der Natur nicht im Gegensatz zur Religion stehen konnte, denn ansonsten würde Gott sich ja selbst widersprechen.[101]

Aus diesem Grund lehnte Burnet auch den Verweis auf Wunder ab. Dieser Griff in die theologische Trickkiste erschien ihm zu billig, denn er erklärte nichts, gerade weil er alles erklären wollte. Um die wichtigen und weitreichenden Konsequenzen des methodischen Vorgehens Burnets zu verdeutlichen, sei dies an einem Beispiel erläutert, das ihm selbst wichtig war. Eine der zentralen Fragen war nämlich, wie die Sintflut hatte geschehen können: Wo kam all das Wasser her? Wie konnte die Erde in ihrem eigenen begrenzten Wasservorrat ertrinken? Und zwar nicht nur lokal in Form begrenzter Überschwemmungen, sondern weltweit? Die wundersame und vielfach angeführte Erklärung wäre gewesen, dass Gott einfach durch massiven Regen für mehr Wasser gesorgt habe. Burnet hingegen versuchte die Tiefe der Meere sowie die Größe der Erdoberfläche, die durch Wasser bedeckt ist, zu errechnen (wobei er beides viel zu gering ansetzte), und kam zu dem Schluss, dass ein 40-tägiger Regen nicht annähernd ausreichen würde, um das Festland zu überschwemmen. Die Erschaffung neuen Wassers lehnte er als methodologischen Todesstoß für sein rationalistisches Verfahren ab und verfiel auf den Gedanken, dass es unterhalb der Erdkruste eine weitere Wasserschicht geben müsse, welche die gesamte Erde konzentrisch umspannte. Bei der Sintflut musste also die Erdkruste aufgebrochen und dieses unterirdische Wasserreservoir an die Oberfläche getreten sein – wodurch sich auch ganz nebenbei die derzeitige Form der Erdoberfläche mit ihren Kontinenten erklären ließ.[102]

Damit stand für Burnet, wie für viele seiner Zeitgenossen, die ihre Gedanken in ähnliche Richtungen lenkten, fest, dass die Erde in ihrer gegenwärtigen Gestalt eine einzige Ruine war. Die Kontinente waren die geborstenen Reste der ursprünglichen Erdkruste, die Ozeanbecken gigantische Löcher, die Berge riesige, steil aufragende Fragmente der einstigen Erdoberfläche – ein einziges Dokument der Vernichtung. Demgegenüber war die vorsintflutliche Erde durch Vollkommenheit geprägt gewesen. Die Heimat des Gartens Eden kannte nur perfekte geologische Verhältnisse, ohne Höhen und Tiefen, geprägt von einer makellosen Glätte. Die Flüsse entsprangen in den hohen Breitengraden, um in den trockenen Tropen zu versickern. In ihrer Gesamtheit zeichnete sich die Erde durch eine so perfekte Strahlensymmetrie aus, dass sich auch ihre Rotationsachse noch nicht in einer Schräglage befand, der Planet vielmehr kerzengerade um sich selbst rotierte. Der Garten Eden, auf mittlerer Breite gelegen, erfreute sich eines ewigen Frühlings. Diese günstigen Bedingungen ermöglichten ein Leben, das – wie im Alten Testament verbürgt – dann auch mehrere Jahrhunderte währen konnte. Erst durch die Sintflut gingen diese paradiesischen Zustände verloren, wurde die Erdachse asymmetrisch, geriet der Planet ins Trudeln, kam es zur aktuellen Schieflage der Ekliptik, hielten dementsprechend die Jahreszeiten mit ihren gesundheitsgefährdenden Konsequenzen Einzug, so dass sich die Lebensspanne der Menschen auf wenige Jahrzehnte verkürzte.[103]

Eine solche Erklärung mutet phantastisch, mythisch und bibelhörig an – und das ist sie auch. Aber man darf nicht übersehen, wie Burnet die einzelnen, im Sinne der Tradition wenig überraschenden Teile mitein-

Abb. 7 Auf dem Titelblatt von Burnets »heiliger Theorie der Erde« findet sich die vergangene und zukünftige Entwicklung des Planeten in Kurzform dargestellt. Im Uhrzeigersinn sieht man oben rechts das ungeordnete Chaos der Erde zu Beginn des göttlichen Schöpfungswerks, gefolgt von einer Darstellung des paradiesischen Zustands (der allerdings noch auf einen kleineren Teil der Erde beschränkt bleibt). Sodann folgen Sintflut und gegenwärtige Beschaffenheit der Erde. Das Jüngste Gericht wird von Burnet mit einem Weltenbrand identifiziert, der aber die Erde nicht vollständig zerstört, sondern eine neue Erde und einen neuen Himmel hervorbringt, mit wiederum paradiesischen Zuständen, die nun aber auf der gesamten Erde vorzufinden sind. Das tausendjährige Bestehen dieses Zustandes wird beendet durch die Niederkunft des Himmlischen Jerusalem – aber auch diese Prophezeiung legt Burnet nicht nur theologisch, sondern ebenso naturwissenschaftlich aus. Weil in der Bibel davon die Rede ist, dass es in diesem letzten Zustand keine Zeit, keinen Tod, keine Hölle und auch keine Nacht mehr gebe, müsse sich die Erde schlussendlich in einen hell leuchtenden Stern verwandeln.

ander verband. Dadurch, dass er für die Sintflut keine wundersame, sondern eine – nach seinem Dafürhalten – rationale Erklärung geben musste, wurde das gesamte Narrativ auf eine neue Basis gestellt. Die überlieferte biblische Erdgeschichte musste nach Burnets Dafürhalten mit naturphilosophischen Erklärungsschemata nachvollziehbar bleiben.[104]

Die Frage ist allerdings, was mittelfristig geschehen würde, wenn die naturwissenschaftlichen Erklärungen die Oberhand gewännen und die biblische Erzählung ad absurdum führten. Das potentiell Subversive, das sich in Burnets Vorgehen eingenistet hatte, ist leicht zu entdecken: Burnet erhebt Bibel und Natur zu gleichwertigen Wahrheitsautoritäten, die sich nicht widersprechen können, sondern in Übereinstimmung zu bringen sind. Was aber geschieht, wenn sich Widersprüche nicht auflösen lassen? Indem er Natur, Physik und Naturwissenschaft als gleichberechtigte Instanzen einsetzte, installierte Burnet zugleich die Möglichkeit, die Wahrheit der Bibel grundlegend in Frage zu stellen.

Wie knifflig die Diskussionslage tatsächlich war, zeigt ein Blick in die Debatte, die Thomas Burnet mit John Keill (1671–1721), einem Mathematiker der Universität Oxford, austrug. Keill, ein Schüler Isaac Newtons, sezierte mit seinen wissenschaftlichen Mitteln nicht nur die Theorie Burnets und stellte sie als letztlich unhaltbar dar, sondern führte damit zugleich das schwierige und keineswegs eindeutige Verhältnis von Religion und Wissenschaft vor. Auf der einen Seite haben wir mit Burnet einen Theologen, der immer darauf aus war, für seine Darstellung rational nachvollziehbare Argumente zu liefern und sich nicht auf die einfache Lösung des Wunders oder der lenkenden Hand Gottes zu verlassen. Auf der anderen Seite haben wir Keill, einen ausgewiesenen und etablierten Wissenschaftler der Jahrzehnte um 1700, der zugleich ein zutiefst gläubiger Mensch und deswegen davon überzeugt war, dass die Schilderungen der Bibel für die Wissenschaft nicht zugänglich seien. Keill wollte verhindern, dass die Wissenschaft dazu angewendet wurde, die Bibel quasi naturwissenschaftlich zu erklären. Er wollte beide Bereiche getrennt voneinander halten, weil die Kompetenzen der Wissenschaft dort aufhörten, wo das wunderbare Wirken Gottes begann. Er warf Burnet sogar vor, den Atheismus zu fördern, weil er die Sintflut nicht als göttlichen Akt und als Strafwerkzeug darstellte, sondern als letztlich mechanischen Prozess, wodurch dieses Ereignis seiner ganzen

Bedeutung beraubt würde. Paradoxerweise bemühte also der Mathematiker übernatürliche und wissenschaftlich nicht zu erklärende Kräfte, um die Ereignisse der Erdgeschichte zu erklären, während der Theologe ebenso darum bemüht war, aufzuzeigen, dass natürliche Faktoren völlig zur Erklärung der Ereignisse ausreichten.[105] Hier taten sich Risse auf, die nicht nur das komplexe Verhältnis von Religion und Wissenschaft offenbaren, sondern zugleich Einblicke in die unterschiedlichen Auffassungen von Vergangenheit und die divergenten Formen des Zeitwissens gewähren.

Biblische Historie

Das europäische 17. Jahrhundert kannte zahlreiche Formen, um mittels Historisierung Distanz zur Vergangenheit aufzubauen oder diese Vergangenheit gar abzuschaffen – zumindest aber ihr unmittelbares Hineinwirken in die Gegenwart zu verringern. So kam es in der Anthropologie zu differenzierten und historisierenden Erklärungen über den ›Ursprung der Völker‹, provoziert insbesondere durch die Begegnung mit anderen Kulturen außerhalb Europas.[106] In der Historiographie entstand das Konzept des ›Mittelalters‹ und damit auch die in der Folge kanonisch gewordene Dreiteilung in Antike, Mittelalter und Neuzeit, welche die Lehren von den vier Reichen oder den sechs Weltaltern allmählich ablöste. Wesentlich beteiligt an dieser Form der Historisierung war Christoph Cellarius aus Halle, dessen »Historia universalis« in vollständiger Form erstmals 1702 erschien.[107] Auch wurde es erst im Verlauf des 17. Jahrhunderts allgemein üblich, eine Einteilung in Jahrhunderte vorzunehmen und überhaupt zu wissen, in welchem Jahrhundert man lebte. Dieses Ordnungsschema verbreitete sich im Gefolge des Geschichtswerks der »Magdeburger Zenturien« (erschienen 1559–1574)[108] vor allem in historischen Unterrichtswerken, die in Schulen zum Einsatz kamen und den historischen Stoff nach Jahrhunderten ordneten.[109]

Dem europäischen 15. und 16. Jahrhundert war es vorbehalten, im Zuge einer mit Nachdruck betriebenen Expansion neue Räume zu erschließen und gewaltsam zu erobern. Das europäische 17. Jahrhundert aber machte sich daran, neue Tiefendimensionen in der Zeit auszuloten. Historische Modellierungen nach einem Drei-Epochen-Schema oder nach Jahrhunderten waren hierfür wichtig, weil sie eine schleichende Ablösung von einer christlich-heilsgeschichtlichen Sichtweise ermöglichten. Im Gegensatz zu Geschichtsbetrachtungen, die immer noch der Schöpfungsgeschichte verpflichtet waren, lässt sich eine Einteilung nach Jahrhunderten endlos verlängern, ebenso wie eine Differenzierung von Antike, Mittelalter und Neuzeit in unterschiedliche Richtungen flexibel bleibt.

Geschah dieser Wechsel noch verhältnismäßig geräuschlos, zeigt das Beispiel der (biblischen) Chronologie, dass auch deutlich gravierendere Probleme auftreten konnten. Schließlich ging es um kaum zu hinterfragende Selbstverständlichkeiten des christlichen Weltbildes, deren Bezweiflung – dessen war man sich bewusst – weitreichende Konsequenzen haben würde. Aber auch in Fragen der Chronologie wurden in den Jahrzehnten um 1700 die Karten neu gemischt.

Schlicht formuliert ging es um das Problem, dass man auf der einen Seite die unumstößliche Autorität und Faktizität der Bibel hatte, die einen bestimmten chronologischen Rahmen des welthistorischen Prozesses und der Existenz der Erde vorgab. Auf der anderen Seite gab es aber immer mehr Argumente und vor allem auch empirische Belege, die genau diesen chronologischen Rahmen in Zweifel zogen.[110] Fragen an die Chronologie gab es schon seit langem. Bereits Augustinus musste sich mit dem Problem beschäftigen, dass es alternative Erzählungen gab, die mit der biblischen Zeitrechnung nicht übereinstimmten. Für die ägyptische oder chaldäische Geschichte wurden beispielsweise Zeiträume behauptet, die in Zehntausenden, gar Hunderttausenden von Jahren gemessen wurden. Augustinus hielt die Auseinandersetzung mit solchen Ansichten allerdings für überflüssig, weil sie den göttlichen und gelehrten Autoritäten (der christlichen Tradition) widersprachen. In späteren Jahrhunderten entledigte man sich dann des Problems, dass die chinesische und die indische Geschichte offenbar unermesslich alt waren, indem man sie schlicht ignorierte.[111]

Auch wenn es aufgrund der unterschiedlichen Bibelüberlieferungen (der griechischen Septuaginta und der lateinischen Vulgata) und deren differierenden Zeitangaben zu nicht unerheblichen Diskrepanzen bei der Berechnung der Erschaffung der Welt kam, war es für Gelehrte noch bis in das 18. Jahrhundert hinein schwierig, sich von dieser traditionellen Chronologie zu lösen. Weder Johann Christoph Gatterer (1727–1799) noch August Ludwig Schlözer (1735–1809) stellten die Größenordnung des biblischen Weltalters in Frage. Auch Johann Gottfried Herder (1744–1803) bezog sich noch unbeirrt auf die fast sechs Jahrtausende der bisherigen Menschheitsgeschichte. Diese aufklärerischen Autoren taten, wie bereits Augustinus in der Spätantike, das hohe Alter asiatischer Kulturen als Unfug und als Lügengeschichten ab. Bei Gatterer heißt es beispielsweise:»Die Chineser wollen unendlich älter seyn, als sie sind, ob sie wol eines der ältesten Völker auf dem Erdboden sind. Sie spielen mit Millionen von Jahren, wie Kinder mit Bällen.«[112]

Es spricht für die These von der Pluritemporalität, also des gleichzeitigen Vorhandenseins unterschiedlicher Zeitmodelle, wenn die biblische Chronologie einerseits noch im 18. Jahrhundert aufrechterhalten wurde (und bis zum heutigen Tag beispielsweise im Kreationismus vertreten wird), andererseits aber genau diese Chronologie bereits im 17. Jahrhundert nachhaltige Erschütterungen erfahren hat. Einer ihrer Sargträger war der Hugenotte Joseph Justus Scaliger (1540–1609). Mit seiner Art, Chronologie als Wissenschaft zu betreiben, verbanden sich diverse Neuerungen. Er behandelte biblische und klassische Texte aus der griechischen und römischen Antike als gleichwertig und las beide vor dem Hintergrund umfassender historischer Kenntnis. Um Lücken in der Chronologie dieser Erzählungen zu füllen, benutzte er astronomische Daten wie Sonnenfinsternisse. Darüber hinaus sammelte er jedoch auch die fragmentarischen Informationen aus Texten der Antike und der Kirchenväter. Dazu gehörten beispielsweise die Überlieferungen des Eusebius von Caesarea, der in seiner Kirchengeschichte zahlreiche Informationen aus ägyptischen Chronologien verarbeitet hatte, die bibeltreuen Lesern große Probleme bereiten mussten, weil sie wesentlich weiter in der Zeit zurückreichten als christliche Traditionen. Scaliger fühlte sich versucht, die irritierenden Informationen beiseitezulassen – tat es aber nicht, sondern veröffentlichte sie 1606, womit er eine radikale Herausforderung für die christliche Chronologie öffentlich machte. Denn die ägyptischen, mesopotamischen und chinesischen Zeitleisten, aber ebenso diejenigen mancher amerikanischer Ethnien, reichten bis in Zeiten zurück, die weit vor der Sintflut lagen. Schon zuvor hatte Joseph Scaliger sein Buch »De emendatione temporum« veröffentlicht, in dem er das Dogma von der Überlegenheit der biblischen Chronologie nachhaltig erschüttert und das christlich geprägte Geschichtsbild überhaupt in Zweifel gezogen hatte. Die heidnisch-profanen Chronologien mussten nach seiner Auffassung zumindest immer mitberücksichtigt werden, wenn es um die historische Einordnung von Ereignissen ging. Die Folgen waren deutlich komplexere Zeitrechnungen und vielfältige Zeitauffassungen. Dadurch verstärkte sich die Verunsicherung über die temporale Orientierung. Die Grundlagen für eine solche Behandlung von Zeit wurden im späten 16. Jahrhundert gelegt, allerdings machten sich die Auswirkungen erst im 17. Jahrhundert in vollem Umfang bemerkbar.[113] Im Verlauf des 17. Jahrhunderts waren es weitere Autoren, die mit ihren Werken die biblische Chronologie in Frage stellten, beispielsweise Martino Martini (1614–1661) und Athanasius Kircher (1602–1680), die chinesische Quellen heranzogen.[114]

Gerade im Umgang mit der Bibel als dem Buch der Bücher, als der Heiligen Schrift, wird ersichtlich, dass es sich bei der Ausbildung veränderten oder gar neuen Zeitwissens nicht um einen intendierten Vorgang, sondern um ein Emergenzphänomen handelte. Denn Ansätze der Historisierung, der Aufwertung des geschichtlichen Verständnisses im Zusammenhang mit der Bibel erfolgten ursprünglich gerade *nicht*, um deren Aussagewert zu verringern, sondern im Gegenteil, um ihre Bedeutung noch fester zu untermauern. Im 16. und 17. Jahrhundert konnte schwerlich jemand auf den Gedanken verfallen, irgendetwas oder irgendjemand könnte der Bibel als dem Wort Gottes ernsthaft etwas anhaben. Doch mit der gegenseitigen Abhängigkeit der unterschiedlichen Zeitdimensionen ist es manchmal wie beim Mikadospiel – zieht man an einer Seite, wackelt es an einer anderen. Das Bemühen, die Aussagen der Bibel auf eine sichere Grundlage zu stellen, kehrte sich – entgegen der eigentlichen Absicht – schließlich gegen diejenigen, die sich in dieser Weise bemühten. Weil die absolut exakte Bedeutung der biblischen Worte nicht einfach nur eine akademische Angelegenheit war, sondern eine Frage von allgemeiner, ja geradezu ewiger Relevanz, entwickelten Theologen und andere Gelehrte insbesondere seit den Zeiten des Humanismus ungemein ausgeklügelte philologisch-kritische und historische Verfahren, um die Aussagen der Heiligen Schrift auf eine zweifelsfreie Grundlage zu stellen. Der Effekt ihres gelehrten Handelns war jedoch ein gegenteiliger. In ihren gelehrten Unternehmungen machten sie nicht den überzeitlichen Ewigkeitswert der Bibel deutlich, sondern offenbarten deren sehr profane textliche Ursprünge.[115] Endgültig gekippt zu sein scheint das Ganze einmal mehr im späteren 17. Jahrhundert, als es zunehmend möglich wurde, die Bibel als ein historisches Konglomerat mehr oder weniger zufällig zusammengestellter Texte zu verstehen, deren Ewigkeitswert gegen null tendierte. Damit dürfte zugleich der Punkt erreicht worden sein, an dem ein heilsgeschichtlich dominiertes Zeitwissen zwar nicht ersetzt wurde (denn es verschwand ja nicht), aber Konkurrenz durch ein profanes Zeitwissen erhielt, das sich nicht mehr aus der Welt schaffen ließ.

Wie scharf die Glaubwürdigkeit der Bibel und des Christentums bereits im späten 17. Jahrhundert angegriffen werden konnte, zeigt die Hinrichtung des polnischen Philosophen und ehemaligen Jesuiten Kazimierz Lyszcynski (1634–1689). Er wurde aufgrund einer Abhandlung zum Tod verurteilt, die den deutlichen Titel trägt »De non existentia Dei«. Da mit ihrem Verfasser allerdings auch dessen Schriften vernichtet wurden, ist von seinen Überlegungen über die Nicht-Existenz Gottes nur weniges und nur aus zweiter Hand bekannt.[116] Anders sieht es mit dem anonym erschienenen »Traktat über die drei Betrüger« aus (entstanden wahrscheinlich im letzten Viertel des 17. Jahrhunderts, die erste zweifelsfreie Bezeugung stammt aus dem Jahr 1700). Dieser Traktat hatte es sich zur Aufgabe gemacht, die monotheistischen Religionen samt ihren ›betrügerischen‹ Stiftern Moses, Jesus und Mohammed einer radikalen Kritik zu unterziehen. Und die Bibel blieb davon nicht ausgenommen:

> »Man zieht die Bibel zu Rate, als gäben Gott und die Natur sich in ihr auf eine besondere Weise zu erkennen. Dies, obwohl dieses Buch nur ein Flickwerk aus Fetzen ist, die zu verschiedenen Zeiten zusammengeflickt, von verschiedenen Personen gesammelt und mit Genehmigung der Rabbinen veröffentlicht wurden, die die Entscheidung darüber, was [als kanonischer Text] anerkannt zu werden verdient oder verworfen werden muß, willkürlich trafen, und zwar je nach dem, ob sie es mit dem mosaischen Gesetz vereinbar fanden oder nicht. So böswillig und vernagelt sind die Menschen: Sie verbringen ihr Leben damit, anderen Schwierigkeiten zu bereiten, und bestehen auf der Anerkennung eines Buchs, das fast so konfus wie der Koran Mohammeds, zudem unverständlich, dunkel und schlecht geschrieben und nur dazu geeignet ist, Spaltungen zu befördern. Die Juden und Christen ziehen es vor, aus diesem unverständlichen Buch Rat zu holen, statt das Gesetz der Natur zu

befolgen, das Gott, d. h. die Natur, insofern er das Prinzip aller Dinge ist, den Herzen der Menschen eingeschrieben hat. Alle anderen Gesetze sind bloß menschliche Erfindungen, reine Illusionen, die nicht von Dämonen oder bösen Geistern (denn die existieren nur in der Vorstellung), sondern durch die Politik der Fürsten und Priester ins Leben gerufen worden sind. Die einen wollten dadurch ihrer Autorität mehr Gewicht verleihen, die anderen wollten sich durch den Vertrieb unzähliger Hirngespinste bereichern, die sie den Unwissenden teuer verkaufen.«[117]

Antiquarianismus

Den Antiquarianismus des 17. Jahrhunderts könnte man als die Kunst bezeichnen, sich selbst den Boden unter den Füßen wegzuziehen. Ähnlich wie die Verteidiger biblischer Chronologie suchten die Antiquare, diese Liebhaber der Altertümer, in ihren unterschiedlichen Formen, sich mit der Vergangenheit zu beschäftigen, vor allem Sicherheit. Sie suchten ein historisches Fundament, das jedem Zweifel widerstehen würde – und fanden vielfach nur noch mehr Fragen und mehr Zweifel, förderten bei ihrer Suche in alten Dokumente Dinge zutage, die sie niemals finden wollten, und stießen bei ihrer Schürfarbeit in historischen Überlieferungen auf Zeiträume, die sie niemals erahnt hatten.

›Antiquarianismus‹ ist allerdings kein unproblematischer Begriff, um eine Form der Beschäftigung mit der Vergangenheit zu beschreiben, nicht zuletzt, weil darunter teils recht unterschiedliche Praktiken verstanden werden. Man kann innerhalb des Antiquarianismus, wie er sich im frühneuzeitlichen Europa ausbildete, zwei spezifische Varianten unterscheiden. Die eine hat ihre Wurzeln in Renaissance und Humanismus und konzentrierte sich vor allem auf sprachliche Spuren aus der Vergangenheit. Man begab sich auf die Suche nach Manuskripten und Inschriften, um möglichst originalgetreue und unverfälschte Überlieferungen alter Texte zu gewährleisten. Eine zweite Gruppe bildeten die reisenden Antiquare, die ihre Gelehrtenstuben verließen, um die nähere Umgebung, das eigene Land oder auch das Ausland auf der Suche nach Monumenten, Ausgrabungsstätten oder auffälligen Phänomenen im Landschaftsbild zu durchstreifen.[118]

Während der humanistische Antiquarianismus in der Frühen Neuzeit eine weitgehende Kontinuität seit seinen Ursprüngen im 15. Jahrhundert aufwies, veränderte sich der archäologische Antiquarianismus im gleichen Zeitraum ganz erheblich. Unter dem Einfluss der von Francis

Bacon (1561–1626) inspirierten Wissenschaftstheorie machte sich ein systematisches Beobachtungsschema bemerkbar, wobei sich zugleich die visuelle und nicht mehr nur textuelle Wahrnehmung von Geschichte verstärkte. Das Ergebnis bestand in einer zunehmenden Aufmerksamkeit für die materiellen Überreste der Vergangenheit und in einer Verselbständigung des archäologischen Ansatzes. Dessen Vertreter wollten sich nicht mehr darauf reduzieren lassen, die textlichen Überlieferungen zu ergänzen oder zu illustrieren.[119]

Für die Möglichkeiten historischer Betrachtung im 17. und 18. Jahrhundert stellt der Antiquarianismus in der Tat eine Art Revolution dar. Wichtig sind seine Leistungen vor allem aufgrund einer Unterscheidung, die uns inzwischen selbstverständlich vorkommt, die im 17. Jahrhundert aber eine echte methodische Neuerung war: Der Antiquarianismus unterschied systematisch zwischen Primär- und Sekundärquellen als den Grundlagen historischen Arbeitens. Es wurde mithin getrennt zwischen Belegen, die mit dem berichteten Ereignis die Zeitgenossenschaft teilen, und solchen Darstellungen, die erst nachträglich im Hinblick auf dieses Ereignis verfasst wurden.[120] Und gerade durch diese Differenz wurde es möglich, eine Distanz zwischen Vergangenheit und Gegenwart zu etablieren und die einstige Übermächtigkeit des Gewesenen abzumildern.

Bis zur Mitte des 17. Jahrhunderts war zum Beispiel die Autorität antiker Geschichtsschreiber für die Darstellung der Verhältnisse im alten Rom oder Griechenland völlig unbestritten. Es war praktisch unmöglich (weil undenkbar), eine Geschichte Roms zu verfassen, die Livius oder Tacitus ersetzt hätte. Insbesondere das Vorgehen der Antiquare ermöglichte aber eine entscheidende Verschiebung. Denn während die Geschichtsschreibung sich bis dahin vor allem auf literarische Überlieferungen verlassen hatte, legten die Antiquare deutlich mehr Wert auf materielle Relikte, auf Münzen, Inschriften und Statuen. Zugleich konsultierten sie intensiv die archivalischen Dokumente, für die man sich in der Historiographie bis dahin so gut wie nicht interessiert hatte. Die Antiquare taten sich aber nicht nur durch die Nutzung neuen historischen Materials hervor, sondern ebenso durch die Etablierung von Methoden historischer Kritik, mit denen dieses Material auf seine Echtheit und Verlässlichkeit überprüft werden konnte.[121]

Zwei Gruppierungen, die beide im Frankreich des späten 17. Jahrhunderts beheimatet waren, sind in diesem Zusammenhang besonders hervorzuheben: die Bollandisten[122] und die Mauriner. Bleiben wir bei Letzteren, so ist als ihr herausragender Vertreter Jean Mabillon (1632–1707) zu nennen, ein Mönch der Benediktinerkongregation St. Maur, von der die wissenschaftsgeschichtlich bedeutsame Bewegung der Mauriner auch ihren Namen erhielt.[123] Nach Tätigkeiten in verschiedenen anderen Klöstern kam Mabillon im Jahr 1664 nach St-Germain-des-Près in Paris, dem Zentrum der maurinischen Bewegung. Seit diesem Zeitpunkt stellte er seine Arbeit ganz in den Dienst der Erforschung der Geschichte von Kirche und Benediktinerorden und wurde so zu einer zentralen Gestalt kirchlicher Bildung und Wissenschaft am Ausgang des 17. Jahrhunderts. Auf der Suche nach Handschriften und anderer historischer Überlieferung reiste er durch Frankreich und verschiedene Länder Europas und trug so erheblich zur Ausstrahlung der Mauriner im monastischen Europa bei. Vor allem seine zahlreichen Veröffentlichungen, zu denen unter anderem das methodische »De re diplomatica« (Über die Urkunden) und die Quellensammlung »Acta Sanctorum Ordinis Sancti Benedicti« zur Geschichte des Benediktinerordens gehören, festigten den Ruf der Mauriner.[124]

In ihrem methodischen Vorgehen waren Mabillon und die Mauriner stark von Descartes geprägt – obwohl dessen Werke seit 1663 auf dem Index der katholischen Kirche standen.[125] Ihr Ziel war eine Geschichte der Kirche und des Benediktinerordens, die auf einem quellengesättigten, zuverlässigen und vor allem zweifelsfreien Fundament ruhte, fernab von Sagen und Traditionen, gefeit gegen Stimmen, die der katholischen Kirche und ihren Orden kritisch gegenüberstanden.[126] Das Ergebnis ihrer Bemühungen war jedoch durchaus zwiespältig. Denn Mabillon entlarvte eher unbeabsichtigt substantielle Bestandteile der bisher vertretenen Geschichte des Benediktinerordens als mythisch und unhaltbar. Er musste beispielsweise einige Heilige, die vom Orden traditionell verehrt wurden, als Phantasiegestalten verwerfen. Mabillon wollte den methodischen cartesischen Zweifel einsetzen, um einer Wahrheit zum Sieg zu verhelfen, die der katholischen Kirche förderlich sein sollte – förderte aber tatsächlich ungewollt den Zweifel an den Wahrheiten der katholischen Kirche.

Die bis in die Gegenwart reichende Bedeutung Mabillons liegt vor allem in seinen methodischen Überlegungen, wie er sie in seiner Abhandlung »De re diplomatica« (1681) niedergelegt hat.[127] Damit wurde er nicht nur zu einem der Begründer wissenschaftlicher Geschichtsschreibung, zu ihrem »Galilei«,[128] wie die Historikerin Blandine Barret-Kriegel formuliert hat, sondern er legte auch die Basis für einen distanzierenden Umgang mit der Vergangenheit.

Weil die Geschichtsschreibung laut Mabillon der Wahrheit in der gleichen Weise verpflichtet ist wie die Rechtsprechung der Gerechtigkeit, muss sie auf Originaldokumente zurückgreifen und darf sich nicht allein auf spätere Darstellungen verlassen. Eine solche Maxime bedeutete nichts weniger als den Abschied von der traditionellen, literarischen und hagiographischen Geschichtsschreibung und markierte den Beginn der Historiographie als Wissenschaft.[129] Erst auf der Grundlage sicherer und überprüfter Dokumente, so Mabillon, kommt der Geschichtsschreibung auch Autorität zu, nicht aufgrund überlieferter Traditionen. Es ist also nicht mehr die Autorität, die Authentizität herstellt, sondern es ist die Authentizität der Dokumente, die der historischen Darstellung Autorität verleiht. Die Zuverlässigkeit und die Vielzahl der Quellen wird von Mabillon deutlich höher eingeschätzt als ihre Altehrwürdigkeit und hierarchische Einordnung; eine Quelle aus erster Hand, die in direktem Zusammenhang mit einem Ereignis steht, wird als wertvoller erachtet als eine spätere Darstellung aus zweiter (und womöglich berühmter) Hand. Damit geht eine Abwertung der Überlieferung einher, da ›die Alten‹ nicht mehr mit einer höheren Wertschätzung aufgrund einer Idealisierung der Antike rechnen können.[130]

Hier ist sie also vollständig und reflektiert formuliert, die historische Distanzierung von einer Vergangenheit, die nicht einfach nur wertgeschätzt wird, weil sie einer idealisierten früheren Epoche angehört, sondern die auf der Basis der Überlieferung einer kritischen Betrachtung unterzogen werden kann – ohne vorgängige wertende Einordnung. Aus der Sicht des 17. Jahrhunderts bedeutet daher eine derart durchgängige Historisierung zugleich eine Distanzierung von einer bislang übermächtigen Vergangenheit.

* * *

Die Frage bleibt jedoch, wie sich solche Verschiebungen im Zeitwissen des 17. Jahrhunderts auswirkten und wie sie sich erklären lassen. Wie also veränderte sich das Gesamtbild einer Zeitschaft, die sich allmählich von einer idealisierten Vergangenheit verabschiedete, um sich anderen Zeitorientierungen zuzuwenden? Denn die Vergangenheit verschwand natürlich nicht, möglicherweise wurde sie um 1600 gar nicht so anders behandelt und dargestellt als um 1700. Was sich aber verändert hatte, war die Kultur, in der diskutiert wurde. Um 1700 waren europäische Kulturen wesentlich eher daran gewöhnt, mit Veränderungen umzugehen und diese auch wertzuschätzen (wenn auch vielleicht noch nicht begeistert zu begrüßen). Die Antike war also weiterhin bedeutsam, aber das Neue war nicht mehr so erschreckend.[131] Es wird Zeit, sich der Gegenwart zuzuwenden.

Im Hier und Jetzt

Es gibt Leugner der Gegenwart. In Hindustan gibt es Metaphysiker, nach denen es keinen Moment gibt, in dem die Frucht fällt. Die Frucht wird gleich fallen oder sie liegt bereits auf der Erde, aber es gibt nicht den Moment, in dem sie fällt.

Jorge Luis Borges[1]

Kalenderblatt 1681

Man fragt sich unweigerlich, warum sich Menschen einen Kalender kauften, der seine wenig erfreuliche Sicht auf die Welt schon im Titel deutlich zum Ausdruck brachte: »Kriegs- Mord- und Todt- Jammer- und Noth-Calender«. Auf dem Frontispiz des Exemplars für das Jahr 1681 sieht man Heere, die gegeneinander marschieren, Schiffe in einer Seeschlacht, Kometen, die über den Himmel ziehen (und die generell als Verkünder von Unheil verstanden wurden), sowie über allem schwebend den Erzengel Michael mit erhobenem Schwert, der an das Jüngste Gericht gemahnt.

Heutige Leser mag die Ballung der abschreckenden Substantive Krieg, Mord, Tod, Jammer und Not befremden, so dass man sich nur schwer vorstellen kann, wie ein solches Druckerzeugnis auf dem Buchmarkt Erfolg gehabt haben könnte. Doch es handelte sich bei diesem Kalender um einen der langlebigsten seiner Gattung. Er erschien unter diesem Titel von 1678 bis 1849.[2] Begründet wurde er von dem thüringischen Pfarrer Abraham Seidel (gest. 1680), der als Philomusus Adelsheim und unter weiteren Pseudonymen nicht nur diesen, sondern auch noch einige andere Kalender veröffentlichte. So zeichnete er für diverse Schreibkalender verantwortlich, aber auch für einen »Natur- und Planeten-Calender«, einen »Historien-Calender« sowie einen »Tisch- und Küchen-Calender«. Diese Erzeugnisse wurden jeweils über mehrere Jahre veröffentlicht, überlebten ihren Autor allerdings nicht.[3] Anders der deprimierend anmutende »Kriegs- Mord- und Todt- Jammer- und Noth-Calender«, der bei einer ausreichend großen Leserschaft ein gewisses Lebensgefühl angesprochen zu haben scheint – und das für annähernd zwei Jahrhunderte.

Auf den ersten Blick begegnet uns hier ein weiteres Mal der sehr pessimistische, weil vom Verfall überzeugte Blick in die Zukunft, der im Kommenden nur einen langen Abstieg in Richtung Apokalypse zu sehen vermochte – dieses erlösende Finale ebenso fürchtend wie erwartend. Aber ein zweiter Blick auf (und in) diesen Kalender offenbart noch einen anderen Umgang mit der Zeit. Neben den üblichen astrologischen, astronomischen, medizinischen und vielfältigen anderen Informationen stellte dieser Kalender nämlich auch die jüngeren politischen Ereignisse

Abb. 8 Der »Kriegs- Mord- und Todt- Jammer- und Noth-Calender« auf das Jahr 1681

in Europa – wenn auch in düster-dramatisierenden Farben – dar und ordnete sie ein. Dazu gehört beispielsweise ein Bericht über den Ausbruch der Pest in Wien im Jahr 1679, in dem geschildert wird: »Was massen nehmlich der erschröckliche Pest-Todt/in der Kayserl. Adler- und Residentz-Stadt Wien/grausam-grauerlich grassiret und gehauset/und viel tausend schlaffen geleget.«[4] Dies war der Schrecklichkeiten offenbar noch nicht genug, denn zudem werden beschrieben »Unterschiedliche Trauer- und Unglückes-Fälle/als Feuers-Brunsten/Wasser-Ergiessungen/ Erdböben/Lufft-Zeichen/tobenden Sturm-Winde/u.a.m. so sich hin und wieder/in dem beruffenesten Welt-Theil Europa Von Anno 1679. bis 1681. nachdencklich begeben und zugetragen haben.«[5] Bedient dieser Bericht eher die Rubrik ›Jammer und Not‹, konzentriert sich ein zweiter stärker auf die Bereiche ›Krieg, Mord und Tod‹. Hier werden die militärpolitischen Ereignisse der allerjüngsten Vergangenheit beschrieben. Der Schwedisch-Brandenburgische Krieg (1674–1679) gehört ebenso dazu wie der Einfall eines französischen Heeres in die Grafschaft Oldenburg im Jahr 1679.

Fraglos entspricht diese Form der Berichterstattung nicht unseren Vorstellungen von Aktualität. Aber man muss sich die zeitgenössische Medien- und Nachrichtensituation vor Augen halten, in der es insbesondere für weitere soziale Kreise nicht selbstverständlich war, sich über aktuelle politische Entwicklungen in Europa und im Rest der Welt problemlos informieren zu können. Kalender boten da eine (medial wie finanziell) günstige Gelegenheit, die wichtigsten Nachrichten auf knappem Raum zusammenzufassen und einem größeren Kreis von Menschen zur Verfügung zu stellen. Dabei musste es notgedrungen zu gewissen Aktualitätsverzögerungen kommen. Der »Kriegs- Mord- und Todt- Jammer- und Noth-Calender« auf das Jahr 1681 wurde bereits 1680 produziert und veröffentlicht, konnte dementsprechend nur die Ereignisse des Jahres 1679 (und Frühjahr 1680) berücksichtigen.

Das scheint aber seiner Attraktivität keinen Abbruch getan zu haben, wie die lange Laufzeit des Kalenders belegt. Und der »Kriegs- Mord- und Todt- Jammer- und Noth-Calender« war wahrlich nicht der einzige, der sich auf die Zusammenfassung aktueller Nachrichten verlegte.[6] Während des 17. Jahrhunderts erfuhr die Gegenwart in Kalendern eine deutliche Aufwertung.[7] Zunehmend rückten seit den 1670er Jahren noch lebende Personen in das Zentrum der Darstellung. Es waren nicht mehr (nur) die Mitteilungen aus der Vergangenheit und die historischen Persönlichkeiten, die in darstellerischen Teilen von Kalendern zur Sprache kamen, es waren die Regenten der eigenen Gegenwart, die zu ›lesbaren Materien‹ wurden. Diese Aufnahme zeitgeschichtlicher Inhalte machte Kalender mehr und mehr zu Trägern aktueller Informationen.[8]

Auch weniger spektakuläre Inhalte belegen, dass Kalender nicht mehr nur die nähere Zukunft und ihre Vorhersage im Blick hatten, sondern sich stärker auf die Gegenwart konzentrierten. Seit den dreißiger Jahren des 17. Jahrhunderts zeigten Kalenderdrucke zunehmend Jahrmärkte und Messen an und gaben Hinweise auf Postverbindungen oder Sperrstunden.[9] Auch die Untergattung der Haushaltungs- und Arzneikalender setzte auf unmittelbare Nutzanwendung, indem sie moralische, hauswirtschaftliche und medizinische Ratschläge gab. Die Prophezeiungen waren zwar aus diesen Kalendern nicht gänzlich verschwunden, nahmen jedoch einen merklich geringeren Stellenwert ein. Hier stand also nicht mehr nur die Vorsorge für die Zukunft mittels Vorhersagen im Mittelpunkt, sondern zunehmend die Sorge für die Gegenwart mittels praktischer Hinweise.

Die Zeit der Zeitung

Jeden Morgen, wenn der Austräger die Zeitung in den Briefkasten wirft, jeden Abend, wenn im Fernsehen die Nachrichtensendung läuft, und jedes Mal, wenn auf dem Smartphone die neuesten Nachrichten abgerufen werden, wird Gegenwärtigkeit konstituiert. Eine wenig gewagte These, die zunächst einleuchten mag, weil es sich bei den Nachrichten, die in diesen Medien verarbeitet und verhandelt werden, um gegenwärtige Ereignisse handelt, um Dinge, die gerade jetzt geschehen und die Medienkonsumenten gerade jetzt beschäftigen. Man könnte daher auch behaupten, dass die mediale Gegenwart genauso lange dauert, wie Nachrichten ihren Neuigkeitswert erhalten können, um danach zu Geschichte zu gerinnen.

Aber um diese Form von Gegenwärtigkeit, die mit Aktualität weitgehend gleichgesetzt werden kann, geht es mir nicht. Etwas weniger offensichtlich, wenn auch nicht minder bedeutsam, sind zwei andere Aspekte, die mit dieser medialen Form der Weltvermittlung einhergehen. Zum einen haben Nachrichtenmedien die Möglichkeit, Zustände und Ereignisse zu schildern, die gänzlich unabhängig voneinander vonstattengehen und nicht direkt miteinander verbunden sind. Der Streik auf dem benachbarten Flughafen, der Rücktritt eines Regierungschefs auf einem weit entfernten Kontinent und das Ergebnis eines sportlichen Wettbewerbs haben inhaltlich oder kausal nichts miteinander zu tun – und trotzdem gibt es zwei komplementäre Verbindungen zwischen diesen völlig voneinander getrennten Geschehnissen. Einerseits werden sie von einem bestimmten Rezipientenkreis zur Kenntnis genommen, das heißt, sie sind eingebettet in eine bestimmte Gesellschaft oder Kultur, und jede Konsumentin von Nachrichten weiß (implizit), dass sie nicht alleinige Inhaberin der entsprechenden Informationen ist, sondern dieses Wissen mit einer mehr oder minder großen Menge anderer Menschen teilt. Man kann sich daher zumeist ohne große Probleme auf diese Informationen beziehen, weil sie konstituierender Bestandteil der gemeinsamen Gegenwart eines Kollektivs sind. Andererseits werden diese gänzlich unterschiedlichen Nachrichten dadurch miteinander verbunden, dass sie zur selben Zeit stattfinden, dass sie also durch das Datum auf dem Kopf der Zeitung miteinander verklammert und zeitlich als gegenwärtig markiert werden.[10] Als Konsumenten von Nachrichten meinen wir einen allwissenden, göttergleichen Blick auf diese gänzlich unterschiedlichen Geschehnisse richten zu können. Gegenwart wird somit medial erfahrbar.[11] Die gleichzeitige und sich wiederholende Wahrnehmung eines Ereignisses durch Menschen an völlig verschiedenen Orten muss zumindest unterschwellig den Eindruck einer gemeinsam geteilten Gegenwart und einer übergreifenden Gleichzeitigkeit erzeugen.[12] Es ist nicht nur die Gegenwart, die in Zeitungen und anderen Nachrichtenmedien zur Darstellung kommt, sondern deren Darstellung wird durch Gegenwärtigkeit organisiert.

Treten wir noch einen Schritt zurück, dann wird ein weiterer Aspekt der Vergegenwärtigung durch Nachrichtenmedien sichtbar, der zunächst trivial anmutet, aber für die Ausformungen von Zeitwissen von entscheidender Bedeutung ist: Zeitungen und andere mediale Weltvermittler erscheinen in bestimmten Abständen immer wieder, unabhängig davon, ob etwas Berichtenswertes passiert oder nicht. Periodisch erscheinende Zeitungen und andere Formate setzen also in ihrer Organisation die Form vor den Inhalt. Die gedruckte Zeitung hat soundsoviel Seiten, die Nachrichtensendung darf nicht länger als 15 Minuten dauern, die Meldungen der Nachrichtendienste dürfen eine bestimmte Zeichenzahl nicht überschreiten – aber vor allem müssen all diese Informationsschübe mit einer getakteten Regelmäßigkeit erfolgen. Diese Veröffentlichungsform führt dazu, dass das rein formale Kriterium des zeitlichen Intervalls die Inhalte dominiert.[13] Es geht also in den periodisch erscheinenden Medien nicht darum, dann etwas zu berichten, wenn etwas passiert ist, sondern regelmäßig etwas zu berichten, unabhängig davon, was gerade passiert. Dadurch wird das Hier und Jetzt, wird die Gegenwart als Gegenwart zum Thema gemacht.

Diese markante Verschiebung im europäischen Zeitwissen, die mit der Periodizität von Nachrichtenmedien einherging, begann im Jahr

1605. In diesem Jahr richtete der Straßburger Buchhändler, Zeitungsschreiber und Druckereiinhaber Johann Carolus (1575–1634) eine Bittschrift an den Rat seiner Stadt, in der er darum bat, Nachrichten regelmäßig drucken zu dürfen. Die Zeitung, die dann schließlich von ihm herausgegeben wurde, erschien unter dem Titel »Relation: Aller Fürnemen und gedenckwürdigen Historien«.[14] Damit begann das Zeitalter der periodischen Presse im engeren Sinn.[15]

Schon zuvor hat es zeitungsähnliche Medien gegeben. Während des 16. Jahrhunderts waren es vor allem handgeschriebene Berichte von Korrespondenten, die auf europäischen Postlinien übermittelt wurden und die beispielsweise eine prominente Rolle auf dem Konzil von Trient (1545–1563) oder in der Korrespondenz des Handelshauses Fugger spielten.[16] Allerdings fehlten diesen Berichten entscheidende Merkmale, die eine Zeitung auszeichnen: Sie waren nicht universell, sondern blieben auf bestimmte Themen beschränkt, sie erschienen nicht periodisch und waren vor allem nicht für eine wie auch immer geartete Öffentlichkeit gedacht. Zu einer Kommerzialisierung und damit zu einer Frühphase der Zeitung kam es um 1600. Seit den 1580er Jahren wurden die sogenannten Messrelationen gedruckt, die in halbjährlich erscheinenden Bänden die wöchentlichen Neuigkeiten zusammenfassten.[17] 1597 wurde von dem Augsburger Samuel Dilbaum die in der Forschung so genannte »Rorschacher Monatsschrift« herausgegeben, die chronikalisch über die Ereignisse eines Monats berichtete, aber bereits nach dem ersten Jahrgang wieder eingestellt wurde.[18] Johann Carolus' Initiative kann dann als erste gelungene Etablierung einer Zeitung gelten, die tatsächlich auf Periodizität, Universalität, Aktualität und Publizität setzte.

Vier Jahre nach Carolus veröffentlichte der Wolfenbütteler Drucker Julius Adolph Söhne den »Aviso, Relation und Zeitung«, mit dem die erfolgreiche Straßburger Gründung einen ersten Nachahmer fand.[19] Seitdem setzte sich die Erfolgsgeschichte der Zeitung kontinuierlich fort: 1616 wurde die Frankfurter »Unvergreiffliche continuierende Post Zeitung« begründet, die bis 1866 Bestand hatte. 1630 rief der Reichspostmeister Jacob Kleinhans die »Ordentliche Post-Zeitung« ins Leben. Während des Dreißigjährigen Krieges wurde durch den Erfurter Reichspostmeister Georg Friedrich Breitenbach die »Ordinari Wochentliche PostZeitungen« aus der Taufe gehoben.[20]

Während diese Periodika organisatorisch unmittelbar mit der Post verbunden waren (über deren Linien unter anderem auch die Nachrichten transportiert wurden), waren andere Zeitungsgründungen des 17. Jahrhunderts davon unabhängig und verdanken sich viel eher den fortgesetzten militärischen Auseinandersetzungen des Dreißigjährigen Krieges. Denn kurz vor sowie unmittelbar zu Beginn dieses Krieges kam es zu vielen Neugründungen von Zeitungen. Zwischen 1615 und 1623 erschienen neue Zeitungen in Frankfurt am Main, Berlin, Hamburg, Danzig, Freiburg im Breisgau, Güstrow, Halberstadt, Hildesheim, Stuttgart, Köln, Wien, Königsberg und Zürich. Darüber hinaus gab es noch weitere Blätter, deren Druckort und Herausgeber nicht angegeben wurden (und die auch heute nicht zu identifizieren sind), um der Zensur zu entgehen. Weil die Überlieferungslage der frühen Zeitungen des 17. Jahrhunderts zu wünschen übriglässt und viele Exemplare nicht mehr erhalten sind; weil manche Zeitungsdruckorte zwar zeitgenössisch genannt, Belege dafür aber nicht erhalten sind; und weil einige Zeitungen sich geographisch und personell nicht zuordnen lassen, ist es ohne Frage schwierig, den tatsächlichen Einfluss genauer zu beschreiben, den diese frühen Periodika hatten. Man kann aber die begründete Feststellung treffen, dass das Medium Zeitung seit den späten 1620er Jahren im deutschen und niederländischen Sprachraum flächendeckend vorhanden und verfügbar war. Die erste wirkliche Tageszeitung erschien dann ab 1650 in Leipzig. Und die Zahl der Zeitungen nahm im Verlauf des 17. Jahrhunderts derart zu, dass in den 1680er Jahren allein in Hamburg und Altona acht Zeitungen parallel erschienen. Im deutschsprachigen Raum waren es Ende des 17. Jahrhunderts insgesamt etwa 60 Zeitungen, die gleichzeitig auf dem Markt waren. Quantifizierungen sind in diesem Zusammenhang sicherlich mit Vorsicht zu genießen, jedoch gibt es Schätzungen für das Heilige Römische Reich Deutscher Nation, dass in den 1630er Jahren über 30 Zeitungen existierten, die zum Teil mehrmals wöchentlich erschienen. Das ergäbe etwa 12 000 bis 15 000 Zeitungsexemplare pro Woche, verglichen mit den wenigen hundert Exemplaren zu Beginn des 17. Jahrhunderts. Aufgrund der zeitgenössischen Lesegewohnheiten (Lektüre in größeren Gruppen, lautes Vorlesen etc.) dürfte die Zahl der tatsächlichen Rezipienten dieser Zeitungen um ein Vielfaches höher liegen.[21]

Auch im Rest Europas nahm die Zahl an Zeitungen in der ersten Hälfte des 17. Jahrhunderts deutlich zu, wenn auch nicht in dem Maß wie im politisch zersplitterten Alten Reich, das aufgrund seiner territorialen Unübersichtlichkeiten die Herausgabe vieler unterschiedlicher Zeitungen begünstigte. In den nördlichen und südlichen Niederlanden begann der Zeitungsdruck im Jahr 1618, für das Jahr 1620 ist die erste englische Zeitung belegt, kurze Zeit später folgte die erste Gründung in Frankreich. In den 1640er Jahren sind dann auch Zeitungen in Italien, Portugal und Skandinavien nachgewiesen, während Zeitungen aus dem slawischen Sprachraum und in Spanien erst für die zweite Hälfte des 17. Jahrhunderts belegt sind.[22]

Die Bedeutung der Zeitung als weltlicher Lesestoff wuchs im Verlauf des 17. Jahrhunderts deutlich an. Anfänglich hatten die Zeitungsmacher[23] vornehmlich ein Lesepublikum vor Augen, das dem Kreis politischer Entscheidungsträger angehörte. Allmählich rückte jedoch die Öffentlichkeit der Berichterstattung in den Mittelpunkt, und das Lesepublikum wurde anonymer. Zu den Personengruppen, die als Abonnenten von Zeitungen nachweisbar sind, gehören im Verlauf des 17. Jahrhunderts nicht mehr nur Mitglieder von Ratsgremien, Regierungen oder Fürstenhöfen, nicht mehr nur Räte, Agenten oder Diplomaten, sondern zunehmend auch Gelehrte, Geistliche, Studenten und Schüler.[24] An Gymnasien und in Universitäten wurden beispielsweise Zeitungskollegs abgehalten. Kaufleute erhielten als Adressatengruppe eine wachsende Bedeutung, so dass sich gegen Ende des 17. Jahrhunderts in den Zeitungen ein eigens für das kaufmännische Lesepublikum eingerichteter Service über Handelsnachrichten herausbildete. Aber auch in der ländlichen Bevölkerung, die zuweilen etwas vorschnell als von solchen Kommunikationskanälen abgeschnitten dargestellt wird, gab es nachweislich Zeitungsleser, beispielsweise unter Gutsbesitzern oder Dorfgeistlichen.[25]

Ein Blick auf den Aufstieg des Mediums Zeitung während des 17. Jahrhunderts soll nicht nur der Rekapitulation einer Erfolgsgeschichte dienen, sondern soll deutlich machen, dass die immer reicher werdende Zeitungslandschaft zumindest potentiell in der Lage war, das Verständnis von Zeit und Raum nachhaltig zu beeinflussen. Immer noch wird häufig davon ausgegangen, dass man erst mit Aufklärung, Industrialisierung und Französischer Revolution auch medial in der ›Moderne‹ angekommen sei.²⁶ Doch wurden bereits während des 17. Jahrhunderts die entsprechenden Grundlagen geschaffen, so dass sich bei genauerem Hinsehen erhebliche Auswirkungen einer medialisierten Wahrnehmung erkennen lassen. Das Medium der Zeitung ist für diesen Umstand nur ein Beispiel.²⁷

Dass die Zeitung seit ihren Anfängen durch Zeit geprägt war und ihrerseits Zeit prägte – wofür nicht zuletzt ihr Name steht –, zeigt sich an verschiedenen Aspekten. Bevor etwa mit dem Wort ›Zeitung‹ das Medium bezeichnet wurde, das wir heute kennen, bezeichnete es zunächst etwas, das in einer Zeit geschieht, ein Ereignis der Gegenwart sowie die Nachricht über ein solches Ereignis.²⁸ Die Produktion des Mediums selbst war sodann einem strengen Zeit- und Organisationsregime unterworfen, wie es für andere ökonomische Unternehmungen des 17. Jahrhunderts noch unüblich war. Nicht zuletzt wurde auch den Lesern ein anderes Verständnis von Zeit abverlangt beziehungsweise beigebracht. Zum einen erzeugte der beständige Strom an Nachrichten den Eindruck eines abstrakten und homogenen Zeitflusses, zum anderen verlangte die Zeitung möglichst zeitnah konsumiert zu werden, solange die Nachrichten noch frisch waren.²⁹

Man kann durchaus davon sprechen, dass im Fall der Zeitungen des 17. Jahrhunderts nicht die Nachrichten das eigentlich Herausragende waren, sondern die Erscheinungsweise. Während die Flugblätter und Flugschriften des 16. Jahrhunderts (die häufig unter dem Titel der ›Newen Zeitungen‹ im Sinn von ›neueste Nachrichten‹ firmierten) das Außergewöhnliche an die Öffentlichkeit brachten³⁰ – Schlachtenbeschreibungen, Königskrönungen, Herrschertode, Kometenerscheinungen, Wundergeburten etc. –, machten die Zeitungen den politischen Alltag mit seinen zähen Verhandlungen und seinem umständlichen Klein-Klein zum Thema. Anstelle der besonderen Ereignisse, die aus dem zeitlichen Einerlei herausstachen, wurde in der politischen Berichterstattung nun gerade dieses Einerlei in den Mittelpunkt gerückt. Dadurch wurde das Politische nicht nur ein Stück weit seiner Intransparenz beraubt, sondern der Prozess selbst zum Gegenstand gemacht.³¹ Im Fall von Flugblättern spielte das Verstreichen von Zeit, spielten die Vorgänge politischer Entscheidungsfindungen keine Rolle. Aus dem Meer des Immergleichen ragten nur die wenigen Leuchttürme außergewöhnlicher Ereignisse heraus. Durch ihr regelmäßiges Erscheinen verschoben die Zeitungen die Aufmerksamkeit jedoch, denn nun war es gerade dieses Immergleiche, welches das Medium füllte. Zeitungen trugen dazu bei, die Vorstellung von einer kontinuierlich fließenden Zeit herauszubilden. Durch den regelmäßigen Fluss an Nachrichten und Geschehnissen ließen sie den Eindruck eines nahtlosen Zusammenhangs zwischen diesen Ereignissen in einer Zeit aufkommen. Bevor es die Möglichkeit gab, auf Zeitungen zurückzugreifen, musste das Geschehen in der Welt als zerstückelt erscheinen, geprägt durch einzelne Ereignisse, Kriege, Krönungen oder Beerdigungen, von denen man erfuhr – oder eben auch nicht. Durch die Zeitungen konnten nun Zusammenhänge hergestellt werden, die nicht einmal inhaltlich-kausaler Art sein mussten. Man musste bei der Zeitungslektüre gar nicht in der Lage sein, den Verlauf eines Krieges am einen Ende der Welt mit den finanziellen Schwierigkeiten eines Fürsten am anderen Ende in Verbindung zu bringen. Der Zusammenhang ließ sich auf der zeitlichen Ebene herstellen, denn die Zeitung machte sichtbar, dass permanent etwas vor sich ging, dass beständig etwas geschah und dass diese Ereignisse wenn auch keinen inneren logischen Zusammenhang, so doch zumindest ein gemeinsames Datum hatten. Sie konnten allesamt in der Zeit lokalisiert und eingeordnet werden und wurden damit auch in ihrer Gleichzeitigkeit oder ihrer zeitlichen Aufeinanderfolge sichtbar.[32] Während die Menschen um 1600 immer noch von zufälligen mündlichen Berichten, von Durchreisenden oder anderen Berichterstattern abhängig waren, wenn sie etwas über die Vorgänge in der Welt erfahren wollten, war es um 1700 für einen wachsenden Kreis von Menschen keine Schwierigkeit mehr, ja bereits zur Selbstverständlichkeit geworden, sich in Zeitungen über aktuelle Vorgänge in ihrer eigenen ›Gegenwart‹ zu informieren.[33]

Insofern sind die Zeitungen des 17. Jahrhunderts nicht nur Ausdruck einer neuen Aufmerksamkeit für die Gegenwart, sondern vor allem auch Produzenten einer neuen Gegenwärtigkeit.[34] Genau diese Auswirkungen wurden bereits von den Zeitgenossen wahrgenommen und reflektiert. So sah Johann Peter Ludewig im Jahr 1700 den Nutzen von Zeitungen darin, die Aufmerksamkeit für die eigene Gegenwart zu schärfen und dadurch neue Perspektiven für die Zukunft zu gewinnen. Denn es sei Aufgabe dieses Mediums, dass der Leser »aus Kundschafft der gegen-

Abb. 9 Dass das neue Medium ›Zeitung‹ im Verlauf des 17. Jahrhunderts auch in andere Bereiche ausstrahlte, zeigt das recht bemerkenswerte Beispiel der ›Nachrichtenliteratur‹, wie sie der Schriftsteller Eberhard Werner Happel (1647–1690) publizierte. Happel war einer der ersten freien Schriftsteller, die sowohl mit belletristischen als auch mit journalistischen Arbeiten ihren

Lebensunterhalt verdienten. Zwischen 1685 und 1689 veröffentlichte er fünf »Geschicht-Romane«, wie er sie nannte. Dabei handelt es sich um belletristisch aufbereitete Chroniken eines Jahres, für die sich Happel intensiv bei den zeitgenössischen Zeitungen bediente.[35]

wärtigen Dinge ein Urtheil auff die künfftige fassen: das ist / vernünfftig raisonniren lernen möge«.³⁶

Die Zeitung infizierte das Mediensystem des 17. Jahrhunderts in mehrerlei Hinsicht. Ein weiteres Beispiel für die Ausbreitung der damit einhergehenden Gegenwartsauffassung ist das Aufkommen des Zeitungs- und Konversationslexikons. Solche Nachschlagewerke waren von Beginn an darauf angelegt, die Gegenwart zum vorrangigen Objekt zu machen. Denn die zeitungsmäßige Behandlung von Gegenwart brachte Schwierigkeiten mit sich – Verständnisschwierigkeiten. Als gebildeter Leser mochte man sich einigermaßen sicher in klassisch-antiken Zusammenhängen, ihren Geschichten und Personenkonstellationen, ihren Mythen und Maximen bewegen. Dies entsprach durchaus der Vergangenheitsfixierung und Antikenverehrung, wie sie die europäische Zeitschaft bis in das 17. Jahrhundert hinein dominiert hatte. Aber sobald man mit der Gegenwart in all ihrer verwirrenden Vielfalt konfrontiert wurde, stießen nicht wenige Zeitungsleser auf Bereiche, die nicht zum klassischen Bildungskanon gehörten und daher erläuterungsbedürftig waren. Dieser Umstand wurde um 1700 erkannt und thematisiert – und man versuchte das Problem zu lösen.

Der Pädagoge, Theologe und Schriftsteller Daniel Hartnack (1642–1708) machte 1688 deutlich, dass die Zeitungen ihrer Leserschaft das Buch der gesamten Welt eröffneten. Um jedoch in diesem Buch lesen zu können, bedurfte es bestimmter Kenntnisse und Hilfen. Die Zeitungen seien nämlich, so Hartnack, durchsetzt mit fremden Wörtern und Begriffen, die dem Leser nicht ohne weiteres bekannt seien und daher erläutert werden müssten.³⁷ Der Schriftsteller Kaspar Stieler (1632–1707) kam dieser Anforderung nach, indem er seiner Abhandlung über »Zeitungs Lust und Nutz« aus dem Jahr 1695 eine mehrere hundert Wörter umfassende »Erklärung derer in den Zeitungen gemeiniglich vorkommenden fremden und tunklen Wörtern« beifügte, in denen er Ausdrücke wie »Clima«, »Invention«, »Parlament« oder »Sultan« erläuterte.³⁸

Zugleich verselbständigten sich diese Wort- und Sacherläuterungen. Ebenfalls im Jahr 1695 veröffentlichte J. D. Scheibner in Helmstedt ein Lexikon, das insbesondere für den Zeitungsleser gedacht war und unter dem Titel »Curieuses Nouvellen Lexicon« erschien. 1704 publizierte der Leipziger Verleger Johann Friedrich Gleditsch (1653–1716) die erste Auflage des »Realen Staats- und Zeitungs-Lexicons«. Sein Anspruch war es, den Gelehrten und Ungelehrten ein Hilfsmittel an die Hand zu geben, um die Begriffe zu verstehen, die – aus allerhand Sprachen stammend – in Zeitungen und die Gegenwart betreffenden Konversationen auftauchten. Der Begriff der »Conversation« wanderte mit der 4. Auflage des Lexikons im Jahr 1709 sogar in den Titel, so dass es nun hieß: »Reales Staats- Zeitungs- und Conversations-Lexicon«. Damit war 100 Jahre nach der Zeitung auch das Konversationslexikon als flankierendes Erläuterungswerk etabliert. Dieses Lexikon – nach dem Verfasser der Vorrede als »Hübner« bekannt – wurde zu einem der größten Erfolge der deutschen Verlagsgeschichte und erlebte bis ins frühe 19. Jahrhundert hinein zahlreiche Auflagen.[39]

In der Vorrede zur ersten Ausgabe des Lexikons 1704 machte der Pädagoge Johann Hübner (1668–1731) unmissverständlich deutlich, dass es die Zeitung und ihr auf die Gegenwart gerichteter Blick waren, die dieses Buchprojekt überhaupt erst entstehen ließen. Das Zeitunglesen sei so weit in den Alltag eingedrungen, »daß auch die Einwohner auff dem Lande hin und wieder nicht ungeschickt sind, einen Staats-Discours nach ihrer Art, mit einander zu führen«. Es trüge sich aber »gleichwol gar offte zu, daß ein Gelehrter und gereister Mann, eine und die andere passage aus den Zeitungen nicht verstehet [...]. Wenn die, so studiret, nicht allemahl wissen, was sie lesen, was vor Zweiffels-Knoten müssen denjenigen allererst vorkommen, die mit den Musen keine sonderliche Bekantschafft haben?«[40] Um diesem Umstand abzuhelfen, war das Lexikon ins Leben gerufen worden. Man kann seinen Zweck aber nicht darauf reduzieren, die Zeitungslektüre zu erläutern, denn dann wäre ihm nicht ein so dauerhafter Erfolg beschieden gewesen. Nein, dieses Lexikon diente seinen Lesern in einem umfassenden Maß dazu, sich die eigene Gegenwart zu erklären.

Auch ein anderes Zeitungslexikon, der in Braunschweig erscheinende »Curieuse Avisen- oder Zeitungs-Schlüssel«, hielt im Jahr 1719 fest, es gäbe inzwischen keine Stadt mittlerer Größe mehr, in der keine Zeitung erscheine. Gelehrte wie Ungelehrte würden Zeitungen lesen, überall würden die Zeitungsinhalte diskutiert, und insbesondere die Jugend würde dazu angehalten, die Zeitung zu konsultieren, um »sich eine Notiz in der Modern-Historie zu acquirieren«.[41] Der Hinweis auf die »Modern-

Historie« zeigt, dass die Kenntnis der Gegenwart, und damit auch das Bewusstsein von der ›Existenz‹ einer solchen Gegenwart, inzwischen zu einem Bildungsziel erklärt werden konnte – und zwar nicht nur für höhergestellte Schichten. Spätestens um 1700 kann man davon ausgehen, dass die geschärfte Aufmerksamkeit für den Zeitraum ›Gegenwart‹ alles andere als ein Ausnahmephänomen war. Es handelte sich um eine allgemein gefestigte Größe. Das wird auch in der Vorrede des »Curieusen Avisen- oder Zeitungs-Schlüssels« festgestellt, in der die Kenntnis der Gegenwart nun deutlich höher veranschlagt wird als die Kenntnis der Antike: »Auch ein gemeiner Teutscher, der keinen Staats-Mann im Sinn hat, sondern nur aus Neugierigkeit die neue Historie aus denen Zeitungen gern wissen möchte, hat daher die neue Historie mehr von nöthen, als die alte.« Man müsse also »die Historie von unserer Zeit, drinnen wir jetzo leben, zu lernen den Anfang machen.« Bei der Beschäftigung mit älteren Zeiten müsse man darauf achten, »daß man die Fortsetzung der neuesten Historie, als den allerhauptsächlichsten Ziel-Zweck, niemals aus den Augen und aus der Acht lasse«.[42]

Wie sehr dieser Ansatz auf Zustimmung stieß, machen die Zahlen deutlich. Den Zeitungs- oder Konversationslexika war in der Zeit um 1700 recht schnell ein großer Erfolg beschieden – ein weiterer Hinweis darauf, wie groß der Bedarf nach Verständnis der eigenen Gegenwart inzwischen geworden war. In der fünften Auflage seines Konversationslexikons schrieb Johann Hübner im Vorwort, dass ein Buch, von dem bereits 8000 Exemplare verkauft worden seien, offensichtlich so viel Qualität aufweise, dass es keiner werbenden Empfehlung mehr bedürfe. Kaum einer der Beteiligten wird wohl damit gerechnet haben, dass sich das Lexikon so schnell so gut verkaufen würde – ein Erfolg, der nicht so schnell abebben sollte.[43]

Zeitungsstreit

Die steigende Bedeutung von Zeitungen und die damit erhöhte Aufmerksamkeit für die eigene Gegenwart waren nicht unumstritten. Zwischen etwa 1675 und 1725 fand im deutschen Sprachraum eine recht rege geführte ›Zeitungsdebatte‹ statt, in der das Pro und Contra der Zeitungslektüre diskutiert wurde. Ausgetauscht wurde hierbei eine Vielzahl von Argumenten, die das gesamte Spektrum möglicher Positionen abdeckten, von der Verteufelung der schädlichen Zeitungen bis zur Lobpreisung ihrer Nützlichkeit. Beteiligt an dieser Diskussion waren vornehmlich Universitätsangehörige und Schriftsteller wie Ahasver Fritsch (1629–1701), Christian Weise (1642–1708), Kaspar Stieler (1632–1707) und andere, die sich mit den politischen, gesellschaftlichen und medialen Vor- und Nachteilen von Zeitungen auseinandersetzten.[44] Insbesondere Stieler ist im Rahmen der Geschichte der Zeitung inzwischen zu einer Standardreferenz geworden, wenn es um zeitgenössische theoretische Reflexionen zu dem (für das 17. Jahrhundert immer noch) neuen Medium geht. Er war in einem zeittypischen Sinn ein durchaus umfassend gebildeter Gelehrter, Dichter und Sprachwissenschaftler, der an diversen Höfen sein Auskommen fand und eine große Zahl von Werken hinterlassen hat. Eines davon ist das 1695 erschienene Buch »Zeitungs Lust und Nutz / Oder: derer so genanten Novellen oder Zeitungen / wirckende Ergetzlichkeit / Anmut / Notwendigkeit und Frommen; Auch / was bey deren Lesung zu lernen / zu beobachten und zu bedencken sey?«[45]

Gleich in der Vorrede an den Leser weist Stieler unmissverständlich auf den Zusammenhang hin, in dem er den Nutzen von Zeitungen verortet. Es ist nämlich nicht mehr das historische und für die Zeitung damit auch veraltete Wissen, sondern es ist das Wissen über die eigene Gegenwart, das durch dieses Medium gefördert wird und das für politische Entscheidungsträger von unüberbietbarer Bedeutung ist. In den Worten

Stielers liest sich diese Aufwertung der Gegenwart gegenüber der Vergangenheit folgendermaßen:

»Die Zeitungen habe ich allemal gerne gelesen / lese sie noch gerne / und wolte / daß Du sie auch gerne lesen möchtest / weil sie keine Bossen [Possen / Narreteien] seyn / und einen redlichen Stats-Mann in Ehren erhalten / wann man ihn fraget: Wie der Keyser / wie der König in Frankreich / in Spanien / Engelland / Polen / Schweden / u. d. gl. heissen? Kauf- und gemeine Leute bekümmern sich zwar eben so viel darüm nicht; aber Stats-Leuten ist eine Schande / wann sie nicht wissen / wer zu Wien der Nuntius Apostolicus sey: und / ob der Pabst Alexander / Innocentius / Paulus oder Coelestinus heisse. Solche dinge lernet man aus den Zeitungen; und nicht aus den Büchern [...]. Ich habe oft über die Pedanten gelacht / die da grosse Politici seyn wollen / und nicht gewust haben / was der Kayser vor einen Namen gehabt hat. Solche Schul-füchse gehören nicht in die Welt / und möchten wol wünschen / daß sie vor ein paar 1000 Jahren wären geboren worden. Wir ehrliche leute / die wir itzt in der Welt leben / müssen auch die jetzige Welt erkennen: und hülft uns weder Alexander / Caesar / noch Mahomet nichts / wann wir klug seyn wollen.«[46]

Bereits in diesen wenigen Sätzen steckt ein ganzes Programm zur Aufwertung der Gegenwart bei gleichzeitiger Abkoppelung von der Vergangenheit. Nicht nur, dass Stieler politischen Entscheidungsträgern den dringenden Rat gibt, Zeitung zu lesen, wenn sie ihrer Tätigkeit nachgehen wollen. Mit seinen Ausführungen macht er auch deutlich, dass es im späten 17. Jahrhundert noch nicht selbstverständlich war, sich ›in der Gegenwart‹ zu befinden. Selbst wenn man seiner Argumentation eine gewisse Zuspitzung unterstellen darf, so scheint es immer noch Vertreter der politischen Klasse gegeben zu haben, die nicht über die wichtigsten Personen der Zeitgeschichte informiert waren. Demgegenüber formuliert Stieler eine deutliche Absage an das Gelehrtenwissen, das für das politische Geschäft deswegen nicht von Nutzen ist, weil es sich völlig unnötigerweise allein auf die Vergangenheit kapriziert. Doch wer Politik betreibe, so Stieler, müsse wissen, wem »die Sachen der Welt anvertrauet« sind, müsse »itzt in der Welt leben« und müsse »die jetzige Welt erkennen«. Die Gegenwart muss die Oberhand über die Vergangenheit gewinnen.

Mit der Zeitung eröffnet sich laut Stieler die Möglichkeit, die Welt in ihrer Gegenwärtigkeit in die eigenen vier Wände zu holen. Ohne das Haus verlassen zu müssen, könne der Zeitungsleser an allen Ereignissen teilnehmen – und zwar gleichzeitig:

> »Es bedenke ein aufgewecktes Herz/was dieses vor eine Süsse bringe/ wenn ich in meiner Stube verständiget werden kan/was dieser und jener König geredet/wessen er sich unterfangen/und/was diejenige Partey/ derer ich zugethan bin/ausgerichtet hat? Da reise ich in Gedanken durch die weite Welt/ich schiffe über Meere/bin bey den See- und Land-Schlachten gegenwärtig [sic!]/schaue zu/wie man die Flügel schwinget/ auf einander feuer giebet/Gefangene hinweg führt/Stücke vernagelt/ Minen sprenget und Beute machet/und dieses alles ohne einzige Gefahr/Mühe und Kosten.«[47]

Diese Gegenwart ist für Stieler aber keineswegs eine rein weltliche, vielmehr ist sie immer noch göttlich durchwirkt. Denn gerade zur notwendigen Erkenntnis der Größe Gottes könnten die Zeitungen beitragen, insofern sie »gleich einer hellen Trompete/die göttliche Vorsicht/Vorsorge/ Wunder und Tahten durch die gantze Welt ausblasen«.[48] Meldungen über Blitze, Überschwemmungen, Erdbeben, Vulkanausbrüche, Krankheiten oder Kometen zeigten die Macht Gottes an. Aber auch hier ist es nicht mehr eine biblische Vergangenheit, die den Menschen Ehrfurcht vor Gottes Allmacht einflößt – dazu dient die Gegenwart mit ihren aktuellen Ereignissen. Stieler sagt explizit, dass die ›biblischen Zeitungen‹ veraltet seien und nicht mehr geglaubt würden, dass stattdessen ›neue Zeitungen‹ an deren Stelle getreten seien:

> »Denn es jecket [belustigt] sich nun mehro die arge Welt mit den Erzehlungen von der allgemeinen Sündflut/von Sodom und Gomorra/von Verstörung der Stadt Jerusalem etc./halten diese Sachen vor alt/denen kaum mehr Glauben bey zu messen sey/und meinen/sie wären eben so schlimm noch lange nicht/als jene gewesen sind. Darum kan es nicht schaden/daß man ihnen aus den Zeitungen eben den gewaltigen und gerechten GOTT durch frische Exempel vormahle/und die Menschen auf die gegenwärtige und sichtbare Strafen weise.«[49]

Gegenwart wird durch die Abkopplung von der Vergangenheit aufgewertet. Weil die biblischen Exempel von Stieler als ›alt‹ angesehen werden, müssen die Zeitungen ›frische‹ Beispiele der Größe Gottes vorbringen, um die ›Gegenwärtigkeit‹ Gottes zu belegen.

Ein anderer Befürworter der Zeitungen war der Dramatiker und Pädagoge Christian Weise (1642–1708). Er war nicht nur Verfasser zahlreicher Theaterstücke, sondern seit 1670 auch Professor am Gymnasium Illustre Augusteum in Weißenfels. Dort hielt er ein Kolleg über das Lesen von Zeitungen ab, das 1676 unter dem Titel »Schediasma curiosum de lectione novellarum« auch veröffentlicht wurde. Es gebe, stellt Weise darin fest, durchaus Menschen, die »bis zum Aberglauben« den antiken Traditionen und der alten Literatur anhingen. Daher hielten sie es »für eine Sünde, schlimmer als jeden Mord«, wenn man auch nur »ein Körnchen neuer Zeit« beimische. Doch obwohl er selbst das Altertum durchaus verehre, könne er eine solche Einstellung nicht verstehen, denn er liebe ebenso das Neue, weil es angenehm und notwendig sei.[50] Die Zeitung habe viele Vorteile: Sie könne ein neues Verständnis über den Raum vermitteln, genealogische Zusammenhänge aufzeigen – und schließlich die Aufmerksamkeit für die eigene Gegenwart steigern, weil Zeitungen »die Geschichte unserer Zeit«[51] vor Augen führten.[52]

Die Diskussion um das Pro und Contra von Zeitungen im 17. Jahrhundert zeigt, wie sehr die Fragen nach Gegenwärtigkeit und nach der Differenz zwischen Vergangenheit und Zukunft einen Nerv trafen. Denn die Konzentration auf Gegenwärtiges wurde regelmäßig verbunden mit dem Problem von Flüchtigkeit und Ewigkeit, von Neuigkeit und Beständigkeit.[53] Mit dem Ideal einer prästabilierten Ordnung vor Augen musste das Zeitungshandwerk als oberflächlicher Tand erscheinen. Auch deshalb wurde im 17. Jahrhundert den Herrschenden und anderen politischen Entscheidungsträgern nicht selten der Rat gegeben, sich von der Zeitung fernzuhalten, um sich stattdessen auf die wirklich wichtigen Dinge zu konzentrieren, auf die überzeitlich gültigen Werte und Ideale. Zugleich waren aber die Zeitungen das beste Beispiel dafür, wie die Orientierungsmarken, die der zeitlichen Veränderung enthoben sein sollten, während des 17. Jahrhunderts massiv an Einfluss verloren. Der Wandel wurde als das einzig Beständige erkannt, die Beobachtung von Differenzen wurde zum zentralen Anliegen (auch) politischen Handelns. Die

Zeitungen waren die Propheten dieser Differenzsetzung, weshalb sie nicht nur Befürworter, sondern auch Gegner hatten.

Der Jurist und Staatstheoretiker Christoph Besold (1577–1638) hielt 1629 in seinem »Thesaurus practicus« beispielsweise fest, dass es zwar wichtig sei, Wissen über die Vorgänge an anderen Orten zu erhalten, weshalb die Zeitungen durchaus ihren Nutzen hätten. Aber Nichtigkeiten müssten gemieden werden. In diesem Zusammenhang konnte er folgende Spruchweisheit zitieren: »Cura viris levibus rerum solet esse novarum: Cura viris gravibus rerum solet esse suarum.«[54] Nur die leichtfertigen Männer kümmerten sich demnach um Neuigkeiten, während sich die ernsthaften Männer mit ihren eigenen Angelegenheiten beschäftigen. Der Gegensatz von ›leichtfertig‹ und ›ernsthaft‹, von (fremden) Neuigkeiten und (aus sich selbst geschöpften) Grundsatzfragen lässt sich mit Blick auf das Zeitwissen übersetzen als Opposition von negativ bewerteter Kurzfristigkeit und positiv besetzter Dauerhaftigkeit.

Ähnlich negativ schätzte Ahasver Fritsch (1629–1701), Jurist, Kirchenliederdichter und Kanzler der Grafschaft Schwarzburg-Rudolstadt, den Einfluss von Nachrichten ein. In seinem 1676 erschienenen »Discursus de Novellarum« verurteilte er die Sucht nach Neuigkeiten als Verlangen nach einem oberflächlichen Rauschen.[55] Auch in seiner Kritik lässt sich unschwer der Verlust von fixen Orientierungspunkten ausmachen. Fritsch versucht die Alltäglichkeit der Neuigkeitssucht zu beschreiben, um damit zugleich den Gegensatz zwischen bleibenden Werten und flüchtigen Oberflächlichkeiten hervorzuheben: Die Deutschen seien nämlich »mit der neuen Zeitungs-Sucht behaftet«.

»Sie lechzen danach, täglich nach Neuem zu fragen, Neues zu hören, Neues zu erzählen. Und tatsächlich sehen wir, daß Menschen jedes Standes und jeder Stellung an diesem Fehler leiden. Ja sogar selbst auch schlichte Landleute kann man bisweilen sehen, wie sie entweder Neue Zeitungen lesen oder denen, die solche lesen, aufmerksam zuhören. Ja einige sind so schrecklich neugierig und auf Neue Zeitungen so erpicht, daß sie sich nicht scheuen, sie sogar in den Kirchen während der heiligen Handlungen zu lesen oder zu hören sowie in Amtsstuben bei noch wichtigeren Beschäftigungen. Kaum haben sie den Fuß aus dem Haus gesetzt, so pflegen sie die, die ihnen beggenen, zu fragen: ›Was gibt's Neues? Was gibt's Neues?‹ Sonderbar jedenfalls und ganz töricht ist es, daß die Menschen darauf so erpicht sind, Neues zu lesen oder zu hören, da die Neuen Zeitungen doch meist Trauriges, Schauerliches, Gottloses und Verabscheuungswürdiges, bisweilen aber auch Falsches berichten. Nur ganz selten aber pflegen sie etwas zu enthalten, was in einer Christenbrust wahre Freude und wahres Ergötzen erwecken kann. Aber so ist es Sitte der Gegenwart.«[56]

Und diese Sitte war nicht nur in der Gegenwart verwurzelt, sie konstituierte auch Gegenwart. Die Entgegensetzungen, durch die Gegenwärtigkeit an Kontur gewinnt, finden sich bei Fritsch plastisch formuliert. Der Oberflächlichkeit und Flüchtigkeit von Zeitungen und Neuigkeiten werden die überzeitlichen Werte von Religion (heilige Handlungen in der Kirche), Politik (wichtige Beschäftigungen in den Amtsstuben), wahrer Freude und wahrem Ergötzen entgegengestellt. Glaubt man der Darstellung von Fritsch, dann hatten die Nachrichten allerdings schon gewonnen und eine Gegenwart etabliert, die Fritsch mit seiner Kritik zu entwerten versuchte.

Ahasver Fritsch ist als Gewährsmann dieser Transformation insofern geeignet, als er sich zugleich auf die Suche nach den Ursachen für die Sucht nach Nachrichten machte. Er fand sie einerseits in der jüngeren Ereignisgeschichte, andererseits in den Veränderungen des Mediensystems: Der Dreißigjährige Krieg habe nicht nur die Menge an Nachrichten, sondern auch das Verlangen danach merklich gesteigert. Zudem sei die Buchdruckerkunst verantwortlich zu machen, denn dadurch könnten Zeitungen leichter verbreitet werden. Auch die Zahl der publizierten Zeitungen nähme beständig zu.[57]

Welche Gegenwart?

Gegenwart sei »ein vielfach merkwürdiges wort«,[58] weiß das Deutsche Wörterbuch der Brüder Grimm zu berichten. Diese Einschätzung trifft sicherlich in mehrfacher Hinsicht zu. Ohne allen Ausfaltungen dieses Begriffs nachgehen zu können oder gar zu wollen, fallen einige Bedeutungsverschiebungen doch ins Auge.[59]

Bei dem Wort ›Gegenwart‹ handelt es sich im Deutschen etymologisch zunächst um einen Raumbegriff. Er wurde zwar schon früh durch Übertragung auch auf Zeitliches angewendet, hatte aber für den überwiegenden Teil seiner Wortgeschichte räumliche Verhältnisse im Blick. Das findet seine Entsprechung in den lateinischen Wurzeln des Wortes, denn *praesentia* hat eigentlich die Bedeutung von ›Beistand‹. Das deutsche Wort ›Gegenwart‹ bezeichnete zunächst etwas feindlich Begegnendes. Dieses räumliche Verständnis weist eine lange Kontinuität bis in das 18. Jahrhundert auf und fand beispielsweise in der Theologie seinen Niederschlag in Formulierungen wie ›die Gegenwart Gottes‹. Noch Kant verwendete ›Gegenwart‹ vornehmlich in diesem räumlichen Sinn. Diese Bedeutung ist bis heute nicht verlorengegangen, da man immer noch davon sprechen kann, sich ›in der Gegenwart von jemandem‹ zu befinden. Dominierend ist inzwischen aber die zeitliche Konnotation im Sinne von ›aktueller Zeitraum‹, die im Deutschen erstmals für das Jahr 1745 belegt ist. In der zweiten Hälfte des 18. Jahrhunderts wurde ›Gegenwart‹ dann stärker dynamisiert und an die Wirklichkeit herangerückt, so dass für Fichte und Hegel das Begreifen der Gegenwart, als Verstehen der eigenen Zeit und Wirklichkeit, zu einer Aufgabe der Philosophie werden konnte.[60]

Hält man sich diese Etymologie vor Augen, könnte man mit einem allzu sehr auf Substantive, Begriffe und Konzepte fixierten Blick zu dem Schluss gelangen, dass es einmal mehr die Aufklärung des 18. Jahrhunderts gewesen sei, die uns das neuzeitliche Verständnis von Gegenwart beschert habe, ja, die überhaupt erst dafür gesorgt habe, dass so etwas wie ›Gegenwart‹ als eigenständiger Zeitraum entstehen konnte. Doch man muss nicht zwingend das Wort ›Gegenwart‹ benutzen, um Gegenwärtigkeit bezeichnen zu können. Gerade im 17. Jahrhundert finden sich zahlreiche adverbiale oder adjektivische Formulierungen, wie ›gegenwärtige Zeit‹,[61] ›unsere Zeit‹ oder Komposita mit ›jetzt-‹ wie jetztlebend, jetzt-herrschend, jetzt-laufend (die bei den Generalgenealogien bereits zur Sprache kamen), die entsprechende Aussagen transportierten. In anderen europäischen Sprachen war es vor allem das Wortfeld ›modern‹, das entsprechende Ausdrucksmöglichkeiten bot, um nicht nur das Neue, sondern vor allem das Gegenwärtige zu bezeichnen. Um Aktualität im Sinne von Gegenwart auszudrücken, hatte das 17. Jahrhundert also durchaus die eine oder andere sprachliche Variante zur Verfügung.

Bevor diese historischen Verschiebungen aber weiterverfolgt werden sollen, lohnt sich ein Blick auf eine etwas allgemeinere Frage – was ist überhaupt Gegenwart?[62] Auf diese Frage könnte man entweder eine sehr kurze Antwort geben, die da lautet: drei Sekunden. Wie aktuelle Experimente der Hirnforschung und der medizinischen Psychologie erwiesen haben, scheinen gewisse Mechanismen in unserem Gehirn dafür zu sorgen, dass aufeinanderfolgende Ereignisse bis zu einer zeitlichen Grenze von etwa drei Sekunden zu einer sinnvollen Einheit zusammengefasst werden. Zugleich lässt sich feststellen, dass Bewusstseinsinhalte ebenfalls für eine Dauer von etwa drei Sekunden erhalten bleiben, bevor sie von einem anderen Bewusstseinsinhalt abgelöst werden. Schließlich kann man experimentell herausfinden, dass Informationen nur drei Sekunden als Ganzes erfasst werden können. Das Gehirn scheint also tatsächlich einen Mechanismus bereitzustellen, der aufeinanderfolgende Informationen zu geschlossenen Einheiten formt, deren obere Grenze etwa drei Sekunden beträgt. Dies ist der einmalige Bewusstseinsinhalt, der uns als gegenwärtig erscheint.[63]

Man kann mit dem Systemtheoretiker Niklas Luhmann und der Soziologin Elena Esposito aber auch einen hilfreicheren, differenztheoretischen Weg einschlagen. Danach lässt sich Zeit fassen als die spezifische Unterscheidung zwischen Vergangenheit und Zukunft, die eine Gegenwart jeweils für sich trifft. Diese Unterscheidung ist keineswegs gegeben, vielmehr ist ihr sowohl eine historische wie eine soziale Dimension eigen. Das heißt, Zeit wird im Verlauf der Zeit selbst generiert, regeneriert und transformiert, und dies geschieht durch jeweils unterschiedliche Gruppen auf jeweils unterschiedliche Art und Weise. Dieser Umstand lässt eine Mehrzahl differenter Zeiten zu, jede mit ihrem eigenen Systembezug.[64]

Eine bestimmte Gegenwart bringt also Zeit dadurch hervor, dass sie Unterscheidungen zwischen Vergangenheit und Zukunft trifft. Die zeitlichen Orientierungen nach hinten und vorne sind notwendigerweise Konstruktionen einer Gegenwart, die sich mit ihrer Umwelt – auch mit ihrer zeitlichen Umwelt – auseinandersetzen muss. Vergangenheit und Zukunft existieren nicht ›an sich‹, sondern immer nur als Entwürfe einer bestimmten Gegenwart. Der Ausgangspunkt von Überlegungen zur Zeit kann daher nur die Gegenwart sein, weil alle anderen Formen zeitlicher Orientierung nur als Ausformungen dieser Gegenwart existieren. Aber genau hier hapert es laut Esposito, denn es »fehlt ein angemessener Begriff der Gegenwart, in der Vergangenheit und Zukunft jeweils zusammen aktuell zusammentreffen«.[65]

Soziale Gruppen orientieren sich also an der eigenen aktuellen Gegenwart – sie können auch gar nichts anderes tun – mit deren Horizonten ›Vergangenheit‹ und ›Zukunft‹ und damit an ihren jeweiligen Erfahrungen und Voraussagen. Bei den Beteiligten ist aber die Einsicht vorhanden, dass diese Orientierung kontingent ist, dass sie in der Vergangenheit anders war und in der Zukunft anders sein wird. Schon in der Gegenwart wird also die Möglichkeit berücksichtigt, künftig anders entscheiden zu können.[66] Zeit kann für Luhmann daher nicht mehr als Bewegung verstanden werden, unabhängig davon, ob es die Zeit selbst ist, die sich bewegt, oder Zeit als Maß von Bewegung verstanden wird. Zeit muss vielmehr auf der Basis wechselnder Ereigniszusammenhänge verstanden werden. Jedes Ereignis stellt den Bezug einer Gegenwart zu den Zeithorizonten Vergangenheit und Zukunft her. Der Zusammenhang zwischen den jeweiligen Zeithorizonten unterliegt dabei selbst historischen Veränderungen. Die Vergangenheit und die Zukunft einer Gegenwart enthalten ihrerseits vergangene beziehungsweise zukünftige Gegenwarten, die wiederum eigene Zeithorizonte gehabt haben beziehungsweise haben werden.[67] Es ist wie in einem Spiegelkabinett: Wohin man auch blickt, es schauen immer Zeiten zurück, die auf andere Zeiten verweisen.

Wie sehr dasjenige, das wir als Gegenwart zu bezeichnen pflegen, für die Strukturierung der Horizonte ›Vergangenheit‹ und ›Zukunft‹ verantwortlich ist, kann jede und jeder anhand schlichter Selbstbeobachtungen feststellen: Was tun Sie gerade in diesem Augenblick? Und vor allem: Was tun Sie in diesem Augenblick nicht? Ich kann davon ausgehen, dass Sie dieses Buch in Händen halten, es aufmerksam lesen und (hoffentlich) für einigermaßen interessant halten. Vielleicht trinken Sie nebenher noch einen Kaffee oder eine Tasse Tee oder fahren gerade mit dem Zug oder tun andere Dinge, die sich noch halbwegs sinnvoll mit dem Lesen verbinden lassen. Mit all diesen Handlungen treffen Sie in Ihrer Gegenwart – wenn auch mikroskopisch kleine – Entscheidungen über die Konstitution der Zeit und über das Verhältnis von Vergangenheit, Gegenwart und Zukunft. Wenn ich Glück habe, nehmen Sie aus der Lektüre dieses Buchs Erkenntnisse mit, die Ihre Zukunft beeinflussen und die Ihnen Ihre Vergangenheit in einem anderen Licht erscheinen lassen. Aber selbst wenn ich weniger Glück haben und mit den Inhalten dieses Buchs in Ihrem Leben für keinerlei neue Erkenntnisse gesorgt haben sollte, verändert seine Lektüre Ihr Leben auf jeden Fall. Denn die Entscheidungen, die in einer Gegenwart mit Auswirkungen auf Vergangenheit und Zukunft getroffen werden, müssen allein schon deswegen relevant sein, weil an deren Stelle keine anderen Handlungen vollzogen werden können.[68] Wenn Sie dieses Buch lesen, können Sie sich nicht gleichzeitig mit einer Freundin im Café treffen, können nicht Ihr Handicap beim Golf verbessern und sich auch nicht bei einer Demonstration für den Naturschutz engagieren. Mit jeder einzelnen Entscheidung, die wir im Rahmen unserer beschränkten Möglichkeiten in jedem Augenblick treffen, entscheiden wir auch über die Konstitution von Vergangenheit und Zukunft. Und jede Handlung schließt andere Handlungen und damit auch andere mögliche Zukünfte und Vergangenheiten aus.

Vergangenheit und Zukunft erweisen sich somit als Projektionsräume jeweiliger Gegenwarten, die vielfach miteinander verknüpft sind. Damit offenbart sich aber auch die grundsätzliche Paradoxie der Zeit, nämlich als Form die Einheit von Aktualität und Inaktualität zu sein. Zeit stellt sich dar »als Identität einer Gegenwart, die es nicht gibt, außer als Unterscheidung einer Vergangenheit, die es nicht mehr gibt, und einer Zukunft, die es noch nicht gibt«.[69] Gegenwart lässt sich daher nicht angemessen verstehen als eine dünne Membran zwischen Zukunft und Vergangenheit, als ein Durchgangsstadium mit relativ geringem Eigenwert.[70] Tatsächlich ist sie ein wesentlich bedeutsamerer Zeitraum, wenn nicht sogar der wichtigste Zeitraum, mit dem wir überhaupt zu tun haben, weil die Gegenwart die einzige temporale Dimension ist, in der und mit der wir konkret agieren können.[71]

Daraus lässt sich zunächst einmal die wenig überraschende Schlussfolgerung ziehen, dass es ›die Gegenwart‹ überhaupt nicht gibt. Es gibt immer nur historisch spezifische Gegenwarten[72] mit ihren jeweiligen Bezugnahmen auf Vergangenheit und Zukunft. »Was sich in der Zeit bewegt, sind Vergangenheit/Gegenwart/Zukunft *zusammen*, ist, mit anderen Worten, die Gegenwart *mit* ihren Zeithorizonten Vergangenheit und Zukunft.«[73] Gegenwart ist daher die einzige Zeit, mit der man sinnvoll umgehen kann, die einzige Zeit, die ›real‹ ist. Und alles, was geschieht, geschieht in dieser Gegenwart und muss gegenwartsbezogen sein. Das gilt selbst für Vergangenheit und Zukunft, für Erinnerung und Vorhersage, für Verlusterfahrungen und Hoffnungserwartungen. Da aber jede Gegenwart sich unmittelbar wieder auflöst, um einer anderen Gegenwart Platz zu machen, kann die zeitliche Stabilität bei einer solchen Gegenwartsbezogenheit nur in der Veränderung bestehen.[74]

Auf diese Weise das Heute zu reflektieren und Gegenwart als Differenzpunkt im historischen Prozess zu identifizieren ist ein Kennzeichen von Neuzeitlichkeit.[75] Und genau diesen Umstand kann man im Zusammenhang der aufkommenden Zeitungen im 17. Jahrhundert beobachten: Nicht mehr die Dauerhaftigkeit, Beständigkeit und Unveränderlichkeit, sondern die Variabilität sorgte jetzt dafür, dass Ordnungsleistungen entstehen konnten. Wenn sich eine Kultur auf eine solche Zeitschaft einlässt, wenn sie in dieser Form Zeit umstrukturiert und die Beziehungen von Stabilität und Variation grundsätzlich neu regelt, dann büßt – wie von den Befürwortern und Gegnern der Zeitung im 17. Jahrhundert auch explizit formuliert – unter anderem die Vergangenheit ihre Vorbildlichkeit ein. Die Gegenwart ist dann nicht mehr nur das bedauerliche Anhängsel einer glorreichen Vergangenheit, sondern wird zum Möglichkeitszeitraum für eine Projektion von Zukunft.[76]

Bei der Suche nach Stabilität und Ordnung löste man sich im Verlauf des 17. Jahrhunderts, mit einem deutlichen Höhepunkt im späten 17. und frühen 18. Jahrhundert, von etablierten Antworten, verließ sich nicht mehr auf prästabilierte Ordnungen, sondern erkannte Veränderung als Stabilitätsfaktor an. Fraglos wurden solche Gedankengänge auch schon vor dem 17. Jahrhundert formuliert, doch erst jetzt erreichten sie einen *point of no return* – nach 1700 wurde es immer schwieriger, auf eine äußere und prästabilierte Ordnung zu verweisen. An deren Stelle traten zunehmend Kontingenz und Paradoxien. Gerade das, was bisher Stabilität und Ordnung zu untergraben schien, nämlich Wandel und Veränderung, wurde nun zum Garanten für Stabilität und Ordnung. Der zeitliche Ort für dieses Denken und Agieren in Paradoxien und Kontingenzen konnte nur noch die Gegenwart sein.

Die grundsätzliche Neugestaltung der Zeitschaft des 17. Jahrhunderts ergibt sich aber nicht aus dem Wechsel von einer Präferenz für die Vergangenheit zu einer Präferenz für die Zukunft. Das wäre zu einfach und vor allem zu modernisierungstheoretisch gedacht. Denn erstens besteht eine Vielzahl von zeitlichen Orientierungsmöglichkeiten, mithin ein hoher und sogar steigender Grad von Pluritemporalität, wodurch immer temporale Alternativen bereitgestellt werden. Zweitens liegt aber das Bedeutsame dieses Vorgangs nicht so sehr in der Orientierung, sondern in der Organisation der Struktur. Es geht nicht mehr (ausschließlich) um die Identität eines bestimmten Zeitraums, nicht um die Glorifizierung der Vergangenheit oder die Ausrichtung am Jenseits, sondern es geht nun um die Orientierung an der *Differenz* zwischen den Zeiten. An die Stelle von in sich abgeschlossenen Zeiträumen namens ›die Vergangenheit‹ und ›die Zukunft‹ tritt nun die *Unterscheidung* zwischen Vergangenheit und Zukunft – und zwar als Gegenüberstellung zweier Seiten ohne zugrundeliegende Stabilität. Insofern kommt der Gegenwart nicht als neuer temporaler Identität eine herausragende Bedeutung zu, nicht als neuem einheitlichem Orientierungsrahmen, sondern als Inbegriff dieser Differenz. Die Gegenwart ist der Unterschied zwischen Vergangenheit und Zukunft, weshalb es auch zweitrangig ist, wie ›lang‹ diese Gegenwart dauert.[77]

Diese im 17. Jahrhundert zu beobachtende Orientierung an der Gegenwart als Differenz zwischen den Zeiten und die damit einhergehende steigende Bedeutung von Gegenwart verdankt sich keiner Macht, keiner Institution und keiner Person oder Gruppe von Personen, die Verantwortung dafür tragen würden. Diese Gegenwart muss als Emergenzphänomen verstanden werden. Lässt man sich aber erst einmal auf eine solche Form von Gegenwart ein, machen sich Vorteile bemerkbar, die damit einhergehen. Ein höheres Maß an Gegenwart zu gewinnen kann erstrebenswert sein, weil dadurch Verfügbarkeiten steigen. Dann zeichnet sich Gegenwart durch die Möglichkeit aus, in ihr noch umdisponieren zu können. Gegenwart ist die Spannung zwischen dem Jetztnoch und dem Nicht-mehr. Ist ein Geschehen erst einmal unumkehrbar geworden, dann hat es sich gewissermaßen aus der Gegenwart verabschiedet. Wenn das Reversibelhalten, also die Umkehrbarkeit, eine Leistung der Gegenwart ist, dann haben wir es nicht nur mit einer punktuellen Gegenwart zu tun, in der Zukunft unaufhörlich durchgeschleust wird, um zu Vergangenheit und dementsprechend irreversibel zu werden. Dann haben wir es vielmehr mit einer dauernden Gegenwart zu tun, in der Zukunft und Vergangenheit stärker auseinandergehalten werden können, in der Irreversibilität aufgehalten werden kann.[78] Damit eröffnet sich in einer jeweiligen Gegenwart die Möglichkeit der Verfügbarkeit. Oder um es mit der Philosophin Petra Gehring noch genauer zu formulieren: In einer Gegenwart kann man über »das praktisch Unmöglichwerden«[79] verfügen. Es besteht also immer noch die Option, Handlungen zu vollziehen, Entscheidungen zu treffen, Alternativen zu wählen – die nach dem Abschluss einer Gegenwart unmöglich werden. Denn zum einen ist die Entscheidung *für* die Variante A immer auch eine Entscheidung *gegen* die Varianten B bis Z; zum anderen ist es unmöglich, zur Vergangenheit gewordenes Geschehen rückgängig zu machen. Insofern kann man in einer Gegenwart dem Unmöglichwerden geradezu zusehen.

In einer Gegenwart solcherart Vergangenheit und Zukunft auseinanderzuhalten hat einerseits eine entlastende Funktion (man muss sich nicht mit allen Zeiten gleichzeitig beschäftigen) und eröffnet andererseits erhebliche Möglichkeitshorizonte. Denn Vergangenheit, Gegenwart und Zukunft lassen sich in unterschiedlicher Art und Weise miteinander kombinieren. Es ist möglich, immer neue Vergangenheiten und Zukünfte zu entwerfen (weswegen das Geschichte-Schreiben und das Pläne-Schmieden nie an ein Ende kommen) und damit immer neue Kausalitäten aufzustellen, die eine Eigenform gewinnen können. Mit der Unterscheidung von Vergangenheit, Gegenwart und Zukunft umzugehen hat also den großen Vorteil, die Gegenwart zu entlasten, und eröffnet die Möglichkeit, in temporaler Hinsicht ständig neue (vergangene und zukünftige) Welten zu entwerfen.[80]

Eine solche Modalisierung der Zeiten ist in historischer Perspektive eine beeindruckende und keineswegs selbstverständliche Leistung, denn sie produziert auch eine Form der Unsicherheit und Kontingenz, die sich nicht mehr auflösen lässt, die sich nicht mehr in Form einer vorherbestimmten Zukunft irgendwann und irgendwie in Sicherheit verwandelt. Gesellschaften, die mit einer solchen Form der Zeit operieren, müssen Entscheidungen treffen und Zeitbindungen eingehen, die Auswahlmöglichkeiten einschränken (aber nicht aufheben).[81]

Und an dieser Stelle lohnt sich noch einmal ein Blick auf die leeren Seiten von Preysings Terminkalender, insbesondere im Vergleich mit anderen Exemplaren dieser Gattung. Die übervollen Kalender, die im 16. und 17. Jahrhundert (und weiterhin auch noch im 18. Jahrhundert) gedruckt wurden, die mit Angaben, Hinweisen, Informationen und vor allem Prognosen aller Art vollgestopft waren, die vor lauter Zeichen, Zahlen, Symbolen, Buchstabenkürzeln und Texten geradezu überquollen, hatten nicht zuletzt ein wesentliches Ziel: Sie wollten die Gleichartigkeit von Tätigkeiten zur gleichen Zeit sicherstellen und damit die Differenz von Anwesendem und Abwesendem überbrücken. Auf diese Weise sollte beispielsweise garantiert werden, dass religiöse Feiertage zur gleichen Zeit gefeiert wurden (insbesondere in Abgrenzung zu anderen Konfessionen), dass man sich in puncto medizinischer Vorsorge oder meteorologischer Vorgänge auf dieselbe Kosmologie verständigte, dass also Abläufe, die für die Gesellschaft als konstitutiv erachtet wurden, synchronisiert werden konnten.

Im Verlauf des späten 17. Jahrhunderts etablierte sich dann aber eine andere Verwendungsweise von Kalendern, die sich bis heute durchgehalten hat und die auf etwas gänzlich anderes abzielt: dass nämlich gleichzeitig Verschiedenes getan werden kann, ohne die Koordination der Ergebnisse aufzugeben. Unsere Zeiteinteilung in Sekunden, Minuten, Stunden, Tage, Wochen, Monate und Jahre – so traditionell sie auch sein mag – hat einen gänzlich anderen Sinn gewonnen. Es geht nicht mehr um *das Wissen*, was zu einer bestimmten Zeit zu tun ist, sondern um die Verabredung und *die Organisation* dessen, was zu einer bestimmten Zeit zu tun ist. Die Zeit ist dann nicht mehr selbst Gewähr für das richtige Verhalten, sondern sie gibt nur noch den Organisationsrahmen ab, in dem Sinnhaftigkeit erst hergestellt werden muss.[82] Und diese Koordination kann sich nicht mehr verlassen auf die Vorgaben einer idealisierten Vergangenheit oder die Aussichten auf eine prognostisch verbürgte Zukunft. Sie bedarf vielmehr der Dispositionsmöglichkeiten in einer Gegenwart. Denn was nicht in dieser Gegenwart synchronisiert wird, ist noch zukünftig und unmöglich oder schon vergangen und unmöglich geworden.

Die (nahezu) leeren Kalenderseiten des ausgehenden 17. Jahrhunderts sind mithin die (banal anmutende) Konkretisierung einer sehr grundlegenden Umformung der Zeitschaft. Durch die gesteigerte Aufmerksamkeit für die Gegenwart als Differenzpunkt zwischen Vergangenheit und Zukunft, durch die Entdeckung dieser Gegenwart als Dispositionszeitraum, in dem unterschiedliche Entscheidungen noch möglich sind, wandelt sich Zeit von einem gegebenen Sinnsystem zu einer verfügbaren Ressource. Was bisher die traditionellen Kalender mit ihren Monatsdoppelseiten und ihren Anweisungen für die einzelnen Tage offenbart und als Wissensspeicher transportiert hatten, war die Vorstellung eines sich selbst tragenden Sinnsystems ›Zeit‹. Sinn war in dieser Zeitkonzeption insofern aufgehoben, als er mittels religiöser Fundierung und dank heilsgeschichtlicher Einbettung in der Dimension ›Zeit‹ bereits implantiert war. Man musste sich also nicht erst auf andere Sinnsysteme beziehen, auf das Recht, auf Ethik, auf wirtschaftlichen Gewinn oder was auch immer, um einen solchen Sinn herzustellen. Die heilsgeschichtliche Grundierung sorgte dafür, dass dem Verstreichen der Zeit mitsamt den regelmäßigen Etappen in diesem Zeitablauf schon selbst Sinnhaftigkeit zugemessen wurde. Traditionelle Kalender hatten eigentlich nur noch die Aufgabe, diese der Zeit implantierte Sinnhaftigkeit allgemein verfügbar zu machen.

Doch dann geschah etwas Seltsames. Es tauchten im Verlauf des spä-

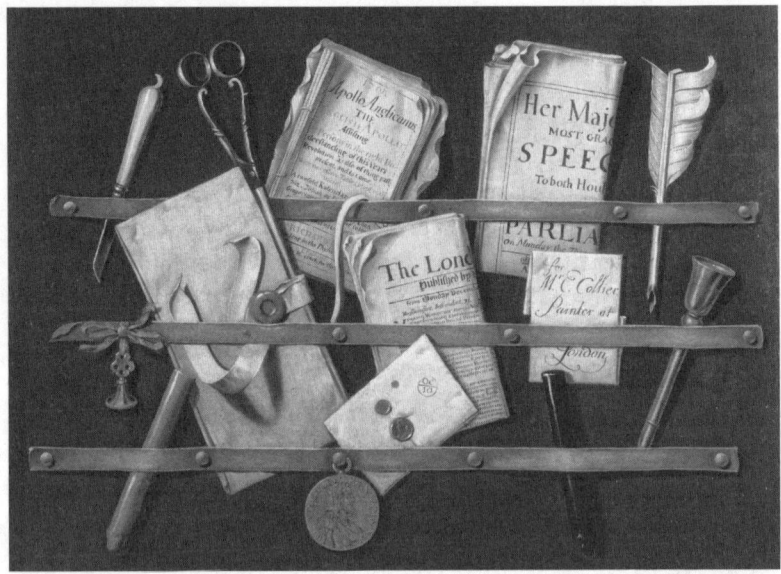

Abb. 10 Der Maler Edward Collier (1642–1708) hat mit einer Reihe von Stillleben und *trompe l'oeils* das Phänomen von Medialität und Gegenwärtigkeit um 1700 auf den Punkt gebracht. Der aus den Niederlanden stammende und seit 1693 in London lebende Collier malte zahlreiche Briefablagen, auf denen Schreibutensilien neben Kalendern, Zeitungen, Briefen oder königlichen Parlamentsansprachen versammelt sind. Die periodisch erscheinenden Druckerzeugnisse spielen dabei eine besondere Rolle. Sie sind in den Gemälden regelmäßig datiert und verweisen ebenso wie die Briefe auf eine Zeitgenossenschaft im Hier und Jetzt. Mit diesen Sujets erreicht Collier einen paradoxen Effekt: Indem er die Behandlung von Gegenwärtigkeit in Bildern zum Thema macht, verleiht er flüchtigen Phänomenen wie der aktuellen Zeitung oder dem aktuellen Kalender trotz aller Momenthaftigkeit eine überzeitliche Dauer. Diese Stillleben frieren eine Form der Zeitlichkeit ein, die alles andere als still ist.[83]

ten 17. Jahrhunderts andere Kalender auf, die diese Koordinierungsleistung nicht mehr erbrachten, oder besser gesagt: die nicht mehr *nur* diese Koordinierungsleistung erbrachten. Sie taten etwas anderes, sie nutzten Zeit nämlich als Ressource, und zwar als eine per se sinnentleerte Ressource, die überhaupt erst mit Sinn gefüllt werden musste. Dafür ließen sie auf dem Papier Freiraum. Im Gegensatz zu den älteren Kalendern stopften sie nämlich nicht mehr alle Seiten mit möglichst vielen Informationen (und das heißt auch: mit möglichst viel bereits vorgegebenem Sinn) voll, sondern sie stellten als Medium die implizite Aufforderung, diesen Sinn überhaupt erst herzustellen.

Der Streit zwischen den Alten und den Gegenwärtigen

Vielleicht war aber auch alles ganz anders. Vielleicht verdankt sich die Geburt der Gegenwart einer Analfistel. Es war im November 1686, als sich König Ludwig XIV. von Frankeich einer Operation unterziehen musste. Die Angelegenheit war nicht nur heikel wegen des Körperteils, an dem sich die Geschwulst befand, sondern aufgrund der mangelnden medizinischen Expertise auch gefährlich. Dem Arzt Charles-François Félix de Tassy, seit 1683 in Diensten des Monarchen, kam die Aufgabe zu, die Operation durchzuführen. Um den Sonnenkönig keiner unnötigen Gefahr auszusetzen, wurden ihm aus ganz Frankreich Patienten mit ähnlichem Leiden zu Testoperationen zugeführt. Wie viele dieser ›Versuchskaninchen‹ den Eingriff heil überstanden haben, ist nicht bekannt. Der Gesundheit des Sonnenkönigs war die Testphase auf jeden Fall förderlich, denn – wie wir Nachgeborenen wissen – er überstand die Operation nicht nur erfolgreich, sondern gesundete auch recht bald.[84]

Den glücklichen Umstand der Entfernung einer royalen Fistel nahm die *Académie française* zum willkommenen Anlass, am 27. Januar 1687 eine Sitzung abzuhalten, um dem König zu huldigen. Man kann ohne Übertreibung sagen, dass diese Sitzung für die europäische Kulturgeschichte wie auch für die Geschichte des Zeitwissens eine besondere Bedeutung erlangte.[85] Sie entwickelte sich zu einem handfesten Skandal und zu einem Streit, der über Jahrzehnte hinweg die Gemüter nicht nur in Frankreich, sondern in ganz Europa erregen sollte: die *Querelle des Anciens et des Modernes*.[86] Was sich auf den ersten Blick wie ein Streit zwischen gegensätzlichen literarischen Schulen ausnimmt, war in der Tat ein handfester Konflikt über das Verständnis der Grundlagen der eigenen Kultur, war der Kampf einer selbstbewussten Gegenwart gegen ein autoritatives Altertum.

Was war geschehen? In der besagten Sitzung der *Academie française* trug der Schriftsteller Charles Perrault (1628–1703) ein Gedicht mit dem Titel »Le siècle de Louis le Grand« vor, in dem er die Regierungszeit Ludwigs XIV. mit derjenigen von Kaiser Augustus verglich. Perrault brachte dabei den Errungenschaften der Antike alle gebührende Wertschätzung entgegen, allerdings schnitt in seinem Gesamturteil die Gegenwart – mitsamt ihres regierenden französischen Monarchen – aufgrund der Fortschritte in Kunst und Wissenschaft deutlich besser ab. Die antike Kultur wurde zwar nicht vom Podest gestoßen, aber ihr wurde der erste Rang streitig gemacht, denn mit seinen Aussagen stellte Perrault die Antike an den Anfang eines kulturellen Fortschrittsmodells, das in seiner eigenen Gegenwart zum Höhepunkt gekommen war. Das Altertum war damit als normatives Modell entthront.[87]

Perraults Lobgedicht auf Ludwig XIV. setzte ein mit folgenden Zeilen:

»La belle Antiquité fut toujours vénérable,
  Mais je ne crus jamais qu'elle fût adorable.
Je vois les Anciens sans ployer les genoux,
  Ils sont grands, il est vrai, mais hommes comme nous;
Et l'on peut comparer sans craindre d'être injuste
  Le siècle de LOUIS au beau siècle d'Auguste.«[88]

(Die schöne Antike war immer ehrwürdig.
  Aber ich glaubte nie, sie sei anbetungswürdig.
Ich betrachte die Alten, ohne die Knie zu beugen,
  Sie sind groß, das ist wahr, aber Menschen wie wir;
Und man könnte, ohne die Befürchtung haben zu müssen,
  ungerecht zu sein,
Das Zeitalter LUDWIGS mit der schönen Epoche des Augustus
  vergleichen.)

Diese Einschätzung sorgte für heftige Erregung.[89] Die Altertumsfreunde fühlten sich derart vor den Kopf gestoßen, dass der Schriftsteller Nicolas Boileau (1636–1711), der erbittertste Widersacher Perraults in diesem Streit, am Ende der Lesung wutentbrannt aufgestanden sein und ausgerufen haben soll, dass es eine Schande für die gesamte Akademie sei, sich ein solches Gedicht überhaupt nur anzuhören. Er hielt es wie alle anderen *Anciens* für eine Geschmacklosigkeit, die vorbildhafte Größe der Antike in dieser Art zu verkennen, ein Umstand, der seines Erachtens nur aus blankem Unverständnis rühren könne.[90]

Was folgte, war eine europaweit und mit zahlreichen Veröffentlichungen geführte Debatte, die sich über mehrere Jahrzehnte hinzog und sich um die Frage drehte, ob die Leistungen der eigenen Gegenwart (vornehmlich im Bereich der Kunst) diejenigen der Antike überflügelt hätten oder nicht. Charles Perrault legte beispielsweise 1688 mit den »Parallèles des anciens et des modernes« eine umfassende ›Leistungsschau‹ vor, in der er systematisch die kulturellen Errungenschaften von Antike und Gegenwart miteinander verglich, um bei aller Verehrung für die Alten seiner eigenen Zeit den Vorzug zu geben.[91]

Bald griff die Debatte nach England über. Dort tobte die *Battle of the books*, eine ›Schlacht‹, die unmittelbar von den französischen Diskussionen ausging. Der Politiker und Schriftsteller Sir William Temple (1628–1699) hatte auf englischer Seite den Stein ins Rollen gebracht. Mit seiner Schrift »An Essay upon the Ancient and Modern Learning« reagierte er im Jahr 1690 auf das positive Leistungszeugnis, das Charles Perrault und Bernard de Fontenelle kurz zuvor den Hervorbringungen ihrer eigenen Zeit ausgestellt hatten. Temple war damit keineswegs einverstanden und unternahm seinerseits eine Verteidigung der Alten. Die Reaktion darauf ließ nicht lange auf sich warten. William Wotton (1666–1727), ein Theologe, klassischer Philologe und Mitglied der *Royal Society*, übernahm in seinen »Reflections on Ancient and Modern Learning« aus dem Jahr 1694 die Position der Gegenwärtigen. Ein Spezifikum der englischen *Battle of the books* ist der satirische Zungenschlag, welcher der gesamten Diskussion eigen war. Richard Bentley (1662–1742), ein weiterer klassischer Philologe, tat sich dabei unter anderem hervor. Wesentlich bekannter sind aber die Beiträge von Jonathan Swift (1667–1745). Mit »A Tale of a Tub« (Tonnenmärchen) bezog er als Freund Temples eindeutig Position für die Alten, und mit einem zweiten Text, »An Account of a Battel between the Antient and Modern Books in St. James's Library« (beide 1704 erschienen)[92], gab er der gesamten Auseinandersetzung auch noch ihren Namen.[93]

Die *Querelle* des späten 17. Jahrhunderts war keineswegs die erste Auseinandersetzung dieser Art zwischen ›Alten‹ und ›Modernen‹. Bis in die

Antike lassen sich entsprechende Diskussionen zurückverfolgen. Schon Ovid und Horaz beklagten sich über das Ansehen, dass die alten Autoren, die *antiqui*, genossen, und waren selbst damit zufrieden, in ihrer gegenwärtigen Zeit zu leben, auch wenn ihnen zur Beschreibung der eigenen Position der Begriff *modernus* noch fehlte (dieser existierte erst seit dem 6. Jahrhundert).[94]

In der zweiten Hälfte des 12. Jahrhunderts fand eine Auseinandersetzung statt, die deutliche Parallelen zur *Querelle* des späten 17. Jahrhunderts aufweist: Auf der einen Seite gab es die ›Alten‹, welche die Bewahrung der Traditionen gesichert sehen wollten und die ›moderne Rohheit‹ verurteilten. Johannes von Salisbury (~1115–1180) beklagte sich über Neuerungen, die er vor allem im Bereich der Gelehrsamkeit und der Bildung ausmachte. Er wandte sich gegen Erneuerungen in Grammatik, Dialektik und Rhetorik und gegen die Umwälzungen in der universitären Grundausbildung *(Quadrivium)*, die nur das Ziel hätten, sich der Regeln der Alten zu entledigen. Walter Map (~1140–1208/10) hingegen betonte Ende des 12. Jahrhunderts eine ›Modernität‹, die er als das Ergebnis eines echten Fortschritts einordnete. Als *modernitas* bezeichnete er einen Zeitraum von etwa 100 Jahren, dem er selbst noch angehörte und den er eindeutig positiv beurteilte.[95]

Im 14. und 15. Jahrhundert lassen sich mehrere Bewegungen beobachten, die Neuheit und Modernität offen für sich in Anspruch nahmen und die sich älteren Ideen und Vorgehensweisen entgegenstellten. Für den Bereich der Musik ist die *ars nova* zu nennen, vertreten unter anderem durch Guillaume de Machaut (~1300–1377), Philippe de Vitry (1291–1361) und Marchetto di Padua (Ende 13./Anfang 14. Jahrhundert, genaue Lebensdaten unbekannt). In Theologie und Philosophie entstand die Richtung einer *via moderna*, die sich im Gegensatz zur *via antica* sah und im weitesten Sinn einem Nominalismus folgte. Im 15. Jahrhundert festigte sich dann die *devotio moderna*, die einen Bruch mit der Scholastik und mit einer von magischen Inhalten durchtränkten Religion vollzog. Stattdessen wollte sie zu den Kirchenvätern und zur frühen mönchischen Askese zurückkehren. Aber schon an diesem letzten Beispiel wird deutlich, was in der Renaissance dann offen zutage trat: dass auch die Verwendung des Begriffs *modernus* nicht selten eine Rückkehr zu (vermeintlich) ursprünglichen Zuständen intendierte. Die Renaissance führte diese (Denk-)Bewegung dann zur Vollendung, indem sie das Moderne nur in Form des Alten zuließ.[96]

Seit dem 16. Jahrhundert ließen sich Stimmen vernehmen, die eine uneingeschränkte Dominanz der Antike über die Gegenwart nicht mehr unwidersprochen hinnehmen wollten. Es waren zunächst noch vereinzelte Aussagen, aber wer Ohren hatte zu hören und Augen hatte zu lesen, konnte sie wahrnehmen. Der spanische Humanist Luis Vives (1492–1540) protestierte im frühen 16. Jahrhundert gegen eine Überschätzung der Antike. Unter Rückgriff auf das Bild von den Zwergen, die auf Schultern von Riesen stünden (wobei die Alten selbstredend die Riesen darstellten), argumentierte Vives, dass die Menschen seiner eigenen Gegenwart genauso wenig Zwerge seien wie diejenigen der Antike Riesen. Überhaupt hätten er und seine Zeitgenossen den Vorteil, dank der Alten zumindest höher zu stehen und weiter blicken zu können. Und auch Pierre Gassendi (1592–1655) erklärte, dass die Natur mit den Menschen seiner Zeit nicht geiziger verfahren sei als mit denjenigen der Antike. Auch das Argument, dass die Modernen weiter hinaufgelangen könnten als die antiken Riesen, findet sich bei ihm. Secondo Lancelotti (1585–1643) gründete in Italien zu Beginn des 17. Jahrhunderts die Gruppe der *Hoggidi*, der Heutigen, die sich als Lobredner der Gegenwart verstanden, und veröffentlichte 1623 die Schrift »L'Hoggidi overo gli ingegni moderni non inferiori ai passati« (Die Heutigen, oder: Die modernen Kunstfertigkeiten sind nicht minderwertiger als die antiken).[97]

Angesichts dieser langen und weit in die Geschichte zurückreichenden Kette an Argumenten und Auseinandersetzungen um den Vorrang von Antike oder Gegenwart stellt sich die Frage, ob der *Querelle des Anciens et des Modernes* vom Ende des 17. Jahrhunderts überhaupt noch eine besondere Rolle zugemessen werden kann. Handelt es sich nicht einfach um eine weitere Etappe in dieser offenbar traditionsreichen Diskussion?

Mindestens vier Aspekte heben die *Querelle* über andere ähnliche Debatten hinaus. Erstens ist die Breite, Intensität und Aufmerksamkeit der öffentlich geführten Diskussion von Bedeutung. Die *Querelle* und die gleichzeitigen Paralleldiskussionen vor allem in England hatten deswegen eine andere Wirksamkeit als ihre Vorläufer, weil sie in eine interessierte (wenn auch fraglos elitäre) Öffentlichkeit hineingetragen wurden. Zweitens entfaltete die *Querelle* ihre Bedeutung im Zusammenhang weiterer Entwicklungen, die eng mit der Konstitution von Zeitwissen zusammenhingen. Die *Querelle* ist daher sowohl Symptom als auch Ursache veränderter Auffassungen über die Zeit in den Jahrzehnten um 1700. Drittens waren die Auswirkungen, die die *Querelle* im Verbund mit anderen zeitverändernden Phänomenen hatte, sehr weitreichend. Im Zuge der *Querelle des Anciens et des Modernes* kam es zu einer langfristigen Umwertung, und das heißt vor allem: Aufwertung der Gegenwart. Und zumindest wurden auch Möglichkeiten einer offenen Zukunft in den Blick genommen. Der vierte und wichtigste Grund aber ist, dass es sich um die letzte Diskussion dieser Art handelte. In der *Querelle* geschah es zum letzten Mal in der europäischen Kulturgeschichte, dass sich die Gegenwart ernsthaft darum bemühen musste, ihren Status gegenüber einer ideal gedachten Antike zu verteidigen. Seither haben sich die Vorzeichen eher umgekehrt, seither müssen die Anhänger klassischer Bildungsideale regelmäßig begründen, warum es in der Gegenwart immer noch lohnend sein sollte, griechische Mythen zu kennen und antikes Latein zu lernen. Die Gegenwart hat sich nicht nur emanzipiert, sondern hat mit der *Querelle* auch den Sieg über das Altertum davongetragen.

Dabei gilt es, bei der Beurteilung dieses Streits einem möglichen Missverständnis vorzubeugen: Das ›Moderne‹ an der Gruppe der *Modernes* war zunächst *nicht* die Vorstellung eines deutlichen Bruchs mit der Vergangenheit, war *nicht* eine zeitliche Selbstverortung, die das Alte hinter sich ließ, um stattdessen in eine neue Zukunft voranzuschreiten, die aktiv gestaltet und vor allem: anders gestaltet werden sollte und daher auf den Namen ›Moderne‹ getauft werden durfte. Die *Modernes* der *Querelle* verstanden sich – in einem der Etymologie des Wortes entsprechenden Sinn – zunächst einmal als ›die Gegenwärtigen‹. Damit sollte nichts anderes zum Ausdruck gebracht werden, als dass es zwar weiterhin eine enge Verbindung zwischen den Idealen der Antike und der eigenen Jetztzeit gab, dass aber nun auch diese eigene Gegenwart als qualitativ wertvoll genug angesehen wurde, um ebensolche Leistungen zu vollbringen, wie sie die Antike aufzuweisen hatte, und dass diese Gegenwart die Alten sogar übertreffen konnte. Es findet sich also eine komplexe Gemengelage unterschiedlicher Zeitkonzepte im Rahmen der *Querelle*.[98]

Von großer Bedeutung war die Position des Schriftstellers Bernard le Bovier de Fontenelle (1657–1757). Er vertrat den möglicherweise am stärksten einer Fortschrittsidee verpflichteten Ansatz, indem er die prinzipielle Gleichheit aller Menschen aller Zeiten postulierte. Denn dieses Gleichheitspostulat erlaubte ihm die Unterscheidung zwischen Produzent und Produkt: Während sich die Produzenten in ihren prinzipiellen Voraussetzungen gleich blieben, konnten die Produkte, Leistungen und Erkenntnisse im Lauf der Geschichte addiert werden, und zwar bei einer gleichzeitigen Erschöpfung der Irrtümer. Auf diese Art kommt es laut Fontenelle gewissermaßen zwangsläufig zu einer Vermehrung und Verbesserung des Wissens – die Zeit spielte in diesem Fortschrittsmodell also immer für die jeweilige Gegenwart.[99]

Fontenelle war ein umfassend gelehrter Schriftsteller, der sowohl in den Bereichen Belletristik und Philosophie als auch in den Naturwissenschaften veröffentlichte.[100] Schon als junger Mann publizierte er im Jahr 1683 die »Nouveaux Dialogues des morts«, die neuen Totengespräche, in denen sich unter anderem berühmte Zeitgenossen der Antike mit nicht minder berühmten Toten der jüngeren Vergangenheit unterhielten. In diesen Gesprächen sollte der Nachweis erbracht werden, dass das Altertum keineswegs so hervorragend abschnitt, wie Fontenelles Zeitgenossen das gemeinhin annahmen.[101]

Daher war es nicht überraschend, als sich Fontenelle in der *Querelle* auf die Seite der Gegenwärtigen schlug. In einer Schrift mit dem Titel »Digression sur les Anciens et des Modernes«, die 1688 erschien, zog er Parallelen zwischen einer Geschichte des menschlichen Verstandes und der kulturellen Entwicklung der Menschheit. Seine Position in der Streitfrage nach dem Vorzug von Antike oder Gegenwart hat Fontenelle mit der Umschreibung auf den Punkt zu bringen versucht, dass man auch fragen könnte, ob die Bäume, die heute auf den Feldern stehen würden, früher größer gewesen seien. Denn wären der Verstand und das Können der Alten tatsächlich besser gewesen, dann hätten andere physische Bedingungen herrschen müssen – und dann hätten auch die Bäume der Antike größer sein können. Da dafür kein Hinweis vorhanden sei, gebe es auch keinen Anhaltspunkt, um die Unterschiede des menschlichen Verstandes durch Zeit, Raum oder Klima zu erklären. Die Vernunft ist für Fontenelle demnach eine zeitunabhängige, eine suprahistorische Konstante – und entsprechend müssen auch Alte und Gegenwärtige, antike Römer und die Franzosen seiner Zeit (an die er sich wandte) hinsichtlich ihrer Voraussetzungen identisch sein.[102]

Weil Unterschiede in der Verstandestätigkeit der Menschen aber nun einmal auszumachen sind, muss Fontenelle ein anderes Differenzierungskriterium heranziehen. Er findet es in den äußeren Umständen (»circonstances étrangeres«)[103] einer jeweiligen Zeit, in unterschiedlichen Regierungsformen und den allgemeinen Zuständen der öffentlichen Angelegenheiten. Der Vorteil, den die Alten gehabt hätten, lag für Fontenelle in dem schlichten Umstand, dass sie früher gelebt hatten. Dadurch hätten sie Erfindungen tätigen können, die noch in der Gegenwart Bewunderung hervorriefen. Würden sie allerdings im Hier und Heute leben, stünden auch sie vor der Situation, dem bereits Gefundenen Neues hinzufügen zu müssen. Fontenelle lehnte es aber nicht nur ab, sich weiterhin hinter den Alten zu verstecken, er argumentierte auch dafür, dass seine Gegenwart die Antike übertreffe. Denn die Entwicklung des Wissens könne nur über unterschiedliche Stufen der Irrtümer und der Ungereimtheiten voranschreiten. Die Gegenwart könne also nicht nur aus den Einsichten, sondern auch aus den Fehlern der Antike lernen, ihre Defizite erkennen und sie aufgrund des Fortschritts des Wissens übertreffen.[104]

Die Grundvoraussetzungen, um Hervorragendes zu leisten, sind nach Fontenelle also für alle Epochen gleich, nur die jeweiligen Bedingungen wirkten begünstigend oder behindernd. Denn die Natur bringe zu allen Zeiten Menschen hervor, die zu großartigen Leistungen fähig seien – aber nicht alle Zeiten erlaubten es, diese Fähigkeiten zu entwickeln.[105] Kriege, ungünstige politische Verhältnisse, Migrationen oder individuelle Umstände könnten dazu führen, dass Unwissenheit und ›schlechter Geschmack‹ vorherrschten. Dadurch ließen sich auch Entwicklungen wie der kulturelle ›Rückfall‹ des Mittelalters erklären, der mit der Krankheit einer Person vergleichbar sei. Fontenelle versucht die Entwicklungsmöglichkeiten des menschlichen Wissens und Verstandes dadurch plausibel zu machen, dass er die Ontogenese des Menschen mit der Phylogenese einer Kultur parallelisiert. Ebenso wie ein Mensch im Laufe eines Lebens an Erfahrung und Kenntnissen gewinne, nehme auch das Wissen einer Kultur im Laufe der Geschichte zu. Um dem naheliegenden Argument zu begegnen, dass dann eine Kultur wie ein Mensch altern, Wissen verlieren und schließlich sterben würde, konzipierte Fontenelle die Entwicklung menschlicher Kulturen im Sinne der Fortschrittsidee als unabschließbaren Prozess: Die Kulturgeschichte kenne kein Alter. Vor diesem Hintergrund sei die übermäßige Bewunderung der Alten nicht bloß unbegründet, sondern schränke auch den Fortschritt der Wissenschaften und Künste ein.[106]

Wofür Fontenelle hier eintritt, ist einerseits eine Historisierung der unterschiedlichen Epochen der Kulturgeschichte. Diesen kommt keine herausragende Qualität per se zu, sondern nur im einordnenden Vergleich. Anciennität an und für sich kann kein Qualitätsmerkmal mehr sein, vielmehr sind die jeweiligen Zeitumstände zu berücksichtigen. Man könnte Fontenelles Anliegen auch dahingehend beschreiben, dass den unterschiedlichen Gegenwarten, die betrachtet werden, zunächst dieselbe Wertigkeit zugestanden wird, um dann aufgrund der Einbettung in die historischen Zusammenhänge ein Urteil darüber abgeben zu können, welche Leistungen welcher Gegenwart wie zu bewerten sind. Der lange dominierenden Verabsolutierung der (antiken) Vergangenheit setzte Fontenelle also eine Relativierung der jeweiligen historischen Zeiten entgegen.[107]

Die Konsequenz eines solchen Vorgehens ist, den jeweiligen Gegenwarten im Verlauf des historischen Prozesses überhaupt eine höhere Aufmerksamkeit zu schenken. Zumindest indirekt propagiert Fontenelle ein Zeitverständnis im Luhmann'schen Sinn *avant la lettre*: In jedem und durch jeden historischen Zeitraum, der sich selbst als eine bestimmte Gegenwart versteht, wird durch die Unterscheidung der temporalen Dimensionen Vergangenheit und Zukunft eine Neubestimmung von Zeit vorgenommen. Bei Fontenelle geschieht das nicht nur mit Blick auf die Vergangenheit und deren Neubewertung, sondern ebenso mit Blick auf die Zukunft, in die er recht fortschrittsoptimistisch blickt. Wenn es bereits eine Progression des Wissens von der Antike bis zu seiner eigenen Gegenwart gegeben habe, dann müsse sich dieser Prozess auch in die Zukunft hinein fortsetzen lassen.[108] Damit wird aber auch ein anderes Verständnis von Gegenwart überhaupt möglich. Diese Zeitdimension erhält dank Fontenelle allgemein eine Wertigkeit, die deutlich darüber hinausgeht, nur Durchgangsstadium auf dem Weg von der Vergangenheit in die Zukunft (oder Durchgangsstadium der Zukunft bei ihrer Transformation in Vergangenheit) zu sein. Die Gegenwart verbreitert sich. Sie wächst quantitativ, weil sie ›mehr Zeit benötigt‹, um in der vergleichenden Konkurrenz mit anderen historischen Epochen bestehen zu können; sie wächst aber auch qualitativ, weil ihr ein deutlich höherer Eigenwert zugemessen wird.

Fiktiver Realismus

Über die Gegenwart ließ sich aber nicht nur ästhetisch räsonieren, sie ließ sich auch fiktiv entwerfen. Schriftsteller des späten 17. Jahrhunderts waren nicht nur in literaturtheoretische Debatten über den Wert der Zeiten verstrickt, sie schrieben auch Texte, die zumindest unterschwellig zu einer Verschiebung der Zeiten beigetragen haben. Es verbietet sich zwar aus verschiedenen Gründen, von ›Anfängen‹ oder ›Ursprüngen‹ zu sprechen, aber insbesondere im späten 17. Jahrhundert kann man im englischen wie auch in anderen europäischen Sprachräumen eine markante Verschiebung im Bereich der belletristischen Literatur beobachten. Denn in den Jahrzehnten um 1700 werden üblicherweise die frühesten Exemplare des modernen Romans verortet, der sich in England mit Titeln wie Daniel Defoes »Robinson Crusoe« (1719), Samuel Richardsons »Pamela« (1741) und Henry Fieldings »Tom Jones« (1749) verbindet, während sich für Frankreich Marie-Madeleine de La Fayettes »Princesse des Clèves« (1678) oder Fénelons »Telemaque« (1699) und für Deutschland Menantes' (d.i. Christian Friedrich Hunold) »Satyrischer Roman von der galanten Welt« (1706) nennen lassen.[109]

Fraglos kam dem Roman auf dem Buchmarkt noch längst nicht die Bedeutung zu, die er im 18. Jahrhundert allmählich gewinnen sollte. Aber hinsichtlich temporaler Ordnungen ist es bezeichnend, dass er in einem historischen Milieu an Kontur gewann, das geprägt war durch eine gesteigerte Aufmerksamkeit für Gegenwärtigkeit.[110] Denn es war nicht zuletzt eine – auch in den Zeitungen zum Ausdruck kommende – gesteigerte Aufmerksamkeit für Nachrichten und Neuigkeiten, die dieser Literaturgattung zu ihrem Durchbruch verhalf. Gerade im englischen Fall lässt sich das auch auf der Wortebene feststellen, da die Bezeichnung *novel* für den Roman in das gleiche Wortfeld wie *news* gehört. Es geht also um bemerkenswerte und unerhörte Neuigkeiten, und zwar um solche, die in der Gegenwart stattfinden. Die Konzentration auf das Hier und Jetzt wurde zu einem Gegenstand künstlerischer Auseinandersetzung. Der frühe Roman des 17. und 18. Jahrhunderts muss nicht zuletzt als ein Versuch angesehen werden, die Beschäftigung mit der eigenen Zeitgenossenschaft auf die Agenda zu setzen.[111]

Die Bedeutung dieser zeitlichen Ausrichtung lässt sich erst dann ermessen, wenn man vergleichend die temporale Orientierung von Prosatexten aus dem Spätmittelalter oder dem 16. Jahrhundert heranzieht. Diese Literatur thematisierte weniger die Gegenwart, sondern vielmehr die Ewigkeit beziehungsweise Zeitlosigkeit. Sicherlich wurden Ereignisse und Geschehnisse geschildert, die sich einer Gegenwart zuordnen ließen, aber sie blieben immer einem größeren Sinnzusammenhang unterworfen, der letztendlich zeitübergreifende Gültigkeit beanspruchte. Dementsprechend konzentrierte sich für lange Zeit dasjenige, was auf dem Markt gedruckter belletristischer Werke angeboten wurde, auf antike Klassiker, auf Versuche, Universalien menschlicher Erfahrung zu beschreiben, auf Werke aus Theologie, Philosophie und Geschichte – kurz auf »narratives long ago and far away«.[112] Diese Hinwendung zu (vermeintlich) überzeitlich gültigen Phänomenen änderte sich erst im Verlauf des 17. Jahrhunderts durch das Aufkommen der Zeitungen und eben durch die Behandlung von Gegenwart im frühen Roman. Gerade Defoes »Robinson Crusoe« ist dafür ein markantes Beispiel, da der fiktive Text seinen Ursprung in einem Zeitschriftenartikel über die Aussetzung des englischen Seemanns Alexander Selkirk auf einer Insel vor der chilenischen Küste hatte. Defoe, der sich zu Recherchezwecken mit Selkirk getroffen haben soll, machte das zur Grundlage seines Romans.[113]

Aber nicht erst »Robinson Crusoe«, sondern bereits das Erscheinen des »Don Quijote« (1605/1615) zu Beginn des 17. Jahrhunderts kann als höchst signifikant für den romanhaften Umgang mit Zeit in diesem Jahrhundert angesehen werden. Denn was der Figur des Don Quijote in dem Roman nicht mehr gelingt, ja, was immer wieder *ad absurdum* geführt und von den Umstehenden mit Spott quittiert wird, sind seine Versuche der *aemulatio*. Dabei handelt es sich einerseits um ein Prinzip humanistischer Poetik, das darauf abzielte, die als ideal gedachten Autoren der Antike nachzuahmen, andererseits um ein zentrales christliches Prinzip, das zur Nachfolge Christi aufrief. Diese angestrebte *aemulatio* scheitert bei Cervantes den gesamten Roman hindurch. Die tragische Komik des Don Quijote besteht in seinen zum Scheitern verurteilten Versuchen, ein Ritterideal wieder zum Leben zu erwecken, das schon längst Geschichte geworden ist. Wie Don Quijote auf immer wieder schmerzhafte Weise erfahren muss, gelingt es ihm nicht, die vergangene Zeit in der gegenwärtigen zu wiederholen – weil er in seiner eigenen Gegenwart gefangen ist.[114]

›Gegenwart‹ und ›Beobachtung‹ sind mithin Aspekte, die für die Charakterisierung des Romans des 17. Jahrhunderts bedeutsam sind. Denn in diesen Texten hält zunehmend die Behandlung eines ausdrücklich fiktiven, aber gerade deswegen sehr realen Gegenstandes Einzug.[115] Die Fiktion muss im Roman des 17. Jahrhunderts nicht mehr auf das vollkommen Phantastische zurückgreifen, auf lang vergangene Zeiten oder auf ferne und unglaubliche Welten – sie kann sich nun mit der gegenwärtigen Wirklichkeit befassen. Zeitgenössische und lokale Gegebenheiten, die der Leserschaft widerfahren sein könnten, werden zur Grundlage der literarischen Erfindung.[116] Damit verlagert diese Literatur aber auch ihre Schwerpunkte. Das Phantastische liegt nun tendenziell nicht mehr auf der Ebene der Sachdimension, nicht mehr bei den dargestellten Akteuren und ihren Lebenswelten. Ganz im Gegenteil zeichnet sich diese Sachdimension nun durch einen hohen Realitätsgehalt aus. Während im mittelalterlichen Epos die Protagonisten ohne Schwierigkeiten Tausende von Kilometern überbrücken oder auch, ohne zu altern, Hunderte von Jahren leben konnten, ohne dass im Text hätte geklärt werden müssen, wie sie das denn angestellt haben, müssen die Figuren im neuzeitlichen Roman sich den Unbilden der Realität stellen und alle Mühsal und Beschwerlichkeiten erleiden, welche die Leserschaft aus ihrer eigenen Erfahrung kennt. Die Romanhelden werden den Unzulänglichkeiten und Zumutungen der Gegenwart unterworfen.

Es sind nicht mehr die dargestellten Objekte, welche die Fiktion als solche kennzeichnen, sondern es ist die Form der Beobachtung. Die Figur des Erzählers, der allwissend über dieser Gegenwart zu schweben scheint, bürgt nun für die Fiktionalität. Dieser Erzähler steht für die Verflechtung der unterschiedlichen Perspektiven, die im Roman zur Sprache kommen und die sich im Leben der Lesenden gerade nicht so miteinander verknüpfen lassen, wie dies im Roman möglich ist. Die Unübersichtlichkeit einer Gegenwart mit ihrer Vielzahl an Geschehnissen, Interessen, Motiven und Entwicklungen wird im Roman übersichtlich gemacht. Die Fiktionalität dieser Gattung entfaltet nicht deswegen Wirkung, weil sie – wie im mittelalterlichen Epos – auf das Utopische oder das Zeitlose zurückgreifen würde, weil sie auf alternative Welten verweisen und damit eine unmögliche Ausdehnung in der Objektwelt anstreben würde, sondern weil sie eine unmögliche Beobachterposition ins Zentrum rückt. Es geht nicht mehr darum, in der Fiktion der Gegenwart zu entfliehen, sondern im Gegenteil diese Gegenwart zu thematisieren, wenn auch auf eine unmögliche Weise, nämlich durch einen alles überschauenden Beobachter.[117]

Warum das 17. Jahrhundert?

Warum aber das 17. Jahrhundert? Warum haben wir es in diesem Jahrhundert (dessen Grenzen ausgefranst sind und daher nicht allzu kalendarisch streng verstanden werden sollten) mit Zeitungen, Terminkalendern, Streitereien zwischen Alten und Gegenwärtigen, neuen Romanen, Ablösungen von Vergangenheitsidealisierungen und – wie noch zu sehen sein wird – neuen Zukunftsmodellierungen zu tun? Für das 18. Jahrhundert und die damit verbundene europäische Aufklärung wäre ein solches Ergebnis weniger überraschend und damit (vermeintlich) auch weniger erklärungsbedürftig. Im 17. Jahrhundert aber scheint der Zug der Zeit irgendwie zu früh dran zu sein.

Nun kann es nicht darum gehen, etablierte Narrative der Modernisierung einfach um ein Jahrhundert vorzudatieren. Eine solche Korrektur wäre schon deswegen unbefriedigend, weil sie nicht das eigentliche Problem in den Blick bekäme. Es geht nämlich nicht nur um das Wann, es geht auch und noch viel mehr um das Was und das Wie: Welche Verschiebungen finden im Zeitwissen des 17. Jahrhunderts eigentlich genau statt?

Dabei muss man sich immer eines vor Augen halten: Wenn ich hier von Aufwertung der Gegenwart spreche, dann handelt es sich um keinen totalen Umschwung in der Modalisierung von Zeit, sondern um eine (wenn auch wesentliche) Variante des Umgangs mit Zeit neben anderen – und diese anderen verschwinden keineswegs. Das neue Zeitwissen macht sich an vielen und auch sehr unterschiedlichen Stellen bemerkbar, nicht zuletzt weil die etablierten Formen an Überzeugungskraft verlieren. Meine These ist also, dass es zum Aufstieg der Gegenwart im 17. Jahrhundert kam, weil auf der einen Seite die jüngere Vergangenheit seit der Mitte, überdeutlich jedoch seit Ende des 16. Jahrhunderts stark an Überzeugungskraft eingebüßt hatte. Dieser Prozess setzte sich europaweit in der ersten Hälfte des 17. Jahrhunderts fort, insofern diese Zeit von blutigen konfessionellen Auseinandersetzungen, Bürgerkriegen, massiven wirtschaftlichen Nöten, Klimaverschlechterung, Seuchen oder der Verfolgung von Randgruppen und Minderheiten geprägt war. Diese jüngere Vergangenheit konnte schwerlich als historisches Vorbild dienen. Die Zukunft stellte auf der anderen Seite ein doppeltes Problem dar. Zum einen war sie immer noch heilsgeschichtlich determiniert und eschatologisch vorgeprägt. Sie war als Ort göttlicher Vorsehung kein Zeitraum, der sich in irgendeiner Form beeinflussen ließ. Zugleich ließ fatalerweise jedoch das Ende der Welt, das in weiten Teilen Europas als Nahereignis immer wieder aufgerufen worden war, weiterhin auf sich warten. Die historische Bestimmung der göttlichen Schöpfung, nämlich im Jüngsten Gericht zu münden, musste immer weiter aufgeschoben werden – und das obwohl die krisenhaften Anzeichen für dieses Ende eigentlich nicht zu übersehen waren. In dieser Situation, gefangen zwischen der Scylla der Vergangenheit und der Charybdis der Zukunft, zwischen dem Nicht-mehr einer einstmals idealisierten, aber verlorenen Vergangenheit und dem Noch-nicht einer ungewissen Zukunft, konnte es der Gegenwart gelingen, zu einem Zeitraum eigener Dignität mit neuen Möglichkeiten der temporalen Orientierung zu werden.[118] Es musste nicht mehr das Gestern sein, an dem man sich idealerweise orientierte, es war auch noch nicht denkbar, das Morgen zu einer Zeit unbegrenzter Möglichkeiten zu machen – aber das Heute konnte als rettende Insel im Meer der Zeiten dienen. In der Folge wurde es dann auch möglich, diese Gegenwart zur besten aller möglichen Zeiten zu erklären und den *modernus*, welcher der Gegenwart zugewandt war, zu ihrem idealen Stellvertreter.

Wer oder was ist also dafür verantwortlich, dass im Verlauf dieses ›langen 17. Jahrhunderts‹ in der zeitlichen Orientierung allmählich umgestellt wurde von einer Idealisierung und Überhöhung der Vergangenheit auf eine Konzentration auf die Gegenwart? Man könnte es sich einfach machen und die sogenannte allgemeine ›Krise des 17. Jahrhunderts‹ heranziehen. Und fraglos wird man hier fündig, denn Kriege, Seuchen, Wirtschaftskrisen, Aufstände, Hexenverfolgungen, die sogenannte ›Türkengefahr‹ und sogar klimatische Verschlechterungen (›Kleine Eiszeit‹) finden sich in dieser Zeit in hoher Dichte.[119] All das hat fraglos dazu beigetragen, dass es hinsichtlich grundlegender Wirklichkeitsentwürfe zu erheblichen Verschiebungen kam. Dieser Zeitraum hat aber nicht nur dunkle Seiten. Ebenso lassen sich im Bereich der Politik wachsende Staatsgewalten ausfindig machen, die eine neue Produktivität der Macht – mit all ihrer Ambivalenz – ins Werk setzten.[120] Und die philosophischen Diskussionen beziehungsweise die sogenannte wissenschaftliche Revolution des 17. Jahrhunderts besitzen auch heute noch Vorbildcharakter. Menschen wie René Descartes, Blaise Pascal, Baruch Spinoza oder Gottfried Wilhelm Leibniz sind einerseits philosophisch, andererseits auch (natur)wissenschaftlich weiterhin relevante Bezugsgrößen.[121] Die fundamentalen wissenschaftlichen Erkenntnisse, formuliert unter anderem von Galileo Galilei oder Johannes Kepler am Beginn beziehungsweise Isaac Newton oder Edmond Halley am Ende dieses Zeitraums, werden üblicherweise ebenfalls herangezogen, wenn es um die Erklärung und Begründung entscheidender Umwälzungen im 17. Jahrhundert geht.[122] Man könnte noch viele weitere Zeugen aus der bildenden Kunst, der Literatur, der Religion oder der Wirtschaft aufrufen.[123] Aber welcher von all diesen Beiträgen soll nun entscheidend gewesen sein? Oder waren sie es alle gemeinsam?

Zeit ist dabei nicht nur Gegenstand der Frage, sondern auch Teil der Antwort. Verschiebungen in der Zeitschaft einer Kultur sind zu komplex, um auf ein übersichtliches Bündel ausschlaggebender Faktoren zurückgeführt zu werden. Die Zeiten ändert man nicht einfach so. Daher lassen sie sich angemessen nur als Emergenzphänomene beschreiben, also als strukturelle Eigenschaften, die durch die (nicht unbedingt wahrscheinliche) Kombination unterschiedlicher Elemente zustande kommen. Diese Elemente gilt es ausfindig zu machen und in ihrer Kombinatorik möglichst genau zu beschreiben.

Nun kann ich hier keine umfängliche Geschichte Europas im 17. Jahrhundert in Kurzform vorlegen. Aber wichtig erscheint mir, dass die Faktoren, die zu einer Veränderung der Zeitschaft geführt haben, nicht allein auf der Ereignisebene zu suchen sind. Krisenhafte Erscheinungen hat es zu allen Zeiten gegeben, grundlegende Veränderungen im Bereich der Politik, der Philosophie, der Wissenschaften oder der Künste ebenso. Welche Aspekte sind es dann, die das 17. Jahrhundert gegenüber früheren Zeiträumen auszeichnen?

Man könnte den Umschwung folgendermaßen auf den Punkt bringen: Es ging um Vielfalt statt Einheit, es ging um Differenz statt Uniformität. Noch deutlich bis in das 17. Jahrhundert hinein war das Bestreben europäischer Kulturen darauf ausgerichtet, einheitliche Ordnungsmodelle herzustellen und zu garantieren. Es ging um *die* Christenheit, *das* Abendland, *die* Kirche, *die* Universalmonarchie, die Einheit *des* Wissens oder *das* Schönheitsideal. Ein Leben außerhalb oder neben solchen Einheiten erschien undenkbar. Diese Ordnungsmodelle gerieten aber insbesondere während des 16. Jahrhunderts gehörig in Unordnung. Dafür waren diverse Erschütterungen verantwortlich, die wir noch heute üblicherweise mit dem Beginn der europäischen Neuzeit verbinden: Der Buchdruck ermöglichte seit Mitte des 15. Jahrhunderts neue Formen der kulturellen Selbstbeschreibung, das Ausgreifen Europas über den Atlantik führte zu vielfachen Herausforderungen des Weltbildes, und die Reformation sprengte die europäische Christenheit. Weitere politische, wirtschaftliche, demographische und klimatische Erschütterungen wären zu nennen, die das Weltbild des 16. Jahrhunderts durcheinanderschüttelten.

Diese Herausforderungen zu verarbeiten brauchte offensichtlich seine Zeit, denn die Geschichte Europas im 16. Jahrhundert ist nicht unwesentlich dadurch geprägt, die verlorene einheitliche Ordnung (die selbstredend immer nur ideell, aber nie real existiert hatte) wieder zurückzugewinnen. Die allmähliche Einsicht in die Sinnlosigkeit eines solchen Unterfangens machte sich seit dem späten 16. Jahrhundert, in aller Deutlichkeit dann aber im Verlauf des 17. Jahrhunderts bemerkbar. Man hatte bisherige Lösungsmöglichkeiten lange genug ausgetestet – und sie hatten immer wieder versagt. Denn wie die französischen Religions- und Bürgerkriege, der Dreißigjährige Krieg oder die Revolutionen in England zeigten, waren es nicht zuletzt diese Bemühungen um eine universelle Ordnung, die ebendiese Ordnung zerstörten.

Die Lösung, die im Verlauf des 17. Jahrhunderts allmählich gefunden wurde, bestand nicht mehr darin, ein alternatives Ordnungsmodell zu entwerfen, sondern die Perspektive grundsätzlich zu verschieben. Die Lösung des Problems wurde auf die Beobachterposition übertragen, zum Beispiel wenn Descartes das Erkenntnisproblem in das Individuum hineinverlegt *(cogito ergo sum)* oder wenn die Gegenwart zum Differenzpunkt der Zeiten aufsteigt. Selbstverständlich war (und ist) das ebenfalls ein Versuch, Ordnung herzustellen. Aber es handelt sich bei dieser Form der Wirklichkeitsproduktion, wie sie sich im 17. Jahrhundert allmählich herausbildet, um einen gänzlich neuen Entwurf, der Ordnung nicht mehr als präexistente Einheit versteht, sondern als Beobachtung von Differenzen. Deshalb bekommen nun die Differenzen *als* Differenzen einen wichtigen Stellenwert.

Das 17. Jahrhundert zeichnet sich zudem dadurch aus, dass dieser Entwurf von Ordnungen in der Differenz mit den neuen Medien verbunden wurde, wie sie sich in der Folge des Buchdrucks mit beweglichen Lettern herausbildeten. Kalender, Zeitungen oder Romane sind nur einige (wenn auch wichtige) Beispiele hierfür. Denn diese Medien ermöglichten einerseits neue Formen der kulturellen Selbstbeschreibung, sorgten aber zugleich dafür, dass entsprechende Entwicklungen in wesentlich größeren gesellschaftlichen Kreisen bekannt gemacht und diskutiert werden konnten. Waren beispielsweise Zeitmodelle der Renaissance des 15. und 16. Jahrhunderts noch ein Elitenphänomen, das sich auf einen verhältnismäßig übersichtlichen Kreis beschränkte, war die Veränderung der Zeitschaft im 17. Jahrhundert deswegen so nachhaltig, weil sie ungleich mehr Menschen erreichen konnte. Die medialen Möglichkeiten und die soziale Breite der Rezeption provozierten in kulturhistorischer Hinsicht einen *point of no return*, sie waren unumkehrbar geworden. Somit konnte die Verschiebung in der Zeitschaft eine ganz neue Art sozialer Wirksamkeit entfalten, weil sie auf ein rezeptionsbereites Publikum stieß und dieses Publikum auch medial erreichte.

Das europäische (lange) 17. Jahrhundert ist mithin unverkennbar durch ein Übermaß an Strukturveränderungen von sehr grundlegender Art und in verhältnismäßig hoher Dichte geprägt – Strukturveränderungen, die vor allem so gut wie niemanden unberührt ließen. Dieses Säkulum musste unweigerlich mit einer gehörigen Zunahme an Komplexität umgehen. Und nur die Gegenwart eröffnete einen Raum, um mit dieser Komplexität hantieren zu können sowie Entscheidungsprozesse und Problemzusammenhänge in der Schwebe und damit reversibel zu halten. Zugleich wurde unter den Bedingungen großer Veränderungen die Einsicht unausweichlich, dass die Zukunft nicht so sein würde, wie die Vergangenheit gewesen war. Je komplexer die Veränderungen, desto schwieriger war es, den Übergang in die Zukunft als eine irgendwie geordnete Bewegung zu begreifen. Es wurde daher auch immer schwieriger, die Veränderungen mit einem wie auch immer gedachten Unveränderlichen in Beziehung zu setzen, beispielsweise den kontinuierlichen und unüberschaubaren Wandel mit einer gedachten Ewigkeit in Einklang zu bringen. Vielmehr gewann in dieser Situation die Unterscheidung von Vergangenheit und Zukunft an Bedeutung, insofern Vergangenheit als ›Geschichte‹ gebändigt und Zukunft als zwar unsicher, aber auch potentiell gestaltbar gedacht werden konnte.[124]

Damit hätten wir im 17. Jahrhundert eine Situation, in der sich die Zeitgenossen wohl oder übel auf raschen Wandel und auf eine ständige Verschiebung der Verhältnisse einstellen mussten und die der Soziologe Armin Nassehi – wenn auch nicht bezogen auf historische Gegebenheiten – als Kontingenz von Gleichzeitigkeit beschrieben hat:

> »Unter *Kontingenz von Gleichzeitigkeit* verstehe ich das Erleben von Unsicherheit und Unbestimmbarkeit in bezug auf die Gegenwart bzw. auf antizipierte Gegenwarten von Systemen in der Umwelt von Systemen. Im Klartext: Wenn ich nicht vorgängig schon weiß, wer (Sozialdimension) was (Sachdimension) wann (Zeitdimension) tut, entsteht erst ein Abstimmungsbedarf, der primär zunächst temporal erfüllt werden muß.«[125]

Genau diese Kontingenz von Gleichzeitigkeit und die damit einhergehende Problematisierung von Gegenwart erhalten im europäischen 17. Jahrhundert eine ungemeine Relevanz, weshalb eine wesentliche Umstellung im Zeitwissen möglich und nötig wurde. Vergangenheit wurde nicht nur fragwürdig, und Zukunft wurde nicht nur unbestimmbar während des 17. Jahrhunderts, sondern diese Verunsicherung provozierte vor allem eine neue Aufmerksamkeit für die Dimension der Gegenwart.

Aber ich muss an dieser Stelle genauer sein, denn es geht nicht nur um Aufmerksamkeit für Gegenwart, sondern um Aufmerksamkeit für Varietät in der Gegenwart.[126] Wenn man sich auf Gegenwärtigkeit einlässt, ist – im Gegensatz zur Vorstellung einer wie auch immer gearteten Ewigkeit – kein Zustand mehr denkbar, für den das Vorher oder Nachher irrelevant wäre.[127] Man hat es also in einem durchaus doppeldeutigen

Sinn mit ›Vergegenwärtigung‹ zu tun. Das muss nicht zwangsläufig bedeuten, dass damit eine Form der Beschleunigung einherging, dass sich also die Verhältnisse in immer schnellerem Tempo verändert hätten.[128] Viel eher geht es um die Erfahrung und Voraussetzung, dass sich Veränderungen durch das eigene menschliche Handeln bewirken lassen und dass sie in der Gegenwart mit Blick und Auswirkung auf die Zukunft und die Vergangenheit vonstattengehen. Vergegenwärtigung meint in diesem Zusammenhang also eine gänzlich neue Aufmerksamkeit und Wertschätzung für das Hier und Jetzt – mit all seinen weitreichenden Konsequenzen.

Diese Zeitmodalisierung der Vergegenwärtigung lässt sich im 17. Jahrhundert abgrenzen von einer Zeitmodalisierung der Eternalisierung, die zwischen Zeit und Ewigkeit unterscheidet – allerdings nicht im Sinne eines Nacheinanders, sondern im Sinne eines Nebeneinanders. Die eine Form der Behandlung von Zeit löst nun die andere nicht nahtlos ab. Gerade deswegen scheint mir das europäische 17. Jahrhundert von Interesse, weil man das Neben-, Über- und Durcheinander unterschiedlicher Zeitmodelle beobachten kann. Sicherlich gibt es Schwerpunktverlagerungen, aber der Bezug zu wie auch immer gearteten Ewigkeiten löst sich nicht einfach auf, hat auch in unserer eigenen Gegenwart immer noch Bestand, selbst wenn man ihn zuweilen als anachronistisch ansehen möchte.

* * *

Im Verlauf des 17. Jahrhunderts gewinnt Gegenwart einen eigenständigen Stellenwert, eine eigene Identität, die unabhängig von anderen Kategorien wahrgenommen werden kann. Vergangenheit und Zukunft können von der Gegenwart abgekoppelt, ja als im eigentlichen Sinn nicht existent konzipiert werden. Allein die Gegenwart gibt es, und von ihr aus werden die Zeithorizonte Vergangenheit und Zukunft entworfen.[129] Damit entsteht aber ein Problem. Denn die Gegenwart, die im eigentlichen Sinn keine Dauer beziehungsweise eine nur sehr schwer zu bestimmende Dauer hat, ist der einzige Punkt, an dem Zeit aktualisiert wird, an dem man sich an vergangene Ereignisse erinnert und künftige Ereignisse antizipiert. Die Zeit konstruiert sich damit im Lauf der Zeit selbst. Sie hat keinen außerzeitlichen, letztlich göttlichen Ort mehr, an dem sie fixiert werden könnte. Stattdessen verweist sie in radikaler Weise allein auf sich selbst. Ein solches Konzept einer ort- und letztlich auch grundlosen Zeit muss eine Gesellschaft erst einmal aushalten, denn ein solches Modell kann – insbesondere wenn es neu etabliert wird – zu erheblichen Verunsicherungen führen. Zugleich aber bietet es Optionen. Denn während ein Zeitkonzept, das mit der Unterscheidung Ewigkeit/Zeit operiert, kaum alternative Handlungsmöglichkeiten für Gesellschaften offeriert, da Vergangenheit und Zukunft mehr oder weniger vollständig determiniert sind, kann eine Temporalisierung auf der Basis von Vergangenheit/Gegenwart/Zukunft erhebliche Möglichkeiten schaffen und zu einer enormen Steigerung von Komplexität beitragen.[130] Und mit den konkreten Auswirkungen dieser Steigerung von Komplexität haben wir es im 17. Jahrhundert zu tun.

Die Vielzahl der Zeiten in Form der Pluritemporalität wirkt dann natürlich noch verstärkend auf die Aufwertung von Gegenwart. Denn wenn man es mit einer Vielzahl unterschiedlicher Zeiten zu tun hat, ergibt sich nahezu zwangsläufig die Notwendigkeit von Synchronisierung – eine Vermittlung gleichzeitiger Zeiten, die nur in der Gegenwart stattfinden kann und zur Organisation von Gegenwart notwendig ist.

# Ordnung und Turbulenz

…wie kommt es, daß wir, aus dem Chaos geboren, es doch nie zu fassen kriegen, kaum schauen wir hin, schon entsteht Ordnung unter unserem Blick … und Gestalt … Macht nichts. Sei es, wie es wolle.

Witold Gombrowicz[1]

Kalenderblatt 1670

Bräuchte man einen weiteren Beweis dafür, wie populär und allgegenwärtig Kalenderdrucke im 17. Jahrhundert waren, dann könnte ihn der »Ewig-währende Calender« von Hans Jakob Christoffel von Grimmelshausen (1622–1676) erbringen. Mit ihm machte sich der bekannte Verfasser des barocken Weltromans »Simplicissimus Teutsch« das beliebte Medium ›Kalenderdruck‹ zunutze, um erneut einen Erfolg auf dem Buchmarkt zu landen – und um zugleich die große Popularität von Kalendern satirisch aufs Korn zu nehmen. Mit mehreren Volten ins Ironische, Selbstreflexive und Zeitkritische erzeugt dieser Kalender ein Durcheinander der Zeiten, das nicht nur typisch ist für Grimmelshausens Simplicissimus-Figur, sondern das auch einige Rückschlüsse auf die temporalen Turbulenzen des 17. Jahrhunderts erlaubt.

Den »ewig-währenden Calender« umfassend vorstellen zu wollen wäre waghalsig. Denn hier werden nicht nur unterschiedliche Erzählstränge parallel zueinander geführt, sie verweisen zudem sowohl aufeinander als auch auf den Simplicissimus-Roman, auf die Gattung der Kalenderdrucke sowie auf zeitgenössische Entwicklungen. Tatsächlich handelt es sich beim »Ewig-währenden Calender« gar nicht um einen Kalender. Zeitabläufe lassen sich weder organisieren noch synchronisieren, Termine können hier schon gar nicht eingetragen werden. Zwar gibt es auf jeder Doppelseite eine Spalte, in der die Heiligentage der katholischen Kirche im Jahresverlauf verzeichnet sind. Aber ansonsten verweigert sich dieser Kalender erfolgreich allem Kalendarischen.[2]

Die Seiten des »Ewig-währenden Calenders« entpuppen sich als eine Bleiwüste, als eine nicht unbedingt leserfreundliche Verdichtung von Buchstaben, die in sechs parallel verlaufenden Spalten daherkommt. Neben der Auflistung der Heiligentage findet sich in der zweiten und

Abb. 11 Frontispiz und Titelblatt von Grimmelshausens »Ewig-währendem Calender« führen nicht nur die Personen vor, die in diesem Kalender auftreten, sondern persiflieren zugleich das Kalenderwesen des 17. Jahrhunderts und das Durcheinander der Zeiten.

dritten Spalte ein buntes Durcheinander von biblischen und historischen Anmerkungen, Sinnsprüchen und Bauernregeln, astrologischen Informationen, aber auch Tipps gegen Rost oder Fäulnis. In den Spalten vier bis sechs werden dann in unterschiedlichen Unterhaltungen (»Discursen«) die Kalendermacherei und die Astrologie im Allgemeinen abgehandelt – und das mit einem zumeist deutlich kritischen Unterton. Vor allem diese drei Spalten sind der Versuch, im Medium des Kalenders mit astrologischen Themen das Schreiben von Kalendern und die Praxis der Astrologie zu kritisieren. Die auf das gesamte Jahr ausgelegten Wettervorhersagen werden dort ebenso ad absurdum geführt wie die angebliche Zeichenhaftigkeit von Himmelserscheinungen.

Die abenteuerliche Textgestaltung macht auf eine zentrale Aussage des Kalenders aufmerksam, nämlich auf die Feststellung, dass die Zeiten gleich in mehrfacher Hinsicht durcheinandergeraten sind. Weder lässt sich die Zeit der eigenen Gegenwart unproblematisch deuten, noch ist der gegenwärtige Umgang mit der Zeit durchschaubar. Diese Unordnung wird schon im Vorwort als textliches Organisationsprinzip direkt angesprochen, wenn dort »mit Fleiß ein und andere Sachen durcheinander gesetzt« werden sollen.[3] Es geht um die Unordnung in der Ordnung. Die Spalten zwei und drei, in denen historische Gedenktage, Bauernregeln und astrologische Informationen wild durcheinandergeworfen werden, haben zum Beispiel folgende gemeinsame Überschrift:

> »Chaos, oder Verworrnes Mischmasch ohne einige Ordnung / darinnen obgleich wie in einem Labyrinth / oder besser zu sagen / in einem lustige Irrgarten / jedoch allerhand Historien / gewisse Künste / nothwendige Wissenschafften / und ohnzählig anderley Gattungen / seltsame Raritäten sich neben der mit untermischten Bauren-Practick befinden.«[4]

Doch obwohl der Kalender ein undurchschaubares Durcheinander der vielfältigen zeitlichen Ambivalenzen, Widersprüche und Mehrdeutigkeiten präsentiert, also das Chaos der Zeiten beschwört, kann dieser Mischmasch in der Organisation des Kalenderdrucks so weit gebändigt werden, dass es sich (einigermaßen) ordentlich darstellen lässt.

In den anderen Textspalten, die literarisch sicherlich interessanter sind, wird die Kalendermacherei satirisch behandelt, wobei auch hier

Ambivalenzen nicht ausbleiben. In der vierten Spalte, überschrieben als »Simplicissimi Discurs mit Zonagrio/die Calender-Macherey und was deme anhängig/betreffent«, lässt sich Simplicissimus von dem Gelehrten Zonagrius unterrichten, wie man einen Kalender erstellt. Gänzlich ironiefrei werden von dem Gelehrten auch die notwendigen Kenntnisse aufgeführt. Als Simplicissimus diese nutzt, um über Nacht tatsächlich einen Kalender zu verfertigen, wirft ihm Zonagrius vor, nur berühmt sein, viel Geld verdienen und sein Konterfei auf dem Titel des Kalenders sehen zu wollen. Diese Ruhmsucht und der voraussehbare Erfolg würden sich aber, so Zonagrius, über kurz oder lang in ihr Gegenteil verkehren, denn insbesondere die Vorhersagen in Kalendern müssten ihre Autoren wie Narren dastehen lassen.[5] Daher sollte sich Simplicissimus auf die Prophezeiungen beschränken, die man für das kommende Jahr ohne Gefahr treffen könne:

> »Wann du aber die Warheit ohne Fehl und Mängel schreiben wilst/so bleibe bey diesen gewissen unfehlbaren Außsagen/nemblich das künfftige Jahr wann es anders kein Schalt-Jahr ist/wird haben auffs wenigst 365 Tag: wird anfangen im Januario, und 12. Monath oder 52. Wochen haben; Die Planeten werden ihren gewöhnlichen Lauff behalten/es seye dann/daß ihn GOtt ändere: zu unterschiedlichen Zeiten wird Hitz/Frost/Regen und schön Wetter einfallen/und werden im Frühling und Herbst die Reiffen nit außbleiben/es wird ein solch Jahr seyn/darinnen man Essen/Trincken/Springen/Tanzen/Feyern/Arbeiten/Säen und Erndten wird [...]«[6]

Diese Liste gesicherter und gänzlich astrologiefreier Vorhersagen wird von Zonagrius noch weitergeführt. Er spannt damit einen Bogen zwischen Ungewissheit und Gegenwärtigkeit. Denn einerseits propagiert er eine Art und Weise des Umgangs mit der Zeit, die Unsicherheit zulässt, weil die Zukunft nun einmal alles andere als verlässlich ist. Andererseits wird durch Zonagrius' Beschreibung dessen, was auch im kommenden Jahr mit Sicherheit wieder geschehen wird, die Aufmerksamkeit auf die Gegenwart gelenkt. Es geschieht, was geschieht, so könnte man schlussfolgern, und das verdient unsere Aufmerksamkeit, nicht die mehr oder minder lächerlichen Versuche, die Zukunft zu begreifen.

Grimmelshausen macht nicht nur in diesem Kalender, sondern überhaupt in seinem Werk das Durcheinander der Zeit (und der Zeiten) zum Thema.[7] Das resultiert sicherlich aus den Erfahrungen des Dreißigjährigen Krieges, hat aber auch weitere Ursachen. Man kann Grimmelshausen als einen Zeugen für die wachsende Bedeutung von Gegenwärtigkeit aufrufen, denn auch sie trägt Verantwortung für Irrungen und Wirrungen. Sich zunehmend auf Gegenwart einzulassen musste nämlich keineswegs bedeuten, Orientierung zu gewinnen. Vielmehr bedeutete es in nicht wenigen Fällen, Übersicht und etablierte Ordnungsmuster zu verlieren. Wenn man sich auf das Hier und Jetzt berief und es auch noch positiv bewertete, wurden andere zeitliche Orientierungen möglich. Damit ging aber fast zwangsläufig eine Abwertung bisheriger Zeitordnungen einher, die bis dahin das Alte als Vorbild proklamiert hatten. Dieser Umschwung im Zeitwissen erzeugte im 17. Jahrhundert ein gehöriges temporales Durcheinander, das sich an unterschiedlichen Stellen ausfindig machen lässt. Mit einem Mal konnten rein gegenwartsfixierte modische Phänomene positiv bewertet werden – wogegen traditionelle Kräfte mit Hilfe etablierter Ordnungsmodelle vorzugehen versuchten. In diesem »Jahrhundert des Zwiespalts«[8] gerieten die traditionellen Ordnungen des Zeitwissens in erhebliche Turbulenzen.

Alamode

Simplicissimus fragt sich in dem »Ewig-währenden Kalender«, warum die politisch Herrschenden es denn noch zulassen würden, dass man Kalender und Praktiken veröffentliche, wenn darin zu einem Gutteil astrologisch begründete Lügen zu finden seien. Er beantwortet seine eigene Frage mit der Vermutung, dass man vielleicht versuche, durch ein Übermaß an Lügen das Lügen insgesamt abzuschaffen. So wie ein Übermaß an Trunkenheit die Abscheu vor dem Alkohol zur Folge haben könne, sei es möglicherweise auch mit dem Lügen. Besonders viele Lügen zu verbreiten, »sey jetzund dieses ein newe Mode bey dieser Allamode-Welt / daß Ligen abzuschaffen«.[9]

Indem Simplicissimus diese von ihm vermutete Strategie als ›Mode‹ bezeichnet, ruft er ein Phänomen auf, das im 17. Jahrhundert intensiv diskutiert wurde. Insbesondere im deutschen Sprachraum bekam die Diskussion um das Modische im Sinne des zeitlich Flüchtigen auch einen Begriff: ›Alamode‹. Damit wurde ein ganzes Bedeutungsfeld gekennzeichnet, das moralisch höchst aufgeladen war, da es den oberflächlichen Tand verurteilte. Zugleich war es aber national besetzt, da es den negativen Einfluss ausländischer, vor allem französischer Modewellen und Lebensweisen geißelte.[10] Überdies wurde ökonomisch argumentiert, insofern man die mit der Mode einhergehende Verschwendungssucht anprangerte.[11] Schließlich ist dieses Feld aber auch temporal besetzt, denn die Alamode-Kritik richtete sich auch gegen den Wandel in Permanenz. Damit aber brachte sie die wachsende Bedeutung modischer Erscheinungen während des 17. Jahrhunderts erst an die Oberfläche – und machte zugleich die Hoffnungslosigkeit ihres Unterfangens deutlich, denn die wechselhafte Gegenwart ließ sich nicht mehr von einer beständigen Ewigkeit einfangen.

Der Begriff ›Alamode‹ und die damit zusammenhängende Diskussion um die entsprechenden Phänomene erlebten im deutschen Sprachraum erstmals im ersten Drittel des 17. Jahrhunderts größere Verbreitung. Insbesondere in den Jahren 1628 und 1629 erschien eine Reihe von Flugblättern, die sich explizit der Alamode-Thematik als einer Erscheinung annahmen, die bestimmte modische, mit Frankreich identifizierte Kleidungsstile und Verhaltensweisen zumeist satirisch aufs Korn nahm. Ein zentraler Bestandteil des ›Alamodischen‹ war seine unabdingbare Tagesaktualität. Alamode war immer das Neueste und bezeichnete den jeweiligen Geschmack des Hier und Jetzt. Mit anderen Worten: Alamode war ein grundsätzlich gegenwartsorientiertes Phänomen, das ohne diese Situierung im Präsens nicht zu verstehen ist. Entsprechend wurde der Ausdruck *à la mode* im Französischen auch gebraucht, nämlich als *le goût du jour*. Da die deutsche Sprache des frühen 17. Jahrhunderts kein entsprechendes Äquivalent anzubieten hatte, wurde der Ausdruck in nur leicht abgewandelter Form übernommen.[12]

Es war jedoch nicht nur das Wort ›Alamode‹, das als sprachliche Innovation während des frühen 17. Jahrhunderts in das Deutsche Eingang fand, auch das Wort ›Mode‹ war bis dahin unbekannt. Dieses Wortfeld erweiterte die Bedeutungsspanne des Alamodischen (wie des Modischen) in Richtung einer allgemeinen Neuerungssucht.[13] Als das Wort ›Mode‹ ab der Mitte des 17. Jahrhunderts im deutschen Sprachraum um sich griff, war damit eine Auffächerung der Bedeutungen verbunden. An erster Stelle mochte ›Mode‹ für einen bestimmten Kleidungsstil stehen, jedoch wurde dies schnell ausgeweitet in Richtung einer allgemeinen Art der Lebensführung. Friedrich von Logau hob Mitte des 17. Jahrhunderts zum Beispiel die temporale Komponente des Begriffs in einem Sinngedicht deutlich hervor:

»Die Mode
Was ist die Mode für ein Ding? Wer kennt sie von Gesicht?
Ich weiß nicht, wer sie kennen kan; sie ist ja angesicht
Nie morgen, wie sie heute war: sie kennt sich selbsten nicht.«[14]

Im frühen 17. Jahrhundert wurde man daher nicht einfach nur mit Kleidungs- und Verhaltensweisen konfrontiert, die als französischer Import auffielen und als stutzer- und geckenhafte Übertreibungen zur Satire herausforderten – sondern man wurde auf eine wesentlich grundlegendere Weise mit einem neuen Zeitverständnis konfrontiert, das nicht mehr auf Tradition, Beständigkeit und Verehrung der Vergangenheit Wert legte, sondern die Bedeutung des Jetzt in den Vordergrund rückte.

Aber damit der zeitlichen Verwirbelungen nicht genug, denn zugleich wurde eine Paradoxie der Gegenwärtigkeit und der Mode sichtbar: In dem Moment, in dem man in einem radikalen Sinn auf Moderne und Gegenwärtigkeit setzte, untergrub sich diese Gegenwärtigkeit selbst, weil ihr ultimativer Sinn darin bestand, durch eine neue Gegenwart und Mode abgelöst zu werden. Es gab keine Ewigkeit mehr, die für sie bürgen könnte.[15]

Ein Flugblatt aus dem Jahr 1629 bringt die verschiedenen zeit-geschichtlichen Aspekte der Alamode-Diskussion auf den Punkt. Unter dem Titel »O We der grossen noht / Der a la mode ist todt« sieht man einen satirischen Trauerzug, der den Monsieur Alamode zu Grabe trägt. Der Bildaufbau kopiert Darstellungen von Leichnamsprozessionen von Fürsten, die ebenfalls als Flugblätter verbreitet wurden, in zahlreichen Details. Hier geht es allerdings um die Verspottung des Alamode-Phänomens. Dem verstorbenen Herrn Alamode werden all die modischen Utensilien vorangetragen, die den modebewussten Stutzer auszeichnen, um sie auf dem Trauergerüst, dem *castrum doloris* aufzustecken. Die Kritik des Blattes zielt auf die Oberflächlichkeit des Alamode-Phänomens, auf die Verschwendungssucht und die damit verknüpfte Sündhaftigkeit, zugleich aber auch auf die unangemessene Durchbrechung von Standesgrenzen, wenn dem personifizierten Monsieur Alamode das Begräbnis eines Fürsten zugestanden wird, seinem Leichnam aber Vertreter von Handwerksberufen folgen.

Damit haben sich die Aussagen dieses Blattes freilich noch nicht erschöpft, denn es thematisiert ebenso die mit der Mode verbundene, spezifische Zeitlichkeit, eben den beständigen Wechsel. Man könnte versucht sein, das Begräbnis des Monsieur Alamode als Ausdruck der Hoffnung zu lesen, er werde nun mitsamt seinen verderblichen Auswirkungen endlich verschwinden. Tatsächlich kommt hier allerdings der gegenwartszentrierte Charakter der Mode zur Sprache: Die Mode vergeht, nur um einer anderen Platz zu machen. Der knappe Text unter dem Bild gibt nämlich an, dass man den Sarg des Herrn Alamode fortan auf dem »gerempel marck«, also beim Trödel, finden könne, da diese spezifische Mode nun außer Mode – also tot sei. Zugleich sieht man aber oben rechts in der Ecke Frau Alamode im Wochenbett liegen, wo sie eine neue Mode zur Welt bringen wird. Der Kreislauf wird also fortgesetzt, und die beständige Angewiesenheit der Mode auf eine radikale Gegenwärtigkeit wird bestehen bleiben.[16]

Mit dem Stichwort Alamode wurde bei weitem nicht nur die Mode im Sinne eines bestimmten Bekleidungsstils verstanden. Es ging um die französische (oder als französisch verstandene) Lebensweise in ihrer Gesamtheit. Dass das französische Vorbild in allen Fragen des Geschmacks übermächtig war und die Gegenwart zu dominieren schien, erregte ebenso Unmut wie der Umstand, dass französische Wörter in die Sprache Eingang fanden. Die Alamode-Kritiker antworteten darauf mit einem bewährten und traditional ausgerichteten Zeitkonzept, das auf die ehrwürdige Vergangenheit abhob. Die deutsche Sprache anstatt der französischen zu verwenden wurde in entsprechenden polemischen Äußerungen Mitte des 17. Jahrhunderts nicht nur zu einer patriotischen Pflicht erhoben. Zusätzlich wurde das Deutsche – beispielsweise durch

Abb. 12 Anonymes Flugblatt: »O We der grossen noht/Der a la mode ist todt.« (1629)

den ›Sprachreiniger‹ und Verdeutscher von Fremdwörtern Philipp von Zesen (1619–1689) – als »heldenmäßige sprachenkeiserin« bezeichnet, als »Muttersprache« oder »Majestätische Deutsche Haubtsprache«. Um das Deutsche solcherart stilisieren zu können, musste man auf sein vermeintlich hohes Alter rekurrieren. Für Justus Georg Schottelius (1612–1676) oder Daniel Georg Morhof (1639–1691) stand in der zweiten Hälfte des 17. Jahrhunderts fest, dass die deutsche Sprache nur mit Verachtung auf die romanischen Nachbarn herabblicken könne, da es sich bei diesen um Bastardsprachen handele, abgeleitet von einem barbarischen Latein. Ja, die deutsche Sprache lasse selbst das Lateinische und das Griechische weit hinter sich, weil sie sich unmittelbar auf das Hebräische als die wahre Ursprache beziehen könne.[17]

Die Vergangenheit lobend der Gegenwart gegenüberzustellen und den ›deutschen‹ Tugenden damit einen nostalgischen Zug zu verleihen – dieses Vorgehen findet sich beispielsweise im 1689/90 erschienenen historischen Monumentalroman »Großmüthiger Feldherr Arminius« von Daniel Caspar von Lohenstein (1635–1683). Die Alamode-Kritik wird bei Lohenstein in die antike Vergangenheit verlegt, so dass die alten Römer quasi die Franzosen der Antike darstellen. Damit wollte Lohenstein die Leserschaft vor der kulturellen, moralischen und politischen Versklavung durch die Franzosen/Römer warnen und ihnen zugleich ihr eigenes Spiegelbild vorhalten. Den alamodisch angekränkelten Zeitgenossen zeigte er ein Ideal deutscher Tugenden, das sich wesentlich auf die »Germania« des Tacitus bezog, diese aber durch weitere Vorzüge der Deutschen ergänzte: Weisheit, Kunstfertigkeit, Erfahrenheit, Geduld, Sittsamkeit und Mäßigung. Auf diese aus der Vergangenheit ererbten Qualitäten sollten sich die Deutschen besinnen, um eine moralische Erneuerung zu initiieren, die einer politischen Erneuerung vorauszugehen hatte.[18]

Bezog man sich in dieser Art und Weise auf vermeintliche Ideale der Vergangenheit, konnte das aber auch zu temporalen Verwirbelungen führen. Das wird an dem möglicherweise bekanntesten Text der Alamode-Debatte deutlich, an dem satirischen Roman »Gesichte Philanders von Sittewalt« von Johann Michael Moscherosch (1601–1669).[19] Bei Moscherosch finden sich sehr deutliche, satirisch überzogene Äußerungen zu den modischen Erscheinungen des 17. Jahrhunderts in Kleidung, Sprache und Verhalten, wobei er mit Ausfällen gegenüber den

Franzosen, den »Welschen«, nicht spart. So wird zu Beginn des zweiten Teils Philander einem »Teutschen Helden-Rath« vorgeführt, bestehend aus den längst verblichenen Recken Ariovist, Arminius, Widukind, Siegfried und vielen anderen. Dieser Heldenrat sitzt zu Gericht über Philander, da er sich des Alamode-Vergehens schuldig gemacht hat und bedingungslos den französischen Moden folgt. Man bezeichnet ihn als »Wälschen Lasterbalg«, als »Schlimmen Hund« und als »Lecker«, der »so lottelicht daher [geht] als wie ein Wälscher / als wan er hätt in die Hosen geschissen«. In dem auf diese schonungslose Analyse folgenden Urteil wird Philander – um »unser geliebtes Vatterland« nicht an diesen Untugenden zugrunde gehen zu lassen – Folgendes zur Beachtung auferlegt:

> »die wälsche Trachten abschaffen: den Bart auff Teütsch wachsen lassen; die wälsche Alamode-Kleydung einstellen / sich Erbar und untadelich tragen; an statt der Feldhühner / Wildprets / Geflügels / Schnecken / und anderer schleckbißlein / sich mit Rindfleisch begnügen: die Muttersprach rein und unverfälscht reden / mit keinen frembden Wörtern beschmitzen noch verunehren.«[20]

Die Lesart des Romans scheint hier eindeutig: Moscherosch verurteilt nicht nur die modischen Phänomene seiner Gegenwart, sondern verleiht seiner Klage vor allem einen fast schon nationalistischen Grundton, der sich in ›teutonischer‹ Manier für die Bewahrung alles Deutschen und die Abschaffung alles Französischen einsetzt. Doch ein zweiter Blick offenbart, dass die Angelegenheit nicht ganz so eindeutig ist, wie sie zunächst erscheint.

Gegen eine plumpe Verurteilung des Alamode-Gebarens spricht schon das recht befremdliche Erscheinungsbild der ›teutschen‹ Helden, denen sich Philander gegenübersieht. Es handelt sich um Gestalten mit langen Bärten, die ihr Haupthaar auf dem Kopf zu einem Knoten zusammengebunden haben; sie tragen gewaltige Schwerter, lange Spieße und große Schilde. Dieses Äußere wirkt auf Philander recht skurril, was noch durch den Hinweis unterstrichen wird, die Altvordern trügen Kleider »auff dem Leib / mit Wolff / Bären / und Hirschhäuten / daran theils noch die Gewichter oder Gehörn« hingen.[21] Wirklich vorbildlich oder nachahmenswert erscheint diese gänzlich ›unwelsche‹ Form der Bekleidung nicht. Vielmehr zeigen die Heldenfiguren und ihr Auftreten, dass die Vergangenheit keineswegs mehr ungebrochen als Orientierungsinstanz dienen kann. Die Gegenwart wirkte im Rahmen der Alamode-Kritik wenig attraktiv – aber der traditionelle Verweis auf die Vorbildlichkeit der Vergangenheit verfing ebenfalls nicht mehr.[22]

Zeit und Mode

Mode ist eine erstaunliche Angelegenheit. Sie lebt in einem erheblichen Maß von Paradoxien, die faszinieren und zugleich abschrecken. Laut der italienischen Soziologin Elena Esposito machen nicht Bekleidungsstile oder Selbstbezeichnungen die Mode zur Mode. Vielmehr ist es eine bestimmte Zeitkopplung, durch die sich die Mode auszeichnet. Mode ist nicht von Dauer und will es auch gar nicht sein – aber gerade deshalb funktioniert sie. Weil die Mode auf jede Form von zeitlicher Stabilität verzichtet, wird sie berechenbar, denn es ist voraussehbar, dass die Mode des letzten Jahres in diesem Jahr nichts mehr gilt. Und gerade durch diese Form der permanenten Unbeständigkeit kann Mode ihre eigene Stabilität ausbilden. Man weiß also im Bereich der Mode, dass immer alles anders sein wird – man weiß aber auch, dass sich gerade das nicht ändert.[23]

Perfide mag daran erscheinen, dass niemand der Mode entfliehen kann, nicht einmal diejenigen, die sie rundweg ablehnen. Egal ob man sich als Verfechter oder Verächter der Mode versteht, zu ihren Aporien müssen sich alle verhalten. Denn mit Mode verbindet sich der Versuch, die eigene Individualität darzustellen – obwohl man doch nur eine Form der Nachahmung betreibt; in der Mode wird Originalität angestrebt – dabei tut man nur, was die anderen tun; es gibt nur *eine* Beständigkeit in der Mode – ihre Unbeständigkeit; und das einzig Verbindliche der Mode – ist ihre Veränderung. Die zeitliche Kontingenz der Mode bewirkt, dass jede modische Gegenwart neu und anders erscheinen möchte und sich dabei von einer Vergangenheit absetzt, die das ebenfalls bereits wollte.[24]

Die Mode erblickte im 17. Jahrhundert das Licht der Welt. Selbstverständlich kleidete man sich bereits weit vor dem 17. Jahrhundert bewusst und pflegte bestimmte Stile der äußeren Erscheinung. Dass Kleider Leute machen, ist erstmals von Tertullian um 200 nach Christus formuliert worden. Aber bis ins 17. Jahrhundert hinein kann man feststellen, dass die Beurteilung von Kleidung einen anderen zeitlichen Bezugspunkt hatte. Stabilität, konservatives Beharren und Beachtung des Brauchs waren die Anhaltspunkte, nach denen sich Kleidung zu richten hatte. Neuerungen im Kleidungsstil mussten sich allmählich durchsetzen. Wenn das gelang (was oft genug der Fall war), dann wurden diese neuen Elemente als ›schön‹ und ›altehrwürdig‹ angeeignet, nicht aber als modische Neuerung. Neuheit an sich wurde also nicht angestrebt, sie war nicht die Ursache für das Gefallen. Vielmehr hatte man sich bis ins 17. Jahrhundert hinein an den Gebräuchen und den gesellschaftlichen Gepflogenheiten zu orientieren, wenn man sich Gedanken über die eigene Kleidung machte. Es wurde beispielsweise empfohlen, sich beim äußeren Erscheinungsbild selbst dann an den örtlichen Gepflogenheiten zu orientieren, wenn diese weniger reizvoll oder bequem erschienen als die eigenen.

Lange wurde in Fragen des Kleidungsstils also auf Ideale gesetzt, die Ewigkeitswerten verpflichtet waren. Gesellschaften mit einem solchen Zeitwissen müssen davon ausgehen, dass sich die Art und Weise der Bekleidung gerade nicht ändert, sondern einer zeitübergreifenden Tradition verpflichtet bleibt, um auf diesem Weg Stabilität zu sichern. Damit wäre Kleidung der Zeit und dem Wandel enthoben. Modische Veränderungen würden als Degenerationen und Perversionen verstanden, welche die korrekte Ordnung der Dinge umstürzten. Eine solche Einstellung würde auf eine Ablehnung von Originalität hinauslaufen – während seit dem 17. Jahrhundert die Mode als ein Vehikel gesehen werden konnte, um die Einzigartigkeit des Individuums aufzuwerten. Seit dem 17. Jahrhundert wurde es möglich, Kleidung nicht mehr nur als Brauch anzusehen, der Einheitlichkeit herstellen sollte, sondern als Möglichkeit, um Differenz zu erzeugen, und zwar sowohl innerhalb der Zeit als auch gegenüber anderen.[25] François de Grenaille konnte daher 1642 feststellen, dass die Mode einer jener Gegenstände sei, »die sich ständig ändern, die nur in der Unbeständigkeit Halt finden und die nie dieselben sind, um immer anders zu werden als zuvor«.[26]

Unter die vielen Beinamen, die man dem 17. Jahrhundert zuschreiben kann, lässt sich daher auch das ›Zeitalter der Mode‹ einreihen. Denn in diesem Zeitraum gab es zunehmend mehr Menschen, die Neuheit,

Veränderung und Einzigartigkeit anstrebten und positiv bewerteten. Dabei gilt es aber im Auge zu behalten, dass das Verständnis von Mode im 17. Jahrhundert eine inhaltlich recht große Reichweite hatte. Mit dem Wort ›Mode‹ ließen sich Flüchtigkeit und Vorläufigkeit einfangen und zum Ausdruck bringen. Die Mode gab im 17. Jahrhundert vor, welche Arzneien man einzunehmen hatte, welche Speisen man genießen sollte, welche Gefühle zu empfinden waren, welche Perücke im Trend lag, wie die Kleidung geschnitten sein musste und welche Einstellung der Religion gegenüber an den Tag zu legen war.[27]

Aber auch wenn Modephänomene sich in all diesen Lebensbereichen ausbreiteten, so bleiben Bekleidungsformen doch das anschaulichste Beispiel, um der Frage nachzugehen, welche Rückkopplungen sich zwischen Mode und Zeitwissen ergaben. Dabei kann man eine recht schlichte historische Faustregel aufstellen: Die Herrschaft der Mode ist dann angebrochen, wenn Kleidungsstücke schon vor ihrem materiellen Verbrauch nicht mehr getragen werden.[28] Dann geht es nämlich nicht mehr um den Materialwert, sondern um den Zeitwert von Kleidung. Dann liegt, mit anderen Worten, ein sehr deutliches und vor allem auch sehr greifbares Indiz für die Dominanz der Gegenwart über die anderen Zeitdimensionen vor.

Ein frühes Medium, das diese Form modischer Gegenwärtigkeit herstellen konnte, waren Puppen in Lebensgröße, mit denen die jüngsten modischen Innovationen vorgeführt wurden. Man nutzte sie bereits seit dem 15. Jahrhundert, sie erfreuten sich aber vor allem im Frankreich Ludwigs XIV. großer Beliebtheit. Im Pariser Hôtel Rambouillet wurden die Puppen, ausgestattet mit der neuesten Mode, viermal im Jahr ausgestellt. Von dort wurden sie in alle großen europäischen Städte verschickt. Selbst in Kriegszeiten wurden diese Transportwege nicht unterbrochen. Der wirtschaftliche Wert dieser Modekommunikation war so groß, dass die Puppen von Husaren eskortiert und von mehreren Zofen begleitet wurden, um auch sicher nach St. Petersburg oder Istanbul zu gelangen.[29]

Die große Zeit der Modezeitschriften sollte zwar erst ab der Mitte des 18. Jahrhunderts anbrechen, aber ab 1672 erschien in Frankreich der »Mercure Galant«, der neben Theaterkritiken, Kriegsberichten und philosophischen Beiträgen auch regelmäßig die Mode zum Thema machte.

Ohne jede Polemik oder Kritik am übermäßigen Luxus wurden hier die neuesten Manschetten und der eleganteste Schnitt von Handschuhen vorgestellt, und zwar für Frauen wie für Männer. Auch die eigenwillige Dialektik von Kleiderordnungen und Modeanforderungen wurde thematisiert: So werden in einem Artikel einerseits mit Gold und Silber durchwirkte Spitzen als neuester Trend angepriesen, andererseits auf die Verordnung aufmerksam gemacht, die genau solche Accessoires verbietet. Auch vor der Unbestechlichkeit der Polizei wird gewarnt – ein kaum versteckter Hinweis darauf, dass, wer der Mode folgte, sich zugleich vor ihren Verfolgern in Acht nehmen sollte.[30]

Auch sprachliche Befunde lassen einige Rückschlüsse auf den ›modischen‹ Umgang mit Gegenwart während des 17. Jahrhunderts zu. Wir haben es mit einem sehr weitgefächerten Wortfeld zu tun, in dem sich nicht nur die *Mode* oder der *Modus*, sondern auch die *Moderne* wiederfinden – lauter Ausdrücke, die momentane Seinsweisen, Aktualität und Gegenwärtigkeit bezeichnen. Das Wort ›Mode‹ nahm seinen Weg aus dem Italien des 16. Jahrhunderts über Frankreich nach Deutschland, wo es in den Alamode-Diskussionen zum Schlüsselbegriff wurde. ›Die Mode‹ war Inbegriff von neuen Erfindungen, fremden Manieren und unleidiger Neuerungssucht – und damit im Deutschen zunächst alles andere als positiv besetzt. Doch unabhängig davon, ob ›die Mode‹ nun als Verfall der traditionellen Sitten und Gebräuche angesehen wurde oder ob man ihr auch etwas Positives abgewinnen konnte – in jedem Fall war der Begriff ein Werkzeug, um die Gegenwart als eigenen Zeitraum zu bezeichnen und von Vergangenheit und Zukunft abzugrenzen. Neuerungen ließen sich dadurch beobachten und benennen, und zugleich konnten zeitliche Differenzen deutlich gemacht werden. Gerade anhand der Kleidung und der Klage über die Neuerungssucht in der äußerlichen Zurschaustellung wurde der Bezug auf die traditionellen Gewohnheiten immer mehr zu einer Rede von der guten alten Zeit, auf die man sich zwar noch beziehen und die man auch sprachlich aufrufen konnte, die aber unwiederbringlich verlorengegangen zu sein schien, weil sie von der ›Mode‹ eingeholt worden war.[31] Vergangenheit ragte hier also nicht mehr in die Gegenwart hinein. Und selbst wenn man im 17. Jahrhundert vielfach auf die Mode schimpfte, sie brandmarkte und verächtlich machte, weil sie ausschließlich von der Flüchtigkeit des gegenwärtigen

Geschmacks lebte – blickt man von der Warte einer Geschichte des Zeitwissens auf dieses Phänomen, so ist vor allem interessant, dass hier überhaupt Gegenwart in den Mittelpunkt gerückt wurde.

Aber nicht zu voreilig: All die deutlichen Indizien für den Aufstieg von Mode und Gegenwärtigkeit dürfen nicht vorschnell in Richtung eines radikalen Umsturzes in den Zeitverhältnissen gelesen werden. Die Mode trat nicht plötzlich in Erscheinung, um alles Vorhergehende schwungvoll hinwegzufegen. Vielmehr erlaubte sie andere Kopplungen von Zeit und Bekleidung, die für die europäische Kultur dieses Zeitraums insgesamt von Bedeutung waren, neben denen aber weiterhin betont werden konnte, wie wichtig Tradition, Herkommen und Brauch in Kleidungsfragen waren. Gerade angesichts der Turbulenzen, welche die Mode auslöste, ist es nicht verwunderlich, dass die Suche nach Stabilitäten und Ordnungsmustern fortgeführt und zum Teil intensiviert wurde. Man wollte und konnte gerade im gesellschaftlichen Bereich auf universelle Ordnungsmodelle, die immer religiös fundiert waren, nicht verzichten.[32] Insofern lässt sich für die Frühe Neuzeit und insbesondere für das 17. Jahrhundert feststellen, dass der drohende Ordnungsverlust und die dagegen gerichteten Anstrengungen zur Stabilitätssicherung zentrale gesellschaftliche Themen waren.[33] Soweit es die Verhüllung des menschlichen Körpers betraf, sollten Kleiderordnungen diese Aufgabe übernehmen.

Kleiderordnungen

»Schutz, Scham und Schmuck«[34] – so lauten die Funktionen, die man der Kleidung zuschreiben kann. Sie schützt vor dem Wetter, bedeckt die Nacktheit und dient der Zierde ihres Trägers. Kleidung geht jedoch über die reine Verzierung hinaus, denn mit Hilfe der Kleidung – und dafür braucht es keine großartige Beweisführung – versuchen sich Menschen im sozialen Mit- und Gegeneinander von anderen zu unterscheiden. Sie ist ein Mittel der Distinktion.

Diese Funktion der Kleidung wird üblicherweise auf den sozialen Bereich bezogen. Bestimmte Kleidungsstile dienen der Zurschaustellung der Identitätsbildung beziehungsweise sozialen Ausgrenzung.[35] Diese sozial-distinktive Funktion von Kleidung ist sicherlich von herausragender Bedeutung – muss aber ergänzt werden durch eine temporal-distinktive. Denn durch Kleidung kann man sich nicht nur von anderen Menschen und anderen sozialen Gruppen unterscheiden, sondern ebenso von anderen Zeiten, oder genauer gesagt: von anderen Formen der Verzeitung. Durch einen spezifischen Umgang mit Kleidung kann man nämlich nicht nur zum Ausdruck bringen, dass sich die jetzige Zeit von einer früheren unterscheidet, weil man nun etwas anderes trägt als früher. Man kann darüber hinaus deutlich machen, dass man überhaupt einen grundlegend anderen Umgang mit Zeit pflegt und sich das Zusammenspiel von Vergangenheit, Gegenwart und Zukunft anders vorstellt.

Das lässt sich unter anderem in Kleiderordnungen nachvollziehen. Für das Heilige Römische Reich Deutscher Nation wurden für den Zeitraum von 1244 bis 1816 über 1350 Kleiderordnungen gezählt, zu denen allerdings noch etwa 2300 weitere Luxus- und Aufwandsgesetze wie Hochzeits-, Tauf- und Begräbnisordnungen zu rechnen sind, in denen Kleidung ebenfalls eine Rolle spielte. Zentrales Anliegen dieser Kleiderordnungen war es, soziale Unterschiede zu verdeutlichen, festzuschreiben und möglichst unveränderbar fortgelten zu lassen. Den einzelnen Ständen und Gruppen wurde zum Teil auf penibelste Weise vorgeschrieben, was sie tragen durften und was nicht, um auf diese Weise die gesellschaftliche Hierarchisierung zu fixieren – und zwar im (nie eingetretenen) Idealfall über die Zeiten hinweg. Weil soziale Unterschiede in der mittelalterlichen und frühneuzeitlichen Ständegesellschaft als selbstverständlich und natürlich angesehen wurden, sollten und mussten diese Differenzen auch in der Kleidung zum Ausdruck gebracht werden. Deswegen war es beispielsweise ein Ziel der Kleiderordnungen, dass sich niemand in der Öffentlichkeit in einer Art präsentierte, die nicht seiner gesellschaftlichen Gruppenzugehörigkeit entsprach, er sich also nicht mittels Kleidung in eine sozial höhere Schicht aufschwang.[36]

Die Kleiderordnung der Stadt Nürnberg aus dem Jahr 1693 sah zum Beispiel vor, dass Mitglieder der höchsten gesellschaftlichen Kreise Hutschnüre aus Gold tragen durften (allerdings nur bis zu einem Wert von 25 Gulden), Hosen aus Samt, Atlas, Taft oder Brokat, Strümpfe aus Seide und Röcke mit silbernen und goldenen Knöpfen. Am anderen Ende der sozialen Leiter wurde den Handwerksgesellen und der Dienerschaft kategorisch vorgeschrieben, nur wollenes Tuch, Leder »und dergleichen gering Gewand«[37] zu tragen. Die Begründung des Stadtrates für diese Maßnahme lief auf zwei Argumente hinaus: Zum einen sollte der sündigen Hoffart entgegengetreten werden, zum anderen hatten sich die Differenzen zwischen den gesellschaftlichen Gruppen aufgrund unziemlicher Kleidung so weit verwischt, »daß man kaum mehr einen Stand vor dem andern unterscheiden kan«.[38]

Die zahlreichen Kleiderordnungen, die genau diesen Zustand einer beständigen Gesellschaftsordnung untermauern wollten, bewirkten jedoch – wie nicht wenige Verbote – das Gegenteil. Indem sie bestimmte Handlungsweisen verbieten und soziale Grenzen befestigen wollten, machten sie überhaupt erst auf diese Grenzen aufmerksam und luden zu ihrer Überschreitung geradezu ein. Auf der Grundlage von Kleiderordnungen war also nicht nur klar, welche Regeln man einzuhalten hatte, sondern es wurde zugleich eine Anweisung mitgegeben, wie man mittels der äußeren Erscheinung sozial besser dastehen konnte. Soziale Mobilität, die eigentlich unterbunden werden sollte, wurde dadurch tatsächlich gefördert.[39]

Zudem konnte eine temporale Variabilität in Gang gesetzt werden, die man seitens der Obrigkeiten eigentlich vermeiden wollte. Denn in zeitlicher Hinsicht ist die Aussage von Kleiderordnungen ganz eindeutig: Es soll sich nichts verändern! Jede und jeder soll in dem Stand und in der sozialen Gruppe verbleiben, in die sie hineingeboren wurden, und diese Zugehörigkeit soll auch nach außen zum Ausdruck kommen. Die Zustände einer idealisierten Vergangenheit sollen bestehen bleiben. Vor allem soll keine andere Zeitdimension eine ähnlich normativ vorbildliche Funktion erhalten. Die Kleiderordnungen sind geleitet durch »den Anspruch, dem Alten zu dienen, das Bestehende zu sichern, im Bewährten zu verharren. Immer erscheinen sie bewußt, betont und nachdrücklich als konservativ. Ihr Kampf gegen das Neue ist zäh und unermüdlich – trotz aller Fehlschläge.«[40]

Obrigkeitliche Verordnungen, in denen bis ins Detail geregelt wurde, welche Form der Bekleidung, welcher Luxus und welcher repräsentative Aufwand erlaubt waren, finden sich in Europa schwerpunktmäßig zwischen dem 14. und dem 17. Jahrhundert. Einige städtische Beispiele: Für die Altstadt Hannover ist die älteste Kleiderordnung aus dem Jahr 1312 überliefert, die letzte stammt aus dem Jahr 1671, dazwischen wurden etwa 30 Kleiderordnungen erlassen. Auch in vielen anderen Städten des deutschsprachigen Raums setzte der Erlass von Kleiderordnungen im 14. Jahrhundert ein: Die älteste entsprechende Norm aus Göttingen stammt aus dem Jahr 1340, aus Braunschweig ist eine Kleiderordnung aus dem Jahr 1349 bekannt.[41] Auch in Nürnberg sind die ältesten Überlieferungen im 14. Jahrhundert zu greifen. Der Höhepunkt der Nürnberger Kleidungsgesetzgebung liegt im 16. und frühen 17. Jahrhundert, aber bereits 1693 erscheint die letzte entsprechende Verordnung.[42]

Dass die Kleiderordnungen auf städtischer Ebene gegen Ende des 17. Jahrhunderts allmählich ausklingen, hat fraglos mit dem politischen Bedeutungsverlust der Organisationsform ›Stadt‹ gegenüber den politisch erstarkenden Territorialstaaten zu tun. Sie zeigt sich auch in einer Verlagerung der Normierungstätigkeit von der Stadt zum Territorium. Dass dies als Erklärung aber nicht hinreicht, verdeutlicht ein Blick auf den Erlass von Kleiderordnungen in diesen Territorien. Im Herzogtum Bayern setzte beispielsweise die Verordnungstätigkeit in der Mitte des 14. Jahrhunderts ein und reicht sogar bis in das frühe 19. Jahrhundert –

allerdings mit einem deutlichen Bruch im frühen 18. Jahrhundert. Ein Höhepunkt ist auch hier – wie in so vielen anderen Fällen – im 16. und 17. Jahrhundert zu konstatieren. Aus dem Jahr 1526 ist beispielsweise handschriftlich eine sehr umfangreiche »Ordnung der Klaider« überliefert, die sich zum Ziel gesetzt hatte, die Einhaltung der ständischen Schranken auch in Fragen der Kleidung zu reglementieren und die Verschwendung durch übermäßigen Luxus zu unterbinden. Genau 100 Jahre später wird in Bayern im Jahr 1626 eine weitere sehr umfangreiche Kleiderordnung erlassen. Weniger voluminöse Verordnungen finden sich in diesem Zeitraum ebenso wie archivalisch überlieferte Entwürfe für umfassende Normen, die dann aber nicht erlassen wurden. Die letzte große Kleiderordnung war betitelt als »Proiect, die Claider ordtnung betr.« und stammt aus dem Jahr 1730. Sie stellt den letzten Versuch dar, die Untertanen in ihrer Erscheinung durch eine systematisch gegliederte Rangordnung zu kennzeichnen. Es sollte kein weiterer mehr folgen. Alle folgenden, hinsichtlich ihres Umfangs eher übersichtlichen Normen, die während des 18. Jahrhunderts erlassen wurden, hatten nur noch ein sehr eingeschränktes Ziel: Es ging nur noch um die Verwendung bestimmter Materialien bei der Herstellung von Spitzen und Borten, vor allem um in einem gut merkantilistischen Sinn die Einfuhr teurer ausländischer Waren und die Ausfuhr einheimischen Kapitals zu verhindern. Von einer gesellschaftspolitischen Intention ist jedoch nichts mehr zu bemerken.[43]

Der quantitative Höhepunkt der Aufwands- und Kleiderverordnungen lag eindeutig im Zeitraum zwischen der Mitte des 16. und der Mitte des 17. Jahrhunderts. Mehr als ein Drittel aller Verordnungen aus insgesamt sechs Jahrhunderten Kleidergesetzgebung im deutschsprachigen Raum fiel in dieses als krisenhaft wahrgenommene Jahrhundert. Dieser Befund trifft auch für die meisten anderen Regionen Europas zu. Einzig für England kann man bereits einen früheren Anfang des Endes der Kleiderordnungen festmachen, denn die entsprechende Normierung endete schon im Jahr 1604, wenn auch das Thema in öffentlichen Debatten weiterhin eine wichtige Rolle spielte.[44]

Nicht selten kündigte sich das Ende der Kleiderordnungen schon in den Normen selbst an. In österreichischen Kleiderordnungen kann man entsprechende Schwerpunktverlagerungen zum Beispiel seit der Mitte des 17. Jahrhunderts beobachten. Hatten Kleiderordnungen des 16. und frühen 17. Jahrhunderts noch einen stark moralischen und religiösen Anklang, insofern sie sündhaftes Verhalten unterdrücken und die Ständeordnung in ihrem Bestand sichern wollten, wurden ab etwa 1650 wirtschaftliche Argumente wichtiger – Argumente, die schließlich auch zum Ende der Kleiderordnungen führen sollten.

In der kaiserlichen Hofkammer in Wien fanden seit 1656 Kommissionssitzungen statt, die sich mit Fragen der Kleider- und Luxusgesetzgebung beschäftigten. Diese Beratungen, die 1659 in eine kaiserliche Verordnung mündeten, standen allerdings nicht mehr unter vornehmlich moralischen, sondern unter ökonomischen Vorzeichen. Vorrangiges Ziel war es, die Einfuhr ausländischer Luxusgegenstände zu verhindern. Damit war der Auftakt gegeben zu einer grundsätzlich anderen Tonlage in der Aufwandsnormierung. In den folgenden Jahrzehnten setzte sich dieser Trend fort. In Verordnungen aus den Jahren 1671, 1686 und 1687 spielten ökonomische Überlegungen eine wesentliche Rolle. Allerdings waren dies dann auch die letzten Bestimmungen, denen der Charakter einer Kleiderordnung im traditionellen Sinn anhaftete.[45]

Der letzte Schritt von der Moral zur Ökonomie wurde in Österreich 1697 vollzogen, als man erstmals eine Luxussteuer einführte.[46] Luxussteuern sind nicht nur als ein finanzpolitisches Mittel anzusehen, um die Staatseinnahmen zu verbessern, sondern zeigen zugleich einen gänzlich anderen Umgang mit Mode- und Luxusphänomenen an. Denn anstatt den Aufwand zu reglementieren, versucht der Staat mit Hilfe der Luxussteuer davon zu profitieren. Das bedeutet aber auch, dass Luxus gefördert wird, um die Steuereinnahmen zu erhöhen. Und unterschwellig verbindet sich mit dem Aufkommen von Luxussteuern auch ein anderes Zeitwissen, denn solche Abgaben machen nur dann Sinn, wenn man sich ohne Wenn und Aber auf die Gegenwart mit ihren ständig wechselnden modischen Ansprüchen einlässt, anstatt auf die (angeblich) ewig gültigen Ordnungsmodelle der Vergangenheit. So konnte der österreichische Staatsmann Joseph von Sonnenfels (1732–1817) gegenüber Maria Theresia im Jahr 1771 formulieren, dass die Welt aufgrund der unterschiedlichen wirtschaftlichen Verhältnisse der Menschen viel zu komplex geworden sei, um in einer Kleiderordnung dargestellt zu werden, der Kleiderluxus daher aufgrund seiner ökonomisch positiven

Beschäftigungswirkung kein Problem mehr darstelle. Im Herzogtum Bayern liefen die Argumente gegen eine Erneuerung der Kleiderordnung zumindest implizit darauf hinaus, dass es besser sei, den Kleiderluxus zu besteuern und damit positive Effekte für die Staatskasse zu erzielen, als einen großen Aufwand für die Aufrechterhaltung der Standesrepräsentation zu betreiben. Anstelle von Kleiderordnungen wurden in Europa während des 18. Jahrhunderts also lieber Luxussteuern erlassen.[47] Aber das waren bereits die letzten Grabsprüche für eine Beerdigung, die längst stattgefunden hatte.

Und was man an dem österreichischen Beispiel ablesen kann, lässt sich ohne weiteres auf den gesamten Kontinent übertragen. So wurde 1697 nicht nur die letzte Kleiderordnung in Österreich erlassen, 1724 erfolgte auch der letzte derartige Erlass in Frankreich.[48] Mit jeweils regionalen Verschiebungen kann man ab der Mitte des 17. Jahrhunderts feststellen, wie die Kleiderordnungen allmählich ihre Relevanz verloren, um in einem komplexen Übergangsprozess den Luxussteuern Platz zu machen.[49]

Die Bedeutung dieses Endes der Kleiderordnungen liegt einmal auf der gesellschaftlichen Ebene. Es wurde seitens der Obrigkeiten seit dem späten 17. Jahrhundert zunehmend als schwer, wenn nicht gar als unmöglich angesehen, die tradierte und gottgewollte gesellschaftliche Ordnung in Form des äußeren Erscheinungsbildes festzuschreiben. In dieser Hinsicht war das Mittelalter keineswegs um 1500 zu Ende, sondern eher um 1700. (Wo kämen wir auch hin, wenn sich Zeitalter an die Epocheneinteilungen der Nachlebenden halten würden?) Zwar sind es gerade die wahrgenommene gesellschaftliche Dynamik, die Veränderungen im sozialen Gefüge und das Aufstreben neuer Gruppen wie der Kaufleute oder der Gelehrten,[50] die Kleiderordnungen notwendig erscheinen ließen, um die Verschiebungen in der ständischen Ordnung einzuhegen. Aber erst um 1700 sah man wohl zunehmend die Nutzlosigkeit dieses Unterfangens ein – zumindest soweit es Kleiderordnungen betraf.[51]

Sodann dürfte aber auch ein zeitlicher Faktor eine Rolle gespielt haben. Denn die gesellschaftliche Dynamik kam auch in einer modischen Dynamik zum Ausdruck, die eindeutig auf Gegenwärtigkeit setzte. Und es war diese Gegenwärtigkeit, diese für die Mode typische Konstanz des Wandels, die sich mit Kleiderordnungen nicht mehr einfangen ließ. Schließlich operierten Kleiderordnungen mit einem Zeitmodell, das demjenigen der Mode diametral entgegengesetzt war: Sie konnten gerade nicht Dynamik abbilden, sondern wollten bestimmte Zustände einfrieren.

Möglich wurde eine Preisgabe von Kleiderordnungen nicht einfach dadurch, dass man auf Regelungen gänzlich verzichtete und nun unumschränkte Willkür in den Bekleidungsformen herrschen ließ, sondern indem man zeitlich umstellte: Es ging nicht mehr um vermeintlich überzeitlich gültige Formen der angemessenen Bekleidung, sondern man überließ es nun der jeweiligen Gegenwart und damit auch der jeweiligen Mode, die Differenzen im äußeren Erscheinungsbild zu markieren. Voraussetzung dafür war jedoch die Denkmöglichkeit, sich auf die Gegenwart als einen Zeitraum eigener Dignität einzulassen, in dem solche Markierungen vorgenommen werden konnten – weil sie gerade nicht mehr als überzeitlich gültig gedacht wurden.

Verdeutlichen lässt sich das an der Institution des Hofes. Hier kann man beobachten, wie während des 17. Jahrhunderts das Ideal statischer Ordnung und der damit einhergehenden Dauerhaftigkeit der Welt ins Wanken geriet. Die Kleidung ist hierfür ein eindeutiger Indikator, denn am Hof ging es während des 17. Jahrhunderts immer weniger darum, eine fixierte Kleidungsordnung einzuhalten und damit Stabilität zu signalisieren. Im Gegenteil: Die ständige gegenseitige Beobachtung innerhalb des sozialen Mikrokosmos ›Hof‹ nötigte dazu, der Mode zu folgen. Damit veränderten sich auch die Orientierungspunkte, mittels deren soziale Unterscheidungen eindeutig festgemacht werden konnten. Nun war es nicht mehr das rechtlich fixierte Kleidungsstück, nicht mehr das normativ festgelegte Accessoire, das der gesellschaftlichen Identifizierung diente. Nun war es gerade die beständige Veränderung, die ausgedrückt werden musste und die über die prekäre Stellung innerhalb der höfischen Gesellschaft entschied.

»Aus der stillgestellten Zeit der Kleiderordnungen, die die Sozialordnung stabilisieren sollte, wird am Hof die schnell laufende Zeit des konkurrenzbedingten Modewechsels, die keiner mehr einzufangen hoffen kann. Vielmehr müssen ihr alle hinterherlaufen. Damit wird die Kleidung am Hof vom Symbol sozialer Statik zum Symbol des gesellschaftlichen Wandels und vielleicht für Wandel überhaupt.«[52]

Und es versteht sich nahezu von selbst, welche Auswirkungen diese Bewegungen auf das Verständnis der Zeiten und ihrer Modalisierung hatten. Denn nun konnte es nicht mehr eine idealisierte Vergangenheit sein, die die Normen für die sozialen Unterscheidungen mittels Kleidung vorgab, sondern nun wurde ›modisch‹ immer nur in der jeweiligen Gegenwart darüber entschieden, ob jemand noch ›dabei‹ war oder nicht.

Der Charme der Wiederholung

Wiederholung ist ein Begriff, der zu Beginn des 21. Jahrhunderts eher pejorativ besetzt ist. Wiederholung wird häufig mit Ödnis und Langweile identifiziert. Wiederholungen sind, so will es ein dominierender Diskurs über unsere Wahrnehmung der Zeit, unbedingt zu vermeiden. Wenn ein Phänomen in unserer Gesellschaft in Erscheinung tritt, dann nur in Ausnahmefällen mit dem Impetus, die Wiederkehr des schon Dagewesenen zu sein. Soll von etwas (egal ob Produkt, Idee oder Programm) behauptet werden, es sei gut und richtig, wird es üblicherweise zugleich mit dem Attribut ›neu‹ versehen – oder zumindest eine Erneuerung und Verbesserung auf der Basis des bereits Bekannten behauptet.

Eine solche eher negative Einschätzung von Wiederholungen verkennt natürlich, wie wichtig sie für die Aufrechterhaltung von Strukturen sind. Denn Wiederholungen vermitteln Sicherheit – sie ermöglichen Vorhersagbarkeit und in einem gewissen Rahmen auch Beeinflussbarkeit der Verhältnisse. Der Relevanz von Wiederholungen waren sich die Menschen der Frühen Neuzeit durchaus bewusst. Nach unserem Geschmack betonten sie deren Bedeutung möglicherweise zu sehr, so dass das Leben in sehr vielen Bereichen einen strikt konservativen Zug annahm und Veränderungen nicht nur verachtet, sondern auch eindeutig untersagt waren. In unserer eigenen Gegenwart haben wir dies eher ins Gegenteil verkehrt. Das Neue und die Erneuerung haben gemeinhin einen so bedeutsamen Stellenwert erhalten, dass wir nur noch unter Schwierigkeiten die Wiederholungen, die unser Leben prägen, zur Kenntnis nehmen und schätzen können.

Das hat nicht zuletzt mit Formen der ökonomischen Organisation zu tun. Denn die Bedeutung von Wiederholungsstrukturen wird verdeckt durch vornehmlich marktwirtschaftlich organisierte Aufmerksamkeitsmechanismen, welche die Innovation und die Novität honorieren.

Nicht vornehmlich marktwirtschaftlich organisierte Gesellschaften, die beispielsweise auf einer religiösen Basis einem konservativen Ordnungsmodell folgen, sind für die Wertschätzung von Wiederholungen wesentlich empfänglicher. Denn Wiederholungen zeigen an, dass eine Wirklichkeit immer schon vollständig und unüberbietbar ist.[53]

Mit der Beobachtung von Turbulenz und Ordnung in temporalen Verhältnissen des 17. Jahrhunderts, mit dem Eindringen modischer Gegenwärtigkeit und den Versuchen stabilisierender Normierungen wird ein Grundproblem zeitlicher Verhältnisse aufgerufen. Es geht um die Frage von linearer und zyklischer Zeit, von Reversibilität und Irreversibilität, von Einmaligkeit und Wiederholung. Was ist denn die Zeit? Soll man sie sich als einen Strahl vorstellen, der geradlinig und unbeirrbar seiner Bahn folgt, ausgerichtet in eine wie auch immer geartete Zukunft? Oder ist sie ein in sich geschlossener Kreis der ewigen Wiederkehr,[54] wie er am sinnfälligsten im Lauf der Jahreszeiten zum Ausdruck kommt?

Vielleicht sollte man nicht das eine gegen das andere ausspielen. Der Chemiker Friedrich Cramer hat aus naturwissenschaftlicher Perspektive dafür plädiert, dem Doppelcharakter der Zeit gerecht zu werden, also sowohl ihre reversiblen wie auch ihre irreversiblen Komponenten gemeinsam zu betrachten. Dieser Doppelcharakter der Zeit lässt sich laut Cramer als Zeithelix begreifen, die sich aus dem Zusammenspiel von wiederholenden und unumkehrbaren Zeitformen ergibt.[55]

Zeitverläufe, die sich wiederholen, sind Anzeichen für stabile Strukturen. Sie finden sich nicht nur in den Jahreszeiten, sondern auch in der Umlaufbahn der Planeten, in Molekülschwingungen, beim Herzrhythmus, im Blutkreislauf, im Stoffwechsel, aber auch in gesellschaftlichen Phänomenen wie Festen und Jubiläen, der Olympiade oder dem Fahrplan der Bundesbahn. In all diesen Verläufen schwingt die Zeit gewissermaßen in sich zurück. Die Kreisbewegung der Zeit lässt sich verstehen als eine Bremsung des linearen Zeitpfeils durch einen ›Zeitattraktor‹. Der Zeitpfeil wird abgebogen und in eine Kreisbahn gezwungen.

Daneben lassen sich zahlreiche Phänomene ausfindig machen, die einer irreversiblen Zeitform verpflichtet sind. Schließlich gibt es genügend Ereignisse, die sich nicht wiederholen: die Geburt, der Tod, die Evolution oder die menschliche Geschichte. Diese irreversible Zeit entspricht dem linearen Zeitverständnis. Sie steht als Vektor gewissermaßen senkrecht auf dem Kreis, der durch die reversible Zeit beschrieben wird.»Wenn man ein *gleichzeitiges* und *kontinuierliches* Zusammenwirken der beiden Zeitmodi für ein System annimmt, so ergibt sich das Bild einer *Zeithelix*, bei der in der horizontalen Richtung die reversiblen Zeitkreise verlaufen, in der vertikalen Richtung die irreversiblen Vorgänge.«[56]

Bewegung kommt in dieser Zeithelix dadurch zustande, dass zyklische Bewegungen niemals absolut identische Wiederholung des Vorhergehenden sind. Die Jahresläufe und Jahreszeiten wiederholen sich zwar, sind sich aber nie gleich, der Herzrhythmus variiert, die Umlaufbahn der Planeten ist Veränderungen ausgesetzt – und der Fahrplan der Bundesbahn bedarf hinsichtlich seiner Variationsmöglichkeiten keines weiteren Kommentars. Jede Wiederholung geht also mit einer Störung einher, und sei sie noch so klein.[57] Auch jede Fotokopie, die von ein und demselben Original angefertigt wird, weicht minimal von allen anderen Kopien ab. Wie der Musiker Brian Eno sagte:»Wiederholung ist eine Form der Veränderung.«[58] Durch die Summierung solcher Störungen können reversible Zeitverläufe diskontinuierliche und – im Sinne der Chaostheorie – chaotische Übergänge erzeugen. In temporalen Systemen können dann die gleichen Phänomene auftreten, wie sie in mechanischen Systemen zu beobachten sind: Durch einen chaotischen Übergang springt der Zeitmodus auf eine andere Stufe. Und ebendiese Übergänge sind diskontinuierlich und irreversibel, lassen sich in zeitlichen Zusammenhängen (anders als in mechanischen) also nicht mehr umkehren.[59] Die Spannung zwischen Reproduktion und Innovation kann in den Begriff der Wiederholung selbst hineinverlegt werden. Auf diese Weise lässt sich deutlich machen, dass Wiederholung nicht unbedingt ein Anderes braucht, um innovativ zu wirken, sondern dass es das Besondere, das geradezu Hinterlistige von Wiederholungen ist, derartige Neuerungen aus ihrer spezifischen Form der Produktivität selbst generieren zu können

Ohne Frage lassen sich solche im Bereich der Naturwissenschaften gewonnenen Erkenntnisse nicht unmittelbar auf das Gesellschaftliche und Kulturelle übertragen. Aber das Modell der Zeithelix kann eine Anregung sein, um das Verhältnis von Stabilität und Umbruch, von Ordnung und Störung, von Routine und Innovation im Zusammenhang historischer Abläufe zu denken. Denn mit Blick auf die europäische Geschichte in den Jahrhunderten vor der Französischen Revolution ist nicht zu übersehen, dass für viele Menschen die Erfahrung von Wiederholung und Dauer, und damit auch von Stabilität, eine erhebliche Rolle spielte. Einerseits war man vielfach darum bemüht, Ordnungen – unabhängig davon, ob es sich um soziale, politische, wirtschaftliche, kulturelle, religiöse Ordnungen handelte – mittels Wiederholungen auf Dauer zu bewahren. Andererseits musste man die Erfahrung machen, dass ebendiese Ordnungen einer permanenten Gefährdung ausgesetzt waren. Und man konnte auch bereits den Eindruck formulieren, dass die beständigen Wiederholungen autoritativer Muster nicht nur zu einer Sättigung, sondern zu einem Überdruss geführt haben.[60] Der spanische Jesuit und Schriftsteller Baltasar Gracián (1601–1658) schrieb in seinem 1646 erschienenen »El Discreto« (Der kluge Weltmann): »Wir sind schon am Ende der Zeiten. Damals, im goldenen Zeitalter, erfand man; später wurde hinzugefügt; jetzt ist alles Wiederholung. In allen Bereichen ist man vorangekommen, so daß nichts mehr zu tun bleibt, es sei denn zu wählen.«[61]

Was Wiederholungen auf ganz grundlegende Art und Weise leisten, ist das Selbstverständlichmachen eines Gegenstandes, seine Naturalisierung, so dass ihm (unter Umständen schon nach recht kurzer Dauer) die Signatur des ›schon immer‹ angeheftet werden kann. Denn das, was im täglichen Ablauf ständig und immer aufs Neue getan wird, bedarf irgendwann keiner Erläuterung mehr und ›versteht sich von selbst‹.[62]

Die Figur der Wiederholung ist also in zweifacher Hinsicht von Bedeutung. Einerseits geht es um den Zusammenhang von Wiederholung und Differenz für die jeweilige geschichtliche Situation:[63] Wie und in welchem Maße schleichen sich explizit oder implizit Änderungen und Neuerungen ein, obwohl möglicherweise die ganze Zeit von der Bewahrung der Tradition die Rede ist? Andererseits geht es darum, bei all der Hervorbringung von Unterschieden nicht aus dem Blick zu verlieren, wie wichtig für Menschen die Herstellung von Dauer ist. Wiederholungen erzeugen Beständigkeit und Kontinuität, sie sorgen für die ›Selbstverständlichung‹ sozialer und kultureller Phänomene, so dass nicht immer wieder von neuem nach dem ›Wieso, Weshalb, Warum?‹ gefragt werden muss. Eine derart entfaltete Begriffstrias zwischen Wiederholung, Differenz und Kontinuität kann als Kompass dienen, um eine weitere Route im Meer frühneuzeitlichen Zeitwissens einzuschlagen.

Katechismen

Die Zeithelix des 17. Jahrhunderts, die sich eigentlich durch die gleichmäßigen Schwingungen kulturell erwünschter Wiederholungen auszeichnen sollte, geriet durch Gegenwärtigkeiten, Modeerscheinungen, Medienphänomene oder Abkopplungen von der Vergangenheit in eine Unwucht. Das temporale Gleichgewicht ging verloren. Diesem drohenden und permanent thematisierten Ordnungsverlust versuchte man im 17. Jahrhundert durch erneute Ordnungsanstrengungen entgegenzuwirken. Im Bereich der Kleidungsgesetzgebung war dies nicht von Erfolg gekrönt. Aber es gab daneben eine große Anzahl von Phänomenen, die deutlich machen, wie man mittels Wiederholungen zur Stabilität zu gelangen versuchte.

Ein Beispiel sind einmal mehr die Kalender, die nicht zuletzt dazu dienten, das filigrane Zusammenspiel von Wiederholung und Unterscheidung vorzuführen. In jedem Jahr war im Prinzip alles genauso wie im Jahr davor – nur ein klein wenig anders. Ein anderer Fall ist das agrarisch geprägte Leben der großen Masse der europäischen Bevölkerung, das im 17. Jahrhundert allein schon aufgrund seiner Wetter- und Jahreszeitenabhängigkeit von Wiederholungen geprägt war. Dies drückte sich in einer Vielzahl von Ritualen oder Festen aus, die Verlässlichkeit herstellten, indem sie jedes Jahr wieder begangen wurden.

Doch auch der Katechismus ist ein solches Beispiel, obwohl er zunächst eher randständig erscheint und nicht gerade Weltgeschichte geschrieben hat. Mit dem Katechismus hat sich seit dem frühen 16. Jahrhundert eine Buchform etabliert, die grundlegende Prinzipien der christlichen Religion in Form von Fragen und Antworten vermittelte.[64] Damit erfüllte dieses ungemein populäre und sehr auflagenstarke Medium eine wesentliche Aufgabe, nämlich die Unterrichtung in Grundfragen christlichen Glaubens. Sicherlich war diese Form der Unterweisung keine Erfindung des 16. Jahrhunderts. Ihre Wurzeln lassen sich bis in die Spätantike zurückverfolgen. Doch seit dem 16. Jahrhundert bezeichnete der Begriff ›Katechismus‹ nicht mehr nur den entsprechenden Unterricht, sondern auch die gedruckten, systematisch gegliederten und didaktisch aufbereiteten Werke, mit denen die religiöse Elementarunterweisung gelingen sollte.[65] In ihrer basalen Form folgten die gedruckten Katechismen einem Schema, das einerseits den Kernbestandteil der christlichen Dogmatik zum Inhalt hatte (Glaubensbekenntnis, Zehn Gebote, Sakramente, Vaterunser) und andererseits mit einem didaktischen Frage-Antwort-Schema rhetorischen Vorgaben folgte.[66]

Die große Zeit dieses Mediums begann mit der Ausbildung der verschiedenen Konfessionen im Zuge der Reformation. Für die Stärkung der diversen protestantischen sowie der katholischen Kirchenorganisationen wurde der Katechismus als ungemein bedeutsam angesehen. In vielerlei Hinsicht vorbildlich waren die beiden Katechismen Martin Luthers, nämlich der im Januar 1529 erschienene »Kleine Katechismus« und der im April 1529 erschienene »Große Katechismus«. Luther war auf Visitationsreisen zu der Einsicht gelangt, dass in den Gemeinden nicht nur den Mitgliedern, sondern teilweise auch den Pfarrern elementare Kenntnisse christlicher Religionsinhalte fehlten. Die Katechismen sollten die reformatorische Lehre leichtverständlich und anschaulich zusammenfassen – und waren in dieser Funktion in erster Linie für die Pfarrer gedacht, um sie bei der Predigt und im Unterricht zu unterstützen. Der »Kleine Katechismus« zeichnete sich – im Gegensatz zu seinem »Großen« Gegenstück – weniger durch seinen argumentativen Charakter, sondern durch prägnante und zum Auswendiglernen gedachte Formeln aus. Er war daher nicht nur für Laien geeignet, sondern wurde vielfach im Schulunterricht verwendet, wobei lateinische, griechische und hebräische Übersetzungen dazu dienten, die klassischen Sprachen zu lernen, so dass der Katechismus in mehrfacher Hinsicht zum elementaren Lehrbuch des lutherischen Schulwesens wurde. Im Calvinismus waren es der »Genfer Katechismus« von Johannes Calvin aus dem Jahr 1545 sowie der »Heidelberger Katechismus« aus dem Jahr 1563, die in reformierten Territorien in den Rang von Bekenntnisschriften aufstiegen. Im katholischen Bereich war es der durch das Trienter Konzil angeregte »Catechismus Romanus« aus dem Jahr 1566, der wirkungsgeschichtlich eine sehr große Ausstrahlung hatte. Nicht minder bedeutsam waren die Katechismen des Petrus Canisius, der die Inhalte auf unterschiedliche Zielgruppen ausrichtete. Für Studenten war die »Summa doctrinae christianae« (Zusammenfassung der christlichen Lehre, 1555), für Schüler der »Parvus catechismus catholicorum« (Kurzer Unterricht im katholischen Glauben, 1559) und für Kinder der »Catechismus minimus« (1556) gedacht. Sie behielten ihren Einfluss bis in das 18. Jahrhundert hinein und erlebten jeweils nicht weniger als 500 Auflagen.[67]

Nach eigenen Worten war Martin Luther durch die schiere, die »klägliche, elende Not« dazu gezwungen worden, den Kleinen Katechismus zu verfassen.[68] Im Herbst 1528 und im Winter 1528/29 war Luther zu einer Visitation (wir würden heute sagen: Inspektion) der Gemeinden im Kurfürstentum Sachsen unterwegs gewesen, und diese Erfahrung hatte ihn offensichtlich nachhaltig geprägt:

> »Hilf, lieber Gott, wie manchen Jammer habe ich gesehen, daß der gemeine Mann doch so garnichts weiß von der christlichen Lehre, sonderlich auf den Dörfern, und leider viel Pfarrherr fast ungeschickt und untüchtig sind zu lehren, und sollen doch alle Christen heißen, getauft sein und der heiligen Sakrament genießen, können wider Vaterunser noch den Glauben [das Glaubensbekenntnis] oder zehen Gebot, leben dahin wie das liebe Viehe und unvernünftige Säue [...].«[69]

Mit dem Katechismus wollte Luther den offensichtlichen Missständen und der allseitigen Unkenntnis der christlichen Lehre entgegenwirken. Doch sein Ziel war es nicht einfach, die Glaubensinhalte möglichst weitreichend zu verbreiten, vielmehr hatte er recht genaue Vorstellungen, wie die Katechese gestaltet werden sollte. Einheitlichkeit stand dabei an erster Stelle. Die elementaren Texte sollten nicht in variierenden Formen, sondern auf die immer gleiche Weise gelehrt werden. Luthers Katechismen stellten diese verbindliche Textform zur Verfügung, denn: »das junge und alber [einfältige] Volk muß man mit einerlei gewissen Text und Formen lehren, sonst werden sie gar leicht irre«. An die Geistlichen ging daher die Aufforderung: »[...] lehre sie für das allererst diese Stück, nämlich die zehen Gebot, Glauben[sbekenntnis], Vaterunser etc.

nach dem Text hin von Wort zu Wort, daß sie es auch so nachsagen können und auswendig lernen.«[70] Vor der inhaltlichen Erläuterung stand die wiederholende Aneignung: »wenn sie den Text nu wohl können, so lehre sie denn hernach auch den Verstand, daß sie wissen, was es gesagt [bedeute]«.[71]

In Schulen, Versammlungen von Pfarrgemeinden oder in Hausgemeinschaften sollten nach Luthers Vorstellung die Menschen zusammenkommen, um unter Anleitung solche Fragen zu beantworten:

> »Die zehen Gebot, wie sie ein Hausvater seinem Gesinde einfältiglich furhalten soll.
> Das erst. [Gebot]
> Du sollst nicht ander Götter haben.
> Was ist das? Antwort.
> Wir sollen Gott über alle Dinge fürchten, lieben und vertrauen.
> Das ander. [Gebot]
> Du sollst den Namen Deines Gottes nicht unnützlich fuhren.
> Was ist das? Antwort.
> Wir sollen Gott fürchten und lieben, daß wir bei seinem Namen nicht fluchen, schweren [schwören], zaubern, liegen oder triegen [lügen oder trügen], sondern denselbigen in allen Nöten anrufen, beten, loben und danken.
> Das dritte. [Gebot]
> Du sollst den Feiertag heiligen.
> Was ist das? Antwort.
> Wir sollen Gott fürchten und lieben, daß wir die Predigt und sein Wort nicht verachten, sondern dasselbige heilig halten, gerne hören und lernen.«[72]

Die Praxis des Katechismusunterrichts ist kaum überliefert. Aber schon anhand dieses kurzen Ausschnitts wird deutlich, wie bedeutsam die Wiederholung war, nicht nur weil beständig die identischen Inhalte abgefragt, sondern bei den Antworten auch dieselben formelhaften Wendungen verwendet werden: »Wir sollen Gott fürchten und lieben ...«

Andere Einblicke in die Praxis gewähren jedoch Bücher wie »The faithful shepheard«, ein Katechismus des puritanischen Geistlichen Richard Bernard (1568–1641) aus dem Jahr 1607. Bernard ging auf die Frage ein, wie man in der alltäglichen Praxis die katechetischen Inhalte vermitteln sollte – und bestätigt dabei das Vorgehen Luthers. Der Katechismus sollte stur Wort für Wort auswendig gelernt und nicht durch ›unnötige Interpretationen‹ unterbrochen werden. Wie Luther war auch Bernard der Meinung, dass die Katechumenen, also die Katechismusschüler, zunächst die sprachliche Hülle der Glaubensinhalte auswendig lernen sollten, bevor diese dann mit Bedeutung gefüllt werden könne. Der Katechismus war für ihn das Abc der Religion – denn auch beim Abc lerne man zunächst die Buchstaben, bevor man sinnvolle Wörter und Sätze bilden könne.[73]

Die Bedeutung des Mediums ›Katechismus‹ mit seinen spezifischen Strategien des Fragens und Antwortens, des Memorierens und der Einprägung zentraler theologischer Inhalte durch beständige Wiederholung wurde bereits von den Zeitgenossen erkannt und vielfach diskutiert.[74] Es ist sicherlich nicht übertrieben zu behaupten, dass Katechismen in mehrfacher Hinsicht ein Erfolgsmedium waren, einerseits mit einem ganz schlichten Blick auf die Verkaufszahlen, sodann aber vor allem, was ihre inhaltliche Wirksamkeit betrifft.

Insbesondere aus dem 16. und 17. Jahrhundert finden sich zahlreiche Äußerungen, welche die Vermutung bestätigen, dass die Katechismen eine ganz erhebliche Rolle bei der Ausbreitung und erfolgreichen Etablierung des Protestantismus in Europa spielten. 1694 sprach beispielsweise der damalige Erzbischof von Canterbury, John Tillotson, davon, dass es zwei Säulen der protestantischen Religion gebe: die Darstellung von John Foxe über protestantische Märtyrer – und die Katechismen. John Syme, ein Pfarrer in Essex, schrieb 1617, dass die religiöse Unterweisung der Katechismen in Frage-Antwort-Form ohne Zweifel der beste Weg für das ›einfache Volk‹ sei, die Grundlagen des Glaubens zu erlernen. Und nicht umsonst heißt es im Vorwort des »Catechismus Romanus«, dass die Katechismen der Protestanten der (katholischen) Kirche großen Schaden zugefügt hätten.[75] Auf diesen ›Schaden‹ ebenfalls mit der Veröffentlichung eines Katechismus zu reagieren verrät schon, wie man gegen die Ausbreitung des Protestantismus vorgehen wollte.

Obwohl ebenfalls überaus erfolgreiche Medien, teilen die Katechismen das Schicksal der Kalender: Es haben nur verhältnismäßig wenig gedruckte Exemplare überlebt. Angesichts der enormen Auflagenzahlen mag das verwundern, denn tatsächlich wurde Europa im 16. und 17. Jahrhundert von Katechismen geradezu überschwemmt. In England wurden zwischen 1530 und 1740 insgesamt 678 unterschiedliche Katechismus-Bücher auf den Markt gebracht (deren Auflage seriöserweise noch nicht einmal geschätzt werden kann), was die ungeheure Nachfrage deutlich macht.[76] Ähnlich wie den Kalendern wird man dieser ›Gebrauchsliteratur‹ keinen höheren Stellenwert zugeschrieben und sie daher des Aufbewahrens nicht wert befunden haben, so dass sie ebenso massenweise produziert wie später weggeworfen wurden.

Hier interessiert ohnehin vor allem die Frage, wie Katechismen mit der Zeit operierten und Wiederholungen einsetzten.[77] Aus unserer Sicht mögen die Verfahren, mit denen man in der Frühen Neuzeit religiöse Inhalte zu lehren und in den Köpfen von Kindern und Erwachsenen zu verankern suchte, etwas archaisch anmuten. Stures Auswendiglernen, regelmäßiges Wiederholen des Immergleichen und die wenig überzeugend anmutende Form, auf vorgefertigte Fragen ebenso vorgefertigte Antworten zu liefern, erscheinen didaktischen Überzeugungen des frühen 21. Jahrhunderts unzureichend. Im 17. und bis in das frühe 18. Jahrhundert hinein war dieses Vorgehen jedoch überaus innovativ und hatte eine durchschlagende Wirkung, zumal es der sozialen und kulturellen Situation entsprach. Da den Katechismusschülern mitunter selbst die grundlegendsten Kenntnisse der christlichen Religion fehlten, konnte die häppchenweise Wiederholung identischer Inhalte durchaus hilfreich sein. In einer immer noch zu erheblichen Teilen oral geprägten Gesellschaft musste das Aufsagen ohnehin noch eine größere Rolle spielen. Gerade angesichts des erheblichen Prozentsatzes an Illiteraten war die Frage-Antwort-Form ein probates Mittel, um möglichst alle Kirchenmitglieder zu erreichen.[78]

Wie man schließlich den didaktischen Wert des Auswendiglernens auch immer beurteilen mag, eines steht fest: Durch die Wiederholung der immer gleichen, zentralen Glaubensinhalte hoffte man seitens der Kirche (und das wohl nicht vergeblich), über den Katechismusunterricht zu einer dauerhaften Verinnerlichung religiös-konfessioneller Überzeugungen zu gelangen. Durch Repetition zur Stabilität – so lautete die Erfolgsformel. Man war der Überzeugung, je öfter etwas wiederholt würde, desto eher würde es auch verstanden – und verinnerlicht. Die Fähigkeit zur Wiedergabe zentraler Glaubenssätze wurde gleichgesetzt mit einem echten Bekenntnis zur jeweiligen Konfessionskirche.[79]

Wiederholung wurde aber nicht nur als didaktisches Mittel verstanden, um Kinder mit bestimmten Inhalten dauerhaft vertraut zu machen, sondern zudem als ein elementares disziplinierendes Mittel angesehen. Denn die Kindheit wurde als ein Lebensabschnitt erachtet, in dem es in besonderem Maße der Vermeidung eines sündigen Lebens bedurfte. Eine der Maßnahmen, um dieses Ziel zu erreichen, war: die Wiederholung. Auch in anderen Bereichen sollten permanent aufgegriffene, repetitive Einübungen bestimmter Inhalte und Praktiken eine umfassende Kontrolle des Kindes bewirken. Wiederholungen waren nicht nur deswegen bedeutsam, weil das zu Erlernende dem Kind unauslöschlich eingeprägt wurde, sondern weil dadurch aus einer Fremddisziplinierung eine Selbstdisziplinierung werden sollte. Der Wiederholung als didaktischem Kernbestandteil von Katechismen wurde also der Effekt zugeschrieben, das Erinnerungsvermögen zu trainieren, den Verstand zu schärfen und den Willen zu zähmen.[80]

Die Formen, mit denen wiederholend auf die Kinder wie auf alle anderen Gemeindemitglieder eingewirkt werden sollte, waren vielfältig. Es begann mit dem regelmäßigen und obrigkeitlich verordneten Kirchenbesuch, setzte sich fort mit der Bibellektüre oder dem Einprägen ausgewählter Bibelverse und war mit dem Zuhören bei Predigten, dem Auswendiglernen von Gebeten und Psalmen oder dem Kirchengesang noch nicht beendet. Der Katechismus blieb diejenige repetitive Technik, von der man sich den größten Effekt in erzieherischer, disziplinierender und doktrinärer Hinsicht erhoffte. Er war für die Reformatoren das perfekte Mittel, um einerseits pädagogische Traditionen aufzunehmen, wie sie in der Vergangenheit entwickelt worden waren, und diese andererseits den spezifischen Anforderungen der Reformation anzupassen – und das hieß, eine möglichst rasche, möglichst umfassende und möglichst nachhaltige Konversion großer Bevölkerungsteile zu bewerkstelligen. Der Katechismus (als Medium wie als Unterricht) war dieser Mammutaufgabe einerseits gewachsen, weil er eine knappe Zusammenfassung komplexer religiöser Inhalte bot, die einfach genug gehalten war, um von allen erlernt zu werden. Andererseits baute er – zumindest für frühneuzeitliche Verhältnisse – auf einen ›multimedialen‹ Ansatz. Der Katechismus bediente sich selbstverständlich des Buchdrucks, und in dieser Form erahnen wir selbst heute noch einiges von der Wirkung, die er zeitgenössisch gehabt haben muss. Was sich jedoch kaum mehr vor Augen (und Ohren) führen lässt, ist die Eindrücklichkeit des gemeinsamen Katechismusunterrichts. Nicht nur dass frühneuzeitliche Gesellschaften immer noch zu einem erheblichen Grad durch mündliche Vermittlungsformen geprägt waren, man hielt auch in pädagogischen Überlegungen die Macht der Stimme vielfach für nachhaltiger als die Macht des gedruckten Wortes. Somit hätten also auch die Wiederholungen, die im Ablauf von Frage und Antwort zwischen dem Katecheten (dem Lehrenden) und den Katechumenen (den Lernenden) auftraten, ihre wichtigen disziplinierenden und stabilisierenden Effekte erzielt: Der Katechismusunterricht hätte dann durch Wiederholung und Memorierung eine Selbstdisziplinierung jedes Einzelnen erreicht, und mehr noch: Durch das Aufsagen vor der Gemeinde oder in der Gruppe wäre auch eine Sozialdisziplinierung erzielt worden.[81]

Und doch hielt man an der Wiederholung als vermeintlichem didaktischem Allheilmittel nicht ohne Wenn und Aber fest. Einmal mehr zeigte sich um die Mitte des 17. Jahrhunderts eine allmähliche Verschiebung (ohne einen radikalen Bruch zu markieren). Immer häufiger wurden Diskussionen über die Frage geführt, ob es sich bei den vorgefertigten Fragen und Antworten, bei Wiederholung und Auswendiglernen nicht nur um das Hersagen formelhafter Oberflächlichkeiten handelte und ob man stattdessen nicht für ein wirkliches Verständnis der Glaubensinhalte sorgen könne.

Der puritanische Pfarrer Herbert Palmer (1601–1647), Autor eines 1644 erschienenen Katechismus, beklagte sich beispielsweise darüber, dass manche Katechumenen zwar eine vollkommen richtige Antwort gaben – diese aber überhaupt nicht zu der gestellten Frage passte. Sie hatten die Worte zwar korrekt auswendig gelernt, waren aber nicht in der Lage, Fragen und Antworten inhaltlich in einen Zusammenhang zu bringen. Ein weiterer Kritikpunkt leitete sich unmittelbar aus diesem Problem ab und betraf die falsche Verwendung katechetischer Inhalte. So konnte es beispielsweise vorkommen, dass Schüler die Zehn Gebote wie ein Gebet deklamierten, das Vaterunser dann aber als Zauberspruch gegen den Teufel benutzten. Auch dies war ein mehr als deutlicher Hinweis darauf, dass die eigentlichen Inhalte nicht verstanden worden waren. Ein dritter Beschwerdepunkt betraf die Umsetzung des Gelernten in die alltägliche Praxis. Die Schüler hatten zwar verstanden, dass sie sich selbst über ihr sündiges Verhalten Rechenschaft ablegen, demütig beten und regelmäßig an Gottesdiensten und Abendmahlen teilnehmen sollten. Auch konnten sie – danach befragt – die korrekten Antworten geben. Doch sie setzten diese Einsichten nur unvollkommen in ihren Alltag um.[82]

Seit der zweiten Hälfte des 17. Jahrhunderts bemühte man sich bei der Lösung der Probleme, die sich mit dem Katechismus ergaben, nicht mehr nur um kosmetische Verbesserungen, sondern erkannte die Notwendigkeit, grundlegend andere Lösungswege einzuschlagen. Man verabschiedete sich etwa seit der Mitte des 17. Jahrhunderts allmählich von der Vorstellung, dass die Glaubensinhalte zunächst formal gelernt und später mit Inhalt gefüllt werden müssten.[83] Es genügte nicht mehr, die Katechese allein als Gedächtnisleistung zu begreifen, vielmehr musste sie zu einer echten Verstehensleistung werden. Richard Baxter (1615–1691), ein weiterer puritanischer Pfarrer und Autor religiöser Erbauungsliteratur, brachte das Problem in einer Veröffentlichung aus dem Jahr 1683 auf den Punkt, als er schrieb, dass es nicht genügen könne, in der Katechese nur ein Abbild des Wissens von der Religion zu vermitteln. Es würde nur der grammatikalische und wörtliche Sinn der Religion vermittelt, nicht aber die inhaltliche Kenntnis der Dinge selbst – gerade so, als würde den Trinkenden bereits das Glas ohne den Wein befriedigen.[84]

Damit stand die Frage im Raum, ob die ursprüngliche reformatorische Didaktik, wie sie Luther maßgeblich formuliert hatte, noch genügte. War es ausreichend und weiterführend, die Katechumenen zunächst die Formeln auswendig lernen zu lassen, um diese dann im Nachhinein sinnvoll aufzufüllen und mit inhaltlichem Verständnis anzureichern? Damit war (zumindest implizit) auch die Frage nach dem Zeitmodell aufgeworfen, das dieser Didaktik zugrunde lag: War es tatsächlich noch tragfähig, die Dauerhaftigkeit von – in diesem Fall – Glaubensinhalten oder die Stabilität von anderen Elementen des sozialen, politischen, kulturellen oder wirtschaftlichen Lebens durch die Technik der Wiederholung zu gewährleisten? War die Wiederholung möglicherweise an die Grenzen ihrer Leistungsfähigkeit gelangt? Und wenn das so war, war dann möglicherweise auch das Ideal einer um jeden Preis aufrechtzuerhaltenden Stabilität der Verhältnisse an seine Grenzen gestoßen?

<u>In kritischen Überlegungen zum etablierten Katechismusunterricht wird ansatzweise die Überzeugung sichtbar, dass der Mensch erzogen werden, dass die menschlichen Anlagen verbessert und über diesen Weg auch die Zukunft gestaltet und potentiell verbessert werden könnten.</u> Das zeigt sich beispielsweise anhand der zunächst marginal erscheinenden Ja-Nein-Technik, die seit der Mitte des 17. Jahrhunderts in Katechismen allmählich in Gebrauch kam. In England wurde sie beispielsweise von Herbert Palmer in seinem 1644 erschienenen Katechismus »An endeavour of making the principles of religion« eingesetzt. Damit sollte dem von ihm beobachteten Problem abgeholfen werden, dass die Katechumenen zwar die Worte korrekt auswendig gelernt nachsprechen, inhaltlich aber nichts damit anfangen könnten.[85] Allen Quizshow-Geplagten und Multiple-Choice-Erfahrenen mutet dieses Vorgehen wahrscheinlich trivial an. Für das 17. Jahrhundert stellte es allerdings eine echte Neuerung dar. In den Katechismen wurden auf eine Frage nicht mehr nur eine, sondern mehrere mögliche Antworten gegeben, unter denen die Katechumenen die richtige (oder die richtigen) auszuwählen hatten. Zusätzlich zu der bejahenden oder verneinenden Antwort wurde auch eine längere Erklärung für die richtige Antwort gegeben. Der Sinn dieser Übung ist klar: Die Lernenden sollten nicht einfach nur Worthülsen auswendig lernen, sondern dazu gebracht werden, über die Glaubensinhalte nachzudenken, um dadurch Fragen und Antworten in einen korrekten Zusammenhang zu bringen.[86]

An diesen Katechismen lässt sich in didaktischer Hinsicht ein Umschwung erkennen: Wurden zunächst oberflächliche Kenntnisse und das Auswendiglernen vorgestanzter Antworten bevorzugt, war nun die Schulung der Urteilsfähigkeit und das Verstehen der Glaubensinhalte das Ziel. Wie aber hängt diese Ja-Nein-Technik nun mit einem möglicherweise veränderten Zeitkonzept und einem neuen Modell von Zukunft zusammen? Denn vordergründig ist hier ja von Zeit nicht die Rede. Der katechetischen Technik des automatisierten Memorierens von Fragen und Antworten liegt das temporale Modell der Wiederholung und einer dadurch angestrebten Stabilität (der Verhältnisse im Allgemeinen und der Glaubensinhalte im Besonderen) zugrunde. Demgegenüber lässt sich die Vorstellung, die Gläubigen müssten die Glaubensinhalte verstehen und für ihren eigenen Alltag anwenden, indem sie beispielsweise zwischen richtigen und falschen Lösungen auswählen, auf ein dynamisches Zeitmodell zurückführen. Während die Wiederholung auf die Bestätigung des Immergleichen setzt, um dadurch Dauerhaftigkeit auf der Zeitachse zu erreichen, setzt die Ja-Nein-Technik auf Varianz. Mit diesem didaktischen Vorgehen wurde eine Möglichkeit aufgezeigt, die von den Autoren sicherlich nicht intendiert war, die aber folgenreich werden konnte, nämlich die Präsentation von Alternativen. Im Rahmen der Wiederholung gibt es idealerweise nur eine einzige Möglichkeit, sich innerhalb der Zeit zu bewegen. Die Ja-Nein-Technik zeigt demgegenüber immer auch Alternativen auf. Selbst wenn diese Alternativen mit einem deutlichen ›Nein‹ als falsch attribuiert werden, so sind sie doch vorhanden.

Diese vorsichtige Form der Kontingenz in Glaubensfragen, die Varianten aufzeigt, Wahlmöglichkeiten zulässt und dem Gläubigen sogar die Möglichkeit an die Hand gibt, auf der Grundlage seiner eigenen Überlegungen eine Entscheidung zu treffen, steht in einer komplexen Wechselwirkung mit der Kontingenz in Zeitfragen. Einerseits speist sich die Ja-Nein-Technik mit all ihren Implikationen aus der zeitgenössischen Erfahrung der Unwägbarkeit der Zeitläufte und aus der Gewissheit, dass außer der Unsicherheit nichts mehr sicher sei. Andererseits wirkt diese sehr vorsichtige Öffnung in Glaubensfragen auch auf die Zeitmodelle zurück, insofern sich auch hier Übertragungsleistungen erzielen lassen: Wenn bei religiösen Inhalten mehr als eine mögliche Antwort zur Wahl gestellt wird, warum sollte das nicht auch für andere, sprich: zeitliche Verhältnisse gelten? Wenn bisher die Zukunft (wie die Wiederholungstechnik glauben zu machen versuchte) nur einen Weg und eine Richtung kannte, musste dann das Aufzeigen von Varianten nicht zu dem Gedanken führen, dass es auch hier Wahlmöglichkeiten gab, dass die Zukunft ebenso kontingent werden konnte wie die Glaubensinhalte?

Vielzeitigkeit

Sich auf Gegenwart einzulassen hat zur Folge, dass sich die Bezugsmöglichkeiten der Zeitdimensionen vervielfältigen. Man kann nun bewusst unterschiedliche Vergangenheiten und alternative Zukünfte entwerfen. Wenn dies in einem historischen Moment geschieht, in dem traditionelle Zeitauffassungen von einer Vergangenheit als unüberbietbarem Vorbild und einer Zukunft als vorherbestimmtem Schicksal immer noch gültig sind, dann muss das fast zwangsläufig zu Verwirrungen führen. Die Menschen des europäischen 17. Jahrhunderts waren sicherlich nicht die ersten, die parallel mit unterschiedlichen Zeitmodellen lebten. Aber im 17. Jahrhundert wurde die Konkurrenz verschiedener Zeitwissen in besonderer Weise thematisiert.

Diese Möglichkeit vieler Zeiten, diese Pluritemporalität, wie ich sie nennen möchte, ist nicht nur von entscheidender Bedeutung für das 17. Jahrhundert, sondern für das Verständnis des Phänomens ›Zeit‹ überhaupt.[87]

Folgt man dem amerikanischen Philosophen und Soziologen George Herbert Mead, dann ist der Mensch als Lebewesen nicht allein aufgrund seiner gattungsmäßigen Ausstattung oder aufgrund seiner Zugehörigkeit zu einer gesellschaftlichen Gruppe Teil einer Gemeinschaft. Vielmehr sind es wechselseitige Handlungen, die Menschen zu einer bestimmten Zeit und mit einer bestimmten Perspektive untereinander verbinden. Die Frage der Vergesellschaftung ist damit für Mead unlösbar mit der Frage der Relativität der zeitlichen Organisation verbunden.[88] Durch die Repräsentation unterschiedlicher Realitäten werden laut Mead in einer Handlungsgegenwart unterschiedliche Zeitsysteme und Perspektiven zur Überschneidung gebracht. Damit dies gelingen kann, muss sich ein Individuum in verschiedenen Systemen zugleich aufhalten, und es ist gerade die Fähigkeit, in verschiedenen Zeitsystemen und unterschiedlichen Perspektivierungen zu leben, die spezifisch menschlich ist. Vergesellschaftung bedeutet daher die Fähigkeit, mehrere Dinge gleichzeitig zu sein.[89] Diese Fähigkeit bezieht sich auf eine jeweilige Gegenwart, denn es ist nicht nur so, dass jede Gegenwart ihre eigene Vergangenheit interpretiert und schreibt. Zugleich nämlich richten sich Vergangenheit und Zukunft immer nach einer bestimmten Gegenwart – und zwar, da jede Gegenwart unvergleichlich ist, jeweils unvergleichlich anders.[90]

Möglicherweise braucht es gar nicht viel Überzeugungskraft, um die Idee von der Pluralität historischer Zeiten plausibel zu machen. Denn geschichtliche Zeit ist, wie der Historiker Reinhart Koselleck als unangefochtener Experte auf diesem Gebiet feststellte, an Menschen, Institutionen und Organisationen, also an unterschiedliche soziale und politische Handlungseinheiten gebunden. Dass diese Einheiten ihre jeweils eigenen zeitlichen Rhythmen besitzen, lehrt bereits die Alltagserfahrung. Deshalb ist es nicht nur gerechtfertigt, sondern zwingend notwendig, von vielen, einander überlagernden Zeiten anstatt von einer einzigen geschichtlichen Zeit zu sprechen. Oder um Johann Gottfried Herder zu zitieren (der seinerseits von Koselleck zitiert wurde): »Eigentlich hat jedes veränderliche Ding das Maß seiner Zeit in sich; dies besteht, wenn auch kein anderes da wäre; keine zwei Dinge in der Welt haben dasselbe Maß der Zeit ... Es gibt also (man kann es eigentlich und kühn sagen) im Universum zu einer Zeit unzählbar viele Zeiten.«[91]

Der französische Philosoph Michel Serres geht noch einen Schritt weiter. Er geht nicht nur davon aus, dass in ein und derselben Gleichzeitigkeit plurale Zeiten existieren, sondern dass Menschen diese unterschiedlichen Zeiten auch leben, dass der Mensch Pluritemporalität geradezu verkörpert. Denn dieser Mensch ist zur gleichen Zeit lebendig und sterblich, beständig und unbeständig, wiederholend und Neues hervorbringend. Lebende Systeme sind insofern komplexe Synchronismen, die beständig verschiedene Zeiten miteinander in Einklang bringen, sie baden geradezu in einem Fluss der Vielzeitigkeit.[92] Und was für die verkörperten Zeiten des Individuums gilt, so Serres, trifft auch auf die historischen Zeiten zu, die ebenfalls als ein Zusammenfluss unterschiedlicher Strömungen verstanden werden müssen – die wir aber noch nicht einmal annähernd verstanden haben.[93]

Jede Behandlung von Zeit muss also immer beide Seiten der Medaille im Blick behalten: Pluritemporalität und Synchronisation. Denn alles, was geschieht, geschieht gleichzeitig.[94] Daher geschehen auch (und vor allem) alle Zeiten gleichzeitig. Wir haben es also immer nur mit einer gegenwärtigen Vergangenheit und einer gegenwärtigen Zukunft zu tun, da alle anderen, nicht gegenwärtigen Vergangenheiten und Zukünfte schlicht nicht existieren. Doch nicht nur vergangene und zukünftige Zeiten existieren gleichzeitig und parallel zueinander, sondern auch zahlreiche andere soziale Zeiten, die Zeiten der Mode, des Katechismus, der Wirtschaft, der Politik, der Kirche, des Rechts, der Familie und so weiter.[95] Um angesichts dieser Vielzahl unterschiedlicher Verzeitungen die Funktionsfähigkeit des sozialen Systems jedoch aufrechtzuerhalten, ist Synchronisation vonnöten, das heißt die Koordination unterschiedlicher Zeithorizonte und Zeitsemantiken.[96] Diese Synchronisation versteht sich nicht von selbst, wird nicht gewissermaßen automatisch erzeugt, sondern ist das Ergebnis recht komplexer sozialer, politischer und kultureller Produktionsprozesse, wie das triviale Beispiel der Umstellung von Sommer- und Winterzeit zweimal jährlich verdeutlicht. Und die Herstellung von Synchronisation, deren tatsächliche Reichweite um ein Vielfaches über die Abstimmung von Sommer- und Winterzeit hinausreicht, ist deswegen auch recht prekär.[97]

Wofür ich daher plädieren möchte, ist eine (historische) Behandlung von Zeit, die Pluritemporalität nicht nur ernst nimmt, sondern deren konkrete Ausformungen und jeweiligen Auswirkungen auch angemessen zur Geltung bringt. Pluritemporalität bezeichnet die Tatsache, dass soziale Gruppen, Objekte, Ereignisse etc., also alles, was uns in unserem Alltag begegnet, zumindest potentiell dazu in der Lage ist, eigene Zeitformen auszubilden, die sich von anderen Zeitformen teils erheblich unterscheiden können. Pluritemporalität bezeichnet den methodischen Zweifel an der irreführenden Idee, wir hätten es nur mit einer einzigen Form der Zeit zu tun, die mit der Zeit der Uhren und Kalender zur Deckung zu bringen wäre. Gesellschaften leben aber nicht im Kokon eines monolithischen Zeitregimes, kennen also nicht nur eine singuläre Form der Gleichzeitigkeit, sondern pflegen zahlreiche, parallel zueinander bestehende Zeitformen, existieren also in einer Welt der Gleichzeitigkeiten.[98]

Größere Komplexität gewinnt die Idee der Pluritemporalität zusätzlich durch ihre historische Dimension. Im Rahmen einer Geschichte der

Zeit muss man feststellen, dass neue Zeitvorstellungen alte nicht einfach ersetzen, sondern tatsächlich zu den alten hinzutreten. Die Geschichte der Zeitkonzepte hat also kumulativen Charakter. Wenn alte Zeitmodelle verschwinden, dann nicht, weil sie durch jüngere, bessere ersetzt worden wären, sondern weil sie ihre soziale Funktion verloren haben. Häufig werden sie dennoch neben anderen Formen des Umgangs mit Zeit weiterbestehen oder sich mit neueren Zeitmodellen vermischen.[99]

Diese vielen Zeiten in eine übersichtliche und halbwegs handhabbare Ordnung zu bringen, musste beispielsweise jeder gedruckte Kalender des 16. und 17. Jahrhunderts unternehmen. Schließlich hatten es die Zeitgenossen parallel mit dem Julianischen Kalender der Protestanten und dem Gregorianischen Kalender der Katholiken zu tun. Beide fanden in den Kalenderdrucken Berücksichtigung, und zwar je nach Konfession des avisierten Publikums entweder mit dem alten Julianischen oder dem neuen Gregorianischen Kalender an erster Stelle.

Neben diesen konfessionell unterschiedlichen Zeiten gab es aber noch weit mehr Möglichkeiten, divergente kalendarische Systeme darzustellen. Ein auch hinsichtlich der Verkaufszahlen sehr erfolgreiches Beispiel stammte von Gottfried Kirch (1639–1710). Kirch war um 1700 einer der erfolgreichsten Kalendermacher und erstellte zu Beginn des 18. Jahrhunderts auch die Kalender für die Berliner Akademie der Wissenschaften. Bereits seit 1667 veröffentlichte er den »Christen- Juden- und Türkenkalender«, in dem er neben den christlichen kalendarischen Systemen auch den jüdischen und seit 1670 den muslimischen Kalender abdruckte. Zur Begründung schrieb Kirch im Jahr 1677:

> »Weil nun dieses Volck [der Juden] unter uns Christen wohnet/mit uns handelt und wandelt/als habe ich es nicht vor unnützlich geachtet ihren Kalender den unserigen bey zu setzen: Damit die jenigen so mit ihnen zu thun haben/doch wissen wann sie feyern und fasten/oder wann sie ihrer Handelung abwarten [Handel treiben].«[100]

Es mag zunächst überraschen, dass sich dieser Kalender jeglicher Diffamierung der anderen Glaubensrichtungen enthielt. Aber das Ziel von Kirch war ein rein pragmatisches, nämlich zu einer Übersetzung zwi-

Abb. 13 Auf dem Titelbild der Ausgabe des »Christen- Juden und Türcken-Kalenders« auf das Jahr 1689 sind typisierte Vertreter der drei monotheistischen Religionen bei der Betrachtung des Sternenhimmels zu sehen. Zugleich werden grundlegende Informationen zur Organisation des jeweiligen Kalendersystems mitgeteilt »Wir Christen Richten unser Jahr nach der Sonnen. Die Türcken Rechnen ihr Jahr allein nach dem Mond. Die Juden Rechnen ihr Jahr nach [Sonne] und [Mond] zugleich.«[101]

schen den verschiedenen Kalendersystemen beizutragen. Religiöse Polemik hatte dabei keinen Platz.

Gottfried Kirchs »Christen- Juden- und Türkenkalender« ist also ein hervorragendes Beispiel, um aufzuzeigen, was Kalender in ganz entscheidender Weise leisten: Synchronisation – und zwar mit allen entlastenden wie auch belastenden Folgen. Denn nicht nur die verschiedenen kalendarischen Möglichkeiten, um Zeit zu messen, sondern auch die Unterscheidungen zwischen Vergangenheit, Gegenwart und Zukunft (oder kürzer: zwischen Aktualität und Inaktualität) können immer nur in einer Gegenwart getroffen werden. All die vielen Zeiten, mit denen wir umgehen, all die Arbeitszeiten, Freizeiten, hektischen Zeiten, Wartezeiten, Alterungserfahrungen, Verjüngungsphantasien usw., kommen immer nur gleichzeitig vor. Um mit dieser temporalen Überforderung umzugehen, ergibt sich als eine Entlastungsmöglichkeit die Verschiebung von Ereignissen, Handlungen, Kommunikationen usw. in die Projektionen ›Vergangenheit‹ und ›Zukunft‹. Eine andere Entlastungsmöglichkeit besteht in der Synchronisation von Gleichzeitigkeiten, also in der Koordination divergierender Zeithorizonte.[102] Diese Synchronisation wird nicht zuletzt durch Kalender bewerkstelligt.[103]

Der Kalender lässt sich daher als eine ordnende und vereinheitlichende Kulturtechnik verstehen, die an die Stelle der vielfältigen Praxis die Einheitlichkeit und Homogenität einer Theorie setzt. Aus den tatsächlich vielen Zeiten und Rhythmen, mit denen wir in unserem Leben beständig umgehen (müssen), die schnell oder langsam vergehen können, die selten und kostbar oder in Hülle und Fülle vorhanden sind, die mit Begebenheiten gefüllt oder durch Langeweile entleert sein können – aus all diesen Zeiten soll im Kalender eine einheitliche Zeit absoluter Gleichmäßigkeit werden.[104]

* * *

Das Durcheinander der Zeiten lässt sich nicht bändigen – und gerade deswegen sind Kulturen beständig darum bemüht, genau das zu tun. Will man nicht in den Verwirbelungen unterschiedlicher Verzeitungen versinken, muss eine temporale Ordnung hergestellt werden, die Abstimmungen erlaubt, zugleich aber auch Anpassungen, sogar Unterwerfungen unter ein bestimmtes Zeitregime erfordert. Im europäischen 17. Jahrhundert prallen dabei unterschiedliche Zeitmodelle aufeinander. Turbulenzen ergeben sich nicht zuletzt aufgrund der Widersprüche zwischen einem Zeitwissen, das sich auf Gegenwärtigkeit verlässt, und einer etablierten Auffassung, die den Wert der Tradition hochhält. Mag es sich um Mode, Zeitungen oder künstlerische Leistungen drehen, am Grunde solcher Diskussionen lauert regelmäßig die Frage nach dem Umgang mit der Zeit.

Die vielen Zeiten zu ordnen, mit denen Kulturen gleichzeitig umgehen müssen, bringt einerseits Vorteile mit sich. Denn dadurch lassen sich Abstimmungen erleichtern und Koordinationen bewerkstelligen. Andererseits sind die wesentlichen Medien der Zeitmessung, also Uhren und Kalender, durch ebendiese Ordnungsleistung sehr machtgesättigte Medien, die geradezu dazu einladen, sie als Herrschaftsinstrument zu nutzen. Damit wird deutlich, dass sich Zeit nicht darauf reduzieren lässt, ein pragmatisches Mittel zur Einteilung, Messung und Datierung von Geschehnissen und Abläufen zu sein. Zeit ist immer politisch.

Zeit und Macht

Ein Kind fragt seine Mutter: »Was für ein Tag ist heute?«
Die Mutter sagt: »Heute ist Mittwoch.«
»Was wäre, wenn Donnerstag wäre?« fragt das Kind;
und die Mutter sagt: »Frag nicht so saudumm.«

Peter Bichsel[1]

Kalenderblatt 1673

In durchgehend medialisierten Gesellschaften ist es kein Problem für Politikerinnen und Politiker, die Inhalte ihres Handelns an die Öffentlichkeit zu bringen. Es gibt ausreichend massenmediale Kanäle – Fernsehen, Internet, zahlreiche Druckerzeugnisse –, die politisches Handeln thematisieren und öffentlich darstellen. Nicht selten stellt es sich geradezu als Problem heraus, dass in der Politik jeder Schritt verfolgt, jeder Satz dokumentiert und jede Kleinigkeit an die Öffentlichkeit gebracht wird. Im 17. Jahrhundert hatten politisch Verantwortliche mit anderen Problemen zu kämpfen. Obrigkeiten mussten sich viel eher die Frage stellen, wie sie ihre Untertanen überhaupt erreichen konnten. Massenmedien wie im frühen 21. Jahrhundert existierten nicht. Das bedeutet aber nicht, dass das 17. Jahrhundert einer kommunikativen Steinzeit gleichkäme. Im Gegenteil: Es existierten zahlreiche Alternativen, die dem heutigen Betrachter vielleicht nicht unbedingt in den Sinn kommen würden, die zeitgenössisch aber eine nicht zu unterschätzende Wirkung entfalten konnten.

Wie erfolgreich Inszenierungen des politischen Selbstverständnisses sein konnten, lässt sich an deren historischer Nachhaltigkeit ablesen. Wir kennen Ludwig XIV. von Frankreich – den fraglos erfolgreichsten Inszenierer seiner selbst in dieser Zeit – immer noch als Sonnenkönig, haben mit großer Wahrscheinlichkeit sogar das eine oder andere Bild von ihm im Kopf und wissen um sein Bemühen, sich beispielsweise mit riesigen Bauvorhaben zu verewigen. All diese Anstrengungen waren erfolgreich, denn sie haben (ergänzt durch eine nachfolgende historische Industrie, die sich posthum dieses Selbstdarstellungsprogramm zunutze machte) dafür gesorgt, die Erinnerung an den Monarchen wachzuhalten, und zwar bis zum heutigen Tag. Der englische Historiker Peter Burke hat den enormen medialen Aufwand beschrieben, mit dem sich

Ludwig XIV. von einem professionalisierten Apparat auf vielfache Weise in der Öffentlichkeit darstellen ließ. Egal ob in Wort oder Bild, nichts wurde unversucht gelassen, um das royale Selbstverständnis und den Ruhm des Königs den eigenen Untertanen sowie dem Rest Europas vor Augen zu führen. Es gab bildliche Darstellungen in allen Formen und Varianten, als Gemälde, in Bronze, in Stein, als Gobelins, als Pastellzeichnungen, in Email, in Holz, in Terrakotta, auf Medaillen oder in Wachs – sein ganzes Leben wurde erfasst, von der Kindheit bis ins Greisenalter. Allein damit wäre beim avisierten Publikum allerdings noch kein Blumentopf zu gewinnen gewesen. Die mediale Repräsentation von *Louis le Grand* wurde erst durch ihre Reproduktion und Vervielfältigung erfolgreich. Während einzelne Gemälde oder Medaillen unerhört teuer waren, konnten die nach diesen Vorbildern erstellten Drucke zu Tausenden unters Volk gebracht werden. Holzschnitte, Radierungen, Kupferstiche, Stahlstiche – all diese Vervielfältigungen waren verhältnismäßig erschwinglich. Aber der Monarch wurde natürlich nicht nur in Bildern verewigt, sondern ebenso in Worten. In Predigten und in Ansprachen, auf Französisch oder Latein, in Prosa oder in Versen, beständig war – wortwörtlich – von Ludwig XIV. die Rede. Panegyrische verherrlichende Dichtungen wurden am laufenden Band produziert, Geschichten der Regierungszeit Ludwigs XIV. wurden veröffentlicht, und eigene Periodika erschienen, die sich intensiv mit dem Leben am Hof und den Taten Ludwigs beschäftigten. Multimediale Inszenierungen wie Theater-, Ballett- oder Opernaufführungen mit Spielen und Feuerwerken sollten schließlich dafür sorgen, dass Sprache, Bilder, Handlungen und Musik eine Einheit bildeten. Und nicht vergessen werden sollten die königlichen Almanache, die Wandkalender, die jährlich als populäres Medium veröffentlicht wurden, für wenig Geld zu erhalten waren und jeweils einen bestimmten Aspekt aus der Herrschaft des Königs in den Mittelpunkt stellten.[2]

Diese vielfältigen, die gesamte mediale Bandbreite nutzenden Darstellungen des Monarchen sind nicht zu unterschätzen, denn sie erst ermöglichten es, etwas zu tun, das über Jahrhunderte hinweg in Europa nur einem recht kleinen Kreis von Menschen vergönnt war: sich nämlich ein ›Bild zu machen‹ vom jeweiligen Herrscher oder auch vom Territorium, in dem man lebte. Beide politischen Bezugsgrößen – das politische Oberhaupt, dem man untertan war, sowie der räumliche Zusammenhang, in dem man lebte – mussten für die Masse der Menschen über Jahrhunderte hinweg so gut wie unsichtbar bleiben. Wenn sie beispielsweise dem Monarchen nicht gerade persönlich begegneten, bekamen ihn die Untertanen nie ›zu Gesicht‹, wussten unter Umständen noch nicht einmal, wie er hieß. Und um die Vorstellung territorialer Einheiten war es noch schlechter bestellt, weil Landkarten, die ein Gebiet aus der Vogelperspektive zeigten, noch keineswegs selbstverständlich zur Verfügung standen.[3] Doch diesem Umstand konnte mit den Möglichkeiten des Buchdrucks allmählich abgeholfen werden. Dabei ging es nicht allein um Unterrichtung der Bevölkerung, sondern ebenso um eine Stärkung der fürstlichen Herrschaft.

Ludwig XIV. von Frankreich war möglicherweise der langfristig Erfolgreichste, aber wahrlich nicht der Einzige, der in der zweiten Hälfte des 17. Jahrhunderts auf der Klaviatur medialer Selbstinszenierung spielte. Sein in mehrfacher Hinsicht größter Konkurrent war der habsburgische Kaiser des Heiligen Römischen Reiches Deutscher Nation, Leopold I. (1640–1705). Beide rangen nicht nur um die Vorherrschaft in Europa, beide wollten nicht nur die Kaiserkrone tragen, sondern beide betrieben auch eine intensive Medienpolitik. Die Sonne sollte nicht nur in Versailles scheinen, sondern ebenso in Wien. Auch Leopold setzte zu seiner Inszenierung Gemälde, Stiche, Graphiken, Medaillen, Predigten, Theaterstücke und historische Werke über seine Regierungszeit ein, auch er bemühte Kunst, Architektur und Feste zur Verherrlichung seiner Majestät. Besonders auffällig ist bei ihm der intensive Einsatz der Publizistik, um sich selbst als Kaiser, vor allem aber als Oberhaupt der habsburgischen Erbländer, in Szene zu setzen.[4]

Und auch Leopold verwendete Kalender zur Selbstdarstellung, denn sie boten den massenmedialen Zugang zu großen Teilen der Bevölkerung, die ansonsten nur schwer zu erreichen waren. Hier konnte man sich zu einem erschwinglichen Preis tatsächlich ›ein Bild machen‹ vom Herrscher und seinem Herrschaftsbereich. Von 1673 bis 1689 erschien »Deß Uralten Preiswürdigsten Ertz-Hauses Oesterreich Länder-Beschreibung- Antiquitäten- und Geschichts-Calender«. Dieser Kalender ist, wie unschwer zu erahnen, der Verherrlichung der Habsburger im Allgemeinen und Kaiser Leopolds im Besonderen gewidmet. Der Almanach, der

Abb. 14 Das Frontispiz des »Uralten Preiswürdigsten Ertz-Hauses Oesterreich […] Geschichts-Calenders« unternimmt eine doppelte Visualisierung: Einerseits geht es um die Bekanntmachung der Person des Kaisers mitsamt der Größe seines Herrschaftsbereichs (angedeutet durch die beschrifteten Wappen); andererseits soll auch das österreichische Kernterritorium kartographisch anschaulich gemacht werden.

eine heilsgeschichtlich-welthistorische Einordnung des jeweiligen Jahres vornimmt, weiß daher zu berichten, dass 1673 nicht nur das 5622. Jahr nach Erschaffung von Himmel und Erde oder das 1719. Jahr nach dem Beginn des römischen (Kaiser-)Reichs unter Julius Cäsar ist, sondern auch das 765. Jahr nach der Erhebung Österreichs zum Markgrafentum oder – in besonders großen und roten Lettern gedruckt – das 15. Jahr der kaiserlichen Herrschaft von Leopold I.[5]

Der Kalender enthält die üblichen astronomischen, astrologischen, meteorologischen, medizinischen und alltagspraktischen Angaben. Daneben sind jedoch auch zwei Textspalten zu finden, die dazu dienen sollten, die Glorie des Hauses Habsburg und seines derzeitigen Oberhaupts strahlen zu lassen. In einer Spalte werden eher unsystematisch »tapffere Thaten/kluges Reden und Rahten« diverser Vertreter der Habsburger zusammengestellt. Die gute Herrschaft, die Fürsorge für die Untertanen, die Tapferkeit und die Frömmigkeit des Herrscherhauses werden in kurzen Episoden und aphoristischen Sentenzen vorgeführt. In einer weiteren Spalte wird eine Länderbeschreibung vorgenommen, wird also gewissermaßen eine politische Landkarte der habsburgischen Erblande in Worte gefasst, wobei der Hauptstadt Wien besondere Aufmerksamkeit zukommt. Der Kalender richtete sich an eine Leserschaft, bei der man Kenntnisse über die territorialen Verhältnisse nicht voraussetzen konnte. Hier wurden tatsächlich Basisinformationen mitgeteilt, die ein gewisses Grundwissen erst einmal herzustellen hatten. Und man tat dies mit einer gewissen Beharrlichkeit, denn wie bei solchen Kalendern üblich, wurden die textlichen Darstellungen in den Ausgaben der Folgejahre nahtlos fortgeführt, wurde also Herrschafts- und Territorialgeschichte als Fortsetzungsgeschichte geschrieben.

Aufgrund ihrer hohen Auflagen wurden Kalender nicht nur im habsburgischen Herrschaftsbereich, sondern in ganz Europa zu einem wichtigen Gegenstand politischer Interessen. Zahlreiche Obrigkeiten versuchten, das einträgliche und einflussreiche Medium unter ihre Kontrolle zu bekommen. Vor allem drei Ziele wurden mit einer solchen Einflussnahme verfolgt: Erstens ging es um finanzielle Motive, indem die Einnahmen aus dem Verkauf von Kalendern dem staatlichen Gesamthaushalt oder einer öffentlichen Einrichtung zukommen sollten, beispielsweise einem Waisenhaus oder – das bekannteste Beispiel – der Akademie der Wissenschaften in Berlin.[6] Zweitens sollte eine inhaltliche Kontrolle, sprich: Zensur, über die Publikationen ausgeübt werden. Drittens aber waren Kalender – wie im habsburgischen Fall – in einem allgemeinen Sinn wichtige Formen der Repräsentation politischer Macht. Dem abstrakten Gebilde namens Staat, dem im Verlauf der Frühen Neuzeit ein erheblicher Machtzuwachs beschieden war, fiel es nicht immer leicht, den eigenen Machtanspruch allen Untertanen gegenüber zu verdeutlichen. Eine Variante, um einem großen Rezipientenkreis nahezubringen, was dieser Staat war, aus welchen Personen er sich zusammensetzte und wie er sich konkretisierte, konnte der Kalender sein, geschmückt mit Wappen, Landkarte und Herrscherporträt.[7]

Zeitenwechsel

Keine Religion kommt ohne eine irgendwie geartete zeitliche Ordnung und Orientierung aus. Diese mag final, rückwärtsgewandt, zyklisch oder ewigkeitsfixiert sein – es sind regelmäßig Religionen, die wesentliche Grundlagen des Zeitverständnisses festlegen und damit jeder Form der Zeitlichkeit eine erhebliche Machtaufladung verschaffen. Religionen sind zwar bei weitem nicht die einzigen Einrichtungen, welche die fruchtbare Verbindung von Zeit und Macht verantworten, aber sie stehen meist an deren Wiege.

Auf die Bedeutung des Christentums im Zusammenhang europäischer Zeitauffassungen hinzuweisen kommt schon einer Banalität gleich und scheint auf den ersten Blick wenig erläuterungsbedürftig. Aber auch hier lohnt sich ein genauerer Blick auf den Zusammenhang von Religion, Zeit und Macht, wie er beispielsweise bei Emile Durkheim, einem der Begründer der französischen Soziologie, ausgeführt ist. In seinem zentralen Werk über »Die elementaren Formen des religiösen Lebens« hat Durkheim ganz allgemein festgestellt, »daß die ersten Denksysteme, die sich der Mensch von der Welt und von sich selbst gemacht hat, religiösen Ursprungs sind«.[8] An der Wurzel aller Weltbilder stehen einige grundlegende Begriffe, durch die Welt verständlich gemacht werden soll und die allesamt religiös geprägt sind: »Zeit, Ort, Substanz, Quantität, Qualität, Relation, Tätigkeit, Leiden, Verhalten, Befinden. Sie entsprechen den allgemeinsten Eigenschaften der Dinge. Sie sind die festen Regeln, die den Gedanken einengen; der Gedanke kann sich nicht davon lösen, ohne sich selbst zu zerstören, denn es scheint nicht möglich zu sein, von Dingen anzunehmen, daß sie außerhalb von Zeit und Raum oder unzählbar seien.«[9]

Die Zeit (und alle anderen Kategorien) verliert diesen religiösen Geburtsstempel nie. Auch in Gesellschaften, die sich selbst als säkularisiert verstehen und so beschrieben werden, ist die religiöse Prägung der Zeitvorstellungen unübersehbar. Sie mag an der Oberfläche keine dominante Rolle mehr spielen, wirkt darunter aber umso wirksamer fort. Unser allzeit präsentes Kalendersystem führt uns das beständig vor Augen: Seien es die Sieben-Tage-Woche, der Sonntag oder die Einhaltung von Feiertagen, in all diesen Aspekten zeigt sich die weiterhin wirksame Sakralität der Zeitorganisation.

Kalendarische Systeme sind – egal ob im christlichen oder in anderen Kontexten – daher keine Launen der Historie, sondern intentionale Ausdrucksformen und Stützen von religiös sanktionierter Herrschaft.[10] Eines der eindrücklichsten und uns bis zum heutigen Tag betreffenden Beispiele ist die Einführung des Julianischen Kalenders. Unter Julius Cäsar wurde das zeitorganisatorische Problem angegangen, dass sich zwischen dem Sonnenjahr und dem bis dahin geltenden römischen Kalender inzwischen eine Differenz von nicht weniger als 90 Tagen herausgebildet hatte. Eine Reform stellte also einerseits eine praktische Notwendigkeit dar – war aber zugleich Ausdruck des Bewusstseins, dass ein Imperium eine klare zeitliche Ordnung benötigte. Cäsar erkannte dies und beauftragte den Mathematiker und Astronomen Sosigenes von Alexandrien mit der Kalenderreform, die 46 v. Chr. vom Senat angenommen wurde.

Zu den Prinzipien des neuen Kalenders gehörte unter anderem, das Jahr nicht mehr am 1. März, sondern am 1. Januar beginnen zu lassen und es in zwölf Monate mit jeweils 30 Tagen einzuteilen. Blieb allerdings ein Rest von fünf Tagen (mit einem außerdem vorgesehenen Schalttag in jedem vierten Jahr), der nach dem Willen Cäsars nicht herrenlos und damit möglicherweise dem Nichtstun überlassen bleiben sollte. Also wurde dem Februar ein weiterer Tag weggenommen (er war bis dahin der letzte Monat des Jahres gewesen), so dass die nun zur Verfügung stehenden sechs Tage auf jeden zweiten Monat verteilt werden konnten. Die Monate Januar, März, Mai, Juli, September und November erhielten 31 Tage, die anderen (abgesehen vom Februar) 30 Tage. Auch erhielten die Monate ihre bis heute gültigen Bezeichnungen: Januarius, Februarius, Mars, Aprilis, Maia, Juno, Quintilis, Sixtilis, September, October, November, December. Zwei Jahre nach der Reform beschloss der Senat auf Vorschlag Marc Antons, den Schöpfer des neuen Kalenders durch eine

Umbenennung seines Geburtsmonats Quintilis in Julius zu ehren. Bis zum heutigen Tag ist damit Julius Cäsar in unserer Kalenderorganisation präsent. Sein Erbe wollte dem allerdings nicht nachstehen. Auch Kaiser Augustus beanspruchte einen eigenen Monat für sich und benannte im Jahr 8 v. Chr. den Monat Sixtilis nach sich selbst. Um jedoch zu vermeiden, dass ›sein‹ Monat einen Tag weniger hatte als Cäsars Monat Juli, bekam auch der August 31 Tage, womit sich die Verteilung der Tage über die einzelnen Monate insgesamt änderte.[11]

Der nächste umfassende kalendarische Zeitenwechsel für den europäisch-christlichen Kulturraum gelang dann erst wieder im Jahr 1582 – obwohl man bei einer genaueren Betrachtung sagen muss, dass es sich nicht um eine grundlegende, sondern um eine recht behutsame Reform des Julianischen Kalenders handelte, der vor allem von einigen technischen Unzulänglichkeiten befreit wurde. Zugleich ist aber auch diese sogenannte Gregorianische Kalenderreform ein Ausweis des engen Zusammenhangs von Religion, Machtansprüchen und Zeitorganisation.

Die Tragweite und die historische Tiefenwirkung dieses Gregorianischen Kalenders sind enorm. Denn nach seiner Etablierung im Oktober 1582 scheiterten alle weiteren europäisch-westlichen Versuche, ein kalendarisches System dauerhaft zu etablieren, obwohl spätere Vorschläge zum Teil rationaler und insgesamt einfacher zu handhaben waren. Damit wurde einem europäischen Kalendersystem zu globaler Bedeutung verholfen,[12] das mit seinem christlichen Hintergrund eine wesentliche Besonderheit aufweist: Während die meisten Kalenderformen von einem Ursprungsereignis ausgehen, rotiert der Gregorianische Kalender gleichsam um das Achsenereignis der Geburt Jesu. Das hat für chronologische Berechnungen den großen Vorteil, historische Tiefendimensionen im Prinzip bis ins Unendliche fortführen zu können (auch wenn das keineswegs die Intention des christlichen Kalendersystems war).[13] Das sollte für die Möglichkeiten, die Dimension der Zeit denken zu können, erhebliche Auswirkungen haben.

Die Reform des Kalenders, die mit dem Namen Papst Gregors XIII. (1502–1585, Papst seit 1572) verbunden ist, fiel wahrlich nicht vom Himmel. Sie war auch nicht die geniale Eingebung eines einzelnen Menschen. Vielmehr war das Problem, für das man im späten 16. Jahrhundert eine Lösung formulierte, über Jahrhunderte herangewachsen und schon weit vor dem Jahr 1582 als gravierende Schwierigkeit erkannt worden.[14] Der Julianische Kalender legte für einen Jahreslauf insgesamt 365 Tage und sechs Stunden zugrunde. Das war allerdings etwas zu lang, denn das tropische Jahr beträgt tatsächlich nur 365 Tage, fünf Stunden, 48 Minuten und 46 Sekunden. Etwas mehr als elf Minuten pro Jahr standen also zur Debatte – nicht viel angesichts der Weltgeschichte, sollte man meinen. Die Gestirne und der Julianische Kalender differierten damit nur alle 128 Jahre um einen Tag. In einem Menschenleben war die Abweichung überhaupt nicht zu bemerken. Aber wie jeder weiß, verschlimmern sich Probleme nur, wenn man sie aufschiebt, und nach ein paar Jahrhunderten wurden sie für die Kalenderorganisation gravierend. Während des Spätmittelalters gab es immer wieder Berechnungen der eingetretenen Verschiebung wie auch vergebliche Versuche zur Reform. Im späten 16. Jahrhundert belief sich die Differenz zwischen Kalender- und Sonnenjahr bereits auf zehn Tage. Das Papsttum schien die einzige länderübergreifende Institution zu sein, die dieses alle betreffende Problem angehen konnte. Papst Gregor XIII. berief also eine Kommission ein, die sich dem Problem widmen sollte.[15] Am 24. Februar 1582 wurde die Bulle *Inter Gravissimas* erlassen, die vor allem die Beseitigung der aufgelaufenen Differenz von zehn Tagen sowie eine Neuregelung der Schalttage vorsah.[16] Um wieder mit dem Sonnenjahr zu korrespondieren, sprang man also – in weiten Teilen Europas – vom 4. Oktober direkt auf den 15. Oktober 1582: zehn Tage, die mit einem Federstrich aus der Weltgeschichte verschwunden waren. Die Abweichung vom Sonnenjahr konnte erheblich abgemildert werden, indem man zwar wie bisher jedes vierte Jahr ein Schaltjahr einlegte, davon allerdings diejenigen Säkularjahre ausnahm, die nicht durch 400 teilbar sind. Demnach sind zwar 1600, 2000 und 2400 Schaltjahre, aber nicht 1700, 1800, 1900 und 2100. In vier Jahrhunderten umfasste daher der Gregorianische Kalender drei Tage weniger als der Julianische, wodurch die Abweichung zwischen tropischem Jahr und Kalenderjahr auf 26 Sekunden reduziert wurde. Eine Abweichung von insgesamt einem Tag kommt demnach erst nach Ablauf von 3323 Jahren zustande.[17]

Die Behauptung aufzustellen, die Zeit vom 4. bis zum 15. Oktober 1582 habe niemals stattgefunden, ist jedoch etwas wagemutig. Denn die Rezeption des Gregorianischen Kalenders stieß auf nicht unerhebliche

Schwierigkeiten. In Italien, Frankreich, Spanien und Portugal wurde der Kalender zwar unmittelbar übernommen, viele andere Länder folgten aber mit Verzögerungen. Und die meisten protestantischen Länder lehnten den Kalender ohnehin als antichristliches Machwerk ab. Das Heilige Römische Reich Deutscher Nation war in der Folge kalendarisch zweigeteilt, weil die katholischen Territorien den Gregorianischen Kalender am 5. Oktober 1583 einführten, die protestantischen Territorien sich diesem Schritt aber verweigerten. Erst Ende September 1699 beschlossen auch die Protestanten im Alten Reich, den Julianischen Kalender so weit zu reformieren, dass er vom Gregorianischen kaum mehr zu unterscheiden war (bis auf eine unterschiedliche Berechnung des Ostertermins). Die konfessionellen Animositäten waren noch immer so groß, dass man nicht von einer Übernahme des Gregorianischen Kalenders, sondern nur von einer ›Kalendervergleichung‹ sprechen konnte.[18] Die Protestanten sprangen damit vom 18. Februar direkt auf den 1. März 1700. Im selben Jahr vollzogen diesen Schritt Dänemark, Teile der Schweiz und die niederländischen Generalstaaten. Im Jahr 1752 folgten Großbritannien und die nordamerikanischen Kolonien, 1753 schließlich Schweden. Seitdem hat sich der Siegeszug des Gregorianischen Kalenders, einerseits aufgrund europäischer Kolonialexpansionen, andererseits aufgrund weltweiter Wirtschaftsverflechtungen, allmählich, aber unaufhörlich fortgesetzt.[19]

Mit Blick auf die Frage nach der Gegenwart im 17. Jahrhundert darf daher nicht übersehen werden, dass diese Gegenwart in Europa für mehr als ein Jahrhundert jeweils unterschiedlich datiert war. Der (neue) Gregorianische und der (alte) Julianische Kalender machten sich gegenseitig Konkurrenz. Auch wenn die kalendarische Grenze nicht vollständig mit der konfessionellen Grenze übereinstimmte (es gab protestantische Territorien, die den päpstlichen Kalender verwendeten), so trifft es doch zumindest im Groben zu, dass die Katholiken in einer Gregorianischen Zeit und die Protestanten weiterhin in der Julianischen Zeit lebten. Zwischen beiden lagen immerhin zehn Tage Unterschied.

Die Auswirkungen dieses Umstands konnten teils skurrile Formen annehmen, wenn ein Brief beispielsweise seinen Empfänger erreichte, noch ›bevor‹ er eigentlich geschrieben worden war: Der Schlossbaumeister Georg Ridinger schrieb von seiner (katholischen) Aschaffenburger Wirkungsstätte am 2. August 1610 (nach Gregorianischem Kalender) einen Brief in seine (protestantische) Heimatstadt Straßburg. Beim Empfänger kam der Brief aber ›bereits‹ am 30. Juli 1610 (nach Julianischem Kalender) an.[20] Zuweilen wird auch der Umstand zitiert, William Shakespeare und Miguel de Cervantes teilten nicht nur eine alles überstrahlende schriftstellerische Größe an der Wende vom 16. zum 17. Jahrhundert, sondern auch den gleichen Todestag, nämlich den 23. April 1616. Diese Behauptung trifft allerdings nur zu, wenn man genau ist. Denn sie sind zwar zum gleichen Datum, aber nicht am gleichen Tag gestorben. Shakespeare verstarb in der Welt des Julianischen, Cervantes in der Welt des Gregorianischen Kalenders.

Wenn diese beiden Welten aufeinanderprallten, konnte es auch zu handfesten Konflikten kommen. Der bekannteste ist der Augsburger Kalenderstreit der Jahre 1583/84. Diese Auseinandersetzung ist keineswegs nebensächlich, denn Augsburg gehörte in dieser Zeit neben Köln und Nürnberg zu den bedeutendsten und größten Städten im deutschsprachigen Raum.[21] Und es handelte sich auch nicht nur um eine Auseinandersetzung um das ›richtige‹ Kalendersystem. Vielmehr überlagerten sich hier unterschiedliche Konflikte: einerseits die Spannungen zwischen einer verarmenden Handwerkerschaft und wirtschaftlich prosperierenden Großunternehmern, andererseits die religiösen Spannungen in einer Stadt, in der eine protestantische Bevölkerungsmehrheit von einer katholischen Minderheit dominiert wurde. In diese Situation fiel die symbolisch aufgeladene Einführung des päpstlichen Kalenders. Zunächst sah die Sache eher unkompliziert aus. Augsburg war eine der bedeutendsten Handelsstädte der Zeit, wovon noch heute bekannte Familiennamen wie Fugger oder Welser eindrucksvoll zeugen. Nicht zuletzt der Handel mit dem katholischen Südeuropa ließ es opportun erscheinen, den neuen Kalender zu übernehmen, um die Kommunikation mit den Handelspartnern nicht unnötig zu erschweren. Allerdings gab es im Stadtrat eine kleine Minderheit von vier protestantischen Ratsherren, die dem Kalender als einem ›papistischen‹ Machwerk eindeutig ablehnend gegenüberstanden. Dieser Gegensatz übertrug sich in Windeseile auf die gesamte Stadt. Protestantische Pfarrer predigten gegen den Kalender, zugleich aber auch gegen die politische Herrschaft einer katholischen Minderheit über die Mehrheit der Stadtbevölkerung. Und die städtischen

Handwerker verknüpften die Auseinandersetzung mit ihrer wirtschaftlich schwierigen Situation und der sich weitenden Schere zwischen Arm und Reich. Die Mischung war explosiv. Die Kalendergegner verbuchten einen Erfolg, als am 26. März 1583 ein Mandat des Reichskammergerichts, der höchsten Gerichtsinstanz des Reiches, in Augsburg einging, dass die Einführung des Kalenders zurückzunehmen sei. Diese Entscheidung wollte der katholische Teil der Stadt nicht akzeptieren. Fortan lebten beide Konfessionsgruppen nach unterschiedlichen Kalendern. Der Stadtrat fürchtete Aufstände und versicherte sich vorsorglich der militärischen Unterstützung durch den bayerischen (katholischen) Herzog. Am 27. Mai 1584 erging eine weitere Entscheidung des Reichskammergerichts: Die Berufung durch den katholisch dominierten Stadtrat gegen das erste Urteil war erfolgreich, die frühere Gerichtsentscheidung wurde aufgehoben und die Einführung des Gregorianischen Kalenders in der Stadt nun befohlen. Danach kam es zum offenen Konflikt, der im Juni 1584 fast in einen Bürgerkrieg mündete, als sich etwa 4000 Arbeiter und Handwerker bewaffneten, etwa 3000 Augsburger (zumeist Patrizier und Kaufleute) die Stadt verließen und vor den Toren Geschütze des bayerischen Herzogs aufgefahren wurden. Der Konflikt konnte in buchstäblich letzter Minute auf dem Verhandlungsweg beigelegt werden. Der neue Kalender wurde zwar eingeführt, aber die protestantischen Pfarrer durften eine Erklärung abgeben, wonach sie im Grunde ihres Herzens immer noch gegen dieses päpstliche Machwerk seien.[22]

Wie politisch die Frage nach dem ›richtigen‹ Kalender war, zeigt auch die Diskussion in England. Dort sah man im Gregorianischen Kalender von 1582 einen Bestandteil der tridentinischen Reformen, mithin ein Element der katholischen Reaktion auf die Ausbreitung des Protestantismus in Europa. Zwar wurde die astronomische Genauigkeit und mathematische Eleganz des Gregorianischen Kalenders zur Kenntnis genommen, aber es war ebenso klar, dass er aus theologischen und politischen Gründen nicht akzeptiert werden konnte. Stattdessen schlug beispielsweise John Dee (1527–1608), Hofastronom Königin Elisabeths I., vor, eine eigene Reform durchzuführen und einen Elisabethanischen Kalender zu entwickeln, der vom Gregorianischen zwar nur in Details abwich, diesen aber – und das war entscheidend – nicht offiziell übernahm. Der Vorschlag wurde nicht umgesetzt, weil man die Konkordanz des englischen Kalenders mit denjenigen anderer protestantischer Länder des Kontinents für wichtiger hielt. Mitte des 17. Jahrhunderts gab es einen erneuten Vorstoß: John Greaves (1602–1652) schlug mit Unterstützung König Karls I. mitten im englischen Bürgerkrieg vor, den Gregorianischen Kalender auch in England einzuführen. Dagegen votierte jedoch die Universität Oxford, nicht zuletzt aus konfessionellen Gründen. Nach dem vorläufigen Ende der englischen Monarchie mit der Hinrichtung des Königs 1649 wurden protestantische und rationalistische Vorstöße zur Reform des Kalenders gemacht. Ein Vorschlag von Thomas Lydiat (1572–1646) aus dem Jahr 1605 wurde unter Oliver Cromwell wieder aufgegriffen. Danach sollten nicht nur alle Heiligentage abgeschafft, sondern auch die heidnischen Ursprünge der Monats- und Wochentagsbezeichnungen getilgt werden. Ein rein numerischer Kalender, der alle Monate und Wochentage nur noch durchzählte, sollte etabliert werden – konnte sich in dieser Form aber nur bei den Quäkern durchsetzen. In den letzten Jahren des 17. Jahrhunderts gab es konkrete Anfragen der evangelischen Stände des Heiligen Römischen Reichs Deutscher Nation an England, der eigenen Kalenderreform zu folgen. In England wurde ein solches Ansinnen kritisch gesehen, weil man dahinter immer noch päpstliches Interesse vermutete. Erst 1752 war es möglich, in England elf Tage zu überspringen, um wieder Einklang mit dem Sonnenjahr herzustellen.[23]

Man hüte sich also davor, die Konkurrenz divergierender kalendarischer Systeme als oberflächliche, weil nur organisatorische Fragen betreffende Nebensächlichkeit abzutun.[24] Mit Blick auf politische, wirtschaftliche, gesellschaftliche und kulturelle Fragen kann eine solche Konkurrenz von Kalendern kaum hoch genug eingeschätzt werden. Es handelt sich um nichts weniger als verbindliche Standardisierungen temporaler Organisationsformen.[25] Selbst wenn man zu der Einsicht gelangt, dass Kalender nicht ›die Zeit‹ sind, sondern nur deren Symbolisierungen darstellen, so kann man sich ganz lebenspraktisch doch kaum dem Zwang entziehen, den diese symbolisierten Zeitsysteme ausüben.

Uhren- und Kalenderzeit

Im Alltag tendieren wir dazu, die unauflösliche Verbindung von Zeit und Macht zu übersehen, weil wir ›die Zeit‹ üblicherweise mit den verschiedenen Formen der Zeitmessung gleichsetzen. Diese Zeitmesser erscheinen höchstens insofern als ›mächtig‹, als sie uns das unerbittliche Verstreichen der Zeit vor Augen führen. Dabei muss man gar nicht lange suchen, um Beispiele dafür zu finden, wie Zeit von unterschiedlichen Institutionen zur Erreichung bestimmter Ziele eingesetzt wird. Unsere Tage werden durch die Anforderungen bestimmt, die Schulen, Arbeitgeber oder andere Einrichtungen an uns stellen; die Organisation der Lebenszeit wird nicht unwesentlich durch Regelungen zum Rentenalter bestimmt; und nicht zuletzt ist auch die Einführung des Wechsels von Sommer- und Winterzeit ein (missglückter) Versuch, Zeitorganisation als Element von Machtpolitik produktiv zu machen.

Obwohl – oder gerade weil – Zeit als recht abstrakt erscheint, als etwas vermeintlich Neutrales und allein der objektiven Messung Verpflichtetes, als etwas gänzlich Unsinnliches und Immaterielles, das mittels aufwendiger medialer und apparativer Verfahren überhaupt erst zur Anschauung und Wahrnehmung gebracht werden muss, obwohl also all diese Aspekte die temporale Dimension als sehr politikfern erscheinen lassen, haben Machthaber mal mehr und mal weniger offensichtlich auf die Zeit Einfluss genommen. Denn auch nach der Gregorianischen gab es noch weitere Kalenderreformen, mit denen sich vor allem neue politische Systeme zugleich eine neue Zeit verschaffen wollten: Von 1792 bis 1805 galt der französische Revolutionskalender, der den Versuch darstellt, ein kalendarisches System konsequent auf dem Dezimalsystem aufzubauen; 1922 wurde im faschistischen Italien eine neue Zeitrechnung etabliert, die den »Marsch auf Rom« als Anfangspunkt setzte und parallel zur etablierten Zeitrechnung geführt wurde; von 1929 bis 1940 wurde auch in der Sowjetunion ein Revolutionskalender eingerichtet; und seit den 1920er Jahren wurden zunächst seitens des Völkerbundes, später der Vereinten Nationen immer wieder Versuche unternommen, den bestehenden Gregorianischen Kalender durch behutsame Reformen zu verbessern und zu vereinfachen – bisher ohne Erfolg, wie wir wissen.[26] Die meisten dieser Kalender vereint der Anspruch, mit einem politischen Umbruch auch eine neue Zeitrechnung beginnen zu lassen.

Kalender, Arbeitszeiten, Lebenszeitregelungen, Fristsetzungen, kurz: sämtliche Versuche, die Zeit von Menschen zu kontrollieren und damit deren Alltag grundlegend zu bestimmen, müssen als Elemente von Zeitregimen begriffen werden, die teils bis ins Mikroskopische unseres Alltags hinein ausgeübt werden – und die wir über andere ausüben.[27] Uhren und Kalender sind demnach nicht einfach praktische Hilfsmittel zur Zeitmessung, sie sind ebenso zentrale Medien von Zeitregimen. Gerade für den Zusammenhang von Zeit und Macht ist es aber wichtig, auf die chronologische Reihenfolge von Medium und Gegenstand zu achten: Es sind nicht Uhren und Kalender, die entwickelt wurden, um eine Zeit zu erfassen, die ›immer schon‹ vorhanden gewesen wäre. Sondern es ist ein bestimmtes kulturelles Zeitwissen, das mit Hilfe dieser Apparaturen und Medien konkretisiert und (be-)greifbar wird.[28]

Europäische Gesellschaften haben sich die Uhren- und Kalenderzeit, mit der wir heute so selbstverständlich umgehen, über einen langen Zeitraum hinweg selbst aufgezwungen.[29] Zugleich hat sich diese Uhren- und Kalenderzeit zu einem weltweiten Exportschlager entwickelt, so dass man von einem wahrhaft globalen Phänomen sprechen kann.[30] Sie hält vielleicht nicht die Welt in Bewegung, aber sie reguliert und koordiniert ihren Rhythmus. Unabhängig davon, ob es sich um Menschen, Güter oder Informationen handelt, nahezu alles wird mit einer Datierung der westlichen Uhren- und Kalenderzeit versehen. Die Einfachheit und Allgegenwärtigkeit dieses Systems der Zeitnotation ist beeindruckend. Ihre Symbole und Präsentationsformen sind verhältnismäßig leicht zu verstehen und können schon von Kleinkindern erlernt werden (was wahrlich nicht bei allen Formen der Zeitmessung der Fall ist). Zudem finden sich die technischen Apparaturen zur Übertragung dieser Symbole inzwischen überall: öffentliche Uhren, Kalender, Armbanduhren, Radio, Fernsehen, Computer, Mobiltelefone ... Und obwohl die technischen

Möglichkeiten, die Uhren- und Kalenderzeit zu verbreiten und verfügbar zu halten, beständig anzuwachsen scheinen, ist das Prinzip der Zeitrechnung, das sich dahinter verbirgt, unverändert geblieben. Deshalb verrät uns jeder Blick auf das Tagesdatum oder die Uhrzeit nicht nur etwas über den temporalen Stand der Dinge, sondern kann uns zugleich in die Untiefen der europäischen Kulturgeschichte führen, wenn wir Formen der Zeitmessung nicht als gegeben hinnehmen, sondern historisch einordnen.[31]

Wie mächtig die Uhren- und Kalenderzeit ist, kann man daran erkennen, dass man ihre Macht kaum noch wahrzunehmen vermag. Die Uhren- und Kalenderzeit hat von ihrem Ursprungsort Europa einen epidemischen Weg durch sämtliche Kulturen angetreten. Und es scheint keine Möglichkeit des Widerstandes zu geben. Von Chronoklasmen, also der mutwilligen Zerstörung von Uhren und anderen Hilfsmitteln der Zeitrechnung, hört man eher selten.[32] Diese Unaufmerksamkeit gegenüber der Uhren- und Kalenderzeit kennzeichnet zugleich ihre Allmacht: Sie ist immer und überall präsent, aber niemand scheint sie zu bemerken. Dabei ist fatalerweise ein Leben ohne diese Uhren- und Kalenderzeit nicht nur kaum vorstellbar, sondern ihre Abschaffung würde auch fraglos zum sofortigen und vollständigen Zusammenbruch des gesellschaftlichen, politischen und wirtschaftlichen Lebens führen.[33]

Der große Vorteil einer solchen Umgangsform mit Zeit ist kaum zu übersehen: Es ist ihre Autonomie, welche die Uhren- und Kalenderzeit so vielfältig einsetzbar macht. Sie ist als Zeiterfassungssystem nicht an bestimmte, genau festgelegte Ereignisse gebunden. Sie ist von spezifischen Erfahrungen des Menschen und von lokalen Gegebenheiten weitgehend unabhängig, kann also auf beliebige Ereignisse und Zeitspannen angewendet sowie auf unterschiedliche Kulturen übertragen werden. Diese geschmeidige Anpassungsfähigkeit war (und ist) sicherlich nicht unwichtig für die Ermöglichung der teils massiven Veränderungen, die Gesellschaften in Europa und im Rest der Welt in den vergangenen 500 Jahren durchlaufen haben. Denn umfassende wirtschaftliche, politische, gesellschaftliche und kulturelle Transformationen gehen üblicherweise nicht nur mit einem Wandel der Zeitkonzepte und der Zeitmessungssysteme einher, sondern werden von Verschiebungen im Zeitwissen geradezu vorangetrieben. Während viele traditionelle Zeitsysteme recht zählebige, schwer wandelbare Bestandteile von Kulturen sind und in ihrer Traditionalität durchaus eine Gegenkraft zu Impulsen des Wandels darstellen können, war und ist dies bei der europäisch-westlichen Uhren- und Kalenderzeit nicht der Fall. Durch ihre Flexibilität lässt sie sich entsprechenden Transformationen nicht nur problemlos anpassen, sondern befördert diese Veränderungen auch. Die Uhren- und Kalenderzeit hat demnach nicht nur gesellschaftliche Ursprünge, sondern vor allem erhebliche soziokulturelle Auswirkungen.[34]

Die Autonomie der europäischen Uhren- und Kalenderzeit ist aber nicht nur eine Möglichkeit, sie ist auch ein Problem. Sie erweckt nämlich den Eindruck, es gäbe so etwas wie eine eigenständige Dimension namens Zeit. Wie kommt es aber, ganz allgemein gesprochen, zu solchen Abstraktionen von Zeit mit der Hilfe von Uhren und Kalendern? Jegliche Form der Sinngebung, die mit Zeit operiert, benötigt eine Referenz, mit deren Hilfe sie bestimmen kann, was gleichzeitig beziehungsweise ungleichzeitig ist und was in der Folge als Zeit erscheint. Als Referent ist zunächst kein abstrakter Zeitbegriff vonnöten. Viele Kulturen operieren beispielsweise mit herausragenden Ereignissen oder der Regierungszeit von Dynastien als temporaler Organisationsform. Hiervon ausgehend kann Gleichzeitiges, Vorheriges und Nachheriges bestimmt werden. Die Reichweite solcher Zeitschemata ist jedoch notwendigerweise begrenzt. Sie lassen sich nicht in andere Kontexte übersetzen, weil diese mit gänzlich anderen Referenten operieren. Das 17. Jahr in der Herrschaft des Königs Ichweißnichtwer hat nichts zu tun mit dem 437. Jahr nach dem Erscheinen des Gottes Soundso. Es mag sich zwar um ein und dasselbe Jahr handeln, aber eine Verständigung darüber lässt sich nur unter erheblichen Schwierigkeiten erzielen.[35]

Abstrakte Zeitmessungen werden vor allem dann erforderlich, wenn Unbekanntes zeitlich geordnet werden muss, wenn man also mit Ereignissen umgehen will, deren Zeitstelle noch unbestimmt ist. Es genügt dann nicht mehr, das Unbekannte am Bekannten abzusichern. Das Bestreben muss sein, für alles, was überhaupt vorkommen kann, Synchronisierbarkeit zu gewährleisten. Diese Notwendigkeit befördert den Einsatz der Uhren- und Kalenderzeit. Denn die verwirrende Vielfalt unterschiedlicher Zeitvorstellungen (Arbeitszeit, Freizeit, Familienzeit, Wahltermine, Olympiaden, Lohnverhandlungen ...) macht eine Brücke nötig, um die problemlose Überschreitung der vielen Zeitgrenzen zu gewährleisten. Die Uhren- und Kalenderzeit ist eine solche Brücke. Sie synchronisiert die temporale Vielfalt, sie erlaubt die Übersetzung einer Zeiteinteilung in eine andere.[36] Diese historisch spezifische und keineswegs ›naturnotwendige‹ Form der Zeitmessung ermöglicht mit ihrer Abstraktion der Referenz[37] eine Unterscheidung zwischen Zeitmessung und ›Zeit an und für sich‹. Damit kann dann auch das Problem im Unklaren gelassen werden, was denn Zeit überhaupt ist – man kann sich stattdessen auf die Zeitmessung konzentrieren. Die Frage danach, was Zeit ist, muss und kann nicht mehr beantwortet werden, weil die Messung das Gemessene verdeckt.[38]

Auch Robinson Crusoe stellt sich in Daniel Defoes Roman aus dem Jahr 1719 diese Frage nicht. Ihm war das Problem, was Zeit an und für sich sei, ziemlich gleichgültig, und zwar nicht, weil er auf der einsamen Insel genug davon gehabt hätte, sondern weil auch bei ihm die Messung das Gemessene verschwinden ließ. Das Verstreichen der Zeit sowie die Bezugnahme auf einen temporalen Referenzrahmen, der – trotz aller räumlichen Entfernung – den Kontakt mit der englischen, christlichen und zivilisierten Heimat nicht abbrechen lassen sollte, war ihm nämlich ganz und gar nicht gleichgültig.

Im Roman war es der 30. September 1659, als Robinson Crusoe an einer einsamen Insel Schiffbruch erlitt. Nach diesem Unglück war er zunächst um die Sicherung seines physischen Überlebens bemüht, suchte Werkzeuge, sammelte Nahrungsmittel und errichtete ein Zelt. Kaum waren diese grundlegenden Arbeiten getan, kümmerte Robinson sich auch um sein kulturelles Überleben. Die erste Maßnahme in diesem Zusammenhang war nicht, ein Gotteshaus zu errichten, die Insel durch Namensgebung in Besitz zu nehmen oder Ähnliches zu tun, sondern: einen Kalender anzulegen:

»Nach zehn oder zwölf Tagen fiel mir ein, ich könnte aus Mangel an Papier, Feder und Tinte die Zeitrechnung ganz aus dem Gedächtnis verlieren, vielleicht sogar den Sonntag im Ablauf der Tage vergessen. Um das zu vermeiden, schnitt ich mit meinem Messer in Großbuchstaben eine Inschrift in einen starken Pfosten, zimmerte dann daraus ein großes Kreuz und stellte es am Strand an der Stelle auf, wo ich ihn zuerst betreten hatte. Die Inschrift lautete: ›Ich betrat hier den Strand am 30. September 1659‹. An den Seiten dieses viereckigen Pfostens schnitt ich mit dem Messer jeden Tag eine Kerbe ein, an jedem siebten Tag machte ich die Kerbe doppelt so lang wie die andern; und an jedem Monatsersten doppelt so lang wie die Sonntagskerbe. So hatte ich meinen Kalender mit wöchentlicher, monatlicher und jährlicher Zeitrechnung.«[39]

In der Folge ist in diesem Roman permanent von Zeit die Rede. Ständig werden die benötigten Zeitabschnitte für bestimmte Verrichtungen vermerkt und kommentiert. Jemand, der auf einer einsamen Insel ausgesetzt und eigentlich mit keinem äußeren Zeitregime mehr konfrontiert ist, notiert penibel, wie lange er Mittagsruhe hält und wie lange er für das Fällen eines Baums benötigt. Zeit müsste für Robinson eigentlich keine Rolle mehr spielen, wird aber permanent gemessen.

Der Kalender ist für Crusoes Zwecke in der Tat ein ideales Medium, weil in ihm jeder Tag mit der gleichen Aufmerksamkeit bedacht wird, unabhängig von seiner semantischen Aufladung. Kalender, wie der von Crusoe angelegte, fördern daher den Eindruck von einer absoluten, von etablierten Sinnstiftungen losgelösten Situierung von Ereignissen in einem abstrakten Parameter namens ›Zeit‹.[40] Zeit wird damit ortsunabhängig und gilt eben auch dann noch, wenn sich alle anderen Institutionen des gewohnten Lebens verloren haben.

Trotzdem hätte Crusoe Alternativen gehabt. Er hätte sich den Tages- und Jahreszeiten anpassen können, hätte sein Leben nach seinen momentanen Bedürfnissen einrichten können, hätte sich die Zeiten für Arbeit und Freizeit, für Werktage und Gedenktage einteilen können, wie er wollte – aber er richtete sich nach dem Kalender aus, beging jede Woche den Sonntag, hielt feste Arbeitszeiten ein und benannte bekanntermaßen auch seinen Gefährten nach dem Kalender: Freitag. Dabei fürchtete er immer, dass sein Kalender nicht korrekt sein könnte, dass er irgendwann einen Tag vergessen haben und somit in der kalendarisch falschen Zeit leben könnte (was auch tatsächlich der Fall war). Eine Verschiebung in der Homogenität des Faktors Zeit bedeutete um 1700 – zumindest für Robinson – bereits einen Verlust an Orientierung. Zeitmessung war für ihn in dieser spezifischen Situation deswegen so wichtig, weil sie über alle räumlichen Entfernungen und kulturellen Grenzen hinweg zu einem verbindenden Element wurde, das die Teilhabe an einer europäisch-englisch-christlichen Zivilisation ermöglichte. Grundlage hierfür war wiederum die Vorstellung von einer Zeit, die gänzlich ortsunabhängig ist, die zu einem abstrakten und allgemeinen Naturphänomen geworden ist, das überall in derselben Form vorfindlich war.

Der Siegeszug der Uhr

Man müsste ihn (oder sie?) in eine Reihe stellen mit Figuren wie Gutenberg, Kolumbus oder Luther. Aber aller Wahrscheinlichkeit nach werden wir nie erfahren, wer eine der folgenreichsten Erfindungen der Weltgeschichte vollbracht hat, wer nämlich für sich den Ruhm in Anspruch nehmen darf, die Räderuhr erfunden zu haben. Es geschah irgendwann im späten 13. Jahrhundert, in den Jahren zwischen 1270 und 1300, wahrscheinlich innerhalb klösterlicher Mauern, in denen die Zeitdisziplin eine so wichtige Rolle spielte, und möglicherweise auch nicht mit einem Mal, sondern eher in mehreren Verbesserungsschritten. Bei der Räderuhr wurde, wie beispielsweise auch bei Gutenbergs Buchdruck mit beweglichen Lettern, ein bereits bekanntes Prinzip aufgegriffen und entscheidend verbessert. Neu war die Ausstattung mit Gewicht und Hemmung. Während das Gewicht als Antrieb für die Räderuhr dient, unterbricht die Hemmung diese Bewegung, um sie in rhythmischen Abständen wieder freizugeben, wieder zu unterbrechen, wieder freizugeben, tick tack, tick tack ...[41]

Seither kann man eigentlich nicht mehr davon sprechen, dass Zeit fließen würde. Seit der Entwicklung der Räderuhr mit Gewicht und Hemmung wird Zeit vielmehr rhythmisiert, sie wird geradezu zerhackt.[42] Die Räderuhr übersetzt mit ihren Umdrehungen Zeit in eine Raumbewegung und teilt sie in gleichmäßige Intervalle ein. Zeit wird dadurch darstellbar, einteilbar und auch beherrschbar – beherrscht aber zugleich die Zeitnutzer. Mittels der Uhr können Zeiten gemessen, verglichen, kontrolliert, verplant oder bewertet werden – die Zeit und die Uhren tun das aber ebenso mit den Menschen.[43]

Der Erfolg der Räderuhr, der sich verhältnismäßig zügig einstellte und anhand ihrer Verbreitung in den städtischen Zentren Europas im Spätmittelalter ablesbar ist, war nicht nur dadurch begründet, dass es sich um die genauesten vorhandenen Zeitmessinstrumente handelte. Sie waren darüber hinaus (im Gegensatz zur Sonnenuhr) auch weitgehend frei von äußeren Umwelteinflüssen und verhältnismäßig wartungsarm.[44] Die technische Seite allein reicht aber nicht aus, um die Ausbreitung der Räderuhr zu erklären. Es handelte sich nicht nur um eine technische, sondern auch um eine soziale und politische Innovation.

Die Aufstellung kommunaler Uhren an allgemein zugänglichen, das heißt an für möglichst viele sicht- und hörbaren Orten, war für die Verbreitung von Stundenrechnung und Zeitdisziplin grundlegend.[45] Übliche Erklärungen zum Erfolg öffentlicher Uhren seit dem 14. und 15. Jahrhundert argumentieren ökonomisch und modernisierungstheoretisch: Stundenrechnung und Schlaguhren seien zu einem Erfordernis immer komplexer werdender Lebensbedingungen in der Stadt und vor allem im Handel geworden. Beides seien Produkte eines aufsteigenden Stadtbürgertums sowie der von ihm geförderten Verweltlichung der Bildung gewesen. Ohne diese Aspekte gänzlich zu negieren, hat es der Historiker Gerhard Dohrn-van Rossum unternommen, ein ganzes Bündel an Faktoren anzuführen, die für die Verbreitung öffentlicher Uhren verantwortlich waren, um so der Einseitigkeit bisheriger Erklärungsansätze zu entgehen. Demnach spielte auch eine zwischenstädtische Prestigekonkurrenz bei der Anschaffung von Uhren eine erhebliche Rolle: Stadtregierungen konnten und wollten es sich nicht leisten, hinsichtlich technischer Innovationen von anderen Städten abgehängt zu werden, die bereits eine öffentliche Uhr installiert hatten. Durch Uhren ließen sich der Rang und das Selbstverständnis einer Stadt hör- und sichtbar zum Ausdruck bringen. Des Weiteren fand seit dem 15. Jahrhundert die Verbreitung von Uhren, vor allem in kleineren Kommunen, auch auf Druck der Landesverwaltungen statt. Uhren wurden daher auch in Orten installiert, die sie sonst nicht oder nicht zu diesem Zeitpunkt angeschafft hätten, und man versuchte, ganze Regionen systematisch mit Uhren zu versorgen. Wie verbreitet schon im frühen 16. Jahrhundert Uhren in Europa auch im ländlichen Raum waren, belegen beispielsweise Schadensmeldungen nach dem Bauernkrieg oder kirchliche Visitationsberichte, in denen der Zustand und die Pflege von Uhren kontrolliert wurden. Die Ausbreitung von Uhren verdankt sich also nicht zuletzt einem politischen Machtwillen. Die öffentliche Uhr war nicht mehr nur ein Element praktischer Nützlichkeit, sondern verwies auf ein geordnetes politisches Leben. Für Regierungen war die Uhr zu einem Sinnbild für die Qualität von Herrschaft geworden.[46]

Man darf sich also getrost von dem romantisch inspirierten Bild verabschieden, dass es vor allem die Städte gewesen seien, die sich schon recht früh dem Takt der Uhrzeit ergeben hätten, während die ländliche Bevölkerung erst im Verlauf des 18. und dann vor allem während des 19. Jahrhunderts den Anschluss an die Welt der Uhren gefunden habe, bis dahin aber einem eher natürlich vorgegebenen Zeitrhythmus gefolgt sei. Weil diese These etablierte Klischees bedient, erscheint sie auf den ersten Blick zunächst plausibel. Sie steht allerdings in deutlichem Gegensatz zu den Forschungsergebnissen über die Verbreitung und Nutzung mechanischer Zeitmessgeräte seit dem späten Mittelalter. Uhren haben durchaus im ländlichen Raum Einzug gehalten: Im Zuge der Reformation wurden insbesondere in protestantischen Kirchen die Gottesdienste uhrzeitlich geregelt, und Kirchturmuhren spielten eine dementsprechend große Rolle. Aus der Sicht weltlicher Obrigkeiten bestand ein enger Zusammenhang zwischen funktionierenden Uhren und der sogenannten ›guten Policey‹, also dem Ideal einer möglichst perfekten Ordnung des Gemeinwesens.[47] Vor dem Hintergrund solcher Befunde wird man kaum davon ausgehen können, dass ländliche Räume vor der Industrialisierung durch eine statische Traditionalität und ein Festhalten an natürlich determinierten Zeitrhythmen bestimmt gewesen seien.[48]

Bei der weiteren Verbreitung öffentlicher, aber auch privater Uhren im Verlauf des 17. Jahrhunderts sind mit Blick auf die Veränderung des Zeitwissens zwei Aspekte zu berücksichtigen. Zum einen gibt es die nicht zu vernachlässigende technische Seite, bei der sich eine verbesserte Ganggenauigkeit auf das kulturelle Zeitwissen auswirkt. Zum anderen muss man aber auf die Nutzungskontexte von Uhren achten, denn hier entfaltet die Wechselwirkung zwischen Technik und Gesellschaft eine nicht zu unterschätzende Dynamik.[49]

Seit dem Spätmittelalter spielte die Uhr beispielsweise im fürstlichen Kontext eine vornehmlich symbolische Rolle. Als Automat stand die Uhr stellvertretend für das Funktionieren der Welt und wurde mit solchen symbolischen Eigenschaften auch häufiger in die fürstlichen Kunst- und Wunderkammern integriert.[50] In die Mikrokosmos-Makrokosmos-Modelle, mit denen diese Wunderkammern nicht zuletzt vorführen sollten, wie sich die übermächtige Schöpfung in ihrer Gesamtheit auch noch in den kleinsten Elementen und Wunderbarkeiten spiegelte, ließ sich die Uhr hervorragend einfügen. Sie zeigte nicht nur den Lauf der Zeit, sondern offenbarte auch den dahinterliegenden Mechanismus und damit die Genialität des ›göttlichen Uhrmachers‹. Während die Metapher von der Uhrenmechanik in der Philosophie noch bis ins 18. Jahrhundert prominent blieb,[51] verschoben sich in der konkreten Nutzung von Uhren bereits während des 17. Jahrhunderts die Schwerpunkte. Die Uhr war, soweit es fürstliche Kontexte betrifft, nicht mehr nur ein passiv zu bestaunendes Objekt, sondern wurde zu einem aktiv wirksamen Faktor in der Lebens- und Alltagsgestaltung. An den Höfen wurde der Tagesablauf zeitlich strenger organisiert, mithin an der Uhr ausgerichtet. Die Bedeutung der Uhr für den höfischen Alltag kann man an der Präsenz dieser technischen Apparate in den Schlossbauten ablesen. Die dadurch produzierte Zeitdisziplin unterstützte die höfische Hierarchie – und die Hierarchie bei Hof förderte den Einsatz zeitdisziplinärer Maßnahmen. Man kann also durchaus behaupten, dass die höfischen Gesellschaften des 17. Jahrhunderts die ersten größeren sozialen Gruppen außerhalb von Klostergemeinschaften waren, die sich der Uhrzeit als einem fremdbestimmten Zwang unterwarfen.[52] Ähnliches zeigt sich aber auch außerhalb fürstlicher Zusammenhänge, wenn die Uhr in Wissenschaftsakademien zum Forschungsinstrument, in den Manufakturen zum Taktgeber und im Handel zum Alltagsgegenstand wurde.

Technisch gesehen hielt man zwischen dem 13. und dem 17. Jahrhundert weitgehend am Prinzip der Räderuhr fest. Es gab zahlreiche Verbesserungen, die eine höhere Ganggenauigkeit gewährleisteten, allerdings bewegten sich die Abweichungen zwischen Uhrzeit und Erdrotation immer noch im Bereich mehrerer Minuten, zuweilen sogar Stunden. Ein wirklicher Meilenstein in Sachen Genauigkeit der Zeitmessung gelang erst im späten 17. Jahrhundert mit der Erfindung der Pendeluhr. Und im Gegensatz zum Erfinder der Räderuhr kann man die Verantwortlichen für diese wesentliche Verbesserung auch ausfindig machen: Der Niederländer Christian Huygens (1629–1695) und der Engländer Robert Hooke (1635–1703) waren wesentlich an der Entwicklung der Pendeluhr beteiligt.[53] Die theoretischen Grundlagen hatte Galilei bereits im späten

16. Jahrhundert gelegt. Er war den Eigenschaften von Pendelbewegungen nachgegangen, also dem Zusammenhang von maximaler Auslenkung und Dauer von Schwingungen eines hängenden Körpers. Sowohl Huygens als auch Hooke beanspruchten, als Erste auf dieser Grundlage eine Pendeluhr entwickelt zu haben.[54]

Aber auch hier gilt es nicht vorrangig die technischen Aspekte, sondern die gesellschaftlichen und kulturellen Auswirkungen dieser Neuerung zu beachten. Denn die Ungenauigkeit mechanischer Uhren verringerte sich zwischen 1650 und 1730 von 500 Sekunden auf etwa 0,3 Sekunden pro Tag.[55] Hatten die meisten Räderuhren zunächst nur die Stunden angezeigt, denen im Lauf der Zeit dann auch ein Minutenzeiger folgen konnte, kam es an der Wende vom 17. zum 18. Jahrhundert dank Huygens und Hooke zum Bau von Präzisionsuhren, die sekundengenau messen konnten und diese Sekunden auch auf dem Ziffernblatt anzeigten. Es war offensichtlich von Bedeutung, die eigene Gegenwart zeitlich immer genauer zu erfassen und zu messen. Das schlug sich auch begrifflich nieder: Im Englischen gibt es den *time-keeper* seit 1686, im Französischen den *chronomètre* seit 1701, im Deutschen den *Chronometer* seit 1735.[56]

Die Tatsache, dass man mit der Pendeluhr nicht mehr nur nach Stunde und Minute, sondern nun zuverlässig auch nach der Sekunde leben konnte, hatte unmittelbare Auswirkungen in den Wissenschaften. Präzise Zeitmessungen, beispielsweise bei naturwissenschaftlichen Experimenten, wurden eigentlich jetzt erst möglich. Aber auch darüber hinaus haben die Pendeluhren in einem sehr generellen Sinn das Verständnis von Zeit verändert. Im Gegensatz zu ihren recht unzuverlässigen Vorgängermodellen konnten Pendeluhren zum Teil über Jahre hinweg stetig und gleichmäßig funktionieren. Dadurch wurde die Vorstellung von einer homogenen und gleichmäßig dahinfließenden Zeit deutlich befördert. Diese Uhren können nicht nur stellvertretend für eine moderne Zeitauffassung stehen, sondern ebenso für ein mechanisch konzipiertes Weltbild.[57]

Naturalisierung der Zeit

Man kann Huygens und Hooke zwar die Erfindung der Pendeluhren zusprechen, aber kaum die Konsequenzen aufbürden, die im Weiteren daraus entstanden. Und es waren auch nicht erst die Pendeluhren, die dafür gesorgt haben, der Zeit einen quasi-naturhaften, objektivierten und von ihrem menschlichen Schöpfer losgelösten Charakter zu verleihen. Dafür waren zuvor bereits andere Techniken der Zeitmessung, vor allem aber christlich-theologische Auffassungen von der Zeit verantwortlich. Und doch waren auch die Pendeluhren nicht ganz unwesentlich daran beteiligt, den Eindruck zu erwecken, dass etwas, das so präzise und so regelmäßig vonstattenging wie das Verstreichen der Zeit, einen natürlichen Charakter haben musste.

Eine solche Auffassung von Zeit zu etablieren ist zwar kein politischer Akt im engeren Sinn, aber insofern machtgesättigt, als eine bestimmte Form des Zeitwissens als dominant gesetzt wird. Im 17. und 18. Jahrhundert hatten hier vor allem zwei Autoren maßgeblichen Einfluss. Einerseits wurde im philosophischen Kontext eine Deutung etabliert, die Zeit als eine Zusammenschau von Ereignissen konzipierte und auf der Eigentümlichkeit des menschlichen Bewusstseins basieren ließ. Zeit geht demnach jeder menschlichen Erfahrung voraus, sie hat apriorischen Charakter. Diese Position, prominent durch Immanuel Kant vertreten, sieht Zeit als eine unabänderliche Gegebenheit der *menschlichen* Natur. Andererseits – und das soll im Folgenden ein wenig mehr interessieren – setzte sich in der zweiten Hälfte des 17. Jahrhunderts eine Auffassung durch, die Zeit als objektive Gegebenheit der *natürlichen* Ordnung verstand. In dieser Perspektive, am prominentesten durch Isaac Newton (1643–1727)[58] vertreten, unterscheidet sich die Zeit nicht von anderen Naturobjekten – abgesehen von ihrer sinnlichen Unzugänglichkeit.[59]

Der Kern des Newton'schen Zeitmodells ist in seinem Hauptwerk, der

»Philosophiae Naturalis Principia Mathematica« von 1687, dargelegt. Dort heißt es: »Die absolute, wahre und mathematische Zeit, an sich und ihrer Natur nach ohne Beziehung zu irgend etwas Äußerem, fließt gleichmäßig dahin und wird auch als Dauer bezeichnet.«[60] In der klassischen Physik, die in Isaac Newton ihren prominentesten Vertreter hat, wird damit ein Zeitverständnis entwickelt, das sich anhand von drei Abstraktionsbewegungen beschreiben lässt. Der erste Abstraktionsschritt bezeichnet die Reduktion der Vielfalt von Veränderungsprozessen auf das Grundmodell der äußeren Bewegung. Die klassisch-physikalische Dynamik kennt nur eine Form des Wandels, nämlich die relative Ortsveränderung materieller Körper. Der zweite Abstraktionsschritt zielt darauf ab, diese zum Standardmodell erhobene Form der Ortsveränderung nochmals enger zu fassen, und zwar indem sie auf quantifizierbare, das heißt berechenbare Idealbestimmungen reduziert wird. In einem dritten Schritt werden die beiden vorhergehenden Schritte in Form der mathematischen Berechnung der Beschleunigung zusammengefasst.[61] Und wir haben, *voilà*, die Zeit, in einer hübsch handlichen, eindimensionalen und vor allem hervorragend berechenbaren Form.

Sich dieses physikalische Verständnis der Zeit um 1700 etwas näher zu besehen lohnt vor allem deshalb, weil es Hinweise gibt auf die Einflüsse und Wechselwirkungen zwischen naturwissenschaftlichen und weiteren gesellschaftlichen Verständnissen von Zeit.[62] Schon bei Newton lässt sich erkennen, dass sein physikalisches Zeitmodell nicht singulär dasteht. Er unterscheidet durchaus zwischen einer mathematischen und einer sozialen Zeit: Während die mathematische Zeit für ihn in einem naturphilosophischen (wir würden heute sagen: in einem naturwissenschaftlichen) Sinn die wahre, weil absolute Zeit ist, da sie unabhängig von äußeren Einflüssen gleichmäßig fließt, ist die gemeinhin verwendete soziale Zeit hingegen relational. Die zitierte Definition der Zeit wird von Newton nämlich wie folgt fortgesetzt:

> »Eine relative, scheinbare und allgemein übliche [Zeit] ist irgendein durch eine Bewegung feststellbares äußeres Maß (gleichgültig ob ein genaues oder ein ungleichmäßiges) für die Dauer, welches die gewöhnlichen Leute an Stelle der wahren Zeit benutzen, wie zum Beispiel eine Stunde, ein Tag, ein Monat und ein Jahr.«[63]

Newton dafür verantwortlich zu machen, dass die europäische Neuzeit lange mit einem vereinfachten Zeitbegriff umgegangen ist, von dem wir uns immer noch mit großer Mühe befreien müssen, ist allerdings verkürzend. Das standardisierte europäische Zeitmodell ist zwar in der Tat simplifizierend, weil es Zeit vor allem mit der Uhren- und Kalenderzeit identifiziert und implizit auch als regelmäßig dahinfließende, eigenständige Dimension auffasst – allerdings ist zu bezweifeln, dass Newton hierfür tatsächlich als Verursacher herhalten muss.

Die Identifikation von Newtons absoluter Zeit mit der Zeit schlechthin ist eher dem Aufstieg der Naturwissenschaften zuzuschreiben. Für diese sah Newton die absolute Zeit als einzig angemessen an, da sie deren Bedürfnissen entsprach. Und wie die Entwicklung der Naturwissenschaften seit dem 17. Jahrhundert zeigt, hatte er damit für einen nicht unwesentlichen Zeitraum auch recht, denn für eine Experimentalwissenschaft ist es von elementarer Bedeutung, eine einheitliche Zeit als Bemessungsgrundlage zu besitzen, nicht nur um genaue Ergebnisse zu erzielen, sondern auch um die Vergleichbarkeit und Wiederholbarkeit von Experimenten zu garantieren.[64] Will man bestimmte physikalische oder chemische Prozesse, die in der Zeit ablaufen, allgemeingültig beschreiben und beispielsweise festlegen, wie viele Sekunden sie dauern – wie kann man dies in einem Jahrhundert tun, das noch keine ausreichend genauen Uhren kannte und das sich noch nicht auf die Standardisierung von Zeit festgelegt hatte? Denn genau das war ein Problem, das Naturphilosophen des 17. Jahrhunderts beständig umtrieb: Wie lässt sich ein zeitlicher Referenz- und Orientierungsrahmen finden für zwei unabhängig voneinander ablaufende Prozesse, so dass in beiden Fällen eine Sekunde auch genau (und nicht nur ungefähr) eine Sekunde ist?[65] Was man Newton allerdings kaum zum Vorwurf machen kann, ist, dass es in den europäischen Kulturen zu Transformationen kam, in deren Verlauf den Naturwissenschaften das Privileg zugesprochen wurde, für die Erforschung der Realität die besten Mittel zur Verfügung zu stellen, so dass auch deren Zeitmodelle dominant wurden.[66]

Für die Zwecke, die er sich vorgenommen hatte, nämlich die Grundlagen der Naturphilosophie zu formulieren, machte Newtons Idee einer absoluten Zeit also durchaus Sinn. Der nähere Blick in Newtons »Principia Mathematica« zeigt aber, dass sich sein Zeitbegriff nicht darauf reduzieren lässt, dass er von dem tatsächlichen Obwalten dieser einen absoluten Zeit ausgegangen sei, so als würde über uns eine überdimensionierte Uhr hängen, die wir nur zu lesen verstehen müssten. Ganz im Gegenteil, neben der Differenzierung zwischen einer absoluten und einer relationalen Zeit fällt bei Newtons Bemerkungen auf, dass er die Uhren- und Kalenderzeit gerade *nicht* als Beispiel für das absolute Zeitverständnis ansieht, sondern im Gegenteil zur relationalen Zeit verschiebt. Das lehrt uns, dass Newtons absolute Zeit etwas anderes sein muss als eine genau gemessene und sich auf einen eindeutigen Referenzrahmen beziehende Zeit. Die absolute Zeit ist nichts anderes als ein Ideal, ein Abstraktum, das sich weder in der soziokulturellen Wirklichkeit noch in der Welt der Naturwissenschaften jemals konkretisieren lässt, sondern als rein theoretisches Gebilde dient, um eben überhaupt erst die Grundlagen, die *principia* der Naturphilosophie formulieren zu können.

Unabhängig davon, ob man nun Newton für die Vorstellung einer absoluten Zeit verantwortlich machen will oder nicht, so ist doch in der Rezeption – und zwar bis zum heutigen Tag – nicht zu übersehen, welchen weitreichenden Einfluss dieses Modell hatte. Die Behauptung ist kaum übertrieben, dass das Funktionieren unserer heutigen Welt zu nicht unerheblichen Teilen auf ebendiesem Wissen einer absoluten Zeit basiert. Mit der Setzung von Zeit und Raum als absoluten und abstrakten Größen, zu denen materielle, physikalische und biologische Prozesse relativ gesehen werden müssten, hat Newton für die Naturphilosophie ein Gerüst geschaffen, an dem alle Naturvorgänge gewissermaßen ›aufgehängt‹ werden konnten. Damit wurde nicht nur die Entwicklung einer neuzeitlichen physikalischen Wissenschaft ermöglicht, sondern zahlreiche technische Entwicklungen wurden erst denk- und praktizierbar.[67] Entscheidend aber war für das abstrakte, absolute und reversible Zeitverständnis von Newton, dass es funktionierte und für die Geschichte der Physik bis in das frühe 20. Jahrhundert hinein und bis zur Einstein'schen Relativitätstheorie von entscheidender Bedeutung war – und für unseren Alltag bis heute von großer Bedeutung ist.

Was nicht im Fokus von Newtons Interessen stand und ihm daher auch kaum zur Last gelegt werden kann, ist die Beeinflussung unseres Weltbildes durch dieses absolute Zeitmodell. Unser alltägliches Denken bewegt sich immer noch in den Bahnen des Newton'schen Modells, dem man sich schwerlich entziehen kann. Als »tägliche Benutzer von Technik üben wir das Newtonsche Kausal-Zeit-Schema dauernd ein: Mit jedem Anknipsen des Lichtschalters, dem Drehen des Zündschlüssels, dem Inhalieren der Tagesschau treiben wir Exerzitien in Newtonismus. Deshalb wird es den Zeitgenossen fast unmöglich gemacht, die Zeit anders als reversibel, anders als die Newtonsche Dauer zu sehen und zu empfinden.«[68]

Mit solchen und vielen anderen Überlegungen ist Isaac Newton der Allgemeinheit bekannt geworden als Naturwissenschaftler *par excellence*, als Wegbereiter eines modernen, rationalen und naturwissenschaftlich fundierten Weltbildes, als Vater der klassischen Mechanik, als Formulierer zahlreicher Naturgesetze zu Gravitation und Bewegung, als Mathematiker und als Erforscher optischer Phänomene. Eine Lichtgestalt der sich als aufgeklärt verstehenden Moderne, die sich von Magie und Aberglaube gelöst hat, um stattdessen auf Vernunft, Experiment sowie eigene Beobachtungs- und Urteilsfähigkeit zu setzen. Aber das ist nur der halbe Newton.[69] Der andere Newton saß nachts in seinem Studierzimmer und schrieb mit großem Fleiß Tausende von Manuskriptseiten voll, die eigentlich nie das Licht der Öffentlichkeit erblicken sollten. Newton war nämlich nicht nur besessen von Fragen der Schwerkraft oder des Lichts, sondern ebenso von Alchemie, apokalyptischen Visionen und der Natur Gottes.[70] Er betrieb intensive alchemistische Studien in einem Labor, in dem über Jahrzehnte hinweg die Feueröfen brannten. Es gab einen zutiefst gläubigen Newton, der Kirchengeschichten verfasste und das Buch Daniel sowie die Offenbarung des Johannes auf Hinweise zum Weltenende untersuchte. Seine Bibliothek enthielt einen großen Bestand an magischer, kabbalistischer und rosenkreuzerischer Literatur, weswegen er manchen nicht so sehr als der erste Aufklärer, sondern als der letzte Magier gilt.[71]

Haben wir es also mit einer akuten Form von Persönlichkeitsspaltung zu tun, mit einem nach außen gewendeten Naturwissenschaftler, der sich in seinen eigenen vier Wänden als Zauberer entpuppte? Wohl kaum. Newton war im besten Sinn ein Naturphilosoph des späten 17. und frühen 18. Jahrhunderts, der versuchte, das Wirken von Kräften in einem umfassenden und ganzheitlichen Sinn zu verstehen. Erst die Nachwelt hat ihn (und andere Vertreter seiner Art) auf einen engen Begriff von

Naturwissenschaftlichkeit reduziert. Aber Newton war nicht nur völlig selbstverständlich davon überzeugt, dass die Welt von Gott erschaffen war, Gott mithin als der erste Beweger aller natürlichen Phänomene verstanden werden musste, sondern ebenso davon, dass die Antworten auf die Fragen nach dem Funktionieren dieser Schöpfung nicht allein in naturwissenschaftlichen Gesetzen, in Planetenbewegungen oder in der Beschaffenheit der Erde zu suchen waren.[72]

Newton wollte nicht nur die physikalischen Kräfte in der Natur erforschen, er wollte ebenso das Rätsel der Gottesnatur verstehen, dem Ursprung der Elemente auf den Grund gehen, die Frage nach der Unsterblichkeit beantworten und das Ende der Welt datieren. Denn all diese Aspekte gehörten für ihn zu einer Gesamtheit des göttlichen Universums, das sich nur ganzheitlich verstehen ließ – und nichts weniger hatte er im Sinn. Das bedeutet aber zugleich, dass Newton nicht ausschließlich mit einem absoluten Zeitbegriff operierte. Der Vielfalt seiner Forschungs- und Interessengebiete entsprach ebenso eine Vielfalt unterschiedlicher Zeitverständnisse. Neben die absolute und die relationale Zeit trat ein christlich-millenaristisches Zeitverständnis, das Dauer und Ende der göttlichen Schöpfung thematisierte. Zudem operierte er mit einer vergangenheitsorientierten Zeit, denn gemäß einer dekadenzfixierten Geschichtsphilosophie war er der Überzeugung, dass den biblischen Patriarchen und Propheten die wahre Naturphilosophie und die umfassende Wahrheit über den Zusammenhalt der Welt offenbart worden war, dass diese Weisheit in der Zwischenzeit verlorengegangen sei und nun mühsam wieder erarbeitet werden müsse. Er sah seine Erkenntnisse in der Physik und der Optik, aber auch seine alchemistischen Experimente nur als Wiederentdeckungen dieses verlorenen Wissens der Alten. Diese Überzeugung ging so weit, dass Newton die Infinitesimalrechnung, die er zeitgleich mit Leibniz Mitte der 1660er Jahre entwickelt hatte, in seinem Hauptwerk, der »Principia Mathematica«, nicht verwendete – weil er die ›Modernen‹ (die Cartesianer) verabscheute und stattdessen lieber zu den geometrischen Methoden der Antike zurückkehrte.[73] Man kann also schon bei und von Newton lernen, wie begrenzt das Modell einer homogenen Zeit ist, die ihm so oft unterstellt wird.

Zeitstrafen

»Jede Macht, die den Augenblick überdauert, organisiert Raum und Zeit.«[74] Und sie organisiert auch das Zusammenspiel von Raum und Zeit. Machtvolle Institutionen können Rhythmen oder Geschwindigkeiten erhöhen oder verlangsamen. Wer darüber bestimmen kann, welche Angelegenheit dringlich ist und schnell bearbeitet werden muss oder was erst einmal liegenbleiben kann, verfügt in einem mehr oder weniger großen Rahmen über Macht. Anhand unterschiedlicher Be- und Entschleunigungen wird ersichtlich, wie sich der Zusammenhang von Zeit und Macht gestaltet. Zeit ist auch deswegen ein hervorragendes Herrschaftssymbol, weil sie sich nicht ersetzen lässt, wenn sie einmal verloren ist.

Warten ist alltäglicher ›Zeitverlust‹. Und Warten haben wir gelernt:[75] Warten auf das Jüngste Gericht, auf den Weltuntergang, auf eine bessere Welt, auf eine goldene Zukunft, auf den Klimawandel, auf den Weltfrieden oder auf den Weihnachtsmann. Aber Warten ist auch das, was wir nicht wollen, weil wir wissen (oder zumindest ahnen), dass Warten und Wartenlassen nicht zu übersehende Ausdrucksformen eines Machtgefälles sind. Man kann nur Wartender sein, wenn man sich in Abhängigkeit von etwas oder jemandem befindet, auf den oder auf das man wenig bis gar keinen Einfluss hat. Unterlegene in sozialen und politischen Konflikten sind also fast zwangsläufig auch temporale Verlierer.[76]

Es wäre verkürzend, das Warten ausschließlich zu einem Ausdruck asymmetrischer Machtverhältnisse zu machen. Es ist auch ein wichtiger Indikator, um die Vielzahl parallel zueinander bestehender Zeiten zu studieren. Wir leben beständig in unterschiedlichen Zeitkontexten, in der subjektiven Zeit des Bewusstseins, in der Rhythmik unseres Körpers mit seiner biologischen Zeit, in den Jahreszeiten der Natur, in der soziokulturellen Zeit der Gesellschaft und in der abstrakten Weltzeit, die sich uns durch die unbarmherzige Gleichmäßigkeit der Uhren mitteilt. In all diesen Zeiten bewegen wir uns gleichzeitig, ohne *tatsächlich* eine Kongruenz, eine völlige Gleichzeitigkeit herstellen zu können. All diese Zeiten können immer nur zu einem gewissen Grad zur Deckung gebracht werden. Die Inkongruenz, die dabei entsteht, drückt sich unter anderem im Warten aus. Während ich in der Zeit meines Bewusstseins bereits am Ziel meiner Reise angelangt bin und mir vorstellen kann, was mich dort erwartet, muss das Bewusstsein gleichzeitig noch warten, bis mein Körper den Weg tatsächlich zurückgelegt hat. Bin ich zu einer bestimmten Uhrzeit verabredet, aber zu früh am verabredeten Ort, muss ich warten, bis abstrakte Weltzeit und meine persönliche Zeitplanung zur Deckung kommen. Das Warten ist mithin ein hervorragendes Mittel, um der Pluritemporalität auf die Spur zu kommen.[77] Und wenn dies nur Beispiele sind, die sich auf eine einzelne Person beziehen, so lässt sich unschwer vorstellen, dass dieser Befund auch und gerade mit Blick auf größere gesellschaftliche Gruppen Gültigkeit hat, dort sogar noch zu wesentlich stärkeren Anstrengungen der Synchronisation sowie zu größeren Inkongruenzen zwischen den einzelnen Zeitmodellen wie auch zu weitreichenderen Formen des Wartens führt.

Womit wir schon wieder bei der Frage von Macht und Warten wären – und bei der Herstellung von Gegenwart. Denn es bedarf der Macht (wie es gleichzeitig zur Machtsteigerung beiträgt), um die vielen unterschiedlichen Zeiten auf eine verbindliche Zeit und Gegenwart zu verpflichten. In einem totalen Sinn kann das zwar nicht gelingen, aber es gibt Zeitmodelle, die gegenüber anderen unübersehbar dominant sind. Wie dominant ein Zeitwissen über andere sein kann, lässt sich am Grad der Unvorhersehbarkeit und Unplanbarkeit ablesen, dem die Unterworfenen ausgesetzt sind. Denn eine Zunahme an Macht bedeutet für die Machtlosen eine Zunahme an temporaler Unsicherheit. Absolute oder totalitäre Macht zeichnet sich unter anderem dadurch aus, dass sie anderen das rationale Antizipieren versagt und sie in Ungewissheit belässt. Man könnte geradezu einen Katalog von Verhaltensweisen erstellen, die mit der Ausübung von Macht durch Zeit einhergehen: Mächtige können vertrösten, hinhalten, Hoffnungen wecken, verschieben, warten lassen, aussetzen, vertagen, sich verspäten, überstürzen, überrumpeln. Ergänzt werden müsste diese Liste aus Sicht der Machtlosen und Wartenden durch Formen der Erduldung von Zeitmacht. Der französische Soziologe Pierre Bourdieu hat darauf hingewiesen, wie bezeichnend es sei, dass im medizinischen Universum – »einer der Hauptstätten angsterfüllten, ohnmächtigen Wartens«[78] – dieser Machtlose ›Patient‹ genannt werde, was sich nicht nur als der Leidende oder der Erduldende übersetzen lässt, sondern auch als derjenige, der sich in Geduld zu üben hat. Warten heißt hier Unterordnung.[79]

Die Gefängnishaft ist eine extreme Form dieser wartenden Unterwerfung. Als Institution entzieht das Gefängnis seinen Insassen Freiheit im Sinne der Verfügbarkeit über Raum und Zeit. Im Gefängnis wird man nicht nur der Bewegungsfreiheit beraubt, sondern ebenso der Lebenszeit mitsamt seiner Gestaltbarkeit. Die Strafe besteht nicht nur darin, dass man in einer Zelle zu sitzen hat und das Gefängnisgebäude nicht verlassen darf, sondern dass einem Zeit genommen wird. Dementsprechend werden Urteile auch nicht als Reduktion der Bewegungsfreiheit auf ein paar Quadratmeter ausgesprochen, sondern lauten auf Freiheitsentzug für soundso viele Jahre. Der Soziologe Erving Goffman charakterisierte totale Institutionen wie das Gefängnis unter anderem dadurch, dass in ihnen die Zeit durch eine Institutionsleitung penibel verplant und den Insassen nur ein geringer Spielraum eigener Gestaltung überlassen wird.[80] Gefängnisse sind daher nicht zuletzt ein Symptom für die Bedeutung des Faktors ›Zeit‹ in einer Kultur. Als historische Frage lässt sich daher formulieren, ab wann das Gefängnis die Funktion übernommen hat, die wir heute noch selbstverständlich damit verbinden, nämlich Strafen als Zeitstrafen zu ermöglichen. Denn das müsste zugleich der historische Zeitpunkt sein, zu dem nicht nur der Verfügbarkeit über die eigene Zeit, sondern genauer der Verfügbarkeit über die eigene Gegenwart ein hoher Wert zugemessen wurde.

Die Geschichte des Gefängnisses als einer Zeitbestrafungsanstalt ist noch verhältnismäßig jung.[81] Sie verbindet sich vor allem mit der Ablösung eines Strafsystems, das vornehmlich auf Körperstrafen gesetzt hatte, durch ›humanere‹, soll heißen nicht unmittelbar den menschlichen Körper betreffende Strafformen. Auch wenn in der europäischen Geschichte des Mittelalters und der Neuzeit Gefängnisse permanent eine Rolle spielten,[82] so taten sie das doch lange nicht mit dem Ziel des Zeitentzugs. Sie sollten nur vorübergehend Gefangene festhalten, beispielsweise vor einer Gerichtsverhandlung oder Exekution, oder dienten als Schuldtürme für säumige Zahler. Das Einsperren bezweckte für lange Zeit vor allem das Festhalten, weniger das Bestrafen von Personen. Einzig in den europäischen Städten des Spätmittelalters lassen sich Freiheitsstrafen von begrenzter Dauer feststellen, die vor allem bei leichteren Verfehlungen verhängt wurden. Allerdings führte diese Praxis noch nicht zu einer Systematisierung der Gefängnisstrafe.[83]

Seit der Mitte des 16. Jahrhunderts finden sich dann die ersten zaghaften Ansätze zur Entstehung des modernen Gefängniswesens. Das 1553 in London eingerichtete Bridewell[84] oder auch die 1559 für Männer beziehungsweise 1597 für Frauen eingerichteten Institutionen in Amsterdam entsprachen noch dem Modell des Zuchthauses (und wurden auch so genannt: *house of correction* beziehungsweise *Tuchthuis*). Auch hier stand noch nicht der Zeitentzug im Vordergrund, sondern die ›Besserung‹ der Insassen durch Arbeit. Die Verbindung aus ›sinnvoller‹, der Gemeinschaft zukommender Arbeitsleistung, der Erziehung zu einem gesellschaftlich konformen Lebenswandel sowie dem Entzug von Lebenszeit ist aber seither prägend geblieben für die Institution Gefängnis, wenn auch mit jeweils unterschiedlichen Schwerpunkten. Welche bedeutende Rolle der Faktor ›Zeit‹ in Zuchthäusern bereits in dieser frühen Phase spielte, wird anhand des strengen Reglements deutlich, dem der Tagesablauf unterworfen war.[85] Das Zeitregime, das den gesamten Tag okkupierte und neben der Arbeit eigentlich nur noch Beten, Essen und Schlafen vorsah, sollte den Rückfall in das straffällige und lasterhafte Leben verhindern, das die Insassen zuvor geführt hatten.[86] »Die Zucht- und Arbeitshäuser sind somit Vorreiter einer rigorosen Zeitdisziplin.«[87]

Die Amsterdamer Zuchthäuser dienten in der Folge in ganz Europa als Vorbild. Und es ist einmal mehr das 17. Jahrhundert als der entscheidende Zeitraum zu markieren, in dem sich nicht nur das Gefängnis ausbreitete, sondern in dem sich mit dieser Institution vor allem auch ein neues Zeit- und Gegenwartsverständnis entwickelte: Gegenwart unverfügbar zu machen wurde nun als eine Strafe angesehen. Um 1700 besaßen viele größere Städte in Europa eigene ›Besserungsanstalten‹. Man kann gewissen Verbreitungswegen folgen, die einerseits mit der geographischen Nähe zu Amsterdam, dann aber auch mit jeweils lokalen Bedingungen zu tun haben. Im Norden Deutschlands fand die Amsterdamer Idee recht schnell Anklang: Bremen wandte sich 1604 schriftlich an das Amsterdamer Vorbild, um mehr Informationen zu erhalten, Lübeck verfügte seit 1613 über ein Zuchthaus, gefolgt in der ersten Hälfte des 17. Jahrhunderts von Hamburg, Kassel und Danzig. Um 1700 hatten 15 deutsche Städte entsprechende Einrichtungen, gegen Ende des 18. Jahrhunderts gab es etwa 70 Zuchthäuser in Deutschland. Damit war eine flächendeckende Versorgung hergestellt. Im europäischen Kontext erfolgten Gründungen beispielsweise in Kopenhagen (1605), Antwerpen (1613), Lyon (1622), Madrid (1622), Stockholm (1624) oder Brüssel (1625).[88] In Frankreich weist die Entwicklung zwar institutionelle Eigenheiten, aber auch zeitliche Parallelen auf. Auf der Grundlage eines königlichen Edikts von 1656 wurden zwischen 1657 und 1680 etwa 30 sogenannte *hôpitaux généraux* eingerichtet. Das *hôpital général* war eine Mischform aus Armenhaus, Waisenhaus, Irrenhaus und Zuchthaus und konnte zuweilen riesige Ausmaße annehmen. Für Paris wird von 10000 Insassen berichtet, die Ende des 17. Jahrhunderts auf mehrere Gebäude verteilt waren.[89]

Sicherlich darf man diese frühen Zuchthäuser nicht mit Gefängnissen der Gegenwart gleichsetzen. Das wird schon anhand der Tatsache deutlich, dass die Zuchthäuser in der Mehrzahl institutionelle Mischformen waren und unterschiedliche Funktionen miteinander verbanden. Sie vereinten nicht selten Gefängnis, Arbeits-, Armen- und Waisenhaus und anderes mehr unter einem Dach. Mit Blick auf eine Geschichte der Gegenwärtigkeit ist daher nicht die Reinheit der Institution von Bedeutung, sondern die grundsätzliche Möglichkeit, Zeitentzug als Strafform anzusehen.

Entsprechend ist hier überdies eine Alternative zum Zuchthaus von Bedeutung: die öffentliche Arbeitsstrafe (*opus publicum*), die sich in größerem Ausmaß zeitlich parallel zu den Zuchthäusern etablierte. Dabei wurden Verurteilte, die sich eines ›liederlichen Lebenswandels‹, des Ungehorsams gegen die Obrigkeit, des Diebstahls, der Körperverletzung und ähnlicher Normbrüche schuldig gemacht hatten, zu Arbeiten an Festungswerken, zur Ausbesserung der Stadtgräben oder zur Reinigung der Gassen verurteilt. Nach der täglichen Zwangsarbeit wurden sie nachts in einem Gefängnis untergebracht, konnten teilweise aber auch zu Hause übernachten. Im deutschen Sprachraum lässt sich die öffentliche

Arbeitsstrafe in Städten seit dem späten 16. Jahrhundert in einem größeren Umfang nachweisen. Interessant ist vor allem die Begründung, mit der diese Strafform etabliert wurde. Im Herzogtum Württemberg wurde sie 1620 beziehungsweise 1627 als Ersatz für Gefängnis- und Leibesstrafen eingeführt, und zwar vor allem aufgrund wirtschaftlicher Erwägungen. Denn Inhaftierte in Gefängnissen, so die Begründung, kosteten die Staatskasse vor allem Geld. Auch Leibesstrafen seien wirtschaftlich schädlich, da der Kontakt mit dem Henker sozial entehrend wirke und die Delinquenten danach kaum eine andere Überlebensmöglichkeit hätten, als weiterhin kriminell vorzugehen. Die Arbeitsstrafe wurde daher als Lösung angesehen, um gleich mehrere Fliegen mit einer Klappe zu schlagen.[90] Solche Gedankengänge fanden auch in anderen Regionen Deutschlands Nachahmer, so dass sich diese Verbindung aus Arbeitszwang und Freiheitsstrafe im Verlauf des 17. Jahrhunderts neben der Zuchthausstrafe ausbreitete.[91] Auch der öffentlichen Arbeitsstrafe lag mithin ein Modell zugrunde, das den Verlust individueller Zeitgestaltung als Bestrafung anwendete.

* * *

Zeit tritt nicht ohne Macht in Erscheinung, und mächtige Institutionen können nicht auf die Kontrolle der Zeit verzichten. Dieser Zusammenhang lässt sich problemlos in allen menschlichen Gesellschaften in der einen oder anderen Form nachweisen, gewinnt aber besondere Bedeutung in durchgehend temporalisierten Gesellschaften. Solche Gesellschaften haben ihre Organisation konsequent auf Zeit umgestellt. Es gibt für sie keine ›Zeitlosigkeit‹ mehr.[92] In solcherart temporalisierten Kulturen, wie den europäischen seit dem ausgehenden 16. Jahrhundert, kann es dann auch Sinn machen, Menschen durch das Unverfügbarmachen von Lebenszeit zu bestrafen, sich auf die Uhr als gesellschaftlichen Taktgeber zu verlassen, einen politischen Systemwechsel mit einem neuen Kalender zu verknüpfen oder die Idee einer absoluten und homogenen Dimension namens ›Zeit‹ zu etablieren.

Mit solchen machtvollen Aufladungen erhält die Gegenwart einen besonderen Stellenwert, weil sie die Phase ist, in der Zeit noch zur Verfügung steht, in der Prozesse und Handlungen umkehrbar gehalten werden können. Eine solche Aufwertung der Gegenwart verändert zugleich die Beziehungen zum Gewesenen und zum Kommenden. Von der übermächtigen Autorität der Vergangenheit kann man sich teilweise abkoppeln – und der Blick in die Zukunft offenbart neue Möglichkeiten.

Anfang ohne Ende

Der Pluralismus verschont nichts.
Auch die Zukunft ist nicht gegen ihn gefeit.

Hans Magnus Enzensberger[1]

Kalenderblatt 1655

Welche Zukunft hätten Sie denn gern? Da gäbe es zum Beispiel die Offenheit, aber auch Ungewissheit und Zumutung des nahezu weißen Papiers, wie sie in Preysings Terminkalender zum Ausdruck kommt. Hier zeigt sich die Zukunft des kommenden Jahres als gestaltbar, verfügbar und voller Möglichkeiten. Zugleich ist diese Offenheit aber mit dem Unwägbaren und dem Unsicheren verbunden, weil das Zukünftige nicht nur gestaltet werden *kann*, sondern auch gestaltet werden *muss*, ohne dass man weiß, welche Überraschungen auf einen zukommen können.

Es gibt aber auch Alternativen. Kulturen leisten sich immer eine recht breite Palette an Zukünften. Das war im 17. Jahrhundert nicht anders. Eine sehr wichtige und weidlich etablierte Art und Weise, mit Zukunft umzugehen, war und ist die Astrologie. Ein markantes Beispiel hierfür ist der »Astrologische Reichs-Calender« von Israel Hiebner (1619–1668). Hiebner war studierter Jurist, der sich ab den 1640er Jahren allerdings von diesem Beruf ab- und der Astrologie zuwandte. Seine weitreichenden Prophezeiungen brachten ihm viel Streit, aber auch reichlich Aufmerksamkeit ein und wurden in Form seiner Kalender stark nachgefragt.[2]

Worin die Attraktivität von Hiebners Deutungen und von astrologischen Kalendern insgesamt bestanden haben könnte, lässt sich erahnen, wenn man sich im »Astrologischen Reichs-Calender« die Spalte näher ansieht, die überschrieben ist mit »Bedeutung des Cometen und anderer ungewöhnlichen Constellation«. Dort heißt es zum Beispiel, dass der Mond am 25., 26. und 27. Januar allein durch den Ort des Kometen gehen, während Merkur neben Saturn und zwei sichtbaren Finsternissen sehr geschäftig sein würden. Darum würde es auch Kälte, Schnee und Frost geben. Weil sich Merkur im fünften Haus befinde, seien die Machtversessenen und Eigennützigen vor anstehenden Gefahren und

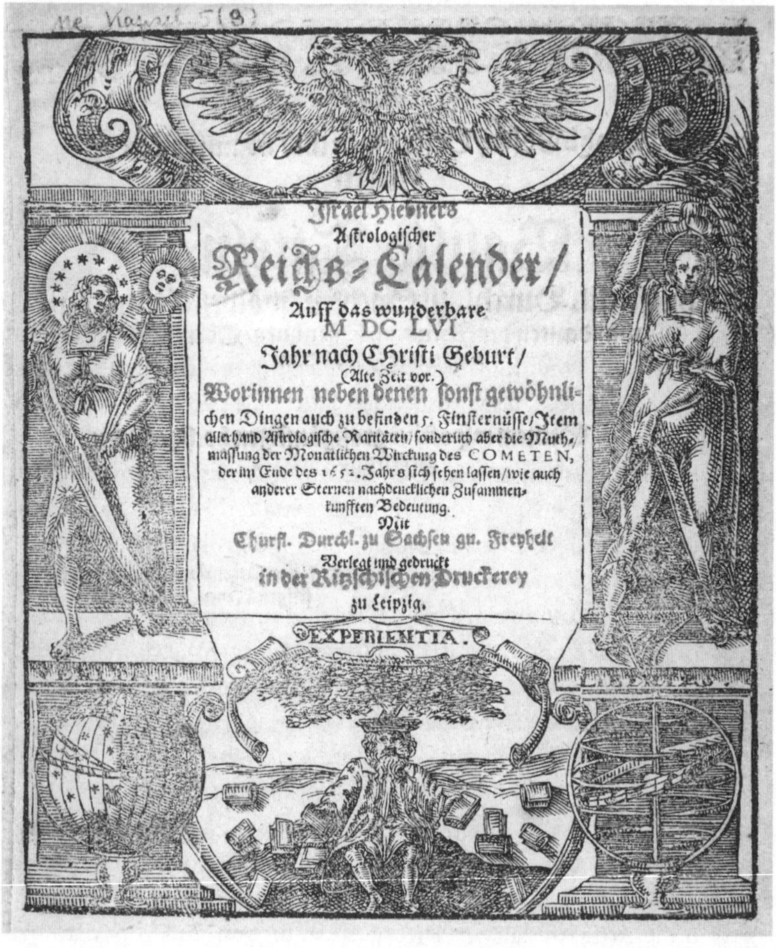

Israel Hiebners
Astrologischer
Reichs-Calender/
Auff das wunderbare
M DC LVI
Jahr nach Christi Geburt/
(Alte Zeit vor.)
Worinnen neben denen sonst gewöhnli-
chen Dingen auch zu befinden 5. Finsternüsse/Item
allerhand Astrologische Raritäten/sonderlich aber die Muth-
massung der Monatlichen Wirckung des COMETEN,
der im Ende des 1652. Jahrs sich sehen lassen/wie auch
anderer Sternen nachdencklichen Zusammen-
kunfften Bedeutung.
Mit
Churfl. Durchl. zu Sachsen gn. Freyheit
Verlegt und gedruckt
in der Ritzschischen Druckerey
zu Leipzig.

Abb. 15 Neben den bildlichen Verweisen auf die Gelehrtheit des Verfassers, auf die Bedeutung von Astronomie und Astrologie sowie auf den Reichsadler verspricht das Titelblatt von Hiebners »Astrologischem Reichs-Calender« vor allem Informationen über fünf bevorstehende Finsternisse, allerhand astrologische Raritäten sowie die monatlichen Auswirkungen des Kometen, der Ende 1652 am Himmel zu sehen gewesen war.

Veränderungen sicher. Für die Reichen hänge der Himmel noch voller Geigen, sie könnten sich der Wollust hingeben, könnten essen, trinken, buhlen und stolzieren, nur um sich selbst, nicht aber um Gott zu gefallen. Hiebner kündigte jedoch an, dass Mars im Frühling anfange, »an der Scheibe des saturnischen Cometen sein Schwerdt zu schleifen«. Im Sommer gelange Jupiter zum ersten Mal an diejenige Himmelsposition, an welcher zuvor der Komet gestanden habe, und das bedeute, dass die Stühle für das fällige Gerichtsverfahren samt gerechter Verurteilung schon vorbereitet würden.[3]

In diesem Stil geht es den ganzen Kalender hindurch weiter. Hiebner äußert sich über Politik, Krieg, Wetter, Gesundheit, Beziehungs- und Vermögensfragen. Dabei finden sich die durchaus üblichen, ungefähren Aussagen des astrologischen Jargons, die aus vagen astronomischen Informationen ebenso weitreichende wie nebulös-metaphorische Folgerungen ableiten. Was den Sprachduktus und die Themen betrifft, hat sich in der Astrologie zwischen dem 17. und dem 21. Jahrhundert nicht allzu viel verändert.

Allgemein war die Astrologie in Kalenderdrucken ein ebenso etablierter wie umstrittener Gegenstand. Schon seit der zweiten Hälfte des 17. Jahrhunderts bemühten sich insbesondere politische Obrigkeiten darum, astrologische Inhalte aus Kalendern zu verbannen. In Mecklenburg wurde 1682 ein Edikt erlassen, das Kalender mit astrologischen Inhalten verbot.[4] Diverse Kalenderschreiber wandten sich explizit gegen die ›abergläubische‹ Astrologie und wollten sie aus den Kalendern verbannt sehen.[5] Der Regensburger Reichstag hielt 1698 fest, dass die Kalendermacher darauf bedacht sein sollten, astrologische Inhalte und andere Formen der Wahrsagerei aus den Kalendern zu streichen, um diese stattdessen mit nützlichen Inhalten zu füllen.[6] Auch andernorts ging man obrigkeitlich gegen die Astrologie vor. In Frankreich wurde sie 1666 zunächst aus der Liste derjenigen Disziplinen gestrichen, die von der Akademie der Wissenschaften gefördert wurden, um sie schließlich 1682 per königlichem Edikt als abergläubisch zu verbieten. Das hielt eine große Zahl von Franzosen, auch am Königshof selbst, allerdings nicht davon ab, weiterhin astrologische Prophezeiungen nachzufragen. In England kam es ab 1641 aufgrund der weitgehenden Aufhebung der Pressezensur während des Bürgerkrieges zu einer wahren Flut astrologischer Publikationen, die sich in einem erheblichen Maß auf den Bereich der Politik konzentrierten. Nach der Restauration der Monarchie im Jahr 1660 wurde diese Flut allmählich durch Verbote und Verhaftungen von Astrologen politisch eingedämmt, aber auch wissenschaftlich aufgehalten durch die Verleumdung sternenseherischer Praktiken.[7] So hatte schon der Politiker, Philosoph und Wissenschaftstheoretiker Francis Bacon (1561–1626) entsprechende Prophezeiungen als Märchen bezeichnet – Märchen, die man allerdings deswegen sehr ernst nehmen müsse, weil sie von so vielen geglaubt würden.[8]

Diese Diskussion setzte sich erwartungsgemäß während des 18. Jahrhunderts noch intensiver fort. Das Medium des Kalenders sollte als ›volksaufklärerisches‹ Mittel genutzt und von ›abergläubischen‹ Inhalten gereinigt werden.[9] Astrologische Inhalte wurden gesetzlich verboten und Kalender systematisch von prognostischen Gehalten gesäubert.[10] Der Theologe und Pädagoge Heinrich Carl Schütze (1700–1781) machte in seiner 1746 erschienenen »Vernunft- und Schrift-mäßigen Abhandlung von [sic!] Aberglauben« gut aufklärerisch deutlich, worin das Problem des populären Kalendermediums bestand: Viele Leute würden Kalender als universelle, alle Lebensbereiche abdeckende Ratgeber behandeln und nichts anfangen, ohne zuvor den Kalender konsultiert zu haben – doch mit seinen spezifischen Inhalten sei dieses Medium ungeeignet, solche weitreichenden Funktionen zu erfüllen. Denn der Kalender tauge nicht, um ein modernes Zeitverständnis zu vermitteln. Während die Zeit tatsächlich gleichförmig sei, mache der Kalender qualitative Unterschiede, beispielsweise zwischen guten und schlechten Tagen, und dies fördere die Rückständigkeit.[11]

So weit, so gut. Nur gab es ein Problem: Die Astrologie ließ sich – und zwar nicht nur im 18. Jahrhundert, sondern auch darüber hinaus[12] – nicht ohne weiteres aus den Kalendern vertreiben. Sie war und blieb ein wichtiges Motiv zum Erwerb von Kalendern. Denn auch wenn man sie als irrational verteufelte, hatten astrologische Ausführungen einen entscheidenden Vorteil: Sie versprachen Orientierung bei der Gesundheitsvorsorge, beim Wetter, bei (un)günstigen Erntezeiten, bei Krieg und Frieden und in vielen anderen Lebenssituationen. Auf diese Form der Zukunftsgestaltung wollte und konnte man nicht verzichten.[13] Gegen eine ›Volksaufklärung‹ im Medium des Kalenders durch Austreibung der

Astrologie gab es regelrechten Widerstand. Mal wurden die astrologiefreien Druckwerke ihren Autoren packenweise vor die Füße geworfen,[14] mal gab es eine Abstimmung mit dem Geldbeutel: Vor die Wahl gestellt, entweder unverkäufliche aufklärerische Kalender anzubieten oder nachgefragte astrologische Kalender ins Programm zu nehmen, mussten manche Verleger im Sinne der Wirtschaftlichkeit und gegen die eigenen rationalistischen Überzeugungen entscheiden.[15]

Bekanntlich warten wir auch im frühen 21. Jahrhundert noch auf den Sieg der Vernunft über die Astrologie.[16] So erfreuen sich aktuell sogenannte Mondkalender großer Beliebtheit und werden in Millionenauflagen verkauft. Darin finden sich im Prinzip die Handlungsanweisungen frühneuzeitlicher Kalender in runderneuerter Form wieder zum Einsatz gebracht. Anweisungen für die richtigen Zeitpunkte zur Gesundheitsvorsorge sind dort ebenso vorhanden wie Vorhersagen zu Beziehungs- oder Geldfragen. Die Hinweise auf die besten Erntezeiten beziehen sich heute nur noch auf die Gartenpflege, und während Prophezeiungen über Krieg und Frieden ganz entfallen sind, bekommt man nun Handreichungen für Diät und Fitness – alles aufgrund vermeintlich ›uralten‹ Wissens über den Einfluss des Mondes auf unser Leben. Und nicht zu vergessen, all das für ein Jahr im Voraus.[17]

Dass die kalendarische Astrologie offensichtlich mit Rationalität nicht zu besiegen ist, lässt drei mögliche Schlussfolgerungen zu. Während die ersten beiden auf ein Entweder-oder-Argument hinauslaufen – entweder ist das Projekt der Aufklärung gescheitert oder noch nicht abgeschlossen –, bringt die dritte mögliche Konsequenz den Pluralismus ins Spiel: Die Pulverisierung der Astrologie und der Monotheismus der Aufklärung werden deswegen niemals Wirklichkeit, weil sie eine singuläre Form der Zeit- und Zukunftsgestaltung voraussetzen. Das aber ist etwas, das wir weder gegenwärtig noch historisch beobachten können. Vielmehr werden beständig neue, miteinander konkurrierende und zuweilen sich widersprechende Zukünfte entworfen, die durchaus koexistieren können.

Astrologie

Astrologie ist zunächst einmal eine bestimmte Art und Weise, mit der Ungewissheit zukünftiger Entwicklungen umzugehen – eine Ungewissheit, die allen Menschen vertraut ist. Deshalb besitzt dieses esoterische Verfahren auch seit Jahrhunderten seinen unumstrittenen, wenn auch historisch jeweils unterschiedlich konnotierten Platz in zahlreichen Kulturen. In der Gegenwart des frühen 21. Jahrhunderts hat die Astrologie in der individuellen Zukunftsgestaltung weiterhin ein nicht zu unterschätzendes ›Wirklichkeitsareal‹ besetzt. Für den öffentlichen Bereich spielt sie allerdings keine Rolle mehr – oder besser gesagt: darf offiziell keine Rolle mehr spielen.[18]

Die Unterscheidung zwischen der Astronomie als naturwissenschaftlich basierter Sternenbeobachtung und der Astrologie als der Deutung von Himmelserscheinungen für irdische Vorgänge war bereits seit der Antike eingeführt. Allerdings separierte man beide Bereiche bis in die Frühe Neuzeit hinein nicht so kategorisch voneinander, wie das heute getan wird. Das Verhältnis der beiden zueinander bestand für den größten Teil der Geschichte vielmehr in einer Arbeitsteilung: Während die Astronomie das Handwerkszeug und die Daten zur Verfügung stellte, entwarf die Astrologie auf dieser Basis ihre Deutungen.[19]

Die Astrologie öffnet damit nicht nur ein Fenster in die determinierte Zukunft, sondern nimmt auch eine Bestimmung der Zeitqualität im Gegensatz zur reinen Zeitquantität vor. Da die Astrologie eine Entsprechung zwischen planetarischer und irdischer Ebene nicht nur annimmt, sondern über symbolhafte Analogie auch herstellt, zeichnet sie Geschehnisse in der Zeit mit bestimmten Qualitäten aus. Sie bestimmt, welche Zeiträume positiv oder negativ konnotiert sind, durch Erfolg oder Misserfolg, Gesundheit oder Krankheit, Reichtum oder Armut, Glück oder Unglück geprägt sind. Die ›Zeichen des Himmels‹ zu lesen heißt demnach, auch die ›Zeichen der Zeit‹ zu erkennen. Während dies in der gegenwärtigen Verwendung vor allem mit Blick auf das individuelle Privatleben geschieht, spielte für den größten Teil der Geschichte die Astrologie insbesondere in den Bereichen Politik und Religion eine wesentliche Rolle und war als sogenannte Mundanastrologie (Astrologie des Weltgeschehens) auf öffentliche Angelegenheiten bezogen.[20] Der Zeitraum von der Mitte des 15. bis zur Mitte des 17. Jahrhunderts lässt sich als Blüte, vielleicht sogar als letzte Blüte der Astrologie ansehen – zumindest desjenigen Zweiges der Astrologie, der auf öffentliche Angelegenheiten einen deutlich spürbaren Einfluss ausüben konnte.[21]

Ein etwas genauerer Blick zeigt, wie schwierig es ist, von einer schlichten Ablösung der esoterischen Astrologie durch das strahlende Licht der rationalistischen Aufklärung zu sprechen. Die Astrologie verschwand nicht, sondern verwandelte sich im Zuge zunehmend komplexer Welt- und Zukunftsdeutungen. Und so ist es eben nur auf den ersten Blick überraschend, wenn die Astronomen Nikolaus Kopernikus (1473–1543) oder Johannes Kepler (1571–1630) selbstverständlich auch als Astrologen arbeiteten und Horoskope erstellten, wenn Isaac Newton Alchemie praktizierte oder wenn Gottfried Wilhelm Leibniz (wie zahllose andere) Mitglied in esoterischen Geheimgesellschaften war. Esoterische und insbesondere astrologische Welterklärungsmodelle lösten sich also nicht einfach in Luft auf, sondern traten in einen vielgestaltigen Dialog mit den neuen Wirklichkeiten, wie sie durch Wissenschaften und Philosophie seit dem 17. Jahrhundert angeboten wurden.[22]

Die Aufklärung räumte also nicht mit allen Formen der Esoterik so auf, wie dies in der historischen Rückschau immer noch gerne behauptet wird. Vielmehr konnten zahlreiche magische Praktiken auch im Kernbereich der Vernunft überleben. Darüber hinaus muss man sich gewahr sein, dass die Aufklärung gar auf vertrackte Weise auf diesen Bereich des Esoterischen angewiesen blieb. Denn dort fand sie den Gegenpol des Irrationalen und empirisch nicht Fassbaren, den sie für das eigene Selbstverständnis dringend benötigte. Nur indem sie sich von dem gänzlich Anderen der Esoterik, des Okkulten und des ›Aberglaubens‹ abgrenzte, konnte sie die Notwendigkeit und Richtigkeit ihres eigenen rationalistischen Anspruchs begründen. Was zuvor in Form einer unauflöslichen Verbindung von Astronomie und Astrologie miteinander verschränkt war, wurde nun nicht einfach verbindungslos gekappt, sondern ging eine neue, eine antithetische Beziehung ein, in der die Astrologie als das gänzlich Andere der Vernunft konzipiert werden konnte.[23]

Kalender des 17. Jahrhunderts waren ein wichtiges Medium zur Vermittlung und Verbreitung astrologischen Wissens – schließlich war die Vorhersage der näheren Zukunft eine ihrer wichtigsten Aufgaben. So wurden gerade die astrologischen Wettervorhersagen, trotz ihrer offensichtlichen Ungenauigkeit, von den Käufern von Kalendern weiterhin verlangt und von den Verlegern auch geliefert, und zwar bis weit in das 18. Jahrhundert hinein.[24] Diese Wettervorhersagen pauschal als ›abergläubisch‹ zu verdammen würde in die Irre führen. Gerade anhand des Kampfes, den die Aufklärer gegen die astrologischen Inhalte von Kalendern und das heißt auch gegen deren Wetterprognosen führten, wird deutlich, dass diesen Vorhersagen eine gewisse Rationalität nicht abgesprochen werden kann. Mit welcher Vehemenz, ja Arroganz gegen kalendarische Wettervorhersagen vorgegangen wurde, verdeutlicht das Beispiel des Schaumburg-Lippischen Kalenders. Graf Wilhelm von Schaumburg-Lippe unternahm es ab 1767 konsequent, den Kalender seiner Reichsgrafschaft von traditionellen Inhalten zu säubern und diese als Aberglauben zu diffamieren. Wie es im Vorwort des Kalenders von 1767 hieß, sollte alles, was »bisher zur Nahrung des Aberglaubens und zur Belustigung der Dummheit« gedient habe, aus dem Kalender entfernt werden. »Sollten einige Personen die Anzeige der Witterung vermissen: so werden sie sämtlich [...] ersuchet, zur Befriedigung ihres jedesmahligen Wunsches, anstatt in den Kalender zu sehen, zum Fenster hinaus zu schauen.«[25]

Bei aller Rationalität solcher Aussagen muss man jedoch die Bedeutung von Wetterprognosen für agrarische Gesellschaften der Frühen Neuzeit im Blick behalten. Denn was waren die Alternativen? Auf welche Informationen konnten diejenigen zurückgreifen, die sich über das Wetter informieren wollten und mussten, wenn die Kalender aufklärerisch gesäubert waren? Die Antwort ist einfach: Es gab keine Alternativen, und eben hier ist das Dilemma volksaufklärerischer Bemühungen zu sehen. Die Wetterprognosen der Kalender boten zumindest überhaupt eine, und wenn auch nur eine sehr ungefähre meteorologische Zukunftsvision – die Volksaufklärer boten außer dem Blick aus dem Fenster gar keine. Und selbst wenn die Wettervorhersagen in Kalendern notwendig spekulativ bleiben mussten und vorwiegend astrologisch begründet waren, so dokumentieren sie doch den Versuch, innerweltliche Vorhersagen präwissenschaftlicher Art zu machen, die zumeist auf langjährigen Beobachtungen beruhten. Damit wurde eine zentrale Orientierungsleistung erbracht, die für die Leser von Kalendern von enormer Bedeutung war. Die Astrologie in den Kalendern war eine Möglichkeit, die Unwägbarkeiten der Kontingenz einzufangen, also mit der Tatsache umzugehen, dass man nicht wissen konnte, was kommen würde.[26]

Ähnliches lässt sich nicht nur über Wettervorhersagen, sondern auch über alle anderen Prophezeiungen in Kalendern sagen. Eine Kultur, deren Sicherungssysteme, ganz gleich welcher Art, nicht andeutungsweise mit heutigen Standards zu vergleichen sind, die den Wechselfällen des Lebens weitgehend ungeschützt ausgeliefert ist und für die Unsicherheit und Unbeständigkeit zum Alltag gehört, hat verständlicherweise ein Bedürfnis zu wissen, was in der Zukunft auf sie zukommen wird. Auch und gerade deswegen nehmen die Informationen über bevorstehende Witterungen, Missernten, Krankheiten, Kriegsverheerungen oder Naturkatastrophen in den Kalendern einen so wichtigen Platz ein. Man sollte also vorsichtig sein, die eigene, vermeintlich rational-moderne Ansicht über Astrologie, Horoskope und Prophezeiungen allzu vorschnell auf vergangene Zustände zu übertragen und daran zu messen.[27]

Die Astrologie spielt als frühneuzeitliche Erfahrungswissenschaft eine herausragende Rolle. Zumindest nach ihrer eigenen Überzeugung war sie im Besitz der notwendigen Mittel, um Grund und Anlass aller Ereignisse in der Geschichte sichtbar machen zu können. Ausgangspunkt der frühneuzeitlichen Astrologie war, wie Anton Breloch im Jahr 1528 ausführte, »das der Allmechtig ewig Got, hab inn der warhait erschaffen den himel, Sunn und Mond sampt anndern gestyrn, unnd sollichs zu sonderlichem nutz der menschen, und diser understen welt, an wölchen geschriben gefunden wirt, die zukünfftigkeit bey den Creaturen diser sterblichen welt«.[28] Wer auch immer unter den Menschen mit der Gabe ausgestattet war, diese göttliche Schrift zu verstehen, sollte sie lesen und den Menschen kundtun, damit sie sich auf das Bevorstehende einrichten konnten.

Aber auch wenn man die Bedeutung der Astrologie für die frühneuzeitliche Wirklichkeitsbewältigung anerkennen mag und das Bedürfnis nach sternenkundlicher Vergewisserung noch weit über die Aufklärung hinaus feststellen kann, so lassen sich die Veränderungen doch nicht übersehen, denen die Astrologie vor allem gegen Ende des 17. Jahrhunderts ausgesetzt war.[29] Spätestens in diesem Zeitraum wird deutlich, dass sich verschiedene Möglichkeiten, mit Kontingenz und Ungewissheit zu hantieren, voneinander trennten und zu einander ausschließenden Alternativen ausbildeten.

Der zunächst unspektakulär anmutende Schritt, der seit etwa 1670 in einigen Kalendern vollzogen wurde, bestand darin, den Einfluss der Gestirne auf das irdische Wettergeschehen grundsätzlich zu negieren. Bis 1670 findet sich in Kalenderdrucken noch häufig das Bemühen, die astrologischen Regeln zu verbessern, nach denen das Wetter vorhergesagt werden konnte. Ab etwa 1670 verlegte man sich zunehmend darauf, diese Regeln grundsätzlich in Zweifel zu ziehen, um stattdessen ein physikalisches Verständnis atmosphärischer Erscheinungen in den Vordergrund zu rücken. Der Jenaer Mathematikprofessor Georg Albrecht Hamberger (1662–1716) kehrte hinsichtlich des Wetters und seiner zeitlichen Verortung in seinem programmatisch betitelten »Verbesserter und von allem Aberglauben gereinigter Calender« die Perspektive um. In dem Kalender auf das Jahr 1704 werden Informationen über das Wetter nicht im Vorhinein bekanntgegeben, sondern zur nachträglichen Überprüfung mitgeteilt. Anhand einer Tabelle mit Wetterdaten für das bereits vergangene Jahr 1702 sollte die Leserschaft nachprüfen, wie wenig zuverlässig die astrologische Wettervorhersage ist:

»Im Anhang des Calenders ist ein Diarium von der Witterung des 1702ten Jahrs; damit iedweder/so der Sachen kundig/selbige mit den Aspecten gedachten Jahrs/und denen Reguln in die Calender gesetzt worden/halten/und so dann ein unpartheiisches Urtheil fällen/könne/ wie weit mehrerwehnten Reguln zu trauen. Und weil ich versichert bin/daß die Witterung grösten Theils aus einem gantz andern fundament, vornehmlich von der ab- und zunehmenden Schwehre der Lufft/ herrühre; hab ich zugleich das Fallen und Steigen des Mercurii des Barometro, ingleichen des Spiritus vini im Thermometro, nicht minder die Winde in der obern und untern Lufft/nach ihrer Gegend und Stärcke/ und endlich die Witterung/aufgezeichnet.«[30]

Der astrologisch geweissagten Zukunft wurde also die dokumentierte Vergangenheit entgegengestellt – um deutlich zu machen, dass der einzig zuverlässige Zeitraum zur Erfassung des Wetters die Gegenwart sei. Und diese Gegenwart wurde bestimmt durch die objektivierenden Messinstrumente des Barometers und Thermometers, nicht durch das undurchschaubare Walten der Sterne oder einer anderen transzendentalen Macht.

Das Ende vom Ende

Andere Formen der Zukünftigkeit wurden Ende des 17. Jahrhunderts sichtbar. Neben einer astrologisch bestimmten oder einer heilsgeschichtlich verbürgten Sicht auf das Kommende, bei der eigentlich alles schon geschehen war, was noch geschehen würde, kamen nun andere Zukünfte zum Vorschein. Erkennbar sind sie beispielsweise daran, dass das vermutete Ende der Schöpfung und die Finalisierung alles historischen Denkens variiert, hinausgezögert und schließlich sogar verzichtbar wurde. Das Ende der Welt kam selbst an ein Ende.

Eine solche Feststellung mag zunächst der Hartnäckigkeit und Langlebigkeit apokalyptischer Vorstellungen widersprechen, wie man sie auch noch im späten 17. Jahrhundert beobachten kann. Schließlich sind gerade in diesem Zeitraum messianische Figuren wie Sabbatai Zwi oder Quirinus Kuhlmann aufgetreten, und das sind nur zwei der bekannteren. In den Niederlanden finden wir beispielsweise Petrus Serrarius (1600–1665), der sich als Diener einer ›universalen Kirche‹ verstanden wissen wollte und in der zweiten Hälfte des 17. Jahrhunderts apokalyptische Visionen veröffentlichte.[31] Auch in Frankreich breiteten sich im Zuge der Verfolgung der Hugenotten unter Ludwig XIV. millenaristische Strömungen aus. Kinderpropheten erfuhren unter den Hugenotten große Aufmerksamkeit, weil sie die Erfüllung der biblischen Prophezeiungen, die Wiederkehr Christi und die Ausbreitung des ›wahren Glaubens‹ über die ganze Welt ankündigten. Nach 1700 ging diese hugenottische Widerstandsbewegung in Frankreich auch zunehmend mit gewaltsamen Mitteln vor. Im Zusammenhang des Spanischen Erbfolgekrieges lieferte sich eine Gruppe hugenottischer Partisanen, die Camisarden, im Bergmassiv der Cevennen einen mehrjährigen Kleinkrieg (1702–1705) mit der französischen Krone. Auch nach der Niederschlagung dieses Aufstandes blieben millenaristische Hoffnungen bei den französischen Hugenotten während des 18. Jahrhunderts hoch im Kurs.[32]

Die Erwartung des Endes der Welt unter heilsgeschichtlichen Vorzeichen verschwand also nicht (und ist bis heute nicht verschwunden). Sie blieb als mögliches Zeitwissen vorhanden und ist insofern ein Beleg für die Vielfältigkeit der Zeiten, in denen sich Menschen und Kulturen bewegen können. Parallel zu diesen weiterhin akuten Apokalypsen gewannen aber nicht nur andere Möglichkeiten, sich auf die Zukunft zu beziehen, an Bedeutung, sondern diese Alternativen sorgten zugleich dafür, endzeitliche Erwartungen allmählich an den Rand der europäischen Zeitschaft zu drängen. Es war um 1700 möglich, die Apokalypse als fixen Bestandteil heilsgeschichtlichen Denkens vorauszusetzen und zugleich das Ende der Welt aus theologischen, wissenschaftlichen oder philosophischen Erwägungen heraus in Zweifel zu ziehen. Was sich in dieser Phase zeigt, ist also nicht die teleologische Ablösung eines vermeintlich eindeutigen Diskurses durch einen anderen, sondern eine zunehmende Pluralisierung der Zeiten.[33]

Das betraf auch die Danielsprophetie, die ebenfalls das Ende des Endes zu spüren bekam. Üblicherweise wurde das vierte und letzte, das römische Weltreich, in dem sich die europäischen Zeitgenossen der Frühen Neuzeit wähnten, mit dem nahenden Untergang verbunden, mit dem Anbruch des ewigen Reichs Gottes und der furchtbaren Bestrafung der Sünder. Diese Prophezeiung erfuhr aber im Verlauf des 17. Jahrhunderts nicht unwesentliche Anpassungen. Denn wie lange kann man ein Bedrohungsszenario aufrechterhalten, das sich beharrlich weigert einzutreten? Mit dem Abschluss des Westfälischen Friedens 1648 bekam die Danielsprophezeiung in Deutschland daher eine andere Gestalt. Angesichts der Tatsache, dass das beständig erwartete Weltende ebenso beständig auf sich warten ließ, begann man im Zusammenhang des Westfälischen Friedens das vierte und letzte Weltreich auf Dauer zu stellen.[34] Mit anderen Worten: Man ging vor allem unter protestantischen Theologen nun keineswegs mehr zwangsläufig davon aus, dass das Ende der Welt nahe sei, sondern sah die Vierte Monarchie vielmehr in einen Zustand der Sicherheit und Ruhe überführt. Damit war der Westfälische Frieden nicht mehr einfach nur ein profaner, weltlicher Friedensschluss und ein Werk menschlicher Klugheit, sondern aus theologischer Sicht ein von Gott gestifteter Frieden, der den Christen eine weitere Gnadenzeit einräumte, um sich auf ein bußfertiges, christliches Leben zu besinnen. Der Anbruch der Herrschaft Gottes war damit natürlich noch nicht obsolet geworden – aber zunächst einmal aufgeschoben und in eine unbestimmte Ferne gerückt. Es eröffnete sich nicht nur ein neuer, realer Zeitraum, der durch den Menschen genutzt werden konnte, sondern damit wurde die Prophezeiung Daniels zumindest partiell säkularisiert. Auch wenn die Endzeitvorstellung noch nicht ad acta gelegt wurde und auch wenn man die wichtigen seelsorgerischen Effekte der Drohung mit dem Weltende nicht aufgeben wollte, so wird an dieser protestantischen Deutung des Westfälischen Friedens bereits deutlich, wie man auf sehr lebenspraktische Art versuchte, profane Zeitvorstellungen mit eschatologischen Zeitmodellen zu versöhnen.[35]

So zeigt gerade die protestantische Theologie, die eigentlich prädestiniert dafür war, Krisenszenarien und apokalyptische Visionen der schwärzesten Art zu entwerfen, dass das europäische 17. Jahrhundert mit all seinen Kriegen, Krisen und Katastrophen nicht nur durch Untergangsstimmungen, Vernichtung, Tod und allgemeine Trübsal geprägt war. Das Paradoxe an der Situation ist, dass für die Mehrheit der protestantischen Theologen die Endzeitstimmung von dauerhafter Bedeutung war und sie gerade deswegen zu ihrer Überwindung beitrugen. Der Untergang war mindestens auf zweierlei Art und Weise präsent, einmal mit Blick auf das große Ganze, weil die Schöpfung ihrem unausweichlichen Ende entgegenstrebte, zum anderen mit Blick auf die eigene Kirche, weil sich gerade während des 17. Jahrhunderts innerhalb der lutherischen Kirche zahlreiche kritische Stimmen vernehmen ließen, die deren Zustand als höchst problematisch bewerteten.

Nicht nur bei diesen Autoren, sondern allenthalben machte sich im deutschen Luthertum während des 17. Jahrhunderts Krisenstimmung breit. Man forderte von den Gläubigen, den politisch Verantwortlichen wie auch der eigenen Kirche eine moralische Besserung. Ein solches Lamento ist nun nicht per se außergewöhnlich, begleitet die Kirchen- und Religionsgeschichte vielmehr kontinuierlich. Immer und überall wurden (und werden) Nachlässigkeiten und Mängel im Glaubenseifer konstatiert. Aber im 17. Jahrhundert zeitigten diese Klagen ganz bestimmte Konsequenzen.

Eine der einflussreichsten Stimmen in dieser Situation gehörte dem aus dem Elsass stammenden, später lange in Frankfurt am Main, Dresden und Berlin tätigen Theologen Philipp Jakob Spener (1635–1705). Seine Programmschrift »Pia Desideria« (übersetzt: Fromme Wünsche, 1675) gab der gesamten Richtung ihren Namen: Der Pietismus entwickelte sich seit dem späten 17. Jahrhundert zu einer enorm wirkmächtigen und zahlreiche Lebensbereiche betreffenden Frömmigkeitsbewegung von europäischen und im Zuge der Mission sogar globalen Ausmaßen.[36]

In der Schrift »Pia Desideria« bringt Spener die Kritik an den herrschenden kirchlichen und religiösen Verhältnissen gewissermaßen medizinisch auf den Punkt, insofern er dem Patienten ›lutherische Kirche‹ nicht nur eine Diagnose stellt, sondern auch eine Prognose wagt und eine Therapie vorschlägt. Das geistliche Elend wird in allen sozialen und politischen Bereichen festgestellt, da die Obrigkeit ihre Fürsorgepflichten gegenüber der Kirche nicht wahrnehme, die Pfarrer keinen christlichen Lebenswandel führten und es an wahrer Frömmigkeit mangeln ließen und die Bevölkerung sich schließlich durch sittliche Missstände und fehlende christliche Fürsorge auszeichne. Eine wenig erbauliche Situation also, der man laut Spener nur mit klaren therapeutischen Maßnahmen entgegentreten konnte: Erbauungsversammlungen waren abzuhalten, in denen aus der Heiligen Schrift vorgelesen werden sollte, und bei der Ausbildung der Theologen sei stärker auf eine angemessene Lebensführung und auf einen Predigtstil zu achten, der das Wachstum des sogenannten inneren Menschen im Blick habe.[37]

Speners Schrift dürfte aufgrund der erbrachten Diagnose beziehungsweise der vorgeschlagenen Therapie kaum als außergewöhnlich gelten. Was sie jedoch auch und gerade mit Blick auf das Nachdenken über das Ende im 17. Jahrhundert so bedeutsam werden lässt, ist das Zeitwissen, das hier ausgebreitet wird. Denn Speners Prognose läuft darauf hinaus, dass ein besserer Zustand, ja, wenn man so möchte: ein besseres Ende für die Kirche und die Gläubigen nicht erst im Jenseits erwartet werden musste. »Sehen wir die heilige Schrifft an/so haben wir nicht zu zweifeln/daß GOTT noch einigen bessern zustand seiner Kirchen hier auff Erden versprochen habe.«[38]

Damit vollzog Spener tatsächlich einen recht bemerkenswerten Bruch im lutherischen Zeitwissen. In der traditionellen Lehre des Luthertums gibt es keinen Zwischenzustand zwischen der gegenwärtigen Welt im Diesseits und der zukünftigen Welt, die durch die Wiederkunft Christi geprägt ist. Mit dem Jüngsten Gericht, so die etablierte Lehrmeinung, würde die gegenwärtige Welt vergehen und würden ein neuer Himmel und eine neue Erde entstehen. Spener entwarf demgegenüber die Möglichkeit einer ›anderen Zukunft‹, die aber auch kein tausendjähriges Zwischenreich sein würde, wie es der Chiliasmus annahm. Vielmehr machte Spener seine ›Hoffnung besserer Zeiten‹ an drei konkreten Aspekten fest, nämlich an der noch zu erwartenden Bekehrung der Juden, an der geistlichen Schwächung der römisch-katholischen Kirche und an der Besserung der eigenen lutherischen Kirche. Er ging zwar davon aus, dass dieser Zustand auch ohne Zutun der Menschen eintreten würde, allerdings betonte er zugleich, dass eine gewisse Säumigkeit der Christen ohne Zweifel schwere göttliche Strafen nach sich ziehen würde. Auf diese Weise eröffnete Spener seinen Lesern eine echte Zukunftsperspektive. Dabei sollten sie vor allem selbst aktiv und gestaltend tätig werden, sollte die Kirchenreform durch ihr Engagement zu einem erreichbaren Ziel werden und die Bewegung einen positiven Richtungssinn erhalten.

> »In dem wir aber solche erfüllung hoffen / so will nicht gnug seyn / derselben bloß dahin zu warten / und mit jenen / die Salomo narren heisset / über dem wünschen zu sterben / sondern es liget uns allen ob / daß wir so viel eins theils zu bekehrung der juden und geistlicher schwächung deß Pabsthums / oder andern theils zu besserung unserer kirchen gethan werden mag / zu werck zu richten nicht säumig seyen.«[39]

Das endzeitliche Denken wurde damit entscheidend variiert, und zwar indem einerseits eine temporale Distanz zwischen Jetztzeit und Ende der Welt gelegt wurde, und indem andererseits das Ende als ein diesseitig erreichbares Ziel ausgegeben wurde, soll heißen: Das Ende kirchlicher Missstände musste nicht passiv erwartet, sondern konnte aktiv herbeigeführt werden, um im Anschluss an dieses ›gemachte Ende‹ neue Handlungsmöglichkeiten zu gewinnen. Zukunft wurde gestaltbar.

Mit dieser zeitlichen Orientierung des Pietismus liegt ein eindrückliches Beispiel dafür vor, was es heißt, dass sich das Denken über das Ende beziehungsweise die Enden im Verlauf des 17. Jahrhunderts ausdifferenzierte und pluralisierte. Denn gerade in der auf Einhaltung der Glaubensgrundsätze pochenden Theologie lässt sich eine Verschiebung beobachten, die man so kaum erwarten würde. Man kann davon ausgehen, dass die pietistischen Theologen nicht die Intention hatten, die Bedeutung der Apokalypse abzumildern. Aber genau das war der unbeabsichtigte Effekt ihrer Bemühungen und Argumentationen. In dem Maß, in dem sie die Realisierung des Paradieses schon in das Diesseits verlagerten, nahmen sie dem Weltende den Schrecken und die Schärfe. Warum sollte man ein göttlich gesetztes Ende passiv erwarten, wenn sich bestimmte Lebensumstände schon im Hier und Jetzt aktiv gestalten ließen? Und solche Einsichten lauerten im späten 17. Jahrhundert nicht nur im Bereich der Theologie.

Das Ende des Schreckens

Apokalyptische Visionen verblieben während des Mittelalters und der Frühen Neuzeit nicht auf der Ebene theologischer Erwägungen oder bildlicher Vorstellungen, sondern konnten im Lebensalltag sehr konkrete Gestalt annehmen. Zwei etablierte und ohne Frage bedeutsame Anzeichen dafür, dass das Ende aller Zeiten nahe war, verabschiedeten sich aber seit dem späten 17. Jahrhundert aus dem Leben der meisten Europäer: die Osmanen und die Pest.

Im Verlauf des 14. Jahrhunderts hatten sich die Osmanen kontinuierlich ein beständig wachsendes Reich auf der kleinasiatischen Halbinsel aufgebaut, das aufgrund seines Expansionsdrangs sicherlich schon früh von den Europäern wahrgenommen wurde, das sich im frühen 15. Jahrhundert auch schon im südöstlichen Europa (Griechenland, Serbien, Bulgarien) festgesetzt hatte, das aber erst im Jahr 1453 mit einem Paukenschlag die gesammelte Aufmerksamkeit auf sich zog. Die Eroberung Konstantinopels durch Sultan Mehmet II. war für Europa ein Fanal. Nicht dass man sich für das Schicksal der Stadt wirklich interessiert hätte, dafür fiel die europäische Hilfe für die Belagerten zu bescheiden aus. Und nicht dass Konstantinopel noch von großer politischer oder wirtschaftlicher Bedeutung gewesen wäre, schließlich war die Einwohnerschaft stark zurückgegangen und das einstmalige Byzantinische Reich inzwischen auf seine Hauptstadt zusammengeschrumpft. Aber neben der strategisch günstigen Lage war es vor allem die kulturell-religiöse Bedeutung Konstantinopels, die diese Eroberung zu einem wirklichen Ereignis werden ließ.[40]

Das Osmanische Reich wurde spätestens seit diesem Zeitpunkt zu einem Schreckgespenst Europas, zu einem der apokalyptischen Reiter und einer Ankündigung der letzten Tage. Zugleich dienten die Osmanen jedoch dazu, als das ›konstitutive Andere‹ der europäischen Christenheit die Frage nach sich selbst zu beantworten. In Abgrenzung zum bedrohlich Anderen einer muslimischen Expansionsmacht mussten sich die Europäer die Frage nach ihrer eigenen Identität stellen. Die Osmanen waren also nicht unwesentlich daran beteiligt, die Europäer überhaupt als Europäer zu konstituieren. Die Intensität der Beschäftigung mit diesem furchteinflößenden Anderen lässt sich auch durchaus messen. Immerhin erschienen zwischen 1480 und 1609 in Frankreich doppelt so viele Bücher über das Osmanische Reich wie über das neuentdeckte Amerika.[41]

Obwohl die Osmanen vor allem an den europäischen Peripherien zu einer konkreten Gefahr wurden, also in Griechenland, auf dem Balkan, in Ungarn, im Mittelmeer sowie zeitweise in Italien und Österreich, lösten sie doch in ganz Europa Ängste aus. Im deutschen Sprachraum firmiert diese Angst zeitgenössisch unter dem Begriff der ›Türkenfurcht‹ – einer Furcht, die zum Teil ganz explizit geschürt wurde. So wurden regelmäßig in den Kirchen Gebete angeordnet, damit der Himmel der Christenheit gegen die osmanische Gefahr beistehen möge. Kaiser Karl V. ordnete an, dass täglich zur Mittagsstunde in den Städten eine sogenannte Türkenglocke geläutet werden solle, damit alle an die ständige Gefahr erinnert würden. Türkenpredigten wurden gehalten und entwickelten sich zu einer eigenen Literaturgattung, in der nicht nur die Gräueltaten der Osmanen beschrieben wurden, sondern die Bedrohung auch ihre heilsgeschichtliche Einordnung erhielt. Das osmanische Vordringen reihte sich ein in die Kette anderer Geißeln der Menschheit, wie Epidemien, Hungersnöte, Feuersbrünste oder Überschwemmungen. Unter Berufung auf die alttestamentarischen Propheten Daniel und Hesekiel wurde das baldige und blutige Ende der Welt durch die satanischen Truppen der Osmanen verkündet.[42]

Die Eroberungen des Osmanischen Reichs setzten sich vor allem im Verlauf des 16. Jahrhunderts erfolgreich fort. Einerseits drang es weiter nach Zentralasien und Nordafrika vor, andererseits wurde auch die Expansion auf dem europäischen Kontinent vorangetrieben. Wichtige Etappen waren die Eroberung Belgrads 1521, die Einnahme großer Teile Ungarns in den 1540er Jahren und natürlich die erste Belagerung Wiens im Jahr 1529. Im späten 17. Jahrhundert kamen noch Zypern und Teile Polen-Litauens (Podolien) hinzu. Damit hatte das Osmanische Reich seine größte Ausdehnung erreicht – ein Höhepunkt, der gleichzeitig zum Wendepunkt wurde.[43]

Denn im Jahr 1683 scheiterte nicht nur der zweite Anlauf der Osmanen, Wien zu erobern und damit nach Zentraleuropa vorzustoßen, sondern es wurde auch die Rückeroberung osmanischer Gebiete in Europa eingeläutet. Diese Niederlage veränderte die Sichtweise Europas auf den osmanischen Osten nachhaltig – und damit unterschwellig auch die Auffassungen vom drohenden Ende der Welt.

Der Großwesir Kara Mustafa, ein Vertrauter Sultan Mehmets IV., nahm im Sommer 1683 das große Ziel in Angriff, die begehrte Hauptstadt des habsburgischen Reiches zu erobern. Dass dies nicht gelang, sondern die geplante Eroberung am 12. September 1683 mit einer Niederlage der Osmanen zu Ende ging, lag einerseits an den habsburgischen Verteidigern, sodann aber auch an einem europäischen Koalitionsheer, das die Osmanen in der Schlacht am Kahlenberg besiegte. ›Wien 1683‹ wurde in der Folge zu einem Erinnerungsort europäischer Geschichte. Gefeiert wurde der Sieg der europäischen Christenheit über den ›osmanischen Erbfeind‹. Aber nur für kurze Zeit, denn nach der erfolglosen Belagerung Wiens und der sich anschließenden Rückeroberung osmanischer Gebiete kann man beobachten, wie sich in den Darstellungen das Bild der Osmanen veränderte. Sie verloren allmählich ihren schrecklichen, monströsen Charakter und wurden entweder zunehmend zu Spottgestalten oder zu Objekten eines europäischen Exotismus.[44]

›Wien 1683‹ ermöglichte also eine andere Sicht auf die Osmanen. Berichte und bildliche Darstellungen aus dem Alltag der Osmanen wurden im Westen mit Neugier und zunehmender Begeisterung aufgenommen. Die Osmanen waren nun nicht mehr die satanischen Vorboten der Apokalypse, sondern wurden zu den faszinierenden Anderen, den Exotischen, an denen sich die Europäer delektieren konnten. Europaweit schossen seit dem späten 17. Jahrhundert in unterschiedlichen Bereichen von Kunst und Kultur die Turquerien ins Kraut.[45]

Reiseberichte, Zeichnungen, Kupferstiche oder Kostümbücher über die Osmanen fanden großen Absatz. Kleidung, Feste, Geschirr und allerlei modische Accessoires galten im frühen 18. Jahrhundert als schick, wenn sie im ›türkischen‹ Stil gehalten waren. In Theaterstücken und Opernaufführungen konnten ›die Orientalen‹ nun auch mit positiven Klischees wie Güte, Toleranz oder Glaubensstärke vorgeführt werden. Diese Turkophilie artikulierte sich auch in der Architektur und Innenraumgestaltung, der angewandten Kunst, der Plastik und der Malerei.[46]

Und der apokalyptische Reiter, der im Gewand eines blutrünstigen Janitscharen über Europa hergefallen war? Er hatte sich inzwischen in ein Porzellanfigürchen verwandelt, das man – das entsprechende Kleingeld vorausgesetzt – im hauseigenen ›türkischen Salon‹ aufstellen konnte. Die Truppen Satans hatten nicht gesiegt, und der Endkampf zwischen den Mächten des Bösen und den himmlischen Heerscharen war nicht angebrochen. Was aber bedeutete diese Entwicklung für das so lange dominierende endzeitliche Denken?

Zur Beantwortung dieser Frage kann ein Blick auf eine andere apokalyptische Gefahr helfen. Ähnlich wie die ›Türkengefahr‹ mit der Eroberung Konstantinopels, so hat auch die Pest als hartnäckiger Begleiter der Menschen Europas ein genaues Geburtsdatum. Ihr Ende ist hingegen mit einem langen Dahinsiechen zu vergleichen. Über den ersten Ausbruch der Pest im Oktober 1347 im sizilianischen Messina sowie über ihre Verbreitungswege und Auswirkungen in den folgenden Jahrhunderten sind wir gut informiert. Weniger ist über das Ende der Pest seit dem späten 17. Jahrhundert bekannt, obwohl gerade dieses Ende einigen Aufschluss über die Veränderung der europäischen Zeitschaft geben kann.[47]

Zwischen der Mitte des 14. und dem frühen 18. Jahrhundert übte die Pest in Europa eine Schreckensherrschaft aus, die es durchaus nachvollziehbar macht, dass sie mit apokalyptischen Erwartungen verbunden wurde. Dabei waren es die hohe Geschwindigkeit ihrer Ausbreitung, die enorme Ansteckungsgefahr, die hohe Sterberate und die schiere Unmöglichkeit, sie aufzuhalten oder gar zu heilen, die sie zur wohl gefürchtetsten Seuche werden ließen. Die Pest lässt sich daher als die größte Naturkatastrophe beschreiben, die Europa jemals heimgesucht hat. Allein dem ersten Auftreten der Pest in der Mitte des 14. Jahrhunderts soll ein Viertel der Bevölkerung Europas zum Opfer gefallen sein, was etwa 25 Millionen Menschen entsprechen würde.[48] Die Bedeutung und Präsenz dieser Krankheit lässt sich vielleicht am ehesten dadurch verdeutlichen, dass es während des 16. und 17. Jahrhunderts in Europa wohl keinen Menschen gab, der nicht in der einen oder anderen Weise mit der Pest in Berührung gekommen war, entweder indem er selbst erkrankte oder Familienangehörige beziehungsweise Bekannte davon betroffen waren. Die Pest stellte also für fast vier Jahrhunderte für jeden Einzelnen eine reale, periodisch auftretende Lebensgefahr dar.[49] Und genau diese Bedrohung verschwand seit der Mitte des 17. Jahrhunderts allmählich aus Europa. War die Seuche zwischen 1536 und 1670 im Durchschnitt noch alle 15 Jahre aufgetreten, verabschiedete sie sich in der Folge allmählich von diesem Kontinent. Schottland wurde das letzte Mal im Jahr 1649 heimgesucht, das zuvor so häufig betroffene Italien war seit den 1650er Jahren größtenteils pestfrei, nach dem letzten Ausbruch in London in den Jahren 1665/66 war die Pest auch in England kein Thema mehr, in Spanien trat sie zum letzten Mal in den 1690er Jahren auf, die Niederlande, Zentraleuropa und Skandinavien blieben etwa ab dem Jahr 1710 verschont. Der letzte schwere Pestausbruch in Zentral- und Westeuropa, mit dem dann auch zumeist das Ende der Seuche datiert wird, war die Epidemie in Marseille und Umgebung in den Jahren 1720 bis 1722.[50] Das Rätselhafte dieses Verschwindens ist allerdings, dass man die Pest zu diesem Zeitpunkt medizinisch noch gar nicht heilen konnte. Erst 1894 war es dem Schweizer Arzt Alexandre Yersin (1863–1943) gelungen, den Pesterreger in einem Labor zu identifizieren. Wie also konnte eine Seuche, die über Jahrhunderte hinweg zum traurigen Alltag der Menschen gehört hatte, innerhalb eines recht überschaubaren Zeitraums aus Europa vertrieben werden – ohne dass man ein effektives Mittel gegen sie besaß?

Eine Antwort auf diese Frage lässt sich finden, wenn man die Maßnahmen in den Blick nimmt, die gegen die Pest ergriffen wurden. Diese reichten auf der individuellen Ebene von der schlichten Flucht vor der Gefahr, dem Einnehmen zweifelhafter Arzneien oder dem Ausräuchern von Wohnung und Kleidung über gesteigerte Formen der Frömmigkeit in Prozessionen und Gottesdiensten bis zu politischen Maßnahmen in Form von Quarantänestationen, Isolierung der Kranken oder Verbot großer Menschenansammlungen. All diese Schritte hatten sich bereits recht schnell nach dem ersten Auftreten der Pest im spätmittelalterlichen Europa etabliert. Vor allem in größeren Städten wurden zügig eigene Ämter eingerichtet, die sich ausschließlich der Pestbekämpfung widmeten und alle zur Verfügung stehenden Mittel einsetzten, um dem Schwarzen Tod zu begegnen – selten mit Erfolg.[51]

All das Weglaufen, Beten, Ausräuchern und Aussondern konnte über Jahrhunderte hinweg die Pest möglicherweise etwas abmildern, war aber nicht in der Lage, sie zu besiegen. Im späten 17. Jahrhundert aber hatten sich die medizinischen Theorien über die Ansteckungswege, die damit zusammenhängenden Kausalitätsketten und vor allem das Zeitwissen verändert. Lange Zeit hatten religiös-medizinische Erklärungen zu Ausbruch und Ausbreitung der Pest dominiert, welche die Seuche als göttliche Strafe für das sündige Verhalten der Menschen verstanden. Der Schwarze Tod wurde damit zu einem göttlichen Aufruf zur Buße und zur Umkehr zu einem besseren Leben. Von medizinischer Seite dominierte lange Zeit die sogenannte Miasmentheorie, wonach sich die Seuche durch die verunreinigte Luft ausbreitete (deswegen ist auch heute noch sprichwörtlich ›die Luft verpestet‹). Vor diesem Hintergrund erklären sich auch zahlreiche Maßnahmen gegen die Pest, seien es die Prozessionen und Gottesdienste (auch wenn diese eher zur Ausbreitung der Seuche beigetragen haben), seien es die Ausräucherungen oder auch das Läuten der Kirchenglocken, denn dadurch sollte die Luft gereinigt werden. Beide Erklärungen ließen sich auch durchaus miteinander kombinieren, insofern Gott als Erstverursacher und strafender Richter für den Ausbruch der Pest verantwortlich war, während die weitere Ausbreitung den natürlichen Ursachen überlassen werden konnte.[52]

Verschiebungen in diesem Begründungsschema machten sich seit der Mitte des 16. Jahrhunderts bemerkbar, als die sogenannte Kontagionstheorie in der Medizin allmählich die Oberhand gewann. Sie ging nicht mehr von verunreinigten Miasmen, sondern von einer Seuchenausbreitung durch Ansteckung (Kontagion) aus. Diese Theorie ließ sich nicht mehr ohne weiteres mit religiösen Erklärungen vereinbaren, weswegen Theologen argumentativ dagegen vorgingen. Trotzdem gewann die Kontagionstheorie im Verlauf des 16. und 17. Jahrhunderts als Erklärung zur Ausbreitung der Pest allmählich die Oberhand, während gleichzeitig religiöse Erklärungen deutlich zurückgingen.[53] Dieser Aufstieg natürlicher zu Lasten religiöser Erklärungen für die Ausbreitung der Pest verband sich nun mit einem neuen Verhalten zur Zeit. Denn der Sieg über die Pest verdankte sich auch und gerade kulturellen Voraussetzungen. Wenn die Pest nicht mehr vorrangig als ein durch Gott verursachtes Strafgericht angesehen wurde, das sich unerbittlich seinen Weg bahnte und all diejenigen traf, die nicht gemäß göttlicher Regeln gelebt und gehandelt hatten, sondern als eine natürlichen Ursachen folgende Ansteckungskrankheit verstanden wurde, dann konnte man auch in anderer Weise dagegen vorgehen. Bis etwa Mitte des 17. Jahrhunderts kann man beobachten, dass Maßnahmen gegen die Pest immer erst ergriffen wurden, *nachdem* sie in einem Ort ausgebrochen war. Ab der Mitte des 17. Jahrhunderts wurde in einem wesentlichen Punkt umgesteuert, insofern man immer häufiger versuchte, Maßnahmen zu ergreifen, noch *bevor* die Seuche einen Ort erreichte. Man prognostizierte also die Ausbreitungswege der Pest und versuchte diese zu unterbrechen – mit durchschlagendem Erfolg. Die Krankheit konnte zwar nicht geheilt werden, aber man konnte verhindern, dass sie sich widerstandslos ihren Weg suchte. Dahinter steckt die Idee, zukünftige Entwicklungen vorausschauend gestalten zu können, Planungen durchzuführen und entsprechende Maßnahmen zu ergreifen. Für das 17. Jahrhundert war das eine nahezu revolutionäre Idee, denn sie besagte nichts anderes, als dass die Zukunft zu einem Zeitraum wurde, der der menschlichen Verfügungsgewalt offenstand.[54] Der Sieg über die Pest lehrte unter anderem, dass gegenwärtige Handlungen die Zukunft verändern konnten, und zwar unabhängig von göttlicher Allmacht.

Welche konkreten Auswirkungen Pestprognosen und Zukunftsgestaltungen hatten, zeigt die Unterdrückung der Seuche um 1700. In Marseille wurden in den Jahren 1720 bis 1722 eigentlich nur Maßnahmen ergriffen, die man bereits seit Jahrhunderten kannte – aber nicht um die Gegenwart zu verbessern oder den göttlichen Zorn abzumildern, sondern um die Zukunft zu retten. Man richtete also Quarantänestationen, Gesundheitsbehörden und Lazarette ein und umgab die Stadt zusätzlich mit einem militärischen Gesundheits- und Sicherheitskordon, der nicht zu durchbrechen war. Ziel dieser Abriegelung war es nicht, die Menschen in Marseille zu retten, sondern im Vorfeld ein Ausbreiten der Seuche auf den Rest des Landes zu verhindern. Alle, die die Stadt verlassen und den Kordon durchbrechen wollten, wurden erschossen. Eine brutale, in diesem Fall aber sehr effektive Maßnahme zur Gesundheitsprävention, zumindest für den Rest Frankreichs, der tatsächlich von der Seuche verschont blieb.[55] Ähnliches lässt sich in Dänemark beobachten. Auch hier existierte seit dem 16. Jahrhundert ein ausgefeiltes Sicherheitssystem zur Kontrolle der Pest, das aber nicht wirklich etwas gegen die Seuche ausrichten und die Epidemien von 1624 bis 1626 beziehungsweise von 1629 bis 1630 nicht verhindern konnte. Erst die Pestausbrüche der Jahre 1654 bis 1657 beziehungsweise 1711 konnten, ähnlich wie in Marseille, regional eingegrenzt werden. Um Kopenhagen wurde 1711 ein undurchdringlicher Pestkordon errichtet, zu Land durch Soldaten und zu Wasser durch Kriegsschiffe gesichert. In Kopenhagen waren zwar bei einer Gesamtbevölkerung von 60000 Menschen etwa 23000 Tote zu beklagen – aber der Rest des Landes hatte keine Opfer zu verzeichnen.[56]

Die wichtigsten Konsequenzen aus dem Ende der Pest sind also in den Voraussetzungen ihres Verschwindens zu suchen. Denn hier ließ sich lernen, dass man mittels Planung an die Stelle eines vermuteten Endes eine gestaltbare Zukunft setzen konnte. Ähnliche Lektionen wurden in den Jahrzehnten um 1700 auch in anderen Lebensbereichen gelernt und produktiv gemacht.

Die Geburt der Zukunft aus dem Geist der Apokalypse

Mit der Zukunft ist das so eine Sache. Gemeinhin stellt man sich in unseren Breitengraden und zu unseren Zeiten vor, dass die Zukunft ein fraglos schwieriger, mit zahlreichen Sorgen und Befürchtungen belasteter Zeitraum ist, der aber trotz allem von uns beeinflusst werden kann. Die Zukunft lässt sich hier und heute gestalten, im Guten wie im Schlechten. Daher fällt es nicht leicht, sich auf andere Modellierungen von Zukunft einzulassen, wie sie in der europäischen Geschichte für lange Zeit vorherrschend waren. Genau genommen ist unser Modell einer vermeintlich offenen und angeblich gestaltbaren Zukunft ein recht junges und keineswegs selbstverständliches Phänomen.

Die Schwierigkeiten mit Zukunftsmodellen anderer Kulturen und anderer Zeiten erhöhen sich noch einmal dadurch, dass sie uns nicht den Gefallen tun, so hübsch geordnet und eindeutig zu sein, wie wir uns das zu unserer eigenen intellektuellen Erleichterung wünschen. Es verhält sich beispielsweise nicht so, dass zu einem einigermaßen deutlich zu benennenden Zeitpunkt ein altes Zukunftsmodell auf den Schrotthaufen der Geschichte befördert und durch ein neues ersetzt worden wäre. Vielmehr zeigen sich zahlreiche Überlappungen und Vermischungen, die einer eindeutig nachzuzeichnenden historischen ›Entwicklung‹ hohnsprechen.

So kann man beispielsweise feststellen, dass das Verständnis von Zukunft als einem offenen Gestaltungszeitraum nicht zuletzt aus ihrem Gegenteil erwachsen ist, nämlich aus der Überzeugung, dass diese Zukunft überhaupt nicht mehr stattfinden, sondern sich im unmittelbar bevorstehenden Weltende auflösen würde – und dass man sich genau deswegen um diesen kleinen Rest von Zukünftigkeit intensiv kümmern müsste.

Ein instruktives Beispiel hierfür sind die Herren Dury, Hartlib und Comenius. John Dury (1596–1680) war ein schottischer Presbyterianer, der in den Niederlanden studiert, in Frankreich in einer hugenottischen Gemeinde gelebt und im preußischen Elbing als Prediger gearbeitet hatte. Sein großes Vorhaben war die Vereinigung aller protestantischen Kirchen, der er sich lebenslang widmete und die er auf zahlreichen Reisen in Europa zu verwirklichen suchte. Samuel Hartlib (1600–1662) wurde im preußischen Elbing geboren, lernte dort Dury kennen und ging mit ihm nach England, um sich dort unter anderem der Einrichtung eines sogenannten Adressbüros zu widmen, das Informationen aus allen Wissensgebieten sammelte. Hartlib hatte es sich zur Lebensaufgabe gemacht, allgemein nützliches Wissen nicht nur zu sammeln, sondern es auch möglichst zu verbreiten und sinnvoll zur Anwendung zu bringen.[57] Dazu bedurfte es vor allem einer entsprechenden Koordination und Organisation, die er durch ein ›unsichtbares Kolleg‹ bewerkstelligen wollte, einen Zusammenschluss wohlgesinnter Männer, die es sich zur Aufgabe machen sollten, Sprachen zu lehren, das Wissen über Haushaltsführung zu verbessern, Erfindungen zu befördern, Statistiken zu erstellen, die Armen, die Indianer und die Iren zu unterrichten, konvertierungswillige Juden willkommen zu heißen – und über die Apokalypse nachzudenken. Als Dritter im Bunde widmete sich auch Johann Amos Comenius (1592–1670) der Idee, dass mittels enzyklopädischer, organisatorischer und pädagogischer Anstrengungen eine Einheit des Wissens der Welt zu erreichen sei. Comenius war ein aus Mähren stammender Philosoph und Theologe, dem aber vor allem wegen seiner erzieherischen Überlegungen weitreichender Einfluss zuteilwurde. Aber in seiner Person vereinigten sich wesentlich mehr Interessen als die pädagogischen, für die er auch in der Gegenwart des frühen 21. Jahrhunderts immer noch bekannt ist. Auch er war Apokalyptiker und Millenarist, der seine Überzeugung vom nahenden Ende der Welt, dem Untergang des Katholizismus und der Vereinigung aller Protestanten durch eine Ausbreitung des vorhandenen Wissens bewerkstelligen wollte – für die wiederum entsprechende erzieherische Methoden notwendig waren.[58]

Alle drei kamen im Jahr 1641 in London zusammen – und alle drei waren davon überzeugt, dass das Ende der Welt nicht mehr lange auf sich warten lassen würde. Und genau deswegen stürzten sie sich in eine Vielzahl von Projekten, die das kommende Geschehen vorbereiten sollten.

Die Vorschläge, die sie erarbeiteten, erscheinen aus der historischen Rückschau zunächst als eine recht kuriose Ansammlung von Plänen, mit denen England in eine vor-endzeitliche Welt umgeformt werden sollte. Durch Umwälzungen im intellektuellen, religiösen, wirtschaftlichen und gesellschaftlichen Leben sollte die anstehende Wiederkehr Christi vorbereitet werden. Comenius wollte das Erziehungssystem reformieren und schrieb neue Lehrbücher. Dury widmete sich seinem lebenslangen Kampf zur Wiedervereinigung der protestantischen Kirchen, zu dessen Erreichung er große Teile Europas bereiste und Glaubensgrundsätze formulierte, die für alle Konfessionen einheitlich gelten sollten. Weiterhin bemühte er sich intensiv um eine Bekehrung der Juden, die zur Vorbereitung des Weltenendes ebenfalls unabdingbar war. Zu diesem Zweck sollte in London eine Akademie für jüdische Studien gegründet werden, die bei den Vorbereitungen auf die Endzeit Hilfestellung bieten und das Christentum für die Juden attraktiv machen sollte (allerdings kam diese Akademie nie zustande). Auch Hartlib war darum bemüht, Gleichgesinnte zu versammeln, um Aktivitäten zu fördern und vor allem um Wissen zu sammeln. Auch er erdachte sich zahlreiche Reformprojekte, die auf die bevorstehende Wiederkehr Christi vorbereiten sollten.[59]

Was soll all dies mit Fragen der Zukunft zu tun haben? Zukunft wurde hier ja augenscheinlich gerade nicht verhandelt, schon gar nicht in ihrer offenen und gestaltbaren Variante, da es Dury, Hartlib und Comenius wie nicht wenigen ihrer Zeitgenossen vielmehr um das Ende von Welt und Zeit ging. Auf einen zweiten Blick dürfte aber der Zusammenhang mit anderen Zukunftsmodellen unschwer zu erkennen sein. Gerade indem sie sich so eifrig daranmachten, die Wiederkehr des Messias vorzubereiten, taten diese drei nichts anderes, als Zukunft zu gestalten. Es war zwar ein recht beschränkter Zeithorizont, der ihnen zur Verfügung stand – sie rechneten mit wenigen Jahren, höchstens mit ein paar Jahrzehnten –, aber diesen galt es angemessen zu nutzen. War dann die eschatologische Erwartung erst einmal enttäuscht, blieben am Ende die Projekte übrig. Auch wenn sich also diese Pläneschmiederei zu erheblichen Teilen endzeitlicher Erwartungen verdankte, so darf der nicht intendierte Effekt solcher Vorhaben nicht übersehen werden, nämlich Zukunft (wie lang oder wie kurz sie auch immer gedacht wurde) gestaltbar erscheinen zu lassen.

Ein etwas genauerer Blick auf die Vorhaben des Trios kann das verdeutlichen. Hartlib, Dury und Comenius wurden im Herbst 1641 von Bischof John Williams und dem Puritaner John Pym in London zusammengeholt, um nichts weniger zu bewerkstelligen, als Entwürfe für eine künftige englische Monarchie, in der die aktuellen Konflikte zwischen Krone und Parlament, Anglikanern und Puritanern, Schotten und Engländern beigelegt werden könnten. Es gab tatsächlich die Vision, dass eine neue Reformation, ja, ein neues Goldenes Zeitalter eingeläutet werden sollte. Und zumindest in seiner papiernen Form nahm dieses Goldene Zeitalter schnell Gestalt an:[60] Samuel Hartlib veröffentlichte bereits im Oktober 1641 einen knappen Dialog mit dem Titel »A Description of the Famous Kingdom of Macaria«. In der Tradition der utopischen Literatur wurde hier das Bild einer christlichen Idealgesellschaft entworfen. Hartlib stellte sich damit in eine Tradition, wie sie beispielsweise durch Johann Valentin Andreaes »Christianopolis« (1619) vorgeprägt war. Ein entscheidender Unterschied zu anderen utopischen Schriften war jedoch Hartlibs Überzeugung, dass sein Macaria kurz vor der Verwirklichung stand – in England. Beim Königreich Macaria handelte es sich um einen Wohlfahrtsstaat, dessen Wohlstand gerecht über die gesamte Gesellschaft verteilt wurde. Grundlage hierfür war vor allem eine rationale Aufteilung und Nutzung der vorhandenen Ressourcen, ergänzt durch ein gerechtes Steuer- und ein allgemeines Erziehungssystem.[61]

John Durys Schrift entstand ebenfalls im September 1641, wurde aber erst im Folgejahr veröffentlicht. Unter dem Titel »England's Thankfulness or an Humble Remembrance presented to the Committee for Religion in the High Court of Parliament« erörterte er weniger utopische als vielmehr konkrete politische Inhalte, die sich den zukünftigen Entwicklungsmöglichkeiten Englands zuwandten. Nachdem der Krieg mit Schottland beigelegt sei, so Dury, könne England nun nach vorne blicken und sich auf eine Zeit umfassender Reformen vorbereiten. Zahlreiche Möglichkeiten ergaben sich aufgrund des materiellen und menschlichen Potentials, das England sein eigen nenne. Aber nicht nur das, wenn England voranschreite, habe das europäische Auswirkungen. Eine neue protestantische Union könne Wirklichkeit werden, welche die Papstkirche niederwerfen und die Juden von der Konversion zum Christentum überzeugen könne. Die historische Situation, die Dury beschrieb, besaß messianische Qualitäten, denn Gottes Absicht, den Ländern Europas einen Neuanfang zu gewähren, erschien ihm eindeutig. Die zahlreichen und grundlegenden Veränderungen der Gegenwart verdeutlichten Gottes Eingreifen in die Welt, so dass es nicht mehr lang dauern könne, bis Babylon falle und das Königreich Christi errichtet werde.[62]

Johann Amos Comenius verfasste drei kürzere Schriften, die aber nicht veröffentlicht wurden. Seine Ausführungen, die sich vor allem auf eine Reform des englischen Erziehungswesens konzentrierten, sind zugleich ausführlicher und metaphysischer, da sie stark von mystischen und millenaristischen Vorstellungen geprägt sind. Er setzte bei seinen Lesern das Einvernehmen voraus, dass das letzte Zeitalter der Welt nicht mehr fern sei, in dem Christus und seine Kirche endgültig triumphieren würden. Dieses neue Zeitalter werde eines der Erleuchtung werden, in dem das göttliche Wissen die Welt geradezu überflute. Grundlage dieses Wissens sei ein Erziehungssystem, das universal sein müsse und das von einem zentralen pansophischen Kolleg zu leiten sei, um von dort in alle Verästelungen der Gesellschaft zu wirken. Und welcher Ort, so Comenius, sei dafür besser geeignet als England? Schließlich habe von hier Francis Drake die Welt umsegelt, und Francis Bacon habe hier die Grundlagen für eine umfassende Reform der Wissenschaften formuliert. In England sei daher der Anfang zu machen, um die gesamte Welt mit einer umfassenden Reform zu beglücken.[63]

Im Nachdenken über das Weltende entstehen hier also ungewollt Entwürfe einer neuen Zukunft. Das Beispiel von Dury, Hartlib und Comenius macht damit auf die komplexen Wechselwirkungen unterschiedlicher Formen des Zeitwissens aufmerksam. Üblicherweise wird diese Überlagerung von apokalyptischem und säkularisiertem Denken eher als eine Geschichte der Ablösung erzählt, wonach der Glaube an die Endzeit durch den Planungswillen einer offenen Zukunft allmählich und konsequent ersetzt worden sei. Eine solche Darstellung verdankt sich einem modernisierungstheoretischen Ansatz, der die Entstehungsgeschichte des eigenen, vermeintlich rationalistischen und aufgeklärten Weltbildes in die Vergangenheit projiziert, um seine allmähliche ›Entwicklung‹ zu beobachten. Übersehen wird dabei jedoch nicht nur, wie sehr solche Erzählungen unterschwellig immer noch religiös beeinflusst sind (wie Modernisierungstheorien mit ihrer teleologischen Ausrichtung insgesamt religiöse Ursprünge kaum verleugnen können), sondern wie sehr sich religiöses und säkulares Denken gegenseitig bedingen. Das Zukunfts- und Fortschrittsdenken der westlichen Moderne lässt sich überhaupt nur begreifen als eine »innerweltliche Eschatologie, als Chiliasmus im säkularisierten Gewand«,[64] weil es sich um die weltliche Transformation religiöser Weltdeutung, um die Verlagerung von Erlösungshoffnungen vom Jenseitigen ins Diesseitige handelt.

Projektemacherei

Wenn im frühen 21. Jahrhundert die Heimwerker zu Hause nicht mehr ›heimwerken‹, sondern ein ›Projekt‹ verfolgen, wenn Arbeitsaufträge zunehmend projektorientiert vergeben werden, wenn allerorten Projektgruppen eingerichtet werden und in Schulen und Universitäten das Lernen und Lehren in Form von Projekten organisiert wird, wenn uns, mit anderen Worten, die Welt ohne den Projektbegriff gar nicht mehr vorstellbar erscheint, dann sind dafür nicht die Zeitgenossen des 17. Jahrhunderts verantwortlich zu machen. Sie haben zwar den Projektbegriff erfunden und sich weidlich mit Projekten beschäftigt. Die langfristigen Folgen dieser Neuerung konnten sie aber kaum vorhersehen.

Daniel Defoe hat 1697, lange bevor er seinen »Robinson Crusoe« veröffentlichte, in seinem »Essay upon Projects« davon gesprochen, dass man in einem »Projecting Age« lebe, in einem »Zeitalter des Projektemachens«.[65] Man muss vielleicht nicht gleich eine Epochenbezeichnung entwerfen, aber es ist zumindest auffällig, wie sehr der Projektbegriff und die Praxis des Projektemachens gerade im späten 17. Jahrhundert europaweit zugenommen haben. Eine schier endlose Flut von Projekten, angefangen bei Sozietäten und Wunderkammern über Rechenmaschinen und schusssichere Westen bis zu Versicherungen und Windmühlen, stammt zum Beispiel von dem Ein-Mann-Unternehmen Gottfried Wilhelm Leibniz.[66] Weniger bekannt, aber kaum weniger produktiv als Leibniz ist ein weiterer Prototyp des barocken Projektemachers, der Mediziner, Mathematiker, Chemiker und Kameralist Johann Joachim Becher (1635–1682). Seine Unternehmungen konzentrierten sich vor allem auf den technischen Bereich. So richtete er 1676 in Wien ein »Kunst- und Werkhaus« ein, in dem neue technische Verfahren erprobt und Maschinen entworfen werden sollten, das aber zugleich als Ausbildungsstätte für Handwerker und somit zur Verbreitung der neuen Kenntnisse diente. Praktische technische Errungenschaften sollten der Verbesserung der Lebensverhältnisse dienen. Mit seinem Buch »Närrische Weisheit und weise Narrheit« (1682) verfasste Becher zugleich einen Klassiker der Projekte-Literatur, in dem er gelungene Errungenschaften auflistete und gescheiterte boshaft karikierte.[67]

Dury, Hartlib und Comenius haben bereits angedeutet, in welche Richtung diese Projektorientierung gehen konnte. Ihr Vorhaben war die ›Vorbereitung der Endzeit‹ – wahrlich kein kleines Unterfangen. Deutlich häufiger zielte die ›Projektemacherei‹, wie sie zeitgenössisch genannt wurde, auf konkrete und diesseitige Vorhaben, die der unmittelbaren Verbesserung der Lebensverhältnisse dienen sollten. Es ging um zumeist großangelegte Vorhaben (die in vielen Fällen nicht über das Stadium der Idee hinauskamen) zur Gründung von Akademien und Sozietäten, um die Erfindung von Maschinen und Automaten, um Verbesserungen in der Verwaltung oder Einrichtungen der Sozialfürsorge. All diese Projekte sollten unmittelbar in das Leben der Menschen eingreifen, waren auf das Diesseits ausgerichtet und in eine Zukunft hinein entworfen. Eventuelle Überlegungen, dass solche Vorhaben angesichts des bevorstehenden Jüngsten Gerichts sinnlos sein könnten oder einen Eingriff in die göttliche Vorsehung darstellten, wurden im Rahmen der Projektemacherei nicht mehr angestellt.

Wie aber kann man erklären, dass die Zukunft mit einem Mal eine andere wurde? Dass sich die Zukunft als temporaler Rahmen, in den kommende Entwicklungen eingeordnet werden können, im Verlauf des 17. Jahrhunderts veränderte, ist unübersehbar. Folgt man dem Soziologen Niklas Luhmann, dann spricht manches dafür, dass in einer Gesellschaft, in der sich in verhältnismäßig kurzen Abständen viele Strukturveränderungen ergeben, die Bedeutung der Unterscheidung von Vergangenheit und Zukunft zunimmt. Unter den Bedingungen großer Veränderungen wird die Einsicht unausweichlich, dass die Zukunft nicht so sein wird, wie die Vergangenheit war. Je komplexer die Veränderungen sind, desto schwieriger ist es, den Übergang in die Zukunft als eine irgendwie geordnete Bewegung zu begreifen. Es wird daher auch immer schwieriger, diese Veränderungen mit einem wie auch immer gedachten Unveränderlichen in Beziehung zu setzen, beispielsweise den unüberschaubaren Wandel mit einer gedachten Ewigkeit in Einklang zu bringen. Stattdessen werden Vergangenheit und Zukunft stärker voneinander abgekoppelt. Künftige Entwicklungen sind nicht mehr davon abhängig, was einmal in der Vorzeit geschehen oder vorherbestimmt worden ist. Stattdessen wird Zukunft als offen vorstellbar. Diese Zukunft wird somit nicht nur unbekannt, sondern auch davon abhängig, was in einer Gegenwart geschieht und getan wird.[68]

Vorstellungen von Zukunft hat es selbstverständlich immer gegeben, auch im 17. Jahrhundert. Möchte man allerdings wissen, wie sich historisch die Entwürfe von Zukunft verändert haben, dann lohnt es sich, zu fragen, welche Beziehungen zwischen einer Gegenwart und ihrer jeweils gedachten oder projektierten Zukunft hergestellt wurden. In einem vornehmlich christlich determinierten Weltbild, das fest mit dem nahen Ende der Welt rechnet und mit entsprechenden Prophezeiungen operiert, hat die Zukunft, zumindest dem eigenen Selbstverständnis nach, keinerlei unmittelbare Verbindung mit der eigenen Gegenwart. Die Zukunft ist ein losgelöster und unbeeinflussbarer Zeitraum, der auf die Menschen ›zukommt‹. Diese Vorstellung entspricht damit durchaus den wortgeschichtlichen Wurzeln des deutschen Ausdrucks ›Zukunft‹ – als das auf einen Zukommende. Diese Zukunft ist nur mittels Prophezeiung zugänglich, wenn auch gerade diese Vorhersage in den religiösen Geboten häufig untersagt wird.

Erst in einer rational kalkulierenden Kultur wird Zukunft zum Objekt einer gegenwartsbasierten Voraussicht, nicht mehr Gegenstand einer weisheitsgebundenen Voraussage.[69] Unter Hintanstellung religiöser Glaubenssätze wird Zukunft dadurch untrennbar mit der Gegenwart verknüpft. Nun kann auf der Grundlage gehandelt werden, dass Entscheidungen, die hier und heute gefällt werden, unmittelbare Auswirkungen auf das Morgen haben. Dadurch wird die Zukunft nicht umfassend kalkulierbar, weil die Faktoren, die sie zustande bringen, überbordend komplex sind, aber die Verantwortung wird verschoben. Der ›Ort der Zukunft‹ ist nicht mehr ein unerreichbares Außen, das sich nicht beeinflussen lässt und das man nur erwarten kann. Nun ist die Entscheidung über die Zukunft in die unmittelbare Verfügung der Jetztlebenden übergegangen. Voraussetzung für die Ausbildung eines solchen Zukunftsmodells ist nicht nur, über das Kommende neu nachzudenken, sondern ist vor allem ein anderes Verständnis von Gegenwart – eine Gegenwart, in der

Entscheidungen getroffen werden können, die für die jeweils anderen Zeitdimensionen von entscheidendem Einfluss sind. Denn es ist nicht nur die Zukunft, die sich dank eines solchen neuen Gegenwartsmodells verändert, sondern ebenso die Vergangenheit.

Die Tatsache, dass im Rahmen der Projektemacherei viele Projekte unrealisierbar waren oder nicht weiterverfolgt wurden, war Anlass für zeitgenössische satirische Kommentare, stellt aber zugleich ein wichtiges Charakteristikum dieser Bewegung dar. Denn dadurch wurde die Projektemacherei zu einem Schauplatz, an dem das Machbare und das Denkbare, die Realität und die Illusion, das Wahrscheinliche und das Unmögliche aufeinanderprallten.[70] Und gerade durch diese Spannungsverhältnisse konnte die Zukunft auf neue Weise produktiv gemacht werden. Ob die vielen Projekte Wirklichkeit wurden oder nicht, ist hinsichtlich einer Geschichte des Zeitwissens zunächst einmal zweitrangig. Bedeutsamer ist, dass die Zukunft als ein Möglichkeitszeitraum entworfen wurde, der durch gegenwärtige Projekte gestaltet werden konnte. Mit Blick auf die europäische Zeitschaft des 17. Jahrhunderts kann man daher auch sagen, dass die Projektemacherei zugleich immer eine Zukunftsmacherei war. Damit hatte sich das Verhältnis von Gegenwart und Zukunft umgekehrt. War Zukunft unter heilsgeschichtlicher Perspektive etwas, das als schon vorherbestimmtes Geschehen auf eine Gegenwart ›zukam‹, konnte diese Gegenwart nun ihre Projekte in eine Zukunft ›hineinwerfen‹ – und nichts anderes als ›vorwärts werfen‹ bedeutet dem lateinischen Wortstamm nach das Verb ›projektieren‹.

Ein berühmt gewordenes Projekt, das zahlreiche Konkretisierungen nach sich zog, stammte aus der Feder des Halleschen Pietisten August Hermann Francke (1663–1727).[71] Nachdem Francke in Glaucha vor den Toren Halles mit dem Waisenhaus die Grundlage für die Franckeschen Stiftungen gelegt hatte, ließ er im Jahr 1701 zur Planung des weiteren Vorgehens eine kurze Schrift folgen, die schon im Titel die entsprechenden Signalwörter aufrief: »Project. Zu einem Seminario Universali oder Anlegung eines Pflantz-Gartens, von welchem man eine reale Verbesserung in allen Ständen in und auserhalb Teutschlandes, ja in Europa und allen übrigen Theilen der Welt zugewarten.«[72] Hier ist bereits alles gesagt. Franckes Vorhaben war es – durchaus projekttypisch –, eine »Verbesserung in allen Ständen« zu erreichen, die sich auf die diesseitige Wirklichkeit bezog und nicht auf ein jenseitiges Glück vertröstete. Das Mittel zur Verwirklichung dieser Projektion war die Bildung. Und nutzen sollte dieses Vorhaben nicht nur den Menschen in Halle, in Deutschland oder in Europa, nein, Francke hatte nichts weniger im Sinn als eine Verbesserung der gesamten Welt. Im Text selbst machte Francke dann deutlich, dass es vor allem Mängel in Ausbildungsformen seien, die für das Verderben in der Welt verantwortlich gemacht werden müssten, so dass eine Verbesserung der Lebensverhältnisse genau an dieser Stelle anzusetzen hätte. Das ›Universal-Seminar‹, das Francke vorschwebte, sollte mithin eine Ausbildungsstätte für Geistliche, Lehrer, Wissenschaftler, Missionare etc. sein, die von Halle auszogen, um ihr Verbesserungswerk in anderen Teilen der Welt fortzusetzen.[73]

Zielte Francke auf eine tatsächliche Verwirklichung seines Projekts, blieb die bereits erwähnte Abhandlung zum Projektemachen von Daniel Defoe ein theoretischer Entwurf. Defoe war noch lange nicht der bekannte Romanschriftsteller, sondern Journalist, Investor in verschiedenen Handelsgeschäften und politischer Berater, als er 1697 seinen »Essay upon Projects« veröffentlichte. Darin versammelte er verschiedene Vorschläge, die weniger technische Neuerungen als vielmehr infrastrukturelle und sozialreformerische Maßnahmen betrafen. Er ging dabei teils systematisch vor, folgte teils aber auch eher momentanen und persönlichen Eingebungen. Seine Vorschläge zur flächendeckenden, auch regionalen Einrichtung von Banken, zur Instandhaltung von Straßen, zur Ausweitung des Versicherungswesens oder zur Einrichtung wissenschaftlicher Akademien hatten das große Ganze des Landes im Blick und zielten auf echte Strukturmaßnahmen. Seine Überlegungen zum Umgang mit Bankrotteuren scheinen hingegen eher persönlichen Erfahrungen entsprungen zu sein, wie auch die Vorschläge zur Einrichtung eines Versorgungsamtes für Seeleute oder eines Handelsgerichts aus aktuellen Bedürfnissen hervorgegangen sind. Wie auch immer, Defoes Essay ist ein prototypisches Beispiel dafür, wie eine Gegenwart sich sehr konkrete Gedanken über die Ausgestaltung und Verbesserung der näheren Zukunft macht.[74]

Bei Defoe wird auch das Problem diskutiert, dass Projektemacher zeitgenössisch nicht unbedingt den besten Ruf genossen. Das Versprechen einer besseren Zukunft verband sich nicht selten mit Aussichten auf höhere Einnahmen – und das rief nahezu zwangsläufig Betrüger und Hochstapler auf den Plan.[75] Dass Zukunftsprojektionen mithin unterschiedliche Möglichkeiten boten, wurde recht schnell erkannt. In »Zedlers Universal-Lexicon« aus dem Jahr 1741 wurden als »Projectenmacher« daher solche Personen gefasst, »welche den Leuten dieses oder jenes Project, davon sie sich vor die Erfinder ausgeben, entdecken, und sie zu deren Ausführung unter scheinbahren Vorstellungen eines daraus zu erwartenden grossen Gewinnstes anermuntern. Einen solchen muß man nicht sogleich Gehör geben, weil sie insgemein Betrüger sind [...].«[76]

Wahrscheinlichkeiten und Häufungen

Nun ist es eine Sache, Wünschbarkeiten für die Zukunft mittels Projektierungen zu formulieren. Eine andere ist es, über tatsächliche zukünftige Entwicklungen halbwegs zuverlässige Aussagen zu machen. Nachdem das endzeitliche Denken zwar keineswegs aus der europäischen Welt des 17. Jahrhunderts verschwunden war, aber allmählich und merklich an Überzeugungskraft eingebüßt hatte, war im Panorama des Zeitwissens Platz für andere Zukunftsmodelle. Eingenommen wurde er unter anderem von der Wahrscheinlichkeitsrechnung – mit weitreichenden Folgen bis in unsere eigene Gegenwart hinein.

Das Nachdenken über die Wahrscheinlichkeit brachte seit der Mitte des 17. Jahrhunderts die Zukunft erheblich in Bewegung. Entsprechende Berechnungen waren bis dahin ein gänzlich unübliches Verfahren. Ab der Mitte des 17. Jahrhunderts begannen sie zunächst die Mathematiker zu beschäftigen, um dann den Weg in immer weitere Kreise des alltäglichen Lebens zu finden. Damit wurde es möglich, das Eintreffen möglicher zukünftiger Entwicklungen zu kalkulieren. In historischer Parallele zu den allmählich auslaufenden Versuchen, das genaue Datum des Jüngsten Gerichts zu berechnen oder den Anbruch des Tausendjährigen Reiches zu bestimmen, wurden wesentlich ausgefeiltere mathematische Verfahren eingesetzt, um dem Nichtwissen über eine offene Zukunft zu begegnen.

Es ist schwierig zu datieren, wann die Wahrscheinlichkeitstheorie ihren Anfang nahm. Auch wenn man Überlegungen in diese Richtungen bereits im Mittelalter oder im 16. Jahrhundert ausmachen kann,[77] bleibt doch der 24. August 1654 ein naheliegendes Datum.[78] An diesem Tag verfasste der Philosoph und Naturwissenschaftler Blaise Pascal (1623–1662) einen Brief an den Juristen und Mathematiker Pierre de Fermat (1607–1665). Darin entwarf Pascal die Grundzüge dessen, was später Wahrscheinlichkeitsrechnung heißen sollte. Der eigentliche Gegenstand dieses Schreibens war ein auf den ersten Blick recht abseitiger: Es ging um das Problem des abgebrochenen Glücksspiels, also um die Frage, wie der Einsatz bei einem mehrere Runden andauernden Spiel verteilt werden sollte, wenn dieses Spiel vorzeitig beendet wurde. Um dieses Problem zu lösen, benötigte man Berechnungsmöglichkeiten, welche den wahrscheinlichen weiteren Verlauf des Spiels kalkulierten. In dem Briefwechsel zwischen Pascal und Fermat, der sich um dieses Problem herum entwickelte, wurde der Begriff der Wahrscheinlichkeit noch nicht benutzt.[79] Es war zunächst der Begriff des Zufalls, der wesentlich häufiger verwendet wurde. Und genau an diesem Problem der Kalkulierbarkeit des Zufalls waren die beiden Mathematiker interessiert. Ohnehin lag die Frage des Zufalls, insbesondere beim Glücksspiel, aber nicht nur dort, in dieser Zeit gewissermaßen in der Luft. Viele Gedanken kreisten darum, wie man beim Würfel- oder Kartenspiel die eigenen Gewinnchancen verbessern konnte – und kaum waren dafür Lösungen gefunden, wurden sie auch schon auf andere Lebensbereiche übertragen.[80]

Aufgrund dieser zeitgenössischen Virulenz von Themen wie Glücksspiel oder Zufall ist der Briefwechsel zwischen Pascal und Fermat eben gerade kein Zufall. Zugleich muss wegen einiger anderer Umstände die intensive Beschäftigung mit solchen Fragen jedoch verwundern. Denn unter moraltheologischen Gesichtspunkten war das Glücksspiel ein höchst zweifelhafter Gegenstand. Aber auch in wissenschaftlich-philosophischer Hinsicht handelte es sich um ein heikles Thema, denn wie sollte man etwas mit den strengen Regeln der Mathematik beherrschen wollen, das ausschließlich dem unvorhersehbaren Walten der Glücksgöttin Fortuna unterworfen war? Man muss sich daher die radikale Neuartigkeit des Vorgangs vor Augen halten, wenn sich im Dialog von Pascal und Fermat die strenge Mathematik und das unberechenbare Glück gemeinsam an einen (Spiel-)Tisch setzten.[81]

1657 führte Christiaan Huygens den Begriff des Erwartungswertes in die Diskussion ein. Damit wurde das richtige Maß für den Wert bezeichnet, den ein bestimmter Einsatz beim Glücksspiel erbringen konnte. Dieser Erwartungswert hat dann vor allem an der Börse oder im Versicherungswesen große Bedeutung erlangt. In den Jahren um 1700 baute die Schweizer Mathematikerdynastie der Bernoulli auf diesen Überlegungen auf, um die Wahrscheinlichkeitstheorie weiter voranzutreiben. Diesen Bemühungen lag der Gedanke zugrunde, dass eine Person ihr Leben rational so planen konnte, dass die Risiken minimiert und die Chancen gleichzeitig erhöht wurden – und zwar mit Hilfe wissenschaftlicher Präzision. Eine wichtige Differenzierung, die Jakob Bernoulli (1654–1705) im Rahmen der Wahrscheinlichkeitstheorie entwickelte, war diejenige zwischen einer Wahrscheinlichkeit *a priori* und einer Wahrscheinlichkeit *a posteriori*. Während Erstere versucht, die Wahrscheinlichkeit vor dem Eintreten eines Ereignisses zu ermitteln, bestimmt Letztere die Wahrscheinlichkeit nach dem Eintreten eines Ereignisses. Gemeint ist das in unserem Alltag überall auftauchende Phänomen der repräsentativen Statistik: Wenn man anhand einer Stichprobe eine Wahrscheinlichkeit errechnet, wie aussagekräftig ist diese dann für die Gesamtbevölkerung und auch für die Zukunft? Diesem Problem ging Bernoulli nach und verlagerte damit die Bedeutung des Wortes Wahrscheinlichkeit. Hatte es bisher die Unsicherheit mit Blick auf die Zukunft (und auf den Ausgang eines Glücksspiels) bezeichnet, ging es nun um die mathematische Methode, mit der sich quantifizierende Vorhersagen machen ließen.[82] Damit hatte die Wahrscheinlichkeitstheorie ein Problem – zumindest mathematisch – in den Griff bekommen, das für das 17. und frühe 18. Jahrhundert von enormer Relevanz war, nämlich dasjenige der Unsicherheit. Die Wahrscheinlichkeitsrechnung beinhaltete das Versprechen, dass sich diese Unsicherheit beherrschen ließ.

Was die Wahrscheinlichkeitsrechnung bis zum heutigen Tag so bedeutsam und ihr Auftreten in der Mitte des 17. Jahrhunderts so außergewöhnlich macht, ist die Realitätsverdopplung, die sie bewerkstelligt. Im Verlauf des 17. Jahrhunderts wurde das Auseinanderbrechen kosmologischer Ordnungsmuster unübersehbar – Ordnungsmuster, in denen alles immer schon als angemessen eingerichtet gedacht wurde und bei denen jede Abweichung zu einer Störung der ideal gedachten Ordnung führen musste. Die eigentlich erwünschten Kongruenzen von Mikrokosmos und Makrokosmos, die erstrebte Einheitlichkeit von Gesellschaft, Religion und politischem Gemeinwesen wurde immer häufiger als zerbrochen beschrieben und schien aus den Fugen geraten zu sein. Mit diesen Unsicherheiten und Verunsicherungen musste man zurechtkommen. Eine wichtige Lösung dieses Problems lag auf der zeitlichen Ebene in der

Konzentration auf eine Gegenwart, in der man Handlungen, Prozesse und Entscheidungen noch in der Schwebe halten konnte. Und zugleich konnte man diese Gegenwart nutzen, um Alternativen zu entwerfen. Nichts anderes macht die Wahrscheinlichkeitsrechnung. Sie verdoppelt (oder vervielfacht) die Realität, indem sie wahrscheinliche Zukünfte entwirft und stochastische Vorhersagen trifft. Diese Berechnungen sind natürlich nicht real (sonst wären sie bereits die Zukunft, die ja erst noch kommen wird), sondern höchst fiktiv. Die Wahrscheinlichkeitsrechnung soll auch gar nicht die Zukunft im Voraus bestimmen. Vielmehr hat sie die Aufgabe, die Unsicherheit über die zukünftigen Entwicklungen in einer Gegenwart erträglich zu machen. Laut der Soziologin Elena Esposito ist es daher auch kein Zufall, dass Wahrscheinlichkeitsrechnung und moderner Roman gemeinsam im Verlauf des 17. Jahrhunderts aufgetaucht sind. Denn so wie die Berechnung wahrscheinlicher Zukünfte in hohem Maße fiktiv ist, aber an die reale Gegenwart als mögliche Entwicklung anschlussfähig bleibt, so ist die Welt der Romane zwar nicht real, aber realistisch, das heißt, sie bleibt ebenso anschlussfähig an die nichtfiktive Welt und bietet ihr gleichfalls alternative Realitätsentwürfe an.[83]

In den frühen Überlegungen zur Wahrscheinlichkeitsrechnung waren diese alternativen Realitätsentwürfe eher zu erahnen als tatsächlich ausgeführt, weil sie von den speziellen Problemen des Glücksspiels ausgingen. Wenn man jedoch die Bedingungen des Glücksspiels auf das Leben in seiner Gesamtheit übertrug, dieses Leben also nicht mehr als göttlich vorherbestimmt, sondern als eine Anhäufung mehr oder weniger wahrscheinlicher Möglichkeiten begriff, dann konnte die Stochastik eine ganz neue Bedeutung gewinnen. Diesen Sprung vom eher abseitigen Problem des unterbrochenen Spiels auf alle Lebensbereiche ist spätestens in dem Buch »Ars conjectandi« von Jakob Bernoulli vollzogen worden, das posthum im Jahr 1713 erschien.[84]

Konkrete Anwendungen ergaben sich, als die Wahrscheinlichkeitsrechnung mit einer Statistik zusammengeführt wurde, die ebenfalls im Verlauf des 17. Jahrhunderts erheblich an Bedeutung gewann, vor allem im Bereich der Bevölkerungszählung. Solche quantitativen Erhebungen von Populationen waren historisch gesehen kein leichtes Unterfangen. Kenntnis von Bevölkerungserhebungen haben wir zwar bereits aus den frühesten Hochkulturen, aber solche Unternehmungen waren immer mit einem erheblichen Vorbehalt versehen. Denn die genaue Anzahl der Einwohner eines Landes ausfindig machen zu wollen wurde nicht selten mit der Neugier in Verbindung gebracht, das Geheimnis des Lebens und die Basis der göttlichen Schöpfung zu erforschen. Beides konnte schwerwiegende Folgen haben, wie schon König David im Alten Testament erfahren musste, als er eine Zählung aller wehrfähigen Männer mit der göttlichen Strafe einer landesweiten Pestepidemie bezahlte (2 Samuel 24, 1–17). David hätte besser den göttlichen Segen in Form einer großen Bevölkerungszahl dankbar hinnehmen sollen, als ihm mittels Zählung auf den Grund zu gehen. Wollte man also etwas über den Zustand eines Landes und seiner Bevölkerung wissen, so war es allemal besser, seine Geschichte zu erzählen, als seine Köpfe zu zählen.[85]

Fraglos wurden trotz aller Verbote und Vorbehalte in Antike und Mittelalter Bevölkerungserhebungen durchgeführt. Dabei handelte es sich aber eigentlich nie um Zählungen der gesamten Einwohnerschaft, sondern zumeist um Erfassungen aus steuerlichen oder militärischen Gründen.[86] Insbesondere seit dem Auftreten der Pest in der Mitte des 14. Jahrhunderts waren Obrigkeiten öfter und auch regelmäßiger darum bemüht, quantitative Veränderungen in der Untertanenschaft ausfindig zu machen.[87]

Waren diese Bemühungen auf die Erfassung des demographischen Status quo konzentriert, entwickelte sich seit der Mitte des 17. Jahrhunderts eine Form der Bevölkerungsstatistik, der es nicht mehr genug war, den Ist-Zustand zu dokumentieren. Sie verstand sich als eine politische Ingenieurskunst an der Bevölkerung, die auf der Basis erhobener Daten (und später auch in Verbindung mit der Wahrscheinlichkeitsrechnung) die zukünftige Form der Bevölkerung beeinflussen wollte. Langfristig besonders wirksam wurde die sogenannte politische Arithmetik, wie sie in England von John Graunt (1620–1674) und William Petty (1623–1687) maßgeblich entwickelt wurde.[88] Neue Zukunftsentwürfe konnte die politische Arithmetik vor allem deshalb entfalten, weil Graunt und Petty mit einem mathematisch-analytischen Ansatz davon ausgingen, dass die Elemente der Welt keine präformierte Einheit aufwiesen, sondern dass solche Verbindungen erst künstlich durch den Menschen hergestellt werden mussten. Wenn sie die Bevölkerung statistisch erfassten, dann nicht um eine schon bestehende Ordnung ausfindig zu machen, sondern um mathematische Mittel dazu zu nutzen, eine solche (bessere) Ordnung überhaupt erst herzustellen.[89] Mit seinen 1662 veröffentlichten »Natural and political observations made upon the bills of mortality« legte Graunt dafür den Grundstein. Mittels der Auswertung der Londoner Sterberegister machte er nicht nur Aussagen über die Häufigkeit bestimmter Todesursachen oder die demographische Entwicklung, sondern versuchte auch Indizien für eine sich anbahnende, erst zukünftig auftretende Epidemie ausfindig zu machen. Für William Petty waren es insbesondere die Erfahrungen von (Bürger-)Kriegen und Revolutionen, die in vielen europäischen Ländern während des 17. Jahrhunderts gemacht wurden, die es notwendig machten, eine Gesellschaft von Grund auf neu zu gestalten und zu ordnen. Das wollte er nicht einer angenommenen sozialen Harmonie überlassen, sondern stattdessen die Bevölkerung einer permanenten Kontrolle unterwerfen, ausgeübt von politischen Institutionen mit Hilfe mathematischer Prinzipien. Gesellschaften sollten gezielt aufgebaut und modelliert werden, indem man auf der Grundlage statistischer Erfassungen für ein Gleichgewicht unter den sozialen Gruppen sorgte, die jeweilige Produktivität dieser Gruppen feststellte und die Konflikte steuerte, die sich aus unterschiedlichen Ressourcenverteilungen ergaben. Die Gesellschaft der Zukunft war machbar, weil sie in einem doppelten Sinn ›berechenbar‹ war.[90]

Graunt und Petty waren bei weitem nicht die Einzigen, die sich in dieser Zeit um die statistische Erfassung und Modellierung von Bevölkerung bemühten. Sébastian Le Prestre de Vauban (1633–1707),[91] berühmter Militärbauingenieur und *Maréchal* von Frankreich, stellte in seiner Abhandlung über die »Méthode générale et facile pour faire le dénombrement des Peuples« aus dem Jahr 1686 fest, dass es nicht ausreiche, die Größe einer Bevölkerung zu kennen. Für ihn waren weitere Informationen von Bedeutung, zum Beispiel über Geschlechterverteilung, Altersstruktur, ausgeübte Berufe, landwirtschaftliche Nutzflächen, Nutztiere oder die Anzahl von Mühlen. Auf der Basis von Vaubans Überlegungen wurden in Frankreich ab dem späten 17. Jahrhundert mehrere demographische Erhebungen durchgeführt, um Fragen der Steuererhebung oder der Versorgung mit Lebensmitteln zu klären.[92] In Deutschland war es vor allem der Theologe Johann Peter Süßmilch (1707–1767),[93] der sich an die Überlegungen der politischen Arithmetik anschloss, wenn auch mit ganz eigenen Schwerpunktsetzungen. Wie der Titel seines Werks über »Die göttliche Ordnung in den Veränderungen des menschlichen Geschlechts« (1741) schon verrät, war für ihn zwar die Förderung der ›Staatsklugheit‹ ebenso von Bedeutung wie Fragen der Gesundheitsförderung. Sein vornehmliches Anliegen war aber ein theologisches, nämlich die Erkenntnis der göttlichen Vorsehung. Denn Veränderungen in den demographischen Entwicklungen unterlagen nach seinem Dafürhalten zwar eruierbaren Regeln, die aber unmittelbar auf den Schöpfer selbst zurückgingen. Mit seinen statistischen Erhebungen wollte Süßmilch im Anschluss an die Naturwissenschaften die Gesetzmäßigkeiten von Geschichte und Gesellschaft ausfindig machen – Gesetzmäßigkeiten, deren Autor nur Gott selbst sein konnte.[94]

Gerade bei Süßmilch kann man beobachten, wie sich die Statistik als eine Alternative neben der traditionellen göttlichen Vorsehung etablierte. Auch wenn in diesem Zeitraum kaum jemand zu denken, geschweige denn zu sagen wagte, dass es mit dieser Vorsehung hinsichtlich zukünftiger Entwicklungen nicht mehr weit her sei, zeigt doch die politische und gesellschaftliche Praxis, dass man zunehmend auf sie verzichten konnte (ohne sie explizit ad acta legen zu müssen). Statistische Häufungen und kalkulierte Wahrscheinlichkeiten mussten zunehmend den Platz religiös determinierter Zukunftsmodelle einnehmen. Denn ganz ohne Modellierung ging es nicht.

Statistik und Stochastik weisen hinsichtlich zeitlicher Organisationsformen dabei durchaus eine Verbindung zu traditionalistischen Gesellschaften und deren Versuch einer Vorhersage künftiger Ereignisse auf. Während in traditionalistischen Gesellschaften Priester die Aufgabe übernehmen, durch Einsicht in die kosmologischen Zusammenhänge oder durch spezielle Fähigkeiten der Kontaktaufnahme mit den Göttern kommende Ereignisse vorherzusagen, übernehmen dies in modernistischen Gesellschaften der Neuzeit Mathematiker. Statistiken werden als vorweggenommene Realität angesehen, so dass man heute schon versucht, sich beispielsweise auf klimatische oder demographische Bedingungen der kommenden Jahrzehnte einzustellen. Dabei können Statistiken natürlich am realen Gang der Zukunft nichts ändern, können den Einbruch des Unvorhersehbaren nicht abwenden. Auch Orakel konnten das nicht. Die modernen Methoden des ›Rechnens‹ mit der Zukunft haben jedoch zu einer Umdeutung dieser Ereignisse geführt. Denn während Sturmfluten oder Feuersbrünste zuvor im göttlichen Plan irgendwie vorgesehen waren, wurden sie nun zu ›katastrophalen Ereignissen‹, in denen die Zeit scheinbar aussetzte.[95] Aber auch auf diese katastrophalen Ereignisse ließ sich auf der zeitlichen Ebene reagieren, und zwar indem man sich bereits in der Gegenwart für ihr Eintreffen wappnete.

Versicherungen in der Verunsicherung

Die Zukunft war und ist zu allen Zeiten unbekannt – allerdings gibt es eine recht große Variationsbreite, was unter ›unbekannt‹ genau zu verstehen ist und wie man damit umgeht. In gewisser Weise wusste man bis in das 17. Jahrhundert hinein deutlich mehr von der Zukunft, als dies im frühen 21. Jahrhundert der Fall ist. Denn aufgrund endzeitlicher Erwartungen war der eher wenig erfreuliche weitere Verlauf der Schöpfungsgeschichte vorherbestimmt, mittels Weissagung, Prophetie oder vernünftiger Einsicht konnte es sogar gelingen, Wissen über die zukünftigen Dinge zu erlangen. Diese Situation änderte sich, als ›Zukunft‹ allmählich zu einem offenen und gestaltbaren Horizont wurde, als aus Gegebenheiten nun Möglichkeiten wurden, als die Gewissheit der Verunsicherung wich. Diese Entwicklung musste keineswegs befreiend wirken, sondern konnte beängstigen, denn nun eröffnete sich ein bedrohlicher Bereich unerforschter Gefahren. Prophetie musste fortan durch Planung ersetzt werden, um die angsteinflößende Zukunft mit rationalen Mitteln unter Kontrolle zu bekommen.[96]

Planung basiert – genau wie Wahrscheinlichkeitsrechnung – auf einer Diagnose gegenwärtiger Gegebenheiten. Daher wird es mit dem Aufkommen des Planungsdenkens auch nötig, das Verhältnis der Dimensionen Vergangenheit, Gegenwart und Zukunft zueinander zu verändern. Denn mittels Planungen können Prognosen über zukünftige Entwicklungen erstellt werden – und diese Prognosen haben ihrerseits Rückwirkungen auf die Erstellung von Zukunftsplänen. Mittels solcher Annahmen dringt eine Gegenwart immer schon in die Zukunft vor, und zwar mit dem Ziel, der Zukunft ihre Zukünftigkeit (und damit Unberechenbarkeit) zu nehmen. Was Planungen und Prognosen aber nicht tun, ist Zukunft vorherzusagen (sonst wären es Prophetien). Vielmehr produzieren sie mittels der Orientierung an einer Zukunft Informationen für die Gegenwart.

Prognosen und Planungen verändern daher Geschichte. Prophetien wollen und können das gerade nicht, denn sie sagen nur Dinge voraus, von denen schon lange beschlossen ist, dass sie ohnehin geschehen werden. Beim planerischen Vorgehen bleibt die Offenheit und Unsicherheit von Zukunft bestehen und wird, soweit möglich, in die Zukunftsentwürfe auch immer einbezogen. Dass durch Planungen Veränderungen hervorgerufen werden, ist klar – ob diese aber den ursprünglichen Intentionen entsprechen, kann keineswegs als gesichert gelten.[97]

Mittels Planung in der Gegenwart der Zukunft ihre Unwägbarkeit nehmen – das ist das Ziel von Versicherungen. Dabei sind Versicherungen nicht einfach nur ganz nützliche Einrichtungen, denen man Geld gibt, um im Schadensfall für entstandenes Ungemach finanziell entschädigt zu werden. In Versicherungen kommt jener Gefahrensinn zum Ausdruck, der seit dem 17. Jahrhundert zu einem dominierenden Umgang mit der Zeit geworden ist.[98]

Dabei sind Versicherungen keineswegs erst im 17. Jahrhundert erfunden worden. In Handelsgeschäften, vor allem im Seehandel, sind sie spätestens seit der Mitte des 14. Jahrhunderts anzutreffen. Italien darf als Geburtsort dieser Form der Versicherung gelten, bei der Schiffe und Handelsgüter gegen allfällige Gefahren wie Piratenüberfälle oder Unwetter versichert wurden. Es handelte sich um sogenannte Prämienversicherungen, bei denen gegen Zahlung einer Prämie eine dritte Partei, die in das eigentliche Handelsgeschäft nicht involviert war, das Risiko beim Verlust der Ware übernahm und eine Versicherungssumme versprach.[99]

Selbst wenn das Prinzip ›Versicherung‹ also durchaus schon existierte, ist für den Zeitraum um 1700 festzustellen, dass eine entscheidende Neuerung eingeführt wurde. Nicht nur, dass Versicherungen bis in das späte 17. Jahrhundert hinein auf Handelsgeschäfte beschränkt blieben und kaum andere Gefahren abdeckten, sie waren auch immer nur ein zusätzliches Geschäft von Kaufleuten. Es gab bis in das späte 17. Jahrhundert hinein keine institutionalisierte Versicherungsgesellschaft, die sich ausschließlich auf diese Geschäftsform konzentriert hätte. Der Historiker Cornel Zwierlein hat den Zeitraum um 1680 als einen Einschnitt definiert, in dem nicht nur weitgehend zeitgleich in London und Hamburg die ersten Versicherungsgesellschaften – spezialisiert auf Feuerversicherungen – gegründet wurden, sondern in dem sich auch ein neues Verständnis von ›Sicherheit‹ entwickelte.[100] Im gleichen Zeitraum entstanden die ersten institutionalisierten Lebensversicherungen. Auch diesen Versicherungstypus hatte es vereinzelt bereits seit dem Spätmittelalter gegeben, jedoch ist er ebenso häufig verboten worden, weil er wiederholt zu Wettgeschäften über die Wahrscheinlichkeit eines Todesfalls ausartete. Erst ab der Wende vom 17. zum 18. Jahrhundert wurde dieser Versicherungstyp in einem größeren Maß gebräuchlich.[101]

Institutionalisierte Versicherungen und ein neues Sicherheitsverständnis hängen wiederum eng mit einer veränderten Umgangsweise mit Zukunft zusammen. Denn es ging bei dieser Versicherungsform eigentlich um ein uraltes Problem, das aber nun einer neuen Lösung zugeführt werden sollte. Feuer stellte eine der alltäglichsten und zugleich elementarsten Gefahren dar, denen sich vor allem Stadtbewohner über Jahrhunderte hinweg ausgesetzt sahen. Da Licht und Wärme über Feuerquellen erzeugt wurden, die Häuser zumeist aus leicht brennbarem Material bestanden und eine effektive Bekämpfung von Haus- oder Stadtbränden noch nicht existierte, gehörten ausbrechende Feuer zu den Fundamentalängsten, aber auch zu den Alltagserfahrungen. Hatte es einmal sein Werk begonnen, war man diesem Element hilflos ausgesetzt. Sicherlich gab es Frühformen von Feuerwehren, die aber vielfach nicht mehr leisten konnten als den sprichwörtlichen Tropfen auf den heißen Stein. Neben Löschversuchen und dem Gebet um göttlichen Beistand waren der Abriss von Häusern oder das Legen von Feuerschneisen oft die einzigen Mittel, um die Ausbreitung eines Brandes zu verhindern.[102]

Feuerversicherungen behoben dieses grundsätzliche Problem zwar nicht, aber sie boten erstmals die Möglichkeit, Vorsorge für die Nachsorge zu treffen. Mit ihnen konnte man sich bereits in der Gegenwart für einen möglichen zukünftigen Schadensfall wappnen, konnte man bereits vor einem (vielleicht niemals eintretenden) Brand dafür sorgen, danach nicht vor dem Nichts zu stehen. Die Institutionalisierung nahm dabei unterschiedliche Formen an. In London war *The Great Fire* des Jahres 1666, bei dem ein Großteil der Stadt zerstört wurde, ein wichtiger Anlass zur Etablierung solcher Versicherungen.[103] Danach begann in der Stadt eine Diskussion, wie eine Absicherung gegen solche Katastrophen bewerkstelligt werden könnte. Einerseits gab es zwar Bemühungen von

Seiten der Stadtobrigkeiten, eine Feuerversicherungsanstalt einzurichten, diese konnten sich aber nicht gegen die genossenschaftlichen Anstrengungen durchsetzen, die gewissermaßen ›von unten‹ organisiert wurden. Es wurden Treffen für all diejenigen einberufen, die an einer Feuerversicherung interessiert waren. Das eingezahlte Kapital sollte einem Leitungsgremium treuhänderisch übergeben werden. Eine zentrale Gestalt bei der Gründung des Londoner »Fire Office« von 1681 war der Ökonom und Spekulant Nicholas Barbon (1640–1698), der sein Vorhaben nicht nur gegenüber städtischen Bemühungen offensiv betrieb, sondern es auch mit statistischen und wahrscheinlichkeitstheoretischen Überlegungen unterfütterte. Der Institutionalisierungsweg, den das frühe »Fire Office« beschritten hatte, wurde in England üblich und auch bei allen weiteren insgesamt 170 Feuerversicherungen eingeschlagen, die bis 1850 aus der Taufe gehoben wurden. Bis in die 1780er Jahre dominierten vor allem sechs Versicherungen in England das Feld, von denen das »Sun Fire Office« und die »Royal Exchange Assurance« zu den bekanntesten gehören.[104]

In Hamburg war der Gang der Dinge ein anderer. Hier wurde die »General-Feuer-Cassa« 1676 nicht genossenschaftlich organisiert, sondern durch die reichsstädtische Obrigkeit eingerichtet. Von städtischer Seite wurde angeordnet, dass Hausbesitzer ihre Immobilien angeben und in die Feuerversicherung einen anteiligen Betrag einzahlen mussten. Dieses Vorbild fand recht zügig Nachahmer in Berlin, Hannover, Dresden und Magdeburg, gefolgt von ersten territorialen Einrichtungen in Preußen und Sachsen im frühen 18. Jahrhundert. Eine Frage ist allerdings, woher das Vorbild sein Vorbild nahm. Während man in England den Londoner Brand von 1666 als konstituierendes Ereignis und Nicholas Barbon als initiative Figur ausmachen kann, fehlen entsprechende Auslöser oder Ideengeber in Hamburg. Die Überlieferung zur frühen Geschichte der »General-Feuer-Cassa« ist recht dünn – also eine Erfindung ohne Erfinder?[105] Es handelt sich wohl um das Kind einer Kultur, die in ihrer temporalen Verfassung unter anderem verstärkt auf Planung von Zukunft in der Gegenwart setzte und der zur Beherrschung der allseits drohenden Brandgefahren die Feuerversicherung als adäquates Mittel erschien. Unabdingbare Voraussetzung für solche Initiativen war jedoch ein verändertes Zeitwissen mit seinen neuen Denkmöglichkeiten.

Wenn es aber schon keinen Erfinder gab, dann zumindest einen Multiplikator im deutschsprachigen Raum. Gottfried Wilhelm Leibniz hatte sich seit etwa 1680 wiederholt mit Versicherungsfragen beschäftigt. Wie es seinem Vorgehen eigen war, entwarf er diverse Projekte und Vorschläge, wie man insbesondere im Bereich der Feuerversicherung zu einer Verbesserung der allgemeinen Lebenssituation gelangen könnte. In diesen Erörterungen bezog er sich auch auf die Hamburger »General-Feuer-Cassa«, die er aus eigener Anschauung gekannt haben könnte. In seiner zentralen Abhandlung über »Öffentliche Assekuranzen« aus dem Jahr 1680 weist Leibniz vor allem auf den staatlichen Charakter und die politische Notwendigkeit solcher Einrichtungen hin. Die Gesellschaft müsse sich als Solidargemeinschaft verstehen, und der Staat habe unter anderem seine Aufgabe als ›Generalversicherer‹ wahrzunehmen. Diese politische Komponente lag für Leibniz schon im Eigeninteresse des Staates, denn bankrotte und durch Schicksalsschläge verarmte Untertanen würden keine Steuern zahlen und sich nicht in der Wirtschaft betätigen. Der Staat solle durch ein Engagement in Versicherungsdingen also jetzt schon Vorsorge für die Zukunft treffen, und zwar indem er drohendes Unglück bereits in der Gegenwart abfederte. Den Obrigkeiten müsse daran gelegen sein, Verzweiflung unter den Untertanen zu verhindern, Lethargie abzuwenden, Missgunst und Bosheit nicht zuzulassen – Zustände also, die Menschen nach einem katastrophalen Ereignis wie einem Brand überfallen konnten. Hier sollte die Versicherung ansetzen, und zwar schon bevor das Übel seinen Lauf genommen hatte, nicht erst nachdem es eingetreten war.[106] Versicherte Untertanen waren also glücklichere Untertanen. Sie konnten – so ließen sich Leibniz' Ausführungen auf den Punkt bringen – sorgloser in die Zukunft blicken und die dadurch frei gewordenen Energien so zum Einsatz bringen, dass sie auch dem Staat wieder zugutekamen. Der Versicherung wurde damit nicht nur ein Verhinderungspotential zugeschrieben, nämlich gegen mögliche Unglücke vorzusorgen, sondern ebenso ein Gestaltungspotential, also die Zukunft von Ängsten und Nöten zu befreien und somit Platz zu schaffen für andere Optionen.

Obwohl selbst einer der größten Mathematiker der Wissenschaftsgeschichte, unterließ es Leibniz, seine versicherungstechnischen Überlegungen mit der Wahrscheinlichkeitsrechnung zu verknüpfen, wie es aus der historischen Rückschau naheliegen würde. Dieses Band wurde erst im Verlauf des 18. Jahrhunderts geknüpft, und zwar auf eine seither andauernde und sehr ertragreiche Weise. Ganze Heerscharen von Mathematikern werden seitdem von Versicherungskonzernen bestallt, um ›Produkte‹, sprich: stochastisch basierte Zukunftsmodellierungen zu entwerfen, die für den Versicherer unter Garantie Gewinn abwerfen. Wie das Beispiel Leibniz lehrt, darf diese Verknüpfung aber nicht zu dem historischen Kurzschluss führen, die Entstehung von Versicherungsgesellschaften als ein Ergebnis der Wahrscheinlichkeitsrechnung anzusehen. Eine solche Kausalität lässt allein schon die Chronologie nicht zu.[107] Vielmehr ist es bezeichnend für die Verschiebungen im Zeitwissen des 17. Jahrhunderts, dass diese beiden (sowie weitere) Phänomene parallel zueinander und zunächst unabhängig voneinander entstanden sind. Sie können damit als Indizien gelten für grundlegende Neuordnungen in der Zeitschaft des 17. Jahrhunderts und für Neujustierungen im Verhältnis von Vergangenheit, Gegenwart und Zukunft.

* * *

»Immer diese Ungewißheit! Nur wer tot ist, geht kein Risiko mehr ein.«[108] Unser Nachdenken über die Zeit, über Zukunft, Vergangenheit und Gegenwart wird nicht unwesentlich durch den Umstand befeuert, dass wir heute nicht wissen können, was morgen sein wird – mit der einzigen Ausnahme der unumstößlichen Gewissheit unseres Todes. Dieses Wissen ist zwar nicht datierbar, aber sicher. Als wesentlich flexibler erweisen sich jedoch die Möglichkeiten, die Kulturen zu unterschiedlichen Zeiten und in unterschiedlichen Räumen genutzt haben, um mit dieser paradoxen Form der ungewissen Gewissheit umzugehen. Astrologische Verfahren bieten die Sicherheit der weitgehenden Vorherbestimmung, bei der nichts dem Zufall überlassen bleibt – bei der man aber aus Gründen der Enttäuschungssicherung im Nachhinein auch nicht allzu genau hinschauen sollte, ob all das Prophezeite tatsächlich eingetreten ist. Sich der Ungewissheit der Zukunft auszuliefern und sie mathematisch kalkulieren zu wollen, mag vernünftiger erscheinen, lässt das Individuum aber mit all seinen Ängsten einsam zurück. Im Vergleich zu den transzendenten Rückversicherungen, wie sie Religionen zur Verfügung stellen, hat die probabilistische Kalkulation den erheblichen Nachteil, über das Leben des Einzelnen nichts mehr aussagen zu können. Man kann sich zwar eine statistisch erwartbare und durchschnittlich wahrscheinliche Lebenserwartung ausrechnen lassen – die aber durch die Kontingenz des individuellen Lebens perfide durchkreuzt werden kann. Man kann sich dank Wahrscheinlichkeitsrechnung zwar besser auf Makroentwicklungen einstellen, gewinnt auf der Mikroebene aber nicht viel mehr als die Gewissheit über die Ungewissheit des individuellen Lebenslaufes.

Unabhängig davon, auf welchen zeitlichen Bereich wir näher schauen, sei es die prophezeite oder ungewisse Zukunft, die idealisierte oder abgestoßene Vergangenheit, die eingeengte oder sich erweiternde Gegenwart, jede Veränderung in einer dieser Dimensionen hat unweigerlich Auswirkungen auf die anderen. Was man daher im Verlauf des 17. Jahrhunderts nicht nur mit Blick auf das Wissen über die Zukunft, sondern ebenso über Vergangenheit und Gegenwart feststellen kann, ist eine wachsende Bedeutung des Hier und Jetzt, die mit einer zunehmenden Ungewissheit über das Gestern und das Morgen einherging. Denn die Zukunft erschien immer weniger als vorherbestimmt – dafür aber in Grenzen als berechenbar. Die Vergangenheit erschien immer weniger als vorbildlich – dafür als historisch distanzierte Kontrastfolie. Beide Verschiebungen wirkten sich unmittelbar auf eine Gegenwart aus, die mehr Platz für sich beanspruchte und die nicht mehr von antiken Idealen oder heilsgeschichtlichen Erwartungen erdrückt werden wollte.

Der Terminkalender von Graf Johann Maximilian IV. Emanuel von Preysing-Hohenaschau mit seinen weitgehend leeren Seiten ist ein winziges Indiz für die großen Veränderungen, ein kleines Steinchen im großen Mosaik der Zeit. Dieser Kalender ist für die Verschiebungen in der Zeitschaft des 17. Jahrhunderts zwar keine Lösung, aber eine lebenspragmatische Antwort. Der inhaltlich weitgehend entleerte Terminkalender stellt eine Form der Kontingenzbewältigung dar, die selbstverständlich keine Gewissheit über zukünftige Ereignisse geben kann. Schließlich sind die weißen Seiten höchster Ausdruck dieser Kontingenz, da sie ihrem Betrachter entgegenrufen: Ich weiß nicht, was an diesem Tag geschehen wird, ich kann dir nur bei der Datierung dessen, was noch geschehen wird, helfen. Aber durch die Möglichkeit der individuellen Organisation, der persönlichen Terminplanung sowie der rückschauenden Selbsthistorisierung durch tagebuchartige Einträge vermitteln sie dem Kalendernutzer doch die Illusion, in der eigenen, kleinen Gegenwart sowohl die nähere Zukunft gestalten wie auch die jüngere Vergangenheit dokumentieren zu können.

Willkommen also in einer Gegenwart, deren Vergangenheit bis in das 17. Jahrhundert zurückreicht – und deren Zukunft wie (fast) alles andere ungewiss bleibt.

Anhang

Wladimir So ist die Zeit vergangen.
Estragon Sie wäre sowieso vergangen.
Wladimir Ja. Aber langsamer!

Samuel Beckett, Warten auf Godot

Nachwort

Zu viel Zeit hat dieses Buch in Anspruch genommen. Und doch habe ich immer noch den Eindruck, dass es nicht genug war. Bleibt nur zu hoffen, dass die Leserschaft weder das Zuviel noch das Zuwenig als störend empfindet.

Dass sich die investierte Zeit hier materialisieren konnte, ist ganz wesentlich dem Mainzer Forschungsschwerpunkt Historische Kulturwissenschaften im Rahmen des Gutenberg-Forschungskollegs zu verdanken. Es gewährte mir 2009/10 ein Fellowship, bei dem ich die Grundlagen für dieses Buch legen konnte. Jörg Rogge, dem Sprecher des Forschungsschwerpunkts, bin ich zu größtem Dank verpflichtet!

Meine Alma Mater, die Heinrich-Heine-Universität Düsseldorf, hat mich nicht nur durch diverse Selbstverwaltungspflichten vom Schreiben abgehalten, sondern durch ein Forschungssemester den Abschluss des Buchs auch wesentlich befördert.

Tanja Hommen möchte ich dafür danken, dass sie zum richtigen Zeitpunkt eine wichtige Frage gestellt und das Manuskript einer genauen und kritischen Durchsicht unterzogen hat. Weitere wichtige Hinweise verdanke ich den Lektüren von Katja Benner, Kristina Hartfiel, Rajiv Strauß, Malte Thodam und Tobias Winnerling. Weitere auffindbare Fehler bleiben die meinen.

Viele Düsseldorfer Studierende haben sich in diversen Lehrveranstaltungen meinen Fragen zu Zeitungen, Kalendern, Zeitkonzepten und anderen akademischen Verstiegenheiten ausgesetzt und mir dabei manches Mal auf die Sprünge geholfen.

Zum Schluss, aber nicht zuletzt: Tausend Dank an Eva, Valentin & Cornelius.

Anmerkungen

Kalenderzeit

1. Blumenberg 2001a, 26.
2. Hierl-Deronco 2001, 49–61.
3. Ebd., 50.
4. Schreib-Calender 1717.
5. Archiviert sind sie heute in der Münchner Staatsbibliothek und finden sich in digitalisierter Form unter http://www.bayerische-landesbibliothek-online.de/preysing (letzter Zugriff 15.10.2012).
6. Seethaler 2000, 226; Sührig 1979, 149; Sührig 1985, 728; Matthäus 1969, Sp. 1274f.; Braida 1996, 189–191.
7. Brendecke 2005.
8. Greve/Schnabel 2011.
9. Vgl. aber auch Tersch 2008a; Rutschky 2012.
10. Zu den frühen Kalendern, die auch von Gutenberg gedruckt wurden, vgl. Lang 1968, 40; Rohner 1978, 23f.; Greilich/Mix 2006, 1; Dresler 1972, 12–16; Foltin/Schirrmeister 1999, 29–31; Kiesant 2004, 597.
11. Knopf 1982,13.
12. Rüpke 2006, 142; Perkins 1996, 3.
13. Giesecke 1998, 293–297; Seethaler 1985, 63f.; Wünsch 1911; Matthäus 1969, Sp. 982–996; Müller-Jahncke 1988; Knopf 1982, 213–216; Tschui 2009, 94–166; Mueller 2009.
14. Seethaler 2000, 226–228; Bauer 2002, 177f.; Knopf 1982, 12–16; Knopf 1999, 122–125; Braida 1996; Meise 2005; Herbst 2009, 189–192; Herbst 2007, 211–213; Faulstich 1998, 126–142; Tschui 2009, 16–19; Wernicke 2011, 11–72.
15. Bollème 1969, 12f.; Matthäus 1969, Sp. 996f.; Münch 1996, 171f.
16. Seethaler 2000, 223; Masel 1997, 13–37; Behringer u.a. 2007, Sp. 279–282; Bollème 1969, 14; Knopf 1982, 200.
17. Bauer 2002, 175. Vgl. auch Herbst 2009, 189; Seethaler 1985, 99–101; Seethaler 2000, 232f.; Tersch 2008a, 101; Petrat 1985, 704. Zur Verbreitung

von Kalenderdrucken im 18. und 19. Jahrhundert vgl. Schenda 1988, 279–287.
18 Chapman 2007, 1258 f.; Thomas 1971, 293–300; Capp 1979, 23–66.
19 Braida 1996, 183, 191.
20 Tersch 2008b, 18. Vgl. Matthäus 1969, Sp. 1118 f., 1162.
21 Knopf 1999, 128 f. Dass diese Zahlen nicht gänzlich aus der Luft gegriffen sind, zeigt ein Vergleich mit Frankreich im Jahr 1859. Hierzu liegen gesicherte Zahlen vor: In diesem Jahr sind 395 verschiedene Kalender auf dem französischen Markt erschienen mit einer Gesamtauflage von fünf bis sechs Millionen Exemplaren. Da zu dieser Zeit der Kalendermarkt eher rückläufig war, dürften diese Zahlen zumindest für das 18. Jahrhundert auf einem ähnlichen Niveau gelegen haben.
22 Seethaler 1985, 83 f.; Seethaler 2000, 228 f.
23 Seethaler 2000, 231 f.
24 Hamel 2000, 33.
25 Bollème 1969, 14.
26 Tersch 2008b., 67 f.; Matthäus 1969, Sp. 1164; Knopf 1982, 205 f.; Knopf 1999, 129; Rohner 1982, 18.
27 Matthäus 1969, Sp. 981.
28 Ebd., Sp. 1236–1243; Bepler/Bürger 1994, 232 f.; Seethaler 1985, 91.
29 Bepler/Bürger 1994, 234.
30 Peters 1992, 187.
31 Tersch 2008b, 9.
32 Veyne 1990, 14 f.; Goertz 1995, 80–94.
33 Hans-Ulrich Gumbrecht hat dafür den Ausdruck einer »breiten Gegenwart« geprägt: Gumbrecht 2010, 15–17.
34 Escudier 2011, 10 f.
35 Maier 2011, 39; Landwehr 2012b.
36 Adam 2005, 165. Eine wiederum historische Verortung dieses Eindrucks findet sich bei Laak 2008, 318–320.
37 Adam 2010, 368 f.
38 Leggewie/Welzer 2009, 110 f.
39 Zielcke 2010.
40 Latour 2002.
41 »Wir wollen durch Erfahrung nicht so wohl klug (für ein andermal), als vielmehr weise (für immer) werden.« So hat es bekanntermaßen treffend Jacob Burckhardt zum Ausdruck gebracht: Burckhardt 1982, 230.
42 Gelungene Gesamtdarstellungen bei Rabb 1975; Münch 1996.
43 Augustinus 1987, 628 f. Vgl. auch Flasch 2004.

44 Klein 2008, 70; Mackensen 1999, 14.
45 http://www.gesetze-im-internet.de/bundesrecht/me_einhg/gesamt.pdf (29.10.2012). Vgl. auch Münch 2000, 2.
46 Eine detaillierte Diskussion der Frage von Zeit als Zeiterfahrung bei Bieri 1972.
47 Luhmann 1991, 127.
48 Elwert 2010, 374. Vgl. auch Grübler 2009.
49 Derrida 1993, 15.
50 Elias 1988, VII.
51 Ebd., VIIf.
52 Geißler 1999, 3f. Vgl. auch Blumenberg 2001a, 150f.
53 Nassehi 2000, 47.
54 Ebd., 43. Vgl. auch Ruhnau 1998, 75; Giddens 1997, 88–90.
55 Nassehi 2008, 145. Vgl. auch Stanko/Ritsert 1994.
56 Lebovic 2010, 281f.; Schmitt 2005; Glennie/Thrift 2009, 66; Schäfers 1997; Whitrow 1999, 11; Landwehr 2012a. Eher verwirrend hingegen ist der Ansatz von Corfield 2007.
57 Elias 1988, 11, 43. Vgl. auch Sorokin/Merton 1937; Nowotny 1992; Bourdieu 2001, 287.
58 Schmied 1985, 79f.; Wilcox 1987.
59 Aristoteles 1995, Bd. 6, 116–118 (Physik, Buch IV, Kap. 14, 223b); Mackensen 1999, 17.
60 Anders jedoch Luhmann 1987, 420.
61 Schmied 1985, 66f.; Graf 2011, 2; Kaschuba 2004, 17f.
62 Ermarth 2010.
63 Goertz 1995, 168.
64 Seibt 1983, 145f.; Schmidgen 2007, 54; Sandl 2007, 379f.; Kirov 2007. Vgl. auch Kubler 1982, 138; Osterhammel 2012.
65 Brendecke/Fuchs/Koller 2007, 9.
66 Nassehi 2008, 196 (Hervorhebung im Original).
67 Pöppel 2000, 19.
68 Vgl. Esposito 2010, 34; Landwehr 2002.
69 Adam 2005, 131; Brose 2004; Nassehi 2008, 184; Bourdieu 2001, 287–292; Elwert 2010, 374; Pause 2012, 29; Jung 2012, 66f.; Stockhorst 2006; Landwehr 2012a.
70 Landwehr 2012b, 25–29; Landwehr 2012c.
71 Am Beispiel der Etablierung europäischer Formen der Zeitmessung: Landwehr 2012d. Vgl. systematischer Gasparini 1988.
72 Elwert 2010, 379.

73 Kubler 1982, 156.
74 Das Wort ›Zeitschaft‹ ist keine ganz neue Erfindung. Formuliert wurde es beispielsweise schon einmal von Ruth Klüger (http://hsozkult.geschichte. hu-berlin.de/termine/id=10438; zuletzt eingesehen am 7.6.2012); es gibt einen Science-Fiction-Roman von Gregory Benford, der in der deutschen Übersetzung diesen Titel trägt (im Englischen heißt er »Timescape« und wurde unter diesem Titel auch verfilmt).
75 Geißler 2002, 137; Adam 1998.
76 Bachtin 2008.

Ein Ende von Anfang an

1 T. S. Eliot, Gesammelte Gedichte. Englisch und deutsch 1909–1962, hg. v. Eva Hesse, Frankfurt a. M. 1988, 332.
2 Elender/betrübter Zustand 1630.
3 Ebd., nicht paginiert.
4 Ebd.
5 Ebd.
6 Vgl. auch Capp 1979, 164–179.
7 Haupt 2001.
8 Korn 1957; MacCulloch 2008, 713–745.
9 Eine Systematisierung apokalyptischer Erfahrungen findet sich bei Landes 2011, 3–36.
10 Ariès 1980; Koslofsky 2000.
11 Reinhard/Schilling 1995; Rublack 1992; Reinhard 2001, 96–100.
12 MacCulloch 2008, 715.
13 MacCulloch 2008; Kaufmann 2009, 15f.; Dülmen 1994.
14 Söding u.a. 1995; Filoramo u.a. 1999; Groh 2010, 340.
15 Einen Überblick über endzeitliches Denken bieten Stierle/Warning 1996; Collins/McGinn/Stein 1998; Amanat/Bernhardsson 2002; Brandes/Schmieder 2008; Landes 2000; Tilly 2012.
16 Dass Kalenderdrucke eines Autors auch noch Jahre nach dessen Tod erschienen, ist nicht so ungewöhnlich, denn vielfach berechneten Kalendermacher ihre Produkte auf Jahre im Voraus. Zuweilen wurde aber auch der Name eines bekannten Kalenderschriftstellers als absatzfördernde ›Marke‹ über Jahrzehnte hinweg weitergeführt; vgl. Matthäus 1969, Sp. 1242f.; Bepler/Bürger 1994, 232f.; Seethaler 1985, 91.
17 Froelich 1650, nicht paginiert.
18 Delumeau 1985, 349–352; Pohlig 2008, 334–340.

19 Brendecke 1999, 110.
20 Barnes 1998, 154.
21 Brendecke 1999, 28–32, 111 f.
22 Ebd., 110; Schulze 2000, 20 f. Vgl. auch Lehmann 1999.
23 Reusner 1600. Vgl. außerdem Pohlig 2007, 200–207.
24 Vignolles 1738; Klempt 1960, 85.
25 Brendecke 1999, 116.
26 Reimarus Ursus 1606.
27 Historia 1981.
28 Edighoffer 1995.
29 Ussher 1658, 1–3; Davies 1969, 13.
30 Pohlig 2008, 335–337; Groh 2010, 327–334; Minois 1998, 166–176.
31 Assmann 1999c, 21–24; Tilly 2012, 59–62; Rosenberg/Grafton 2010, 54 f.
32 Faust 1586, vor S. 29.
33 Muhlack 1991, 158.
34 Zur Diskussion von Zeit und Ewigkeit vgl. auch Kant 1923.
35 Esposito 2007b, 27; Seibt 1983, 157; Le Goff 1977, 394 f.
36 Gryphius 2010, 70.
37 Assmann 1999c, 23.
38 Ebd., 24.
39 Koch 1997.
40 Zit. n. Sandl 2007, 378. Ausführlicher Sandl 2011a, 243–298.
41 Sandl 2007, 378.
42 Landes 2000; Popkin 1999; Sandl 2007, 378.
43 Ritt 1998; Hellholm/Frankfurter 1998; Tilly 2012, 9–12. Vgl. Müller u. a. 1993.
44 Tilly 2012, 105–108. Zu frühneuzeitlichen Interpretationsmöglichkeiten der Offenbarung des Johannes vgl. Armogathe 1998.
45 Carozzi 1996, 11. Einen guten Überblick bietet Tilly 2012
46 Laub/Kehl/Baumgartner 1994; Pezzoli-Olgiati u. a. 1999; Pohlig 2008, 337–340.
47 Bernet 2007, 18 f.
48 Goertz 2002.
49 Kaufmann 2007, 419–421; Groh 2010, 338–340.
50 Bernet 2007, 19 f.; Smolinski 2001.
51 Blumenberg 2001a, 78.
52 Eine ausgezeichnete Überblicksdarstellung zum eschatologischen Denken im Protestantismus bei Kunz 1980. Vgl. Lehmann 1992.
53 Schedel 1493, fol. 259v–260r.

54	Barnes 1998, 151–154; Greyerz 1999; Leppin 2008; Tilly 2012, 122–124.
55	Meumann 2004, 414.
56	Kaufmann 2007, 419–421; McGinn 2002; Barnes 1998, 159–161. Vgl. auch Kottman 2001.
57	Goertz 2004, 28.
58	Zedler 1732–1754, Bd. 10 (1735), Sp. 594; Grimm 1897, Sp. 2281.
59	Goertz 1988; Po-chia Hsia 1988; Barnes 1998, 150 f.
60	Popkin 1987, 7 f.; Popkin 1999, 328 f.; Hill 1988.
61	Popkin 1999, 329 f. Insgesamt zum apokalyptischen Denken in England im 17. Jahrhundert Hill 1971.
62	Hutton 2001, 1 f.
63	Hutton 2001, 5 f.; Firth 1979, 216–228; Jue 2006, 89–137.
64	Potter 1642.
65	Brady 1983, 111–124.
66	Pepys 2010, Bd. 7, 61, 412 f., 423.
67	Tinniswood 2004.
68	Schmidt-Biggemann 2007, 142 f.; Hotson 2000.
69	Alsted 1630; Greyerz 1999, 176 f.
70	Alsted 1630, 24 f.; Schmidt-Biggemann 2007, 142–155.
71	Worden 2009; Sharp 2000; Greyerz 1994.
72	Hill 1973; Capp 1972; Barnes 1998, 163 f.
73	Menasseh ben Israel ist (unter anderem) auch Gegenstand des wundervollen Romans von Robert Menasse, Vertreibung aus der Hölle, Frankfurt a. M. 2001.
74	Rauschenbach 2012, 48–55.
75	Ebd., 169–245; Kaplan/Méchoulan/Popkin 1989.
76	Vieira 1976; Domingues 1999, 211–218.
77	Braga Pinto 2007; Jordán 2003, 50; Maia Neto 2001; Cohen 1998, 150–192; Rauschenbach 2012, 174–176. Vgl. auch Koselleck 1989.
78	Bohn 1997.
79	Scheidegger 1999.
80	Bohn 1997. Vgl. auch Meumann 2004, 415.
81	Für den englischen Kontext betont dies auch Johnston 2011.
82	MacCulloch 2008, 720.
83	Scholem 1992. Vgl. auch Goldish/Popkin 2001; Voß 2011; Carlebach 1999; Barnes 1998, 164 f. Zur Bedeutung apokalyptischen Denkens im Judentum vgl. Idel 1998.
84	Schmidt-Biggemann 2007, 187–191.
85	Ebd., 167–185.

86 Ebd., 193–196.
87 Zudeick 1996.
88 Schmidt-Biggemann 2007, 196–199.
89 Eine vollständige Edition des Kühlpsalters in Kuhlmann 1971, eine Auswahl findet sich in Kuhlmann 1973.
90 Neben den älteren Darstellungen (Bock 1957; Dietze 1963) vgl. beispielsweise Cersowsky 1990, 244–255; Riecke u. a. 2004; Meid 2009, 272–276.
91 Schmidt-Biggemann 2007, 197 f., 205 f.
92 Kuhlmann 1971, Bd. 2, 274.
93 Schmidt-Biggemann 2007, 206–215.
94 Vgl. Schlobach 1978a, 236–247. Allgemein zur Niedergangsthematik: Chaunu 1981; Koenigsberger 1990; Koselleck/Widmer 1980; Starn 1975.
95 Goez 1958; Kraemer 1996; Gurjewitsch 1989, 158 f.; Goetz 1992, 65 f.; Borsò 2009.
96 Borst 1992, 49; Burke 1976, 137. Burke führt in seiner Darstellung jedoch die hier wiedergegebenen Beispiele als Belege für neutral beziehungsweise positiv konnotierte Konzepte des Wandels an, was ich nicht für stichhaltig erachte, weil ihre Orientierung an einer als ideal gedachten Vergangenheit unübersehbar ist.
97 Pohlig 2007, 49.
98 Eine Metapher, die auf eine lange Tradition zur Beschreibung historischen Wandels zurückblicken kann, am bekanntesten sicherlich in Johan Huizingas »Herbst des Mittelalters«: Huizinga 1975.
99 Vgl. hierzu auch Foucaults Ausführungen zu den vier Formen der Ähnlichkeit: Foucault 1997, 46–56.
100 Gurjewitsch 1989, 43–97. Eine Konkretisierung fand diese Denkfigur in den frühneuzeitlichen Kunst- und Wunderkammern: Grote 1994.
101 Burke 1976, 138, 144. Vgl. auch Starn 1975; Bauer 1978.
102 Burke 1976, 138–141.
103 Zeller 2000; Schechner Genuth 1997; Griesser 1985; Lehmann 1985; Mauelshagen 1998.
104 Widmer 1980, 12; Delumeau 1985, 340–349.
105 Goodman 1616, 399 f.; Davies 1969, 7; Spörl 1930, 505; Woolf 2003, 65 f.; Thomas 1988, 26; Kamen 1974; Scholz-Hänsel 2006; Levin 1969. Vgl. auch Parry 1981. Noch Mitte des 18. Jahrhunderts konnte sich Immanuel Kant ernsthaft mit der Frage auseinandersetzen, ob die Erde veralte: Kant 1910.
106 Goodman 1616, 206–223; Harris 1966, 11 f.
107 Goodman 1616, 223–231, 348–382; Harris 1966, 43 f.
108 Goodman 1616, 382–386; Harris 1966, 20.

109	Woolf 2003, 56 f.; Swift 1982, Bd. 3.
110	Davies 1969, 7. Vgl. dazu Bergdolt 1994a.
111	Nipperdey 2012.
112	Burke 1976, 141 f.
113	Vgl. hierzu Young 1975.
114	Montesquieu 2004, 206 f.
115	Ebd., 208.
116	Ebd., 210.
117	Ebd., 213.
118	Ebd., 220.
119	Ebd., 220 f.

Verehrung der Vergangenheit

1	J. M. Coetzee, Im Herzen des Landes, 3. Aufl. Frankfurt a. M. 2003, 90.
2	Matthäus 1969, Sp. 1236–1243.
3	Freund 1649, nicht paginiert.
4	Seethaler 1985, 74–76; Sührig 1979, 161; Tersch 2008b, 38–50; Matthäus 1969, Sp. 1191–1195; Woolf 2003, 321; Giess 1999, 39 f.
5	Vgl. Günther 1706.
6	Knopf 1982, 207.
7	Meise 1994, 167 f. Vgl. auch Matthäus 1969, Sp. 1240 f.; Woolf 2001, 98–100, 107 f.
8	Gladigow 1997, 355.
9	Vgl. Gurjewitsch 1989, 128; Woolf 2003, 50–55.
10	Spörl 1930, 307.
11	Melville 1982, 105.
12	Ebd., 90, 134.
13	Buck 2001, 218 f.; Schmale 1985, 40 f.; Ariès 1988, 91 f.
14	Buck 2001, 219.
15	Brincken 2003, 192 f.
16	Ebd., 210.
17	Vgl. Zedelmaier 2003, 11–21.
18	Melanchthon 1532; Neddermeyer 1994, 95–99. Vgl. auch Pohlig 2007; Epp 2003; Brunner 1980; Dixon 2012; Sandl 2011a, 13–64.
19	Neddermeyer 1994, 103.
20	Koselleck 1989, 20. Vgl. auch Brincken 2003, 191 f. Am Beispiel der Endzeit-Kaiser ist dies ausgeführt bei Möhring 2000.
21	Goetz 1992, 66. Vgl. auch Gurjewitsch 1989, 122.

22 Ariès 1988, 91; Buck 2001, 228f.; Goetz 2003, 55; Spörl 1930, 498; Nagel/ Wood 2005, 408; Goetz 1992, 72; Hobsbawm 1972, 3; Le Goff 1992, 36f.
23 Gurjewitsch 1989, 158; vgl. auch Goetz 1992, 66.
24 Le Goff 1992, 41; Gurjewitsch 1989, 157.
25 Gurjewitsch 1989, 156; Völkel 2006, 126f.
26 Goetz 1992, 79.
27 Koselleck 1989, 18.
28 Landwehr 2013.
29 Vgl. Goetz 1992, 95.
30 Spindler 1997, 413–517.
31 Untersuchungen zu Zeugenverhören bei Schulze 1996a; Fuchs 1998; Fuchs 2000; Schunka 1999; Schunka 2000; Birr 2007.
32 Zum rechtshistorischen Hintergrund Fuchs 2000, 320–325; Fuchs/Schulze 2002, 7–23; Dick 1981, 170–173; Duve 2007.
33 Die folgenden Ausführungen basieren auf der Synopse der Zeugenverhörprotokolle, die wiedergegeben ist bei Schnurrer 1983, 68–74.
34 Vgl. Thomas 1987, 126; Esch 1984, 337f.; Le Roy Ladurie 1989, 302f.; Maurer 1997, 190; Marchal 1988, 294.
35 Schnurrer 1983, 69.
36 Zu Geburtstagen und genauen Altersangaben vgl. Thomas 1988, 38f.; Peters 1992, 188f.; Greyerz 2010, 60; Hanß 2012. Vgl. aber auch das Gedicht von Andreas Gryphius »Der Autor über seinen Geburts-Tag«, Gryphius 2010, 16.
37 Schnurrer 1983, 74.
38 Landwehr 2007, 99–110.
39 McGlynn 2009. Vgl. auch Esch 1984, 338–340.
40 Vgl. Goetz 1992, 82.
41 Livi Bacci 1999; Pfister 1994.
42 Thane 2005, 9, 17; Shahar 2005, 71; Botelho 2005, 115.
43 Allgemein zu diesem Problem Göckenjan 2000; Göckenjan 2007; Gestrich 2004; Schorn-Schütte 2009, 262–270; Münch 1996, 472f.
44 Peter Borscheid zwängt diesen Umstand in eine zu starke Chronologie, entdeckt zwischen Spätmittelalter und Ende des Dreißigjährigen Krieges eine Verachtung des Alters, ab der Mitte des 17. Jahrhunderts eine Anerkennung der Autorität des Alters. In dieser Entgegensetzung ist diese These kaum tragfähig. Vgl. Borscheid 1989.
45 Shahar 2005, 80; Greyerz 2010, 198.
46 Shahar 2005, 81; Thomas 1988, 14.
47 Graus 1987, 23; Peters 1992, 200–202.

48 Zu der weitgreifenden Forschungsliteratur zu Erinnerung und Gedächtnis, die in den letzten drei Jahrzehnten entstanden ist, seien hier nur stellvertretend genannt Assmann 1999a; Assmann 1999b; Nora 1990. Ein zentraler älterer Anknüpfungspunkt der Diskussion ist Halbwachs 1985.
49 Hobsbawm/Ranger 1983.
50 Woolf 2003, 46 f.
51 Assmann 1999a, 22.
52 Woolf 2003, 46 f. Vgl. auch Algazi 1998.
53 Benjamin 1988; Derrida 1991.
54 Münch 2000, 5.
55 Kern 1919, 3 f.; Spörl 1930, 314 f.
56 Kern 1919, 5.
57 Ebd., 17.
58 Ebd., 14.
59 Ebd., 14. Vgl. auch Schmidt 2005.
60 Vgl. Teuscher 2007, 15–26.
61 Willoweit 1997.
62 Fuchs 2002a, 144; Woolf 2003, 364 f.; Landwehr 2007, 160–166.
63 Thomas 1988, 65.
64 Knopf 1982, 208.
65 Meise 1994, 167 f. Vgl. auch Matthäus 1969, Sp. 1240 f.; Woolf 2001, 98–100, 107 f.
66 Walther 2006, 426. Zur Begriffsgeschichte vgl. auch Weigel 2006, 23–29.
67 Kellner 2004, 15; Heck/Jahn 2000, 3; Klapisch-Zuber 2004, 7–9.
68 Walther 2006, 426; Schröcker 1977, 434 f.
69 Völkel 2006, 119.
70 Walther 2006, 426; Kellner 2004, 14; Heck 2002a, 12.
71 Zur ›Kette der Wesen‹ als naturgeschichtliche Ordnungsvorstellung vgl. Lovejoy 1993; Feuerstein-Herz 2007.
72 Heck 2002a, 32.
73 Kellner 2004, 105.
74 Reinhard 1999.
75 Schröcker 1977, 435–439.
76 Heck 2002a, 37.
77 Ebd., 38.
78 Zum Stammbaum vgl. Klapisch-Zuber 2004; Castaneda 2002; Heck 2002b; Woolf 2003; Druffner 2000; Macho 2002; Rosenberg/Grafton 2010, 46–52. Zur Baummetapher Siegel 2009, 57–80.
79 Walther 2006, 428 f.

80 Barbier-Mueller 2006.
81 Walther 2006, 429.
82 Ebd., 429.
83 Vgl. auch Schröcker 1977, 427.
84 Stieler 1969, 127–138; ebenso Christian Weise in Kurth 1944, 57–67; Bauer 2011a, 405–410; Schröcker 1977, 429 f.
85 Bauer 2011a, 396.
86 Eine entsprechende Abbildung findet sich ebd., 403.
87 Bauer 2008, 284 f.; Bauer 2011a, 397 f.
88 Bauer 2011a, 398.
89 Bauer 2008, 285.
90 Ebd., 290 f.
91 Ebd., 286.
92 Ebd., 289–292.
93 Zit. n. Bauer 2011a, 401.
94 Rossi 1979, 21–149; Seifert 1983, 460 f.
95 Porter 1977, 62–90; Seifert 1983, 460–462; Pohlig 2008, 349–359; Ehrard 1963, 199–210; Greene 1959, 39–42.
96 Seifert 1983, 463.
97 Ebd., 463 f.
98 Ebd., 468 f.
99 Vgl. Pohlig 2008, 349–354.
100 Im Folgenden beziehe ich mich auf die deutsche Übersetzung von Johann Jakob Zimmermann aus dem Jahr 1698: Burnet 1698; vgl. auch Gould 1990, 47 f.; Davies 1969, 68–74.
101 Burnet 1698, 4 f.; Gould 1990, 50 f.
102 Burnet 1698, 41–71; Gould 1990, 51–54.
103 Burnet 1698, 115–182; Vgl. Corbin 1999, 15 f.
104 Gould 1990, 56–59.
105 Davies 1969, 73.
106 Hodgen 1964.
107 Muhlack 1991, 164, 171; Le Goff 2004, 43 f.
108 Brendecke 1999, 75–80.
109 Burkhardt 2000, 9; Steiner 2008.
110 Klempt 1960, 81–89.
111 Muhlack 1991, 181 f.
112 Zit. n. ebd., 185.
113 Völkel 2007, 456.
114 Grafton 2003; Hölscher 1999, 31; Steiner 2008, 302–312.

115 Leslie 1970, 433f.
116 Mulsow 2012, 12.
117 Anonymus 1992, 39–41.
118 Woolf 2003, 142; Schnapp 2009, insbesondere 135–238.
119 Woolf 2003, 144f.; Parry 1995.
120 Momigliano 1999.
121 Vgl. neben Momigliano 1999; Weber 1994; Völkel 1987, 103–105.
122 Sawilla 2009.
123 Weitlauff 1980, 158–167; Bloch 1992, 89–93; Bickendorf 1998, 123–178.
124 Barret-Kriegel 1988, 9–145; Knowles 1959, 176–180.
125 Passenderweise fand René Descartes 1819 seine letzte Ruhe in der Kirche Saint-Germain-des-Près, im Pariser Zentrum der Mauriner – und zwar in einer Seitenkapelle zwischen Mabillon und dessen Mitstreiter Bernard de Montfaucon. Vgl. Schultz 2001, 359.
126 Mabillon 1990, 103–112; Weitlauff 1980, 158, 202.
127 Das Werk ist in einer Internet-Edition verfügbar: http://x0b.de/mabillon (26.08.2013).
128 Barret-Kriegel 1988, 9; Barret-Kriegel 1990, 11.
129 Mabillon 1990, 103–112; Barret-Kriegel 1990, 39–50.
130 Barret-Kriegel 1990, 51–66.
131 Woolfe 2003, 70.

Im Hier und Jetzt

1 Jorge Luis Borges, Die letzte Reise des Odysseus. Vorträge und Essays 1978–1982, 3. Aufl. Frankfurt a. M. 2006, 71.
2 Angaben der Jenaer Sammlung digitalisierter Schreibkalender aus dem Stadtarchiv Altenburg http://zs.thulb.uni-jena.de/receive/jportal_jpjournal_000 00201 (11.03.2013).
3 http://zs.thulb.uni-jena.de/receive/jportal_person_00076347 (11.03.2013).
4 Adelsheim 1680, nicht paginiert.
5 Ebd.
6 Vgl. beispielsweise Walther 1653.
7 Hanisch 1989, 60f.; Meise 1994, 174–178; Matthäus 1969, Sp. 1282; Braida 1996, 195; Petrat 1991, 34f.; Herbst 2010, 209–213; Herbst 2011. Dieser Wandel vollzieht sich also nicht erst in der »Sattelzeit« 1750–1850, wie beispielsweise Baggermann/Dekker 2001 meinen.
8 Meise 2002, 69.
9 Seethaler 1985, 77; Petrat 1985, 711; Matthäus 1969, Sp. 1198.

10 Meierhofer 2011, 386; Müller 2013. Vgl. auch Zwierlein 2010.
11 Anderson 1996, 32–42.
12 Dooley 2008, 49f.; Dooley 2010. Vgl. auch Arndt/Körber 2010.
13 Berns 1983, 92f.; Sommerville 1996.
14 Relation 1609.
15 Weber 2005a; Welke 2008; Behringer 2003, 347–361; Stöber 2005, 61–70.
16 Bauer 2011b. Eine Digitalisierung der Fuggerzeitungen wird inzwischen durch die Österreichische Nationalbibliothek vorgenommen: http://anno.onb.ac.at/info/fug_info.htm (20.02.2013).
17 Rosseaux 2004.
18 Behringer 1999, 39–41; Behringer 2003, 309–323; Weber 2005a, 3f.; Weber 2010, 72f.; Stöber 2005, 53–61.
19 Weber 2005b, 9–17; Behringer 2003, 361–371.
20 Behringer 1999, 41–52.
21 Behringer 1999, 54, 63–66; Böning 2008, 148f.; Brownlees 2010, 229f.; Kraus 2002, 377f.; Weber 2005a, 9–12; Wilke 1999, 388; Burke 1991, 16f.; Berns 1983, 95; Weber 2005b, 17–19; Weber 2010, 74f.; Stöber 2005, 70–78. Ein Überblick über die deutschsprachigen Zeitungen des 17. Jahrhunderts bei Bogel/Blühm 1971–1985. Eine exemplarische Untersuchung von Zeitungen des 17. Jahrhunderts bei Schultheiß-Heinz 2004.
22 Behringer 1999, 67f.; Weber 2005a, 10f.; Raymond 1996; Raymond 2012; Díaz Noci 2012.
23 Arndt 2006.
24 Behringer 2003, 377.
25 Böning 2008, 151; Faulstich 1998, 230–234; Weber 1997.
26 Die einflussreichste Meistererzählung in dieser Hinsicht ist und bleibt Habermas' »Strukturwandel der Öffentlichkeit«: Habermas 1979. Darauf wird beispielsweise Bezug genommen bei Weber 1997; Kraus 2002, 378f.
27 Einen Überblick vermittelt Dooley 2001. Vgl. auch Pompe 2012, 7–59.
28 Kraus 2002, 376.
29 Popkin 2005, 19–23; Bauer 2011a, 406.
30 Harms/Schilling 2008.
31 Weber 2005b, 39f.
32 Böning 2008, 162. Vgl. auch Weber 2005a, 13; Böning 2005b, 113–115; Broman 2013, 129.
33 Woolf 2001, 83f., 91.
34 Ebd., 82f. Zur Gegenwärtigkeit vor allem im Mittelalter vgl. auch Kiening 2006.
35 Dammann 2011.

36 Zit. n. Böning 2008, 156. Zu Ludwig vgl. auch Zedelmaier 2003, 34–57.
37 Blühm/Engelsing 1967, 78.
38 Stieler 1969, 173–238.
39 Blühm/Engelsing 1967, 78–80.
40 Reales Staats- und Zeitungs-Lexicon 1704, Vorrede Herrn Johann Hübners (nicht paginiert).
41 Zit. n. Böning 2008, 167.
42 Zit. n. ebd., 167 f.
43 Albrecht 2011, 358.
44 Vgl. zu dieser Diskussion Berns 1976; Berns 1983; Adrians 1999, 27–40; Richter 2008; Popkin, 2005, 7–12; Pompe 2012, 61–205. Eine Auswahl von Beiträgen zu dieser Diskussion findet sich bei Kurth 1944.
45 Stieler 1969. Ein Digitalisat des Buchs findet sich unter http://digital.bibliothek.uni-halle.de/hd/content/structure/664887 (20.02.2013).
46 Stieler 1969, 4.
47 Ebd., 21 f.
48 Ebd., 43.
49 Ebd., 43.
50 Kurth 1944, 47.
51 Ebd., 67.
52 Dazu passt auch, dass der Begriff ›Zeitgeschichten‹ (im Plural) im Sinne einer Geschichte der Gegenwart in der Mitte des 17. Jahrhunderts erstmals verwendet wurde. In einem Lobgedicht aus dem Jahr 1657 auf (den bereits 1619 verstorbenen) Kaiser Matthias heißt es, diese ›Zeitgeschichten‹ würden bezeugen, wir klug er allen Unglücksfällen vorgebeugt habe. Schulze 1996b, 40.
53 Vgl. Behringer 2003, 303 f.
54 Kurth 1944, 115.
55 Ebd., 35, 119.
56 Ebd., 37 f., 121.
57 Ebd., 38.
58 Grimm 1897, Sp. 2281.
59 Irritierenderweise liegt meines Wissens keine Begriffsgeschichte von ›Gegenwart‹ vor – ein weiterer Beleg dafür, dass die historischen Dimensionen dieses Zeitraums nicht annähernd ausgeleuchtet sind (Vgl. Oesterle 1985, 48–53). Selbst in einer vermeintlich einschlägigen Veröffentlichung wie dem »Glossar der Gegenwart« kommen zahlreiche Schlagworte vor, die vielfältig zur Charakterisierung der Gegenwart des frühen 21. Jahrhunderts eingesetzt werden, das Stichwort ›Gegenwart‹ sucht man darin jedoch vergebens: Bröckling/Krasmann/Lemke 2004.

60 Grimm 1897, Sp. 2281, 2291; Hennig 1974, 136.
61 Grimm 1897, Sp. 2291.
62 Einen auf Philosophie und Literatur konzentrierten Überblick bietet Stepath 2006.
63 Pöppel 2000, 59–73; Ruhnau 1998, 92 f.; Stepath 2006, 48.
64 Luhmann 1993a, 242 f.; Esposito 2006, 329.
65 Esposito 2006, 330. Vgl. auch Laïdi 2000.
66 Esposito 2006, 331.
67 Luhmann 1993a, 294; Luhmann 1993b, 97 f.
68 Vgl. Kubler 1982, 53 f.
69 Esposito 2006, 335. Vgl. auch Luhmann 1993a, 290.
70 Schmied 1985, 163 f.
71 Vgl. hierzu Kümmel 2004; Mead 1969, 255.
72 Vgl. dazu auch den Begriff einer »Gesellschaft der Gegenwarten« bei Nassehi 2011.
73 Luhmann 1975, 114 (Hervorhebungen im Original).
74 Esposito 2004, 109.
75 Raulff 2013, 66.
76 Esposito 2004, 109 f.
77 Ebd., 111. Vgl. auch Kubler 1982, 51.
78 Luhmann 1991, 132 f.; Gehring 2005, 39 f.; Nassehi 2008, 284 f.
79 Gehring 2005, 39.
80 Nassehi 2008, 190.
81 Esposito 2006, 336.
82 Luhmann 1993b, 123.
83 Wahrman 2012, 41–45.
84 Schultz 2006, 298 f.
85 Baron 1959, 3; DeJean 1997, 1–30.
86 Zur entsprechenden Diskussion in Deutschland vgl. Kapitza 1981.
87 Kortum 1966, 25. Vgl. auch Jauß 1964, 41–60.
88 Lecoq 2001, 257.
89 Vgl. beispielsweise den satirischen Kommentar bei Montesquieu 2004, 71 f.
90 Jauß 1964, 10; Rötzer 1979, 92; Kortum 1966, 19–26.
91 Perrault 1964; Jauß 1964, 41–64; Fumaroli 2001, 178–196.
92 Swift 1982, Bd. 1, 93–283.
93 Levine 1991; Levine 1999; Le Goff 1992, 59 f.; Krauss 1966, LIII–LVI.
94 Le Goff 1992, 56; Freund 1957.
95 Le Goff 1992, 57; Esch 1984, 324.
96 Le Goff 1992, 57 f.

97 Baron 1959; Le Goff 1992, 59; Jauß 1979, 11–66; Krauss 1966, IX–XVII; Fumaroli 2001, 76–91.
98 Schlobach 1978a; Schlobach 1978b; Armogathe 2001, 802 f.
99 Schlobach 1978b, 132–134.
100 Niderst 1989; Krauss 1969.
101 Fontenelle 1683.
102 Fontenelle 1727, 133–137; Gisi 2007, 15–20.
103 Fontenelle 1727, 137.
104 Ebd., 137–145; Jauß 1964, 13–23.
105 Fontenelle 1727, 146.
106 Ebd., 146–153.
107 Vgl. Stackelberg 1980, 35.
108 Schlobach 1978a, 281–303.
109 Vgl. Simons 2001; Gelzer 2007.
110 Woolf 2001, 80.
111 Hunter 1988, 494 f.; Davis 1983, 71–84.
112 Hunter 1988, 496.
113 Souhami 2002.
114 Strosetzki 1997, 308.
115 Blumenberg 2001b; Gehring 2011, 69.
116 Watt 1974, 21–25.
117 Esposito 2004, 86 f.
118 Vgl. auch Luhmann 1993a, 265.
119 Rabb 1975; Münch 1999.
120 Reinhard 1999.
121 Schneider 2004.
122 Shapin 1998; Cohen 2010.
123 Hazard 1965.
124 Vgl. Luhmann 1993b, 113.
125 Nassehi 2008, 267 (Hervorhebung im Original).
126 Dies in leichter Abwandlung zu der These in Luhmann 1987, 425.
127 Luhmann 1993a, 244.
128 Seifert 1983; Rosa 2005.
129 Esposito 2007b, 27.
130 Ebd., 28.

Ordnung und Turbulenz

1 Witold Gombrowicz, Kosmos, München/Wien 1985, 30 f.
2 Battafarano 1994; Bauer 1994; Berns 1994; Breuer 1994; Michelsen 1991; Tschopp 2002; Weydt 1994; Wimmer 1993; Zeller 1994.
3 Grimmelshausen 1670, »Simplicissimi des Alteren Vorred und Erinnerung«, nicht paginiert.
4 Ebd., 4.
5 Ebd., 51–53.
6 Ebd., 83–85.
7 Boehnke/Sarkowicz 2011.
8 Münch 1999.
9 Grimmelshausen 1670, 73.
10 Fink 1991, 26.
11 Vgl. Baur 1975, 12–18.
12 Schramm 1913, 16.
13 Ebd., 21 f.
14 Zit. n. ebd., 30.
15 Jauß 1979, 11.
16 Zausch 1998, 14 f.
17 Fink 1991, 27–30.
18 Ebd., 34.
19 Vgl. beispielsweise Schmidt 1902, 67–70.
20 Zit. n. Langer 1989, 152 f.
21 Zit. n. ebd., 154.
22 Vgl. Badelt 1996.
23 Esposito 2007b, 35.
24 Esposito 2004, 9–11. Vgl. auch Bovenschen 1986, 13.
25 Esposito 2004, 33–35.
26 Zit. n. ebd., 15 f.
27 Ebd., 49 f.
28 Dinges 1993, 106.
29 Kleinert 1980, 21–23.
30 Ebd., 48–52.
31 Eisenbart 1962, 81 f.
32 Duby 1981.
33 Vgl. Münch 1984; Münch 1988.
34 Dinges 1993, 90.
35 Grundlegend hierzu Bourdieu 1987.
36 Bulst 1993, 32–34; Schwerhoff 1990, 114–117; Sinemus 1976.

37 Kleider-Ordnung 1693, 40.
38 Ebd., nicht paginiert (Präambel).
39 Bulst 1993, 32; Bulst 1988, 56; Dinges 1993, 96–98.
40 Eisenbart 1962, 77.
41 Reich 2005, 13, 63. Vgl. auch Eisenbart 1962, 6f.; Roche 1994, 49–52; Stolleis 1983, 14f.
42 Lehner 1984, 3f.
43 Baur 1975, 23–39.
44 Bulst 1993, 39.
45 Hampl-Kallbrunner 1962, 49–56.
46 Ebd., 56f.
47 Dinges 1993, 110f.
48 Ebd., 110f.
49 Stolleis 1983, 50–61.
50 Füssel 2010.
51 Vgl. Lehner 1984, 4f.
52 Dinges 1993, 101f.
53 Blumenberg 2001b, 55.
54 Eliade 1986.
55 Cramer 1993, 51. Vgl. auch Kaempfer 1996, 18f.; Koselleck 2003, 12–14, 21–24.
56 Cramer 1993, 101–104; Zitat 104 (Hervorhebungen im Original).
57 Liedtke 2009, 15f.; Kubler 1982, 121; Arni 2007, 72.
58 Brian Eno zit.n. Alex Ross, The rest is noise. Das 20. Jahrhundert hören, 3. Aufl. München/Zürich 2010, 562. Vgl. auch Parr 2004, 34.
59 Cramer 1993, 104–106. Mit der Zeithelix könnte man auch die Entgegensetzung von Wiederholung und Einmaligkeit umgehen, wie sie Reinhart Koselleck entworfen hat: Koselleck 2006.
60 Vgl. Kubler 1982, 109.
61 Gracián 2004, 58.
62 Schmoll 2009, 241; Soeffner 1992, 12.
63 Deleuze 2007; Tanner 2008, 118–122.
64 Green 1996, 13f.
65 Kohls 1971.
66 Fischer/Albrecht/Hauptmann 2007, 444f.
67 Kemler 1998; Mühling 2009; Bellinger 1993; Fischer/Albrecht/Hauptmann 2007, 445–448.
68 Luther 1976, 501.
69 Ebd., 501f. Vgl. auch Strauss 1978, 155–162.
70 Luther 1976, 502f.

71 Ebd., 504. Vgl. Green 1996, 235.
72 Luther 1976, 507 f.
73 Green 1996, 238 f.; Carter 2011.
74 Strauss 1978, 154.
75 Bellinger 1993; Green 1996, 1.
76 Green 1996, 5, 51.
77 Ebd., 93.
78 Ebd., 230–232.
79 Ebd., 232.
80 Ebd., 233 f.
81 Ebd., 234 f.
82 Ebd., 245 f.
83 Ebd., 258.
84 Ebd., 258.
85 Ebd., 260–263.
86 Ebd., 261.
87 Vgl. dazu auch Landwehr 2012c. In eine entgegengesetzte Richtung argumentiert Günter Dux, indem er eine ontologisierende Entwicklungslogik von Zeitmodellen apostrophiert: Dux 1989.
88 Kellner 1969, 30.
89 Ebd., 32.
90 Mead 1969, 56 f.
91 Johann Gottfried Herder, Metakritik zur Kritik der reinen Vernunft (1799), zit. n. Koselleck 1989, 10.
92 Serres 1981, 26–28.
93 Serres 2008, 182.
94 Luhmann 1993b, 98.
95 Vgl. hierzu auch Kracauer 1971, 141 f.
96 Nassehi 2008, 240; Gasparini 1988, 634.
97 Nassehi 2008, 240–242.
98 Vgl. Schmied 1985, 22; Malich 2011, 369; Rosanvallon 2011, 59; Assmann 2006, 481; Friese 1993, 325 f.; Glennie/Thrift 1996, 278–282.
99 Schmied 1985, 120.
100 Herbst 2008c, nicht paginiert [Einleitung]. Vgl. auch Matthäus 1969, Sp. 1259–1262.
101 Kirch 1688.
102 Vgl. Nassehi 2008, 240–245.
103 Adam 2010, 364 f.
104 Bourdieu 1993, 154.

Zeit und Macht

1 Peter Bichsel, Schulmeistereien, 3. Aufl. Frankfurt a. M. 1989, 7.
2 Burke 2009.
3 Beispiele hierzu bei Fuchs 2002b.
4 Goloubeva 2000; Schumann 2003.
5 Freund 1672, Almanach, nicht paginiert.
6 Brather 1993, 233–258; Bauer 2002, 181–183.
7 Bauer 2002, 175 f.; Hanisch 1989, 66–71; Capp 1979, 67–101.
8 Durkheim 1994, 27.
9 Ebd., 27 f.
10 Vgl. Rolf 2001.
11 Wendorff 1993, 76–79; Borst 1999, 21 f.
12 Vgl. Gasparini 1988, 626.
13 Macho 2001/2002, 225.
14 Brincken 2000, 30 f.; Borst 1999, 88–100; Biémont 2000, 235–246; Duncan 1998, 261–289; North 1983; Völkel 2007, 455 f.
15 Schmid 1882.
16 Ziggelaaar 1983.
17 Wendorff 1993, 83–87. Vgl. auch Knopf 1982, 198.
18 Hamel 1999.
19 Wendorff 1993, 88–92; Brincken 2000, 32–35; Gutzwiller 1978; Koller 2007.
20 Spies 2009, 61.
21 Gottlieb 1984; Roeck 2005.
22 Roeck 1989, 125–188; Mauer 1999; Jesse 2000; Wallenta 2002. Ähnlich gelagerte Fälle werden beschrieben bei Aufgebauer 1988; Gutzwiller 1978; Johnston Gordon 2009; Vasold 2000.
23 Poole 1995; Poole 1998. Eichler 2002 wiederholt weitgehend die Inhalte von Poole.
24 Nicht nur die russische Olympiamannschaft des Jahres 1908 würde dem widersprechen. Sie kam nämlich wegen des in Russland zu dieser Zeit immer noch gültigen Julianischen Kalenders geschlagene zwölf Tage zu spät zu den Olympischen Spielen in London: Richards 1998, 247.
25 Vgl. Davies/Trivizas/Wolfe 1999.
26 Meinzer 1992; Griffin 2008, 3–45; Rolf 2001; Davies/Trivizas/Wolfe 1999.
27 Gasparini 1988, 624 f.
28 Luckmann 1991, 159.
29 Glennie/Thrift 2009.
30 Landes 1983, 15–82.
31 Postill 2002, 251 f.

32 Ebd., 252.
33 Glennie/Thrift 2009, 8 f.
34 Schmied 1985, 82 f.
35 Luhmann 1993b, 111.
36 Schmied 1985, 22 f.
37 Trotz aller Abstraktion ist die konkrete Referenz auch in der Kalender- und Uhrenzeit nicht verschwunden. Sie macht sich für die westliche Welt in der Zählung vor und nach Christi Geburt bemerkbar. Vgl. Declerq 2000.
38 Luhmann 1993b, 111 f.; Luhmann 1990, 122.
39 Defoe 2001, 72 f. Auch Alexander Selkirk, das historische Vorbild des fiktiven Robinson Crusoe, legte nach seiner Aussetzung auf einer einsamen Insel vor der Küste Chiles im Jahr 1704 einen Kalender an; vgl. Souhami 2002, 107, 183. Außerdem Goody 1991, 77–79.
40 Hölscher 2009, 22–25.
41 Wendorff 1985, 135–139.
42 Ebd., 140.
43 Landwehr 2012d, 230 f.
44 Wendorff 1985, 136; Cipolla 1997.
45 Dohrn-van Rossum 1992, 121 f.
46 Ebd., 130–150; Mayr 1980.
47 Iseli 2009.
48 Chvojka 2002, 192 f.
49 Vgl. hierzu beispielsweise Sherman 1996, vor allem 29–108.
50 Impey/MacGregor 1985; Pomian 1993; Grote 1994; Habsburg 1997; Collett 2007; Beßler 2009.
51 Mayr 1987.
52 Deichsel 1989, 121–126.
53 Yoder 1988; Bedini 1980.
54 Huygens 1913.
55 Whitrow 1999, 296.
56 Borst 1999, 124.
57 Whitrow 1999, 195; Cramer 1993, 40.
58 Westfall 1980.
59 Elias 1988, Xf.; Mainzer 1996, 32–43.
60 Newton 1999, 28.
61 Sandbothe 1998, 7–13.
62 Ein knapper Überblick bei Ruhnau 1998.
63 Newton 1999, 28.
64 Jammer 2006.

65 Pircher 2002, 47–49.
66 Lundmark 1993, 65. Vgl. auch Grosholz 2011.
67 Cramer 1993, 45.
68 Ebd., 39.
69 Ausschließlich dieser halbe Newton wird beispielsweise präsentiert von Berlinski 2002.
70 Vgl. Gleick 2004.
71 Golinski 1993; Dobbs 1991; White 1997; Hall 1992, 179–201; Fischer 2002, 41.
72 Brooke 1993; Fischer 2002, 41.
73 Fischer 2002, 42, 53; Rattansi 1993; Mulsow 2012, 19.
74 Sofsky 1997, 61.
75 Schweizer 2008.
76 Schwartz 1974; Levine 1998, 166.
77 Schütz/Luckmann 2003, 84; Bergmann 1983, 484 f.
78 Bourdieu 2001, 294.
79 Ebd., 293 f.; Bourdieu 1993, 196; Elias 1990, 76–78; Gasparini 1995, 31 f.
80 Goffman 1973, 17, 71.
81 Ein Überblick bei Spierenburg 2007; Bretschneider 2003. Vgl. auch Weis 1998.
82 Vgl. Pugh 1968; Peters 1995.
83 Krause 1999, 18–20; Scheutz 2003, 201.
84 Hinkle 2006.
85 Beispiele hierfür bei Stekl 1978, 222 f.
86 Geremek 1991, 245–271; Weis 1997, 171; Spierenburg 1995.
87 Stekl 1986, 122. Vgl. auch Foucault 1994, 192–201.
88 Weis 1997, 171; Krause 1999, 32–41, 50; Stekl 1978, 53–61.
89 Petit u. a. 1991, 56–59; Geremek 1991, 261–271.
90 Schnabel-Schüle 1997, 147–150.
91 Krause 1999, 26–29; Härter 2003, 70.
92 Luhmann 1993a, 244.

Anfang ohne Ende

1 Hans Magnus Enzensberger, Die Elixiere der Wissenschaft. Seitenblicke in Poesie und Prosa, Frankfurt a. M. 2002, 126.
2 Matthäus 1969, Sp. 1153–1156; Weinrich 2004.
3 Hiebner 1655, nicht paginiert.
4 Herbst 2008b, 32.
5 Matthäus 1969, Sp. 1262–1265; Herbst 2010, 140–144, 174–176.

6   Hamel 2000, 42.
7   Minois 1998, 444–460, 485–489.
8   Bacon 1999, 124–128.
9   Herbst 2008a. Eine zeitgenössische Polemik gegen astrologische Inhalte in Kalendern findet sich bei Swift 1982, Bd. 1, 309–330.
10 Bauer 2000, 257 f., 260; Seethaler 2000, 226. Vgl. Knopf 1999, 132 f.
11 Petrat 1985, 701.
12 Perkins 1996.
13 Hamel 2000, 42 f.; Tersch 2008b, 93–99.
14 Böning 2005a, 157 f.
15 Ebd., 162–164; Bauer 2002, 186 f.
16 Hierzu auch Döring-Manteuffel 2008.
17 Groschwitz 2007; Herrmann 2010.
18 Das belegt die lange Zeit verborgen gehaltene, astrologisch bestimmte Terminplanung im Weißen Haus durch Nancy Reagan: Stuckrad 2003, 17, 241.
19 Ebd., 15 f.
20 Ebd., 16–29.
21 Ebd., 207–214.
22 Minois 1998, 438–444.
23 Stuckrad 2003, 243 f.
24 Petrat 1985, 720 Anm. 69.
25 Zit. n. Bauer 2000, 257.
26 Knopf 1999, 125; Rohner 1982, 23.
27 Matthäus 1969, Sp. 1001 f.; Minois 1998, 476–481.
28 Zit. n. Matthäus 1969, Sp. 1002.
29 Minois 1998, 485–524.
30 Zit. n. Herbst 2010, 219.
31 Barnes 1998, 164 f.
32 Ebd., 173; Minois 1998, 461–464.
33 Pohlig 2008, 346 f.
34 Zu Zukunftskonzeptionen im Zusammenhang des Dreißigjährigen Krieges und des Westfälischen Friedens vgl. Fuchs 2010; Fuchs 2012.
35 Schulze 2007, 334 f.
36 Wallmann 2005; Greyerz 2000, 122–135.
37 Spener 2005; Breul 2012, 263–266.
38 Spener 2005, 88. Vgl. auch Breul 2012, 274 f.
39 Spener 2005, 92. Vgl auch Hinrichs 1964, 295–297.
40 Runciman 2005; Sahin 2010; Meuthen 1983.
41 Delumeau 1985, 397–411; Köstlbauer 2004; Cardini 2004.

42 Schulze 1978; Höfert 2003.
43 Faroqhi 2000; Kreiser 2001; Matuz 1985.
44 Soykut 2001; Petritsch 2012.
45 Heiss/Klingenstein 1983.
46 Sievernich/Budde 1989; Kopplin 1987.
47 Die folgenden Ausführungen basieren auf Landwehr 2006.
48 Porter 1999, 1 f.; Herlihy 1998, 7; Bergdolt 1994b, 191–207.
49 Brockliss/Jones 1997, 37; Eckert 1996.
50 Eckert 2000; Porter 1999, 27.
51 Biraben 1989; Dinges 1995; Rödel 1989.
52 Lang 2004; Werfring 1998.
53 Reichert 1996.
54 Hölscher 1999 verortet einen solchen Wandel hingegen in der Sattelzeit.
55 Brockliss/Jones 1997, 347–356; Hildesheimer 1985.
56 Christensen 2003.
57 Blome 2006; Cooper 2012; Tantner 2013.
58 Trevor-Roper 1972, 249–254; Groh 2010, 565–574.
59 Popkin 1999, 331 f.
60 Eine Auswahl findet sich bei Turnbull 1947.
61 Trevor-Roper 1972, 268 f.
62 Ebd., 269–271.
63 Ebd., 271.
64 Meumann 2004, 420.
65 Defoe 2006, 97.
66 Hirsch 2000; Lazardzig 2007, 247 f.
67 Troitzsch 2004, 462–464.
68 Luhmann 1993b, 113.
69 Vgl. auch Bourdieu 1979, 378.
70 Lazardzig 2006, 183 f.
71 Obst 2002.
72 Francke 1969, 108–115.
73 Breul (im Druck).
74 Defoe 2006. Vgl. auch Schnyder 2009, 146–157.
75 Defoe 2006, 101, 111 f.
76 Zedler 1732–1754, Bd. 29, Sp. 784.
77 Knebel 2000, 40–75.
78 Devlin 2009; Hacking 1975, 57–62.
79 Vgl. Schneider 1988, 25–40; Daston 1988, 15–33.
80 Sandl 2011b.

81 Schnyder 2009, 44f.; Shapiro 1983, 3–6.
82 Devlin 2009; Schnyder 2009, 95–102; Daston 1988, 49–58.
83 Esposito 2007a.
84 Schnyder 2009, 95–102; Campe 2002, 126–158; Hacking 1975, 143–165.
85 Hecht 1976, 22–31; Dupâquier/Dupâquier 1985, 27–47. Vgl. auch Bourdieu 1979, 386.
86 Biller 2000.
87 Emigh 2002; Pitz 1976.
88 Rassem/Stagl 1994, 271–293; Hacking 1975, 102–110.
89 Buck 1977; Le Bras 2000, 21–139; Rusnock 2002, 15–39.
90 Buck 1977, 73–80; Mykkänen 1994.
91 Rassem/Stagl 1994, 339–349.
92 Hoock 1980.
93 Rassem/Stagl 1994, 389–398.
94 Dreitzel 1986.
95 Kaempfer 1996, 62–64.
96 Vgl. Koselleck 1989, 29f.; Esposito 2002, 282; Laak 2008, 305–307.
97 Esposito 2002, 283f.; Luhmann 1993b, 43.
98 Wolf 2009, 24; Reith 2004, 387–390.
99 Zwierlein 2011, 24–29; Perdikas 1966; Nehlsen-von Stryk 1986.
100 Zwierlein 2011, 33, 198–261.
101 Clark 1999; Ressel 2013.
102 Allemeyer 2007; Frank 2001; Goudsblom 2000; Zwierlein 2011, 73–155.
103 Münch 2009; Porter 1996; Tinniswood 2004.
104 Pearson 2004; Trebilcock 1985; Dickson 1960; Supple 1970; Cockerell/Green 1976, 18–33; Zwierlein 2011, 33f., 200–222.
105 Zwierlein 2011, 34–36, 223–228.
106 Leibniz 1986; Zwierlein 2011, 229–242; Schulenburg/Thomann 2010.
107 Zwierlein 2013, 449.
108 Enzensberger 2009, 9.

Quellen und Literatur

Quellen

Adelsheim 1680: Philomenus Adelsheim [d. i. Abraham Seidel], Alter und Neuer Kriegs- Mord- und Todt- Jammer- und Noth-Calender. Auf das Jahr nach der Geburt Jesu Christi/M DC LXXXI. So benebens der Beschreibung Deß Gewitters/Erwehlungen und anderer Zufälle der Planeten und Aspecten Lauff und Gang/auch deroselben natürlichen Zuneigungen/wie sich solche bey denen Sublunaribus ereignen/und anders mehr. Die voriges Jahrs verübte grausame Tyranney und Tyrannische Grausamkeit der Frantzosen. Mit Demolirung oder jämmerlicher zu Grund-Richtung und Zerstörung einiger Städte im Elsaß/auch Barbarisch- und Unchristlichen hin und wider verübten Mord-Brennen; Samt einigen/so wohl im Reich/als zwischen beeden Norden Cronen meld-würdigen Feld- und See-Treffen in sich begreiffen; auch unterschiedlicher Städte Eroberung anzaiget. Zu Männiglichs Nachricht und Nutz Dem Calculo und Gewitter nach auf die Thüringischen und angräntzenden Gegenden nach müglichen Fleiß eingerichtet, Nürnberg 1680
(http://diglib.hab.de/drucke/ne-394–1/start.htm, 12. 02. 2013)

Alsted 1630: Johann Heinrich Alsted, Diatribe de Mille Annis Apocalypticis, non illis Chiliastarum & Phantastarum, sed BB. Danielis & Iohannis, Editio secunda, Frankfurt a. M. 1630
(http://nbn-resolving.de/urn/resolver.pl?urn=urn:nbn:de:gbv:3:1–385822)

Anonymus 1992: Anonymus, Traktat über die drei Betrüger, hg. v. Winfried Schröder, Hamburg 1992

Bacon 1999: Francis Bacon, Essays oder praktische und moralische Ratschläge, Stuttgart 1999

Blühm/Engelsing 1967: Elger Blühm/Rolf Engelsing (Hg.), Die Zeitung. Deutsche Urteile und Dokumente von den Anfängen bis zur Gegenwart, Bremen 1967

Burnet 1698: Thomas Burnet, Theoria Sacra Telluris, d. i. Heiliger Entwurf oder Biblische Betrachtung Des Erdreichs/begreiffende/Nebens dem Ursprung/die allgemeine Enderungen / welche unser Erd-Kreis einseits allschon ausgestanden / und andererseits noch auszustehen hat, Hamburg 1698 (http://www.mdz-nbn-resolving.de/urn/resolver.pl?urn=urn:nbn:de:bvb:12-bsb 10353503–5, 09. 02. 2013)

Defoe 2001: Daniel Defoe, Robinson Crusoe, übers. v. Franz Riederer, Düsseldorf 2001

Defoe 2006: Daniel Defoe, Ein Essay über Projekte. London 1697, hg. v. Christian Reder, Wien/New York 2006

Elender/betrübter Zustand 1630: Elender/betrübter Zustand. Das ist: Genawe Ausrechnungen / gewisse Meynungen und einstimmige Muthmaßungen / Vom Kriege unnd grossen Blutvergiesseu [!] / Todt und Absterben Hoher Personen / Pestilentz / Thewrer Zeit und Hungersnoth / Verenderungen der Königreiche / Fürstenthümer / Herrschaften / Religion und Glaubens / grossen Wasserfluten / Erdbidem und andern vielem Unglück / so dieses 1630. Jahr / durch Zwantzig unterschiedliche / der vornembsten / Astrologos und Calenderschreiber / in ansehung vieler dieses Jahrs sich begebenden bösen Aspecten / Himmels Zeichen / Sonn und Mondfinsternissen / gleichstimmig observiret, mit fleiß auffgesetzt und Prognosticiret. Nunmehr der gantzen Welt / sonderlich aber den Gottlosen und Unbußfertigen / zur Warnung / Buß und Besserung also zusammen zum Druck verordnet, [s. l.] 1630
(http://digitale.bibliothek.uni-halle.de/id/171399, 07. 02. 2013)

Faust 1586: Lorenz Faust, Anatomia Statvae Danielis. Kurtze und eigentliche erklerung der grossen Bildnis des Propheten Danielis, Darin ein historischer außzug der vier Monarchien / und aller ihrer HeuptRegenten / auff die glieder des Bildnis / oder eines menschlichen leibes gerichtet / und sonderlich vom angang und fortpflantzung des Reichs Jesu Christi / ordentlich mit gewisser jahr rechnung verzeichnet. Beneben Christlicher erinnerung und erklerung der Genealogien, und Fürstlichem Stammbaums der hochlöblichen Hertzogen zu Sachsen / etc. Als zu einem Extract und Memorial solcher gantzen historien / neben etlichen zugerichten Tafeln / mit lust und nutz zugebrauchen, Leipzig 1586
(http://daten.digitale-sammlungen.de/~db/0002/bsb00024489/images/, 01. 02. 2013)

Fontenelle 1683: Bernard Le Bovier de Fontenelle, Nouveaux dialogues des morts, 2. Aufl. Paris 1683
(http://reader.digitale-sammlungen.de/de/fs1/object/display/bsb10090289_00001.html, 24. 02. 2013)

Fontenelle 1727: Bernard Le Bovier de Fontenelle, Digression Sur les Anciens & les Modernes, in: Oeuvres Diverses De M. de Fontenelle, De l'Academie Française, Bd. 3, La Haye 1727, 133–153
(http://reader.digitale-sammlungen.de/de/fs1/object/display/bsb10091551_00001.html, 24. 02. 2013)
Francke 1969: August Hermann Francke, Werke in Auswahl, hg. v. Erhard Peschke, Berlin 1969
Freund 1649: Markus Freund, Alter und Newer Historischer Calender/auff das Jahr nach der Geburt unsers Herrn und Heilandes Christi M. DC. XXXXIX. Darinnen nicht nur der Zustand deß Gewitters und anderer Kriegszufälle ordentlich beschrieben/sondern auch die vornembsten Aspecten der gestalt examinirt, und der Christliche Leser auff solche Jahr geführet wird/da eben dergleichen Aspecten auß solchen Zeichen und Graden sich begeben/damit also derselbe ihme selbsten den Schluß machen möchte/wie es in diesem Jahr beyläufftig würde hergehen, Nürnberg 1648
(http://zs.thulb.uni-jena.de/receive/jportal_jpvolume_00083019, 08. 02. 2013)
Freund 1672: Johann Georg Freund, Alter und Neuer Deß Uralten Preiswürdigsten Ertz-Hauses Oesterreich Länder-Beschreibung-Antiquitäten- und Geschichts-Calender/Auff das Jahr nach der seligmachenden Geburt unsers HERRN und Heilands Jesu Christi/MDCLXXIII. Welches ist das Erste nach dem 418. Schalt-Jahr. Darinnen nächst dem Lauff der Planeten/Aspecten/Muhtmassung deß Gewitters/besorglich vorfallenden Welt-Händeln/etc. Auch absonderlich die Beschreibung deß Ertz-Hertzogtumbs Oesterreich und anderer Kaiserlichen Erb-Länder zu finden, Nürnberg 1672
(http://zs.thulb.uni-jena.de/receive/jportal_jpjournal_00000172, 04. 04. 2013)
Froelich 1650: David Froelich, Newer und Alter Schreib-Calender/auffs Jahr des erworbenen Heils. M. DC. LI. Darinn die Monat/Wochen- und Feyertage/Planeten Lauff/Aspecten/Witterung/natürliche Erwehlungen/Tag- und Nachtlänge/Sonnen Auff- und Untergang/etc. begriffen. Darzu abseitlich die Chronic dieses Teutschen kriegs continuiret, und etliche nützliche Fragen erörtert werden, Nürnberg 1650
(http://diglib.hab.de/drucke/xb-1988–1/start.htm, 07. 02. 2013)

Goodman 1616: Godfrey Goodman, The fall of man, or the corruption of nature, proved by the light of our naturall reason. Which being the first ground and occasion of our Christian Faith and Religion, may likewise serve for the first step and degree of the naturall mans conversion. First preached in a sermon, since enlarged, reduced to the forme of a treatise, and dedicated to the Queenes most excellent Maiestie, London 1616

(http://eebo.chadwyck.com/search/full_rec?SOURCE=pgimages.cfg&ACTION =ByID&ID=V3385, 19. 02. 2013)

Gracián 2004: Baltasar Gracián, Der kluge Weltmann (El discreto), übers. v. Sebastian Neumeister, München 2004

Grimmelshausen 1670: [Hans Jakob Christoffel v. Grimmelshausen], Des Abenteuerlichen Simplicissimi Ewig-währender Calender / Worinnen ohne Die ordentliche Verzeichnus der unzehlbar vieler Heiligen Tage auch unterschiedliche Curiose Discursen von der Astronomia, Astrologia, Item den Calendern / Nativitäten / auch allerhand Wunderbarlichen Wahr- und Vorsagungen / mit untermischter Bauren-Practic / Tag- und Zeitwehlungen / etc. nicht weniger Viel Seltzame jedoch Wahrhaffte Wunder-Geschichten / und andere Merckwürdige Begebenheiten / samt Beyfügung etlicher Kunst- und Wissenschafften befindlich. Woraus ein Jeder / der nur Lesens und Schreibens kundig / nicht allein jedes Jahr die bewegliche Fest und dergleichen Ding / so zu Einem Calender nohtwendig erfordert werden / leichtlich finden: Sondern auch lernen kan / Ihm und andern die Nativität zu stellen / und aus fleissiger observation künfftig Gewitter / Krieg / Kranckheit / Frucht- und Unfruchtbarkeit vorzusagen, Nürnberg 1670 (http://diglib.hab.de/drucke/lo-2303–2/start.htm, 20. 06. 2013)

Gryphius 2010: Andreas Gryphius, Gesammelte Werke, hg. v. Heinz Ludwig Arnold, Frankfurt a. M. 2010

Günther 1706: [Gottfried Günther], Der Welt-Geschichte Kern-Berichts- und Zeitungs Kalender [auf das Jahr 1707], [Altenburg] 1706 (http://zs.thulb.uni-jena.de/receive/jportal_jpvolume_00097552, 08. 02. 2013)

Hiebner 1655: Israel Hiebner, Astrologischer Reichs-Calender / Auff das wunderbare MDCLVI Jahr nach Christi Geburt (Alte zeit vor.) Worinnen neben denen sonst gewöhnlichen Dingen auch zu befinden 5. Finsternüsse / Item allerhand Astrologische Raritäten / sonderlich aber die Muthmassung der Monatlichen Wirckung der COMETEN, der im Ende des 1652. Jahrs sich sehen lassen / wie auch anderer Sternen nachdencklichen Zusammenkunfften Bedeutung, Leipzig 1655 (http://diglib.hab.de/drucke/ne-kapsel-5–8/start.htm, 09. 09. 2013)

Historia 1981: Historia von D. Johann Fausten, dem weitbeschreyten Zauberer und Schwartzkünstler, hg. v. Renate Noll-Wiemann, Hildesheim/New York 1981

Huygens 1913: Christiaan Huygens, Die Penduluhr. Horologium oscillatorium, Leipzig 1913

Kant 1910: Immanuel Kant, Die Frage, ob die Erde veralte, physicalisch erwogen (1754), in: ders., Gesammelte Schriften (Akademie-Ausgabe), 1. Abt., Bd. I, Berlin 1910, 139–213

Kant 1923: Immanuel Kant, Das Ende aller Dinge (1794), in: ders., Gesammelte Schriften (Akademie-Ausgabe), 1. Abt., Bd. VIII, Berlin/Leipzig 1923, 325–339

Kirch 1688: Gottfried Kirch, Christen- Juden- und Türcken-Kalender. Oder Alt und Neu jahr-Buch / Auf das Jahr nach der Geburt Jesu Christi MDCLXXXIX, Nürnberg 1688.
(http://zs.thulb.uni-jena.de/receive/jportal_jpvolume_00085884, 08. 09. 2013)

Kleider-Ordnung 1693: Eines Hoch Edlen und Hochweisen Raths der Stadt Nürnberg Verneuerte Kleider-Ordnung / und / Verboth der Hoffarth. Was nemlichen unter Ihrer Burgerschafft / Inwohnern / Unterthanen und Verwandten / Jedem in seinem Stand / von Manns- und Weibs-Personen / in Bekleidungen und sonsten / zugelassen oder verbothen ist, Nürnberg 1693
(http://www.mdz-nbn-resolving.de/urn/resolver.pl?urn=urn:nbn:de:bvb:12-bsb 10510763–1, 05. 09. 2013)

Kuhlmann 1971: Quirinus Kuhlmann, Der Kühlpsalter, 2 Bde., hg. v. Robert L. Beare, Tübingen 1971

Kuhlmann 1973: Quirinus Kuhlmann, Der Kühlpsalter. 1.–15. und 73.–93. Psalm, hg. v. Heinz Ludwig Arnold, Stuttgart 1973

Kurth 1944: Karl Kurth (Hg.), Die ältesten Schriften für und wider die Zeitung. Die Urteile des Christophorus Besoldus (1629), Ahasver Fritsch (1676), Christian Weise (1676) und Tobias Peucer (1690) über den Gebrauch und Mißbrauch der Nachrichten, Brünn/München/Wien 1944

Lecoq 2001: Anne-Marie Lecoq (Hg.), La Querelle des Anciens et des Modernes. XVIIe–XVIIIe siècles, Paris 2001

Leibniz 1986: Gottfried Wilhelm Leibniz, Öffentliche Assekuranzen, in: ders., Sämtliche Schriften und Briefe, Reihe IV, Bd. 3 (1677–1689), bearb. v. Lotte Knabe/Margot Faak, Ost-Berlin 1986, 421–432

Luther 1976: Der kleine Katechismus D. Mart. Lutheri für die gemeine Pfarrherrn und Prediger, in: Die Bekenntnisschriften der evangelisch-lutherischen Kirche, 7. Aufl. Göttingen 1976, 499–542

Mabillon 1990: Jean Mabillon, Brèves reflexions sur quelques Règles de l'histoire, Paris 1990

Melanchthon 1532: [Philipp Melanchthon], Wozu Historien zu lesen / nützlich sind, in: Johannes Carion, Chronica durch Magistrum Johan Carion / vleissig zusamen gezogen / meniglich nützlich zu lesen, Wittenberg 1532
(http://digitale.bibliothek.uni-halle.de/vd16/content/titleinfo/997958)

Montesquieu 2004: Charles-Louis de Secondat, Baron de la Brède et de Montesquieu, Persische Briefe, hg. v. Peter Schunck, Stuttgart 2004

Newton 1999: Isaac Newton, Die mathematischen Prinzipien der Physik, übers. und hg. v. Volkmar Schüller, Berlin/New York 1999

Pepys 2010: Samuel Pepys, Die Tagebücher 1660–1669, 9 Bde., hg. v. Gerd Haffmanns/Heiko Arntz, Berlin 2010

Perrault 1964: Charles Perrault, Parallèle des Anciens et des Modernes en ce qui regarde les arts et les sciences, München 1964

Potter 1642: Francis Potter, An interpretation of the number 666. Wherein, not onely the Manner, how this Number ought to be Interpreted, is clearely proved and Demonstrated: but it is also shewed why this Number is an exquisite and perfect Character, truly, exactly, and essentially describing that State of Government, to with all other notes of Antichrist doe agree, Oxford 1642 (http://eebo.chadwyck.com/search/full_rec?SOURCE=pgimages.cfg&ACTION =ByID&ID=V108880, 19.02.2013)

Reales Staats- und Zeitungs-Lexicon 1704: Reales Staats- und Zeitungs-Lexicon Worinnen sowohl Die Religionen und Orden, die Reiche und Staaten, Meere, Seen, Flüsse, Städte, Vestungen, Schlösser, Häfen, Berge, Vorgebürge, Pässe, Wälder und Unterschiede der Meilen, die Linien deutscher hoher Häuser, die in verschiedenen Ländern übliche Ritter-Orden, Reichs-Täge, Gerichte, Civil- und Militair-Chargen zu Wasser und Lande, Müntzen, Maß und Gewichte, die zu der Kriegs-Bau-Kunst, Artillerie, Feld-Lägern, Schlacht-Ordnungen, Schifffahrten, Unterschied der Schiffe, und derer darzu gehörigen Sachen gebräuchlichen Benennungen als auch Andere in Zeitungen und täglicher Conversation aus allerhand Sprachen bestehende Termini Artis, denen Gelehrten und Ungelehrten zu sonderbarem Nutzen klar und deutlich beschrieben werden, Leipzig 1704 (http://bavarica.digitale-sammlungen.de/resolve/display/bsb10541371.html, 01.03.2013)

Reimarus Ursus 1606: Nicolaus Reimarus Ursus, Nicolai Raimari Ursi Dithmarsi Röm. Keys. Maj. Mathematici, Chronologische/Gewisse und unwiderlegliche Beweisung/auß heiliger Göttlicher Schrifft und heiligen Vättern/daß die Welt vergehen/und der Jüngste tag kommen werd/innerhalb 77. Jaren: An zurechnen von disem jetzlauffenden Jar Christi 1596. etc. Mit sampt einer gewissen und unfehlbaren Chronologia oder Zeitrechnung von Anfang der Welt biß auff jetztgemeltes 1596. Jars: Welche noch bißhero keiner unter allen Chronologis getroffen: In welcher eigentlich dargethan und bewiesen wird/wie lang die Welt biß anhero gestanden/und noch weiter künfftig und hinfort stehen mag, Nürnberg 1606

(http://www.mdz-nbn-resolving.de/urn/resolver.pl?urn=urn:nbn:de:bvb:12-bsb
10354918-9)
Relation 1609: Relation: Aller Fürnemmen und gedenckwürdigen Historien/so
sich hin unnd wider in Hoch unnd Nieder Teutschland/auch in Franckreich/
Italien/Schott und Engelland/Hisspanien/Hungern/Polen/Siebenbürgen/Wallachey/Moldaw/Türckey/etc. Inn diesem 1609 Jahr verlauffen und zutragen möchte, Straßburg 1609
(http://digi.ub.uni-heidelberg.de/diglit/relation1609, 20.02.2013)
Reusner 1600: Elias Reusner, Commentariolum De Vera Annorum Mundi Ad Natum Christum Supputatione : Chronologiae In Isagoge Historica Observatae Solidas Continens Demonstrationes, Jena 1600
(http://reader.digitale-sammlungen.de/resolve/display/bsb10152784.html;
18.01.2013)

Schedel 1493: Hartmann Schedel, Buch der Chroniken und Geschichten, Nürnberg 1493
(http://digi.ub.uni-heidelberg.de/diglit/is00309000, 07.02.2013)
Schreib-Calender 1717: Schreib-Calender/Auf ein besondere Form und Weiß/allen Obrigkeiten/Kauff- und Handels-Leuthen/auch männiglich zum täglichen Nutz also eingericht Auf das Jahr nach der Geburt JESU Christi MDCCXVII. Samt einer kurtzen Practica/darneben auch die fürnehmste Messen/und allen Jahr-Märckten im Fürstenthum Ober- und Nidern-Bayrn, München 1716
(http://daten.digitale-sammlungen.de/~db/bsb00001653/images; 2.11.2012)
Spener 2005: Philipp Jakpb Spener, Pia Desideria. Deutsch-lateinische Studienausgabe, hg.v. Beate Köster, Gießen 2005
Stieler 1969: Kaspar Stieler, Zeitungs Lust und Nutz. Vollständiger Neudruck der Originalausgabe von 1695, hg.v. Gert Hagelweide, Bremen 1969
Swift 1982: Jonathan Swift, Ausgewählte Werke, hg.v. Anselm Schlösser, 3 Bde., Frankfurt a.M. 1982

Ussher 1658: James Ussher, The Annals of the World. Deduced from the Origin of Time, and continued to the beginning of the Emperour Vespasians Reign, and the totall Destruction and Abolition of the Temple and Common-wealth of the Jews. Containing the Historie of the Old and New Testament. With that of the Macchabees. Also all the most Memorable Affairs of Asia and Egypt, And the Rise of the Empire of the Roman Caesars, under C. Julius, and Octavianus, London 1658
(http://eebo.chadwyck.com/search/full_rec?SOURCE=pgimages.cfg&ACTION
=ByID&ID=V64485, 19.02.2013)

Vieira 1976: António Vieira, História do futuro, 2 Bde., hg. v. José van den Besselar, Münster 1976

Vignolles 1738: Alphons de Vignolles, Chronologie de l'histoire sainte et des histoires étrangères qui la concernent depuis la sortie d'Egypte jusqu'à la captivité de Babylone, Berlin 1738 (http://search.ugent.be/meercat/x/bkt01?q=900000196548, 22.01.2013)

Walther 1653: Newer und Alter Schreib Calender/auff das M. DC. LIV. Jahr/ Durch JOANNEM WALTHERUM, Laurinopolitanum, Franc. SS. Sedis Apost. & Imp. Auth. Not. Publ. der Zeit Hoff: und Landgerichts Procuratorem zu Wirtzburg/Philo-Mathem. gestellet und in Druck verfertiget. Darbey auch die Sontags und der fürnembsten Festägen Evangelia/neben den vornehstmen [sic!] Aspecten der Planeten/vermutlichen Gewitters-Beschreibung/auch die gemeine Erwehlungen ordentlich verzeichnet. Sambt einer kurtzen Kriegs-Cronick/ was sich hin und wieder im Röm. Reich/von Anno 1649. biß 53. zugetragen/ und ins künfftig weiters. Auff Poli Höhe 50. Grad. Dem gantzen Franckenland nutzlich und dienstlich zugebrauchen, Würzburg 1653 (http://bsb-mdz12-spiegel.bsb.lrz.de/~db/0002/bsb00028889/images, 12.03.2013)

Zedler 1732–1754: Zedler, Johann Heinrich, Grosses vollständiges Universal Lexicon Aller Wissenschafften und Künste, 68 Bde., Halle/Leipzig 1732–1754 (http://www.zedler-lexikon.de)

Literatur

Adam 1998: Barbara Adam, Timescapes of modernity. The environment & invisible hazards, London 1998

Adam 2005: Barbara Adam, Das Diktat der Uhr. Zeitformen, Zeitkonflikte, Zeitperspektiven, Frankfurt a. M. 2005

Adam 2010: Barbara Adam, History of the future: paradoxes and challenges, in: Rethinking History 14 (2010) 361–378

Adrians 1999: Frauke Adrians, Journalismus im 30jährigen Krieg. Kommentierung und »Parteylichkeit« in Zeitungen des 17. Jahrhunderts, Konstanz 1999

Albrecht 2001: Peter Albrecht, Zeitungslexika. Oder wie Autoren und Verleger den Zeitungslesern Hilfe angedeihen ließen. – Eine Annäherung, in: Volker Bauer/ Holger Böning (Hg.), Die Entstehung des Zeitungswesens im 17. Jahrhundert.

Ein neues Medium und seine Folgen für das Kommunikationssystem der Frühen Neuzeit, Bremen 2011, 341–376

Algazi 1998: Gadi Algazi, Ein gelehrter Blick ins lebendige Archiv. Umgangsweisen mit der Vergangenheit im fünfzehnten Jahrhundert, in: Historische Zeitschrift 266 (1998) 317–357

Allemeyer 2007: Marie Luisa Allemeyer, Fewersnoth und Flammenschwert. Stadtbrände in der Frühen Neuzeit, Göttingen 2007

Amanat/Bernhardsson 2002: Abbas Amanat/Magnus Bernhardsson (Hg.), Imagining the end. Visions of apocalypse from the ancient Middle East to modern America, London/New York 2002

Anderson 1996: Benedict Anderson, Die Erfindung der Nation. Zur Karriere eines folgenreichen Konzepts, Frankfurt a. M./New York 1996

Ariès 1980: Philippe Ariès, Geschichte des Todes, München/Wien 1980

Ariès 1988: Philippe Ariès, Zeit und Geschichte, Frankfurt a. M. 1988

Aristoteles 1995: Aristoteles, Philosophische Schriften, 6 Bde., übers. v. Hermann Bonitz u. a., Hamburg 1995

Armogathe 1998: Jean-Robert Armogathe, Interpretations of the Revelation of John: 1500–1800, in: Bernard McGinn (Hg.), The encyclopedia of apocalypticism. Bd. 2: Apocalypticism in Western history and culture, New York 1998, 185–203

Armogathe 2001: Jean-Robert Armogathe, Postface, in: Anne-Marie Lecoq (Hg.), La Querelle des Anciens et des Modernes. XVIIe–XVIIIe siècles, Paris 2001, 799–849

Arndt 2006: Johannes Arndt, Verkrachte Existenzen? Zeitungs- und Zeitschriftenmacher im Barockzeitalter zwischen Nischenexistenz und beruflicher Etablierung, in: Archiv für Kulturgeschichte 88 (2006) 101–115

Arndt/Körber 2010: Johannes Arndt/Esther-Beate Körber (Hg.), Das Mediensystem im Alten Reich der Frühen Neuzeit (1600–1750), Göttingen 2010

Arni 2007: Caroline Arni, Zeitlichkeit, Anachronismus und Anachronien. Gegenwart und Transformationen der Geschlechtergeschichte aus geschichtstheoretischer Perspektive, in: L'Homme 18 (2007) 53–76

Assmann 1999a: Jan Assmann, Das kulturelle Gedächtnis. Schrift, Erinnerung und politische Identität in frühen Hochkulturen, München 1999

Assmann 1999b: Aleida Assmann, Erinnerungsräume: Formen und Wandlungen des kulturellen Gedächtnisses, München 1999

Assmann 1999c: Aleida Assmann, Zeit und Tradition. Kulturelle Strategien der Dauer, Köln/Weimar/Wien 1999

Assmann 2006: Aleida Assmann, Kulturelle Zeitgestalten, in: Friedrich Stadler/Michael Stöltzner (Hg.), Time and history, Frankfurt a. M. u. a. 2006, 469–487

Aufgebauer 1988: Peter Aufgebauer, Die Einführung des Gregorianischen Kalenders in Hildesheim (1631–1634), in: Alt-Hildesheim 59 (1988) 71–78
Augustinus 1987: Augustinus, Bekenntnisse/Confessiones, übers. v. Joseph Bernhart, Frankfurt a. M. 1987

Bachtin 2008: Michail M. Bachtin, Chronotopos, Frankfurt a. M. 2008
Badelt 1996: Brigitte Badelt, Die Alamode-Kritik im gesellschaftlichen Kontext neu gelesen, in: Frühneuzeit-Info 7 (1996) Heft 2, 9–17
Baggermann/Dekker 2001: Arianne Baggermann/Rudolf Dekker, Ottos Uhr. Zeitvorstellung und Zukunftserwartung im 18. Jahrhundert, in: Kaspar v. Greyerz/Hans Medick/Patrice Veit (Hg.), Von der dargestellten Person zum erinnerten Ich. Europäische Selbstzeugnisse als historische Quellen (1500–1850), Köln/Weimar/Wien 2001, 113–134
Barbier-Mueller 2006: Jean-Paul Barbier-Mueller, La parole et les armes. Chronique des guerres de religion en France, 1562–1598, Genève 2006
Barnes 1998: Robin Barnes, Images of hope and despair. Western apocalypticism: ca. 1500–1800, in: Bernard McGinn (Hg.), The encyclopedia of apocalypticism. Bd. 2: Apocalypticism in Western history and culture, New York 1998, 143–184
Baron 1959: Hans Baron, The Querelle of the ancients and the moderns as a problem for Renaissance scholarship, in: Journal of the History of Ideas 20 (1959) 3–22
Barret-Kriegel 1988: Blandine Barret-Kriegel, Jean Mabillon. Les historiens et la monarchie, Bd. 1, Paris 1988
Barret-Kriegel 1990: Blandine Barret-Kriegel, Jean Mabillon et la science de l'histoire, in: Jean Mabillon, Brèves reflexions sur quelques Règles de l'histoire, Paris 1990, 7–100
Battafarano 1994: Italo Michele Battafarano, Die simplicianische Literarisierung des Kalenders, in: Simpliciana. Schriften der Grimmelshausen-Gesellschaft 16 (1994) 45–63
Bauer 1978: Roger Bauer, »Décadence«. Histoire d'un mot et d'une idée, in: Cahiers Roumains d'Études Litteraires 1 (1978) 55–71
Bauer 1994: Barbara Bauer, »Es bleibt doch bey dem alten Brauch: M(undus) V(ult) D(ecipi)«. Veraltete Astrologie in Grimmelshausens »Ewig-währendem Calender«, in: Simpliciana 16 (1994) 81–115
Bauer 2000: Volker Bauer, Zur Bibliographie und Entwicklung deutscher Amtskalender des 18. Jahrhunderts. Skizze eines Forschungsprojekts, in: Astrid Blome (Hg.), Zeitung, Zeitschrift, Intelligenzblatt und Kalender. Beiträge zur historischen Presseforschung, Bremen 2000, 245–262
Bauer 2002: Volker Bauer, Das preußische Kalenderwesen bis zur Mitte des

19. Jahrhunderts, in: Bernd Sösemann (Hg.), Kommunikation und Medien in Preußen vom 16. bis zum 19. Jahrhundert, Stuttgart 2002, 175–192

Bauer 2008: Volker Bauer, Jetztherrschend, jetztregierend, jetztlebend. Genealogie und Zeitungswesen im Alten Reich des ausgehenden 17. Jahrhunderts, in: Daphnis 37 (2008) 271–300

Bauer 2011a: Volker Bauer, Monographizität, Serialität, Periodizität in der Universalgenealogie: Beschleunigung, Aktualisierung und der Einfluss des Zeitungswesens (1580er bis 1730er Jahre), in: ders./Holger Böning (Hg.), Die Entstehung des Zeitungswesens im 17. Jahrhundert. Ein neues Medium und seine Folgen für das Kommunikationssystem der Frühen Neuzeit, Bremen 2011, 393–410

Bauer 2001b: Oswald Bauer, Zeitungen vor der Zeitung. Die Fuggerzeitungen (1568–1605) und das frühmoderne Nachrichtensystem, Berlin 2011

Baur 1975: Veronika Baur, Kleiderordnungen in Bayern vom 14. bis zum 19. Jahrhundert, München 1975

Bedini 1980: Silvio A. Bedini, Die mechanische Uhr und die wissenschaftliche Revolution, in: Klaus Maurice/Otto Mayr (Hg.), Die Welt als Uhr. Deutsche Uhren und Automaten 1550–1650, München/Berlin 1980, 21–29

Behringer 1999: Wolfgang Behringer, Veränderung der Raum-Zeit-Relation. Zur Bedeutung des Zeitungs- und Nachrichtenwesens während der Zeit des Dreißigjährigen Krieges, in: Benigna v. Krusenstjern/Hans Medick (Hg.), Zwischen Alltag und Katastrophe. Der Dreißigjährige Krieg aus der Nähe, Göttingen 1999, 39–81

Behringer 2003: Wolfgang Behringer, Im Zeichen des Merkur. Reichspost und Kommunikationsrevolution in der Frühen Neuzeit, Göttingen 2003

Behringer u. a. 2007: Wolfgang Behringer u. a., Kalender, in: Friedrich Jaeger (Hg.), Enzyklopädie der Neuzeit, Bd. 6, Stuttgart/Weimar, Sp. 271–285

Bellinger 1993: Gerhard Bellinger, Der Catechismus Romanus, seine Geschichte und bleibende Bedeutung für Theologie und Kirche, in: Katechismus der Welt – Weltkatechismus. 500 Jahre Geschichte des Katechismus, Eichstätt 1993, 40–64, 132–143

Benjamin 1988: Walter Benjamin, Zur Kritik der Gewalt, in: ders., Angelus Novus. Ausgewählte Schriften 2, Frankfurt a. M. 1988, 42–66

Bepler/Bürger 1994: Jill Bepler/Thomas Bürger, Alte und neue Schreibkalender. Katalog zur Kabinettausstellung in der Herzog August Bibliothek, in: Simpliciana. Schriften der Grimmelshausen-Gesellschaft 16 (1994) 211–252

Bergdolt 1994a: Klaus Bergdolt, Die Erfindung und Verbreitung der Brille im Spätmittelalter, in: Medizinhistorisches Journal 29 (1994), 111–120

Bergdolt 1994b: Klaus Bergdolt, Der Schwarze Tod in Europa. Die große Pest und das Ende des Mittelalters, München 1994

Bergmann 1983: Werner Bergmann, Das Problem der Zeit in der Soziologie. Ein Literaturüberblick zum Stand der »zeitsoziologischen« Theorie und Forschung, in: Kölner Zeitschrift für Soziologie und Sozialpsychologie 35 (1983) 462–504

Berlinski 2002: David Berlinski, Der Apfel der Erkenntnis. Sir Isaac Newton und die Entschlüsselung des Universums, Hamburg 2002

Bernet 2007: Claus Bernet, »Gebaute Apokalypse«. Die Utopie des Himmlischen Jerusalem in der Frühen Neuzeit, Mainz 2007

Berns 1976: Jörg Jochen Berns, »Parteylichkeit« und Zeitungswesen. Zur Rekonstruktion einer medienpolitischen Diskussion an der Wende vom 17. zum 18. Jahrhundert, in: Wolfgang F. Haug (Hg.), Massen/Medien/Politik, Karlsruhe 1976, 202–233

Berns 1983: Jörg Jochen Berns, Zeitung und Historia. Die historiographischen Konzepte der Zeitungstheoretiker des 17. Jahrhunderts, in: Daphnis 12 (1983) 87–110

Berns 1994: Jörg Jochen Berns, Kalenderprobleme der Grimmelshausen-Forschung. Ein Überblick, in: Simpliciana 16 (1994) 15–32

Beßler 2009: Gabriele Beßler, Wunderkammern. Weltmodelle von der Renaissance bis zur Kunst der Gegenwart, Berlin 2009

Bickendorf 1998: Gabriele Bickendorf, Die Historisierung der italienischen Kunstbetrachtung im 17. und 18. Jahrhundert, Berlin 1998

Biémont 2000: Émile Biémont, Rhythmes du temps. Astronomie et calendriers, Paris/Brüssel 2000

Bieri 1972: Peter Bieri, Zeit und Zeiterfahrung. Exposition eines Problembereichs, Frankfurt a. M. 1972

Biller 2000: Peter Biller, The measure of multitude. Population in medieval thought, Oxford/New York 2000

Biraben 1989: Jean-Noël Biraben, Essai sur les réactions des sociétés éprouvées par de grands fléaux épidémiques, in: Neithard Bulst/Robert Delort (Hg.), Maladies et société (XIIe–XVIIIe siècles), Paris 1989, 367–374

Birr 2007: Christiane Birr, Verschwiegen und verjährt. Verflossene Zeit als Argument vor Gericht, in: Arndt Brendecke/Ralf-Peter Fuchs/Edith Koller (Hg.), Die Autorität der Zeit in der Frühen Neuzeit, Berlin 2007, 307–331

Bloch 1992: Marc Bloch, Apologie der Geschichte oder Der Beruf des Historikers, 3. Aufl. Stuttgart 1992

Blome 2006: Astrid Blome, Vom Adressbüro zum Intelligenzblatt. Ein Beitrag zur Genese der Wissensgesellschaft, in: Jahrbuch für Kommunikationsgeschichte 8 (2006) 3–29

Blumenberg 1973: Hans Blumenberg, Vorbemerkungen zum Wirklichkeitsbegriff, in: Akademie der Wissenschaften und der Literatur Mainz. Abhandlungen der Geistes- und Sozialwissenschaftlichen Klasse 1973, Nr. 4, 3–10

Blumenberg 2001a: Hans Blumenberg, Lebenszeit und Weltzeit, Frankfurt a. M. 2001

Blumenberg 2001b: Hans Blumenberg, Wirklichkeitsbegriff und Möglichkeit des Romans, in: ders., Ästhetische und metaphorologische Schriften, Frankfurt a. M. 2001, 47–73

Bock 1957: Claus Victor Bock, Quirinus Kuhlmann als Dichter. Ein Beitrag zur Charakteristik des Ekstatikers, Bern 1957

Boehnke/Sarkowicz 2011: Heiner Boehnke/Hans Sarkowicz, Grimmelshausen. Leben und Schreiben. Vom Musketier zum Weltautor, Berlin 2011

Bogel/Blühm 1971–1985: Else Bogel/Elger Blühm, Die deutschen Zeitungen des 17. Jahrhunderts. Ein Bestandsverzeichnis mit historischen und bibliographischen Angaben, 3 Bde., Bremen/München 1971–1985

Bohn 1997: Thomas M. Bohn, Das Jahr 7208. Russische Altgläubige erwarten den Antichristen, in: Enno Bünz/Rainer Gries/Frank Möller (Hg.), Der Tag X in der Geschichte. Erwartungen und Enttäuschungen seit tausend Jahren, Stuttgart 1997, 126–144

Bollème 1969: Geneviève Bollème, Les almanachs populaires aux XVIIe et XVIIIe siècles. Essai d'histoire sociale, Paris/Le Haye 1969

Böning 2005a: Holger Böning, Volksaufklärung und Kalender: Zu den Anfängen der Diskussion über die Nutzung traditioneller Volkslesestoffe zur Aufklärung und zu ersten praktischen Versuchen bis 1780, in: York-Gothart Mix (Hg.), Der Kalender als Fibel des Alltagswissens, Tübingen 2005, 137–173

Böning 2005b: Holger Böning, Weltaneignung durch ein neues Publikum. Zeitungen und Zeitschriften als Medientypen der Moderne, in: Johannes Burkhardt/Christine Werkstetter (Hg.), Kommunikation und Medien in der Frühen Neuzeit, München 2005, 105–134

Böning 2008: Holger Böning, Ohne Zeitung keine Aufklärung, in: Astrid Blome/Holger Böning (Hg.), Presse und Geschichte. Leistungen und Perspektiven der historischen Presseforschung, Bremen 2008, 141–178

Borscheid 1989: Peter Borscheid, Geschichte des Alters. Vom Spätmittelalter zum 18. Jahrhundert, München 1989

Borsò 2009: Vittoria Borsò, ›Translatio‹ und ›Innovatio‹ in der spanischen Renaissance, in: Christoph Kann (Hg.), Isti Moderni. Erneuerungskonzepte und Erneuerungskonflikte in Mittelalter und Renaissance, Düsseldorf 2009, 281–312

Borst 1992: Arno Borst, Lebensformen im Mittelalter, 12. Aufl. Frankfurt a. M./Berlin 1992

Borst 1999: Arno Borst, Computus. Zeit und Zahl in der Geschichte Europas, München 1999

Botelho 2005: Lynn A. Botelho, Das 17. Jahrhundert. Erfüllter Lebensabend – Wege aus der Isolation, in: Pat Thane (Hg.), Das Alter. Eine Kulturgeschichte, Darmstadt 2005, 113–173

Bourdieu 1979: Pierre Bourdieu, Entwurf einer Theorie der Praxis auf der ethnologischen Grundlage der kabylischen Gesellschaft, Frankfurt a. M. 1979

Bourdieu 1987: Pierre Bourdieu, Die feinen Unterschiede. Kritik der gesellschaftlichen Urteilskraft, Frankfurt a. M. 1987

Bourdieu 1993: Pierre Bourdieu, Sozialer Sinn. Kritik der theoretischen Vernunft, Frankfurt a. M. 1993

Bourdieu 2001: Pierre Bourdieu, Meditationen. Zur Kritik der scholastischen Vernunft, Frankfurt a. M. 2001

Bovenschen 1986: Silvia Bovenschen, Über die Listen der Mode, in: dies. (Hg.), Die Listen der Mode, Frankfurt a. M. 1986, 10–30

Brady 1983: David Brady, The contribution of British writers between 1560 and 1830 to the interpretation of Revelation 13.16–18 (the number of the beast). A study in the history of Exegesis, Tübingen 1983

Braga Pinto 2007: César Braga Pinto, Time and alterity in Vieira's History of the future, in: Portuguese Studies Review 15 (2007) 227–266

Braida 1996: Lodovica Braida, Les almanachs italiens. Évolutions et stéréotypes d'un genre (XVIe–XVIIe siècles), in: Roger Chartier/Hans-Jürgen Lüsebrink (Hg.), Colportage et lecture populaire. Imprimés de large circulation en Europe, XVIe–XIXe siècles, Paris 1996, 183–207

Brandes/Schmieder 2008: Wolfram Brandes/Felicitas Schmieder (Hg.), Endzeiten. Eschatologie in den monotheistischen Weltreligionen, Berlin 2008

Brather 1993: Hans-Stephan Brather (Hg.), Leibniz und seine Akademie. Ausgewählte Quellen zur Geschichte der Berliner Sozietät der Wissenschaften 1697–1716, Berlin 1993

Brendecke 1999: Arndt Brendecke, Die Jahrhundertwenden. Eine Geschichte ihrer Wahrnehmung und Wirkung, Frankfurt a. M./New York 1999

Brendecke 2005: Arndt Brendecke, ›Durchschossene Exemplare‹. Über eine Schnittstelle zwischen Handschrift und Druck, in: Archiv für Geschichte des Buchwesens 59 (2005) 50–64

Brendecke/Fuchs/Koller 2007: Arndt Brendecke/Ralf-Peter Fuchs/Edith Koller, Die Autorität der Zeit, in: dies. (Hg.), Die Autorität der Zeit in der Frühen Neuzeit, Berlin 2007, 9–22

Bretschneider 2003: Falk Bretschneider, Humanismus, Disziplinierung und Sozialpolitik. Theorien und Geschichten des Gefängnisses in Westeuropa, den USA und Deutschland, in: Comparativ 13 (2003) 18–49

Breuer 1994: Dieter Breuer, Die Geister unterscheiden lernen. Zur 4. bis 6. Materia von Grimmelshausens »Ewig-währendem Calender«, in: Simpliciana 16 (1994) 65–79

Breul 2012: Wolfgang Breul, »Hoffnung besserer Zeiten«. Der Wandel der Endzeit im lutherischen Pietismus um 1700, in: Achim Landwehr (Hg.), Frühe Neue Zeiten. Zeitwissen zwischen Reformation und Revolution, Bielefeld 2012 (im Erscheinen)

Breul (im Druck): Wolfgang Breul, Generalreform. August Hermann Franckes Universalprojekt und die pietistische Neuordnung in der Grafschaft Waldeck, Göttingen (im Druck)

Brincken 2000: Anna-Dorothee von den Brincken, Historische Chronologie des Abendlandes. Kalenderreformen und Jahrtausendrechnungen, Stuttgart/Berlin/Köln 2000

Brincken 2003: Anna-Dorothee von den Brincken, Mittelalterliche Geschichtsschreibung, in: Michael Maurer (Hg.), Aufriß der Historischen Wissenschaften, Bd. 5: Mündliche Überlieferung und Geschichtsschreibung, Stuttgart 2003, 188–280

Bröckling/Krasmann/Lemke 2004: Ulrich Bröckling/Susanne Krasmann/Thomas Lemke (Hg.), Glossar der Gegenwart, Frankfurt a. M. 2004

Brockliss/Jones 1997: Laurence Brockliss/Colin Jones, The medical world of early modern France, Oxford 1997

Broman 2013: Thomas Broman, Criticism and the circulation of news: the scholarly press in the late seventeenth century, in: History of Science 51 (2013) 125–150

Brooke 1993: John Brooke, Der Gott Isaac Newtons, in: John Fauvel u. a. (Hg.), Newtons Werk. Die Begründung der modernen Naturwissenschaft, Basel/Boston/Berlin 1993, 217–235

Brose 2004: Hanns-Georg Brose, An introduction towards a culture of non-simultaneity, in: Time & Society 13 (2004) 5–26

Brownlees 2010: Nicholas Brownlees, Narrating contemporaneity. Text and structure in English news, in: Brendan Dooley (Hg.), The dissemination of news and the emergence of contemporaneity in early modern Europe, Farnham/Burlington 2010, 225–250

Brunner 1980: Otto Brunner, Abendländisches Geschichtsdenken, in: ders.: Neue Wege der Verfassungs- und Sozialgeschichte, 3. Aufl. Göttingen 1980, 26–44

Buck 1977: Peter Buck, Seventeenth-century political arithmetic: civic strife and vital statistics, in: Isis 68 (1977) 67–84

Buck 2001: Thomas Martin Buck, Vergangenheit als Gegenwart. Zum Präsentismus im Geschichtsdenken des Mittelalters, in: Saeculum 52 (2001) 217–244

Bulst 1988: Neithard Bulst, Zum Problem städtischer und territorialer Kleider-,

Aufwands- und Luxusgesetzgebung in Deutschland (13. bis Mitte 16. Jahrhundert), in: André Gouron/Albert Rigaudière (Hg.), Renaissance du pouvoir législatif et genèse de l'Etat, Montpellier 1988, 29–57

Bulst 1993: Neithard Bulst, Kleidung als sozialer Konfliktstoff. Probleme kleidergesetzlicher Normierung im sozialen Gefüge, in: Saeculum 44 (1993) 32–46

Burckhardt 1982: Jacob Burckhardt, Über das Studium der Geschichte. Der Text der ›Weltgeschichtlichen Betrachtungen‹ auf Grund der Vorarbeiten von Ernst Ziegler nach den Handschriften hg. v. Peter Ganz, München 1982

Burke 1976: Peter Burke, Tradition and experience. The idea of decline from Bruni to Gibbon, in: Daedalus 105/3 (1976) 137–152

Burke 1991: Peter Burke, Information und Kommunikation in der Frühen Neuzeit, in: Frühneuzeit-Info 2 (1991) Heft 1, 13–19

Burke 2009: Peter Burke, Ludwig XIV. Die Inszenierung des Sonnenkönigs, 3. Aufl. Berlin 2009

Burkhardt 2000: Johannes Burkhardt, Die Zukunft kam durch den Rahmen. Wie man sich das Jahrhundert zusammenreimte und dabei doch weiße Flecken ließ, in: Michael Jeismann (Hg.), Das 17. Jahrhundert. Krieg und Frieden, München 2000, 9–15

Campe 2002: Rüdiger Campe, Spiel der Wahrscheinlichkeit. Literatur und Berechnung zwischen Pascal und Kleist, Göttingen 2002

Capp 1972: Bernard S. Capp, The Fifth Monarchy Men. A study in seventeenth century English millenarianism, London 1972

Capp 1979: Bernard S. Capp, Astrology and the popular press. English almanacs 1500–1800, London/Boston 1979

Cardini 2004: Franco Cardini, Europa und der Islam. Geschichte eines Mißverständnisses, München 2004

Carlebach 1999: Elisheva Carlebach, Die letzte Täuschung. Falsche Erlöser und Judenbekehrung im Alten Reich, in: WerkstattGeschichte 24 (1999) 49–63

Carozzi 1996: Claude Carozzi, Weltuntergang und Seelenheil. Apokalyptische Visionen im Mittelalter, Frankfurt a. M. 1996

Carter 2011: Karen E. Carter, Creating catholics. Catechism and primary education in early modern France, Notre Dame 2011

Castaneda 2002: Claudia Castaneda, Der Stammbaum. Zeit, Raum und Alltagstechnologie in den Vererbungswissenschaften, in: Sigrid Weigel (Hg.), Genealogie und Genetik. Schnittstellen zwischen Biologie und Kulturgeschichte, Berlin 2002, 57–69

Cersowsky 1990: Peter Cersowsky, Magie und Dichtung. Zur deutschen und englischen Literatur des 17. Jahrhunderts, München 1990

Chapman 2007: Alison A. Chapman, Marking time: astrology, almanacs, and English protestantism, in: Renaissance Quarterly 60 (2007) 1257–1290

Chaunu 1981: Pierre Chaunu, Histoire et décadence, Paris 1981

Christensen 2003: Peter Christensen, »In these perilous times«: plague and plague policies in early modern Denmark, in: Medical History 47 (2003) 413–450

Chvojka 2002: Erhard Chvojka, Zeit der Städter, Zeit der Bauern. Ein Fallbeispiel für die gegenseitige Wahrnehmung der Zeitordnungen und Zeitmentalitäten von Städtern und Landbewohnern im Wien des frühen 18. Jahrhunderts, in: ders./Andreas Schwarcz/Klaus Thien (Hg.), Zeit und Geschichte. Kulturgeschichtliche Perspektiven, Wien/München 2002, 192–202

Cipolla 1997: Carlo M. Cipolla, Gezählte Zeit. Wie die mechanische Uhr das Leben veränderte, Berlin 1997

Clark 1999: Geoffrey Clark, Betting on lives. The culture of life insurance in England, 1695–1775, Manchester 1999

Cockerell/Green 1976: H. A. L. Cockerell/Edwin Green, The British insurance business 1547–1970. An introduction and guide to historical records in the United Kingdom, London 1976

Cohen 1998: Thomas M. Cohen, The fire of the tongues. António Vieira and the missionary church in Brazil and Portugal, Stanford 1998

Cohen 2010: Floris Cohen, Die zweite Erschaffung der Welt. Wie die moderne Naturwissenschaft entstand, Frankfurt a. M./New York 2010

Collett 2007: Dominik Collet, Die Welt in der Stube. Begegnungen mit Außereuropa in Kunstkammern der Frühen Neuzeit, Göttingen 2007

Collins/McGinn/Stein 1998: John J. Collins/Bernard McGinn/Stephen J. Stein (Hg.), The encyclopedia of apocalypticism, 3 Bde., New York 1998

Cooper 2012: Alix Cooper, Fragen ohne Antworten. Die Suche nach lokalen Informationen in der frühen Aufklärung, in: Thomas Brandstetter/Thomas Hübel/Anton Tantner (Hg.), Vor Google. Eine Mediengeschichte der Suchmaschine im analogen Zeitalter, Bielefeld 2012, 73–83

Corbin 1999: Alain Corbin, Meereslust. Das Abendland und die Entdeckung der Küste, 2. Aufl. Frankfurt a. M. 1999

Corfield 2007: Penelope J. Corfield, Time and the shape of history, New Haven/London 2007

Cramer 1993: Friedrich Cramer, Der Zeitbaum. Grundlegung einer allgemeinen Zeittheorie, Frankfurt a. M./Leipzig 1993

Dammann 2011: Günter Dammann, ›… guts Neues von den Europäischen Sachen‹. Zeitungen im Geschicht-Roman von Eberhard Werner Happel, in: Volker Bauer/Holger Böning (Hg.), Die Entstehung des Zeitungswesens im 17. Jahrhundert.

Ein neues Medium und seine Folgen für das Kommunikationssystem der Frühen Neuzeit, Bremen 2011, 235–268

Daston 1988: Lorraine Daston, Classical probability in the Enlightenment, Princeton 1988

Davies 1969: Gordon L. Davies, The earth in decay. A history of British geomorphology 1578–1878, London 1969

Davies/Trivizas/Wolfe 1999: The failure of calendar reform (1922–1931): religious minorities, businessmen, scientists, and bureaucrats, in: Journal of Historical Sociology 12 (1999) 251–270

Davis 1983: Lennard J. Davis, Factual fictions. The origins of the English novel, New York 1983

Declerq 2000: Georges Declerq, Anno Domini. The origins of the Christian era, Turnhout 2000

Deichsel 1989: Eckehard Deichsel, Die Uhr im absolutistischen Schloß, in: Igor A. Jenzen (Hg.), Uhrzeiten. Die Geschichte der Uhr und ihres Gebrauchs, Frankfurt a. M. 1989, 121–132

DeJean 1997: Joan DeJean, Ancients against moderns. Culture wars and the making of a fin de siècle, Chicago/London 1997

Deleuze 2007: Gilles Deleuze, Diferenz und Wiederholung, 3. Aufl. München 2007

Delumeau 1985: Jean Delumeau, Angst im Abendland. Die Geschichte kollektiver Ängste im Europa des 14. bis 18. Jahrhunderts, 2 Bde., Reinbek bei Hamburg 1985

Derrida 1991: Jacques Derrida, Gesetzeskraft. Der »mystische Grund der Autorität«, Frankfurt a. M. 1991

Derrida 1993: Jacques Derrida, Falschgeld. Zeit geben I, München 1993

Devlin 2009: Keith Devlin, Pascal, Fermat und die Berechnung des Glücks. Eine Reise in die Geschichte der Mathematik, München 2009

Díaz Noci 2012: Javier Díaz Noci, Dissemination of news in the Spanish Baroque, in: Media History 18 (2012) 409–421

Dick 1981: Bettina Dick, Die Entwicklung des Kameralprozesses nach den Ordnungen von 1495 bis 1555, Köln/Wien 1981

Dickson 1960: Peter G. M. Dickson, The Sun Insurance Office 1710–1960. The history of two and a half centuries of British insurance, London 1960

Dietze 1963: Walter Dietze, Quirinus Kuhlmann, Ketzer und Poet. Versuch einer monographischen Darstellung von Leben und Werk, Berlin 1963

Dinges 1993: Martin Dinges, Von der »Lesbarkeit der Welt« zum universalisierten Wandel durch individuelle Strategien. Die soziale Funktion der Kleidung in der höfischen Gesellschaft, in: Saeculum 44 (1993) 90–112

Dinges 1995: Martin Dinges, Pest und Staat: Von der Institutionengeschichte zur sozialen Konstruktion, in: ders./Thomas Schlich (Hg.), Neue Wege in der Seuchengeschichte, Stuttgart 1995, 71–103

Dixon 2012: C. Scott Dixon, The sense of the past in Reformation Germany: part 1, in: German History 30 (2012) 1–21

Dobbs 1991: Betty Jo Teiter Dobbs, The Janus faces of genius. The role of alchemy in Newton's thought, Cambridge 1991

Dohrn-van Rossum 1992: Gerhard Dohrn-van Rossum, Die Geschichte der Stunde. Uhren und moderne Zeitordnung, München/Wien 1992

Domingues 1999: Beatriz Helena Domingues, Tradition and modernity in sixteenth- and seventeenth-century Iberia and the Iberian American colonies, in: Mediterranean Studies 8 (1999) 193–218

Dooley 2001: Brendan Dooley, Introduction, in: Brendan Dooley/Sabrina A. Baron (Hg.), The politics of information in early modern Europe, London/New York 2001, 1–16

Dooley 2008: Brendan Dooley, Die Entstehung von Gleichzeitigkeit im europäischen Bewusstsein auf der Grundlage der politischen Nachrichtenpresse, in: Astrid Blome/Holger Böning (Hg.), Presse und Geschichte. Leistungen und Perspektiven der historischen Presseforschung, Bremen 2008, 49–66

Dooley 2010: Brendan Dooley, Introduction, in: ders. (Hg.), The dissemination of news and the emergence of contemporaneity in early modern Europe, Farnham/Burlington 2010, 1–19

Döring-Manteuffel 2008: Sabine Döring-Manteuffel, Das Okkulte. Eine Erfolgsgeschichte im Schatten der Aufklärung, München 2008

Dreitzel 1986: Horst Dreitzel, J. P. Süßmilchs Beitrag zur politischen Diskussion der deutschen Aufklärung, in: Herwig Birg (Hg.), Ursprünge der Demographie in Deutschland. Leben und Werk Johann Peter Süßmilchs (1707–1767), Frankfurt a. M./New York 1986, 29–141

Dresler 1972: Adolf Dresler, Kalender-Kunde. Eine kulturhistorische Studie, München 1972

Druffner 2000: Frank Druffner, Genealogisches Denken im England: Familie, Stammsitz und Landschaft, in: Kilian Heck/Bernhard Jahn (Hg.), Genealogie als Denkform in Mittelalter und Früher Neuzeit, Tübingen 2000, 145–153

Duby 1981: Georges Duby, Die drei Ordnungen. Das Weltbild des Feudalismus, Frankfurt a. M. 1981

Dülmen 1994: Richard van Dülmen, Kultur und Alltag in der Frühen Neuzeit, Bd. 3: Religion, Magie, Aufklärung, 16.–18. Jahrhundert, München 1994

Duncan 1998: David Ewing Duncan, Calendar. Humanity's epic struggle to determine a true and accurate year, New York 1998

Dupâquier/Dupâquier 1985: Jacques Dupâquier/Michel Dupâquier, Histoire de la démographie. Le statistique de la population des origines à 1914, Paris 1985

Durkheim 1994: Emile Durkheim, Die elementaren Formen des religiösen Lebens, Frankfurt a. M. 1994

Duve 2007: Thomas Duve, Die Bedeutung des Lebensalters im frühneuzeitlichen Recht, in: Arndt Brendecke/Ralf-Peter Fuchs/Edith Koller (Hg.), Die Autorität der Zeit in der Frühen Neuzeit, Berlin 2007, 93–116

Dux 1989: Günter Dux, Die Zeit in der Geschichte. Ihre Entwicklungslogik vom Mythos zur Weltzeit, Frankfurt a. M. 1989

Eckert 1996: Edward A. Eckert, The structure of plagues and pestilences in early modern Europe. Central Europe, 1560–1640, Basel 1996

Eckert 2000: Edward A. Eckert, The retreat of plague from central Europe, 1640–1720: a geomedical approach, in: Bulletin of the History of Medicine 74 (2000) 1–28

Edighoffer 1995: Roland Edighoffer, Die Rosenkreuzer, München 1995

Ehrard 1963: Jean Ehrard, L'idée de nature en France dans la première moitié du XVIIIe siècle, Paris 1963

Eichler 2002: Rolf Eichler, ›Gebt uns unsere 11 Tage zurück!‹ Kalenderreform im England des 18. Jahrhunderts, in: Markwart Herzog (Hg.), Der Streit um die Zeit. Zeitmessung – Kalenderreform – Gegenzeit – Endzeit, Stuttgart 2002, 139–151

Eisenbart 1962: Liselotte Constanze Eisenbart, Kleiderordnungen der deutschen Städte zwischen 1350 und 1700. Ein Beitrag zur Kulturgeschichte des deutschen Bürgertums, Göttingen 1962

Eliade 1986: Mircea Eliade, Kosmos und Geschichte. Der Mythos der ewigen Wiederkehr, Frankfurt a. M. 1986

Elias 1988: Norbert Elias, Über die Zeit. Arbeiten zur Wissenssoziologie II, Frankfurt a. M. 1988

Elias 1990: Norbert Elias, Die höfische Gesellschaft. Untersuchungen zur Soziologie des Königtums und der höfischen Aristokratie. Mit einer Einleitung: Soziologie und Geschichtswissenschaft, 5. Aufl. Frankfurt a. M. 1990

Elwert 2010: Georg Elwert, In search of time. Time-experiences in different cultures, in: Günter Burkart/Jürgen Wolf (Hg.), Lebenszeiten. Erkundungen zur Soziologie der Generation, Opladen 2002, 373–388

Emigh 2002: Rebecca Jean Emigh, Numeracy or enumeration? The uses of numbers by states and societies, in: Social Science History 26 (2002) 653–698

Enzensberger 2009: Hans Magnus Enzensberger, Fortuna und Kalkül. Zwei mathematische Belustigungen, Frankfurt a. M. 2009

Epp 2003: Verena Epp, Von Spurensuchern und Zeichendeutern. Zum Selbstverständnis mittelalterlicher Geschichtsschreiber, in: Johannes Laudage (Hg.), Von Fakten und Fiktionen. Mittelalterliche Geschichtsdarstellungen und ihre kritische Aufarbeitung, Köln/Weimar/Wien 2003, 43–62

Ermarth 2010: Elizabeth Deeds Ermarth, What if time is a dimension of events, not an enevolpe for them, in: Time & Society 19 (2010) 133–150

Esch 1984: Arnold Esch, Zeitalter und Menschenalter. Die Perspektiven historischer Periodisierung, in: Historische Zeitschrift 239 (1984) 309–351

Escudier 2011: Alexandre Escudier, Das Gefühl der Beschleunigung der modernen Geschichte: Bausteine für eine Geschichte, in: trivium 9 (2011) http://trivium.revues.org/4034 (letzter Zugriff 21.12.2011)

Esposito 2002: Elena Esposito, Soziales Vergessen. Formen und Medien des Gedächtnisses der Gesellschaft, Frankfurt a. M. 2002

Esposito 2004: Elena Esposito, Die Verbindlichkeit des Vorübergehenden: Paradoxien der Mode, Frankfurt a. M. 2004

Esposito 2006: Elena Esposito, Zeitmodi, in: Soziale Systeme 12 (2006) 328–344

Esposito 2007a: Elena Esposito, Die Fiktion der wahrscheinlichen Realität, Frankfurt a. M. 2007

Esposito 2007b: Elena Esposito, Die Konstruktion der Zeit in der zeitlosen Gegenwart, in: Rechtsgeschichte 10 (2007) 27–36

Esposito 2010: Elena Esposito, Die Zukunft der Futures. Die Zeit des Geldes in Finanzwelt und Gesellschaft, Heidelberg 2010

Faroqhi 2000: Suraiya Faroqhi, Geschichte des osmanischen Reiches, München 2000

Faulstich 1998: Werner Faulstich, Medien zwischen Herrschaft und Revolte. Die Medienkultur der frühen Neuzeit (1400–1700), Göttingen 1998

Feuerstein-Herz 2007: Petra Feuerstein-Herz, »Die große Kette der Wesen«. Ordnungen in der Naturgeschichte der Frühen Neuzeit, Wiesbaden 2007

Filoramo u. a. 1999: Giovanni Filoramo u. a., Eschatologie, in: Religion in Geschichte und Gegenwart, Bd. 2, 4. Aufl. Tübingen 1999, Sp. 1542–1579

Fink 1991: Gonthier-Louis Fink, Vom Alamodestreit zur Frühaufklärung. Das wechselseitige deutsch-französische Spiegelbild 1648–1750, in: Recherches Germaniques 21 (1991) 3–47

Firth 1979: Katharine R. Firth, The apocalyptic tradition in Reformation Britain 1530–1645, Oxford 1979

Fischer 2002: Klaus Fischer, Isaac Newton und das verlorene Wissen der Alten. Auf der Suche nach den inneren Kräften der Natur, in: Richard van Dülmen/Sina Rauschenbach (Hg.), Denkwelten um 1700. Zehn intellektuelle Profile, Köln/Weimar/Wien 2002, 41–62

Fischer/Albrecht/Hauptmann 2007: Michael Fischer/Christian Albrecht/Peter Hauptmann, Katechismus, in: Friedrich Jaeger (Hg.), Enzyklopädie der Neuzeit, Bd. 6, Darmstadt 2007, 444–450

Flasch 2004: Kurt Flasch, Was ist Zeit? Augustinus von Hippo. Das XI. Buch der Confessiones. Historisch-philosophische Studie. Text – Übersetzung – Kommentar, 2. Aufl. Frankfurt a. M. 2004

Foltin/Schirrmeister 1999: Hans-Friedrich Foltin/Britta Schirrmeister, Zeitweiser, Ratgeber, Geschichtenerzähler. Der Funktionswandel des Mediums Kalender in fünf Jahrhunderten, in: Petra Bohnsack/Hans-Friedrich Foltin (Hg.), Lesekultur. Populäre Lesestoffe von Gutenberg bis zum Internet, Marburg 1999, 29–42

Foucault 1994: Michel Foucault, Überwachen und Strafen. Die Geburt des Gefängnisses, Frankfurt a. M. 1994

Foucault 1997: Michel Foucault, Die Ordnung der Dinge, 14. Aufl. Frankfurt a. M. 1997

Frank 2001: Michael Frank, Der rote Hahn. Wahrnehmung und Verarbeitung von Feuersbrünsten in der Frühen Neuzeit, in: Paul Münch (Hg.), »Erfahrung« als Kategorie der Frühneuzeitgeschichte, München 2001, 229–247

Freund 1957: Walter Freund, Modenus und andere Zeitbegriffe des Mittelalters, Köln/Graz 1957

Friese 1993: Heidrun Friese, Die Konstruktionen von Zeit. Zum prekären Verhältnis von akademischer Theorie und lokaler Praxis, in: Zeitschrift für Soziologie 22 (1993) 323–337

Fuchs 1998: Ralf-Peter Fuchs, »Soziales Wissen« in der ländlichen Lebenswelt des 16. Jahrhunderts: Ein kaiserlich-kommissarisches Zeugenverhör, in: Westfälische Forschungen 48 (1998) 419–447

Fuchs 2000: Ralf-Peter Fuchs, Gott läßt sich nicht verspotten. Zeugen im Parteienkampf vor frühneuzeitlichen Gerichten, in: Andreas Blauert/Gerd Schwerhoff (Hg.), Kriminalitätsgeschichte. Beiträge zur Sozial- und Kulturgeschichte der Vormoderne, Konstanz 2000, 315–335

Fuchs 2002a: Ralf-Peter Fuchs, Erinnerungsschichten: Zur Bedeutung der Vergangenheit für den »gemeinen Mann« der Frühen Neuzeit, in: ders./Winfried Schulze (Hg.), Wahrheit, Wissen, Erinnerung. Zeugenverhörprotokolle als Quellen für soziale Wissensbestände in der Frühen Neuzeit, Münster 2002, 89–154

Fuchs 2002b: Ralf-Peter Fuchs, »Ob Zeuge wisse, was das Burggraftum Nürnberg sei?«. Raumkenntnisse frühneuzeitlicher Untertanen, in: Achim Landwehr (Hg.), Geschichte(n) der Wirklichkeit. Beiträge zur Sozial- und Kulturgeschichte des Wissens, Augsburg 2002, 93–114

Fuchs 2010: Ralf-Peter Fuchs, Ein ›Medium‹ zum Frieden. Die Normaljahrsregel und die Beendigung des Dreißigjährigen Krieges, München 2010

Fuchs 2012: Ralf-Peter Fuchs, Gegen die Apokalypse? Zukunftsdiskurse im Dreißigjährigen Krieg, in: Achim Landwehr (Hg.), Frühe Neue Zeiten. Zeitwissen zwischen Reformation und Revolution, Bielefeld 2012 (im Erscheinen)

Fuchs/Schulze 2002: Ralf-Peter Fuchs/Winfried Schulze, Zeugenverhöre als historische Quellen – einige Vorüberlegungen, in: Ralf-Peter Fuchs/Winfried Schulze (Hg.), Wahrheit, Wissen, Erinnerung. Zeugenverhörprotokolle als Quellen für soziale Wissensbestände in der Frühen Neuzeit, Münster 2002, 7–40

Fumaroli 2001: Marc Fumaroli, Les abeilles et les araignées, in: Anne-Marie Lecoq (Hg.), La Querelle des Anciens et des Modernes. XVIIe–XVIIIe siècles, Paris 2001, 7–220

Füssel 2010: Marian Füssel, Die Macht der Talare. Akademische Kleidung in Bildmedien der Frühen Neuzeit, in: Philipp Zitzlsperger (Hg.), Kleidung im Bild. Zur Ikonologie dargestellter Gewandung, Emsdetten 2010, 121–136

Gasparini 1988: Giovanni Gasparini, Le temps et le pouvoir: quelques jalons pour une perspective humaniste sur le temps, in: Informations sur les Sciences Sociales 27 (1988) 623–645

Gasparini 1995: On waiting, in: Time & Society 4 (1995) 29–45

Gehring 2005: Petra Gehring, Über Gegenwart verfügen. Mit Luhmann und Merleau-Ponty diesseits der Zeit, in: Journal Phänomenologie 24 (2005) 35–44

Gehring 2011: Petra Gehring, »Wirklichkeit«. Blumenbergs Überlegungen zu einer Form, in: Journal Phänomenologie 35 (2011) 66–81

Geißler 1999: Karlheinz A. Geißler, Die Zeiten ändern sich, in: Aus Politik und Zeitgeschichte B 31/99 (1999) 3–10

Geißler 2002: Karlheinz A. Geißler, A culture of temporal diversity, in: Time & Society 11 (2002) 131–140

Gelzer 2007: Florian Gelzer, Konversation, Galanterie und Abenteuer. Romaneskes Erzählen zwischen Thomasius und Wieland, Tübringen 2007

Geremek 1991: Bronislaw Geremek, Geschichte der Armut. Elend und Barmherzigkeit in Europa, München 1991

Gestrich 2004: Andreas Gestrich, Status und Versorgung alter Menschen in der Neuzeit (16.–19. Jh.), in: Elisabeth Herrmann-Otto (Hg.), Die Kultur des Alterns von der Antike bis zur Gegenwart, St. Ingbert 2004, 63–78

Giddens 1997: Anthony Giddens, Die Konstitution der Gesellschaft. Grundzüge einer Theorie der Strukturierung, 3. Aufl. Frankfurt a. M./New York 1997

Giesecke 1998: Michael Giesecke, Der Buchdruck in der frühen Neuzeit. Eine historische Fallstudie über die Durchsetzung neuer Informations- und Kommunikationstechnologien, Frankfurt a. M. 1998

Giess 1999: Stephan Giess, »Merckwürdige Begebenheiten«. Wissensvermittlung im Volkskalender des 18. Jahrhunderts, in: Traverse 6 (1999) Heft 3, 35–50

Gisi 2007: Lucas Marco Gisi, Einbildungskraft und Mythologie. Die Verschränkung von Anthropologie und Geschichte im 18. Jahrhundert, Berlin/New York 2007

Gladigow 1997: Burkhard Gladigow, Historische Orientierungsmuster in komplexen Kulturen. Europäische Religionsgeschichte und historischer Sinn, in: Klaus E. Müller/Jörn Rüsen (Hg.), Historische Sinnbildung. Problemstellungen, Zeitkonzepte, Wahrnehmungshorizonte, Darstellungsstrategien, Reinbek bei Hamburg 1997, 353–372

Gleick 2004: James Gleick, Isaac Newton. Die Geburt des modernen Denkens, Düsseldorf/Zürich 2004

Glennie/Thrift 1996: Paul Glennie/Nigel Thrift, Reworking E. P. Thompson's ›Time, work-discipline and industrial capitalism‹, in: Time & Society 5 (1996) 275–299

Glennie/Thrift 2009: Paul Glennie/Nigel Thrift, Shaping the day. A history of timekeeping in England and Wales 1300–1800, Oxford 2009

Göckenjan 2000: Gerd Göckenjan, Das Alter würdigen. Altersbilder und Bedeutungswandel des Alters, Frankfurt a. M. 2000

Göckenjan 2007: Gerd Göckenjan, Diskursgeschichte des Alters: Von der Macht der Alten zur ›alternden Gesellschaft‹, in: Heiner Fangerau u. a. (Hg.), Alterskulturen und Potentiale des Alter(n)s, Berlin 2007, 125–140

Goertz 1988: Hans-Jürgen Goertz, Die Täufer – Geschichte und Deutung, 2. Aufl. München 1988

Goertz 1995: Hans Jürgen Goertz, Umgang mit Geschichte. Eine Einführung in die Geschichtstheorie, Reinbek bei Hamburg 1995

Goertz 2002: Hans-Jürgen Goertz, Ende der Welt und Beginn der Neuzeit. Modernes Zeitverständnis im »apokalyptischen Saeculum«: Thomas Müntzer und Martin Luther, Mühlhausen 2002

Goertz 2004: Hans-Jürgen Goertz, Deutschland 1500–1648. Eine zertrennte Welt, Paderborn u. a. 2004

Goetz 1992: Hans-Werner Goetz, Die Gegenwart der Vergangenheit im früh- und hochmittelalterlichen Geschichtsbewußtsein, in: Historische Zeitschrift 255 (1992) 61–97

Goetz 2003: Hans-Werner Goetz, Vorstellungen und Wahrnehmungen mittelalterlicher Zeitzeugen. Neue Fragen an die mittelalterliche Historiografie, in: Wolfgang Hasberg/Manfred Seidenfuß (Hg.), Mittelalter zwischen Politik und Kultur. Kulturwissenschaftliche Erweiterung der Mittelalter-Didaktik, Neuried 2003, 45–57

Goez 1958: Translatio imperii. Ein Beitrag zur Geschichte des Geschichtsdenkens und der politischen Theorien im Mittelalter und in der frühen Neuzeit, Tübingen 1958

Goffman 1973: Erving Goffman, Asyle. Über die soziale Situation psychischer Patienten und anderer Insassen, Frankfurt a. M. 1973

Goldish/Popkin 2001: Matt Goldish/Richard H. Popkin (Hg.), Millenarianism and messianism in early modern European culture, Bd. I: Jewish messianism in the early modern world, Dordrecht/Boston/London 2001

Golinski 1993: Jan Golinski, Das geheime Leben eines Alchimisten, in: John Fauvel u. a. (Hg.), Newtons Werk. Die Begründung der modernen Naturwissenschaft, Basel/Boston/Berlin 1993, 191–215

Goloubeva 2000: Maria Goloubeva, The glorification of emperor Leopold I in image, spectacle and text, Mainz 2000

Goody 1991: Jack Goody, The time of the telling and the telling of time in written and oral cultures, in: John Bender/David E. Wellerby (Hg.), Chronotypes. The construction of time, Stanford 1991, 77–96

Gottlieb 1984: Gunther Gottlieb u. a. (Hg.), Geschichte der Stadt Augsburg von der Römerzeit bis zur Gegenwart, Stuttgart 1984

Goudsblom 2000: Johan Goudsblom, Die Entdeckung des Feuers, Frankfurt a. M./ Leipzig 2000

Gould 1990: Stephen Jay Gould, Die Entdeckung der Tiefenzeit. Zeitpfeil und Zeitzyklus in der Geschichte unserer Erde, München/Wien 1990

Graf 2011: Rüdiger Graf, Zeit und Zeitkonzeptionen in der Zeitgeschichte, in: Docupedia-Zeitgeschichte, 26. 9. 2011, http://docupedia.de/zg/Zeit_und_ Zeitkonzeptionen_in_der_Zeitgeschichte (letzter Zugriff 26. 1. 2012)

Grafton 2003: Anthony Grafton, Dating history: the Renaissance & the reformation of chronology, in: Daedalus, Spring (2003) 74–85

Graus 1987: František Graus, Funktionen der spätmittelalterlichen Geschichtsschreibung, in: Hans Patze (Hg.), Geschichtsschreibung und Geschichtsbewusstsein im späten Mittelalter, Sigmaringen 1987, 11–55

Green 1996: Ian Green, The Christian's ABC. Catechism and catechizing in England c. 1530–1740, Oxford 1996

Greene 1959: John C. Greene, The death of Adam. Evolution and its impact on western thought, Iowa 1959

Greilich/Mix 2006: Susanne Greilich/York-Gothart Mix, Einleitung, in: dies. (Hg.), Populäre Kalender im vorindustriellen Europa: Der ›Hinkende Bote‹/ ›Messager boiteux‹. Kulturwissenschaftliche Analysen und bibliographisches Repertorium. Ein Handbuch, Berlin/New York 2006

Greve/Schnabel 2011: Jens Greve/Annette Schnabel (Hg.), Emergenz. Zur Analyse und Erklärung komplexer Strukturen, Berlin 2011

Greyerz 1994: Kaspar v. Greyerz, England im Jahrhundert der Revolutionen, 1603–1717, Stuttgart 1994

Greyerz 1999: Kaspar v. Greyerz, Die Konfessionalisierung der Apokalyptik, in: Urban Fink/Alfred Schindler (Hg.), Zeitstruktur und Apokalyptik. Interdisziplinäre Betrachtungen zur Jahrtausendwende, Zürich 1999, 163–179

Greyerz 2000: Kaspar v. Greyerz, Religion und Kultur. Europa 1500–1800, Göttingen 2000

Greyerz 2010: Kaspar v. Greyerz, Passagen und Stationen. Lebensstufen zwischen Mittelalter und Moderne, Göttingen 2010

Griesser 1985: Markus Griesser, Die Kometen im Spiegel der Zeiten. Eine Dokumentation, Bern/Stuttgart 1985

Griffin 2008: Roger Griffin, A fascist century. Essays, Houndmills/New York 2008

Grimm 1897: Art. ›Gegenwart‹, in: Jacob Grimm/Wilhelm Grimm, Deutsches Wörterbuch, Bd. IV/I/2, Leipzig 1897, Sp. 2281–2292

Groh 2010: Dieter Groh, Göttliche Weltökonomie. Perspektiven der Wissenschaftlichen Revolution vom 15. bis zum 17. Jahrhundert, Berlin 2010

Groschwitz 2007: Helmut Groschwitz, Historizität am Beispiel der heutigen Mondkalender, in: Andreas Hartmann/Silke Meyer/Ruth-E. Mohrmann (Hg.), Historizität. Vom Umgang mit Geschichte, Münster 2007, 163–178

Grosholz 2011: Emily Grosholz, Reference and analysis: the representation of time in Galilei, Newton, and Leibniz, in: Journal of the History of Ideas 72 (2011) 333–350

Grote 1994: Andreas Grote (Hg.), Macrocosmos in Microcosmo. Die Welt in der Stube. Zur Geschichte des Sammelns 1450–1800, Opladen 1994

Grübler 2009: Gerd Grübler, Was ist Zeit? Zeit als Bühne und Zeit als Schicksal, in: Marian Nebelin/Andreas Deußer (Hg.), Was ist Zeit? Philosophische und geschichtstheoretische Ansätze, Berlin 2009, 39–50

Gumbrecht 2010: Hans Ulrich Gumbrecht, Unsere breite Gegenwart, Frankfurt a. M. 2010

Gurjewitsch 1989: Aaron J. Gurjewitsch, Das Weltbild des mittelalterlichen Menschen, 4. Aufl. München 1989

Gutzwiller 1978: Hellmut Gutzwiller, Die Einführung des Gregorianischen Kalenders in der Eidgenossenschaft in konfessioneller, volkskundlicher, staatsrechtlicher und wirtschaftspolitischer Schau, in: Zeitschrift für Schweizerische Kirchengeschichte 72 (1978) 54–73

Habermas 1979: Jürgen Habermas, Strukturwandel der Öffentlichkeit. Untersuchungen zu einer Kategorie der bürgerlichen Gesellschaft, 10. Aufl. Darmstadt/Neuwied 1979

Habsburg 1997: Géza v. Habsburg, Fürstliche Kunstkammern in Europa, Stuttgart/ Berlin/Köln 1997

Hacking 1975: Ian Hacking, The emergence of probability. A philosophical study of early ideas about probability, induction and statistical inference, Cambridge 1975

Halbwachs 1985: Maurice Halbwachs, Das kollektive Gedächtnis, Frankfurt a. M. 1985

Hall 1992: A. Rupert Hall, Isaac Newton. Adventurer in thought, Cambridge 1992

Hamel 1999: Jürgen Hamel, Erhard Weigel und die Kalenderreform des Jahres 1700, in: Reinhard E. Schielicke/Klaus-Dieter Herbst/Stefan Kratochwil (Hg.), Erhard Weigel – 1625 bis 1699. Barocker Erzvater der deutschen Frühaufklärung, Thun/Frankfurt a. M. 1999, 135–156

Hamel 2000: Jürgen Hamel, »Die Bibliothek des gemeinen Mannes«. Matthias Weete (1651–1739): Kalendermacher und Pfarrer aus Breuna, in: Zeitschrift des Vereins für Hessische Geschichte 105 (2000) 33–57

Hampl-Kallbrunner 1962: Gertraud Hampl-Kallbrunner, Beiträge zur Geschichte der Kleiderordnungen mit besonderer Berücksichtigung Österreichs, Wien 1962

Hanisch 1989: Manfred Hanisch, Politik in und mit Kalendern (1500–1800). Eine Studie zur Endterschen Kalendersammlung in Nürnberg, in: Jahrbuch für Fränkische Landesforschung 49 (1989) 59–76

Hanß 2012: Stefan Hanß, »Bin auff diße Welt gebohren worden«. Geburtsdatierungen in frühneuzeitlichen Selbstzeugnissen, in: Achim Landwehr (Hg.), Frühe Neue Zeiten. Zeitwissen zwischen Reformation und Revolution, Bielefeld 2012, 105–153

Harms/Schilling 2008: Harms, Wolfgang/Schilling, Michael (Hg.), Das illustrierte Flugblatt der frühen Neuzeit. Tradition, Wirkung, Kontexte, Stuttgart 2008

Harris 1966: Victor Harris, All coherence gone. A study of the seventeenth century controversy over disorder and decay in the universe, 2. Aufl. London 1966

Härter 2003: Karl Härter, Freiheitsentziehende Sanktionen in der Strafjustiz des frühneuzeitlichen Alten Reiches, in: Comparativ 13 (2003) Heft 5/6, 67–99

Haupt 2001: Barbara Haupt (Hg.), Endzeitvorstellungen, Düsseldorf 2001

Hazard 1965: Paul Hazard, Die Krise des europäischen Geistes, 5. Aufl. Hamburg [1965]

Hecht 1976: Jacqueline Hecht, L'idée de dénombrement jusqu'à la Révolution, in: Pour une histoire de la statistique, Bd. 1, Paris 1976, 21–81

Heck 2002a: Kilian Heck, Genealogie als Monument und Argument. Der Beitrag dynastischer Wappen zur politischen Raumbildung der Neuzeit, München/ Berlin 2002

Heck 2002b: Kilian Heck, Das Fundament der Machtbehauptung. Die Ahnentafel als genealogische Grundstruktur der Neuzeit, in: Sigrid Weigel (Hg.), Genealogie und Genetik. Schnittstellen zwischen Biologie und Kulturgeschichte, Berlin 2002, 45–56

Heck/Jahn 2000: Kilian Heck/Bernhard Jahn, Genealogie in Mittelalter und Früher Neuzeit. Leistungen und Aporien einer Denkform, in: dies. (Hg.), Genealogie als Denkform in Mittelalter und Früher Neuzeit, Tübingen 2000, 1–9

Heiss/Klingenstein 1983: Gernot Heiss/Grete Klingenstein (Hg.), Das Osmanische Reich und Europa 1683 bis 1789. Konflikt, Entspannung und Austausch, München 1983

Hellholm/Frankfurter 1998: David Hellholm/David Frankfurter, Apokalypse, in: Religion in Geschichte und Gegenwart, Bd. 1, 4. Aufl. Tübingen 1998, Sp. 585–589

Hennig 1974: J. Hennig, Gegenwart, in: Joachim Ritter (Hg.), Historisches Wörterbuch der Philosophie, Bd. 3, Basel/Stuttgart 1974, 136–138

Herbst 2007: Klaus-Dieter Herbst, Der Kalenderschatz im Stadtarchiv Altenburg, in: Jahrbuch für Kommunikationsgeschichte 9 (2007) 211–239

Herbst 2008a: Klaus-Dieter Herbst, Das Neueste im Jahresrhythmus. Zur Professionalisierung des Kalenderwesens im 17. Jahrhundert, in: Astrid Blome/Holger Böning (Hg.), Presse und Geschichte. Leistungen und Perspektiven der historischen Presseforschung, Bremen 2008, 97–124

Herbst 2008b: Klaus-Dieter Herbst, Verzeichnis der Schreibkalender des 17. Jahrhunderts, Jena 2008

Herbst 2008c: Klaus-Dieter Herbst (Hg.), Christen-, Juden- und Türkenkalender für das Jahr 1667 verfaßt von Gottfried Kirch, Jena 2008

Herbst 2009: Klaus-Dieter Herbst, Die Jahreskalender – Ein Medium für gelehrte Kommunikation, in: ders./Stefan Kratochwil (Hg.), Kommunikation in der Frühen Neuzeit, Frankfurt a. M. u. a. 2009, 189–223

Herbst 2010: Klaus-Dieter Herbst, Die Schreibkalender im Kontext der Frühaufklärung, Jena 2010

Herbst 2011: Klaus-Dieter Herbst, Das Pressemedium Zeitung in den großen Schreibkalendern, in: Volker Bauer/Holger Böning (Hg.), Die Entstehung des Zeitungswesens im 17. Jahrhundert. Ein neues Medium und seine Folgen für das Kommunikationssystem der Frühen Neuzeit, Bremen 2011, 87–114

Herlihy 1998: David Herlihy, Der Schwarze Tod und die Verwandlung Europas, Berlin 1998

Hermann 2010: Sebastian Herrmann, Mond-Käse. Der Siegeszug der Mondkalender: Wie binnen 20 Jahren ein Aberglaube zum Allgemeingut wurde, in: Süddeutsche Zeitung, 13/14. 11. 2010, 24

Hierl-Deronco 2001: Norbert Hierl-Deronco, Es ist eine Lust zu bauen. Von Bauherren, Bauleuten und vom Bauen im Barock in Kurbayern-Franken-Rheinland, Krailling 2001

Hildesheimer 1985: Françoise Hildesheimer, La monarchie administrative face à la peste, in: Revue d'Histoire Moderne et Contemporaine 36 (1985) 302–310

Hill 1971: Christopher Hill, Antichrist in seventeenth-century England, London 1971

Hill 1973: Christopher Hill, The world turned upside down. Radical ideas during the English Revolution, 2. Aufl. London 1973

Hill 1988: Christopher Hill, »Till the conversion of the jews«, in: Richard H. Popkin (Hg.), Millenarianism and messianism in English literature and thought 1650–1800, Leiden 1988, 12–36

Hinkle 2006: William G. Hinkle, A history of Bridwell Prison 1553–1700, Lewiston/Queenston/Lampeter 2006

Hinrichs 1964: Carl Hinrichs, Die Idee des geistigen Mittelpunktes Europas im 17. und 18. Jahrhundert, in: ders., Preußen als historisches Problem. Gesammelte Abhandlungen, Berlin 1964, 272–298

Hirsch 2000: Eike Christian Hirsch, Der berühmte Herr Leibniz. Eine Biographie, München 2000

Hobsbawm 1972: Eric Hobsbawm, The social function of the past: some questions, in: Past & Present 55 (1972) 3–17

Hobsbawm/Ranger 1983: Eric Hobsbawm/Terence Ranger (Hg.), The invention of tradition, Cambridge 1983

Hodgen 1964: Margaret T. Hodgen, Early anthropology in the sixteenth and seventeenth centuries, Philadelphia 1964

Höfert 2003: Almut Höfert, Den Feind beschreiben. »Türkengefahr« und europäisches Wissen über das Osmanische Reich 1450–1600, Frankfurt a. M./New York 2003

Hölscher 1999: Lucian Hölscher, Die Entdeckung der Zukunft, Frankfurt a. M. 1999

Hölscher 2009: Lucian Hölscher, Semantik der Leere. Grenzfragen der Geschichtswissenschaft, Göttingen 2009

Hoock 1980: Jochen Hoock, Statistik und politische Ökonomie. Zum Wandel der politischen und ökonomischen Wissensformen in Frankreich in der zweiten Hälfte des 17. Jahrhunderts, in: Mohammed Rassem/Justin Stagl (Hg.), Statistik und Staatsbeschreibung in der Neuzeit, vornehmlich im 16.–18. Jahrhundert, Paderborn u. a. 1980, 307–323

Hotson 2000: Howard Hotson, Johann Heinrich Alsted 1588–1638. Between Renaissance, Reformation, and univeral reform, Oxford 2000

Huizinga 1975: Johan Huizinga, Herbst des Mittelalters. Studien über Lebens- und Geistesformen des 14. und 15. Jahrhunderts in Frankreich und in den Niederlanden, 11. Aufl. Stuttgart 1975

Hunter 1988: J. Paul Hunter, »News, and new things«: contemporaneity and the early English novel, in: Critical Inquiry 14 (1988) 493–515

Hutton 2001: Sarah Hutton, The appropriation of Joseph Mede: Millenarianism in the 1640s, in: James E. Force/Richard H. Popkin (Hg.), Millenarianism and messianism in early modern European culture, Bd. III: The millenarian turn: millenarian contexts of science, politics, and everyday Anglo-American life in the seventeenth and eighteenth centuries, Dordrecht/Boston/London 2001, 1–13

Idel 1998: Moshe Idel, Jewish apocalypticism: 670–1670, in: Bernard McGinn (Hg.), The encyclopedia of apocalypticism, Bd. 2: Apocalypticism in Western history and culture, New York 1998, 204–237

Impey/MacGregor 1985: Oliver Impey/Arthur MacGregor (Hg.), The origins of museums. The cabinet of curisosities in sixteenth- and seventeenth-century Europe, Oxford 1985

Iseli 2009: Andrea Iseli, Gute Policey. Öffentliche Ordnung in der Frühen Neuzeit, Stuttgart 2009

Jammer 2006: Max Jammer, Concepts of simultaneity. From antiquity to Einstein and beyond, Baltimore 2006

Jauß 1964: Hans Robert Jauß, Ästhetische Normen und geschichtliche Reflexion in der »Querelle des Anciens et des Modernes«, in: Charles Perrault, Parallèle des Anciens et des Modernes en ce qui regarde les arts et les sciences, München 1964, 8–64

Jauß 1979: Hans Robert Jauß, Literaturgeschichte als Provokation, 6. Aufl. Frankfurt a. M. 1979

Jesse 2000: Horst Jesse, Die Gregorianische Kalenderreform von 1582 in Augsburg, in: Jahrbuch des Vereins für Augsburger Bistumsgeschichte 34 (2000) 81–108

Johnston 2011: Warren Johnston, Revelation restored. The apocalypse in later seventeenth-century England, Woodbridge/Rochester 2011

Johnston Gordon 2009: Rona Johnston Gordon, Controlling time in the Habsburg Lands. The introduction of the Gregorian Calendar in Austria below the Enns, in: Austrian History Yearbook 40 (2009) 28–36

Jordán 2003: María V. Jordán, The empire of the future and the chosen people: Father António Vieira and the prophetic tradition in the Hispanic world, in: Luso-Brazilian Review 40 (2003) 45–57

Jue 2006: Jeffrey K. Jue, Heaven upon earth. Joseph Mede (1586–1638) and the legacy of millenarianism, Dordrecht 2006
Jung 2012: Theo Jung, Zeichen des Verfalls. Semantische Studien zur Entstehung der Kulturkritik im 18. und frühen 19. Jahrhundert, Göttingen 2012

Kaempfer 1996: Wolfgang Kaempfer, Zeit des Menschen. Das Doppelspiel der Zeit im Spektrum der menschlichen Erfahrung, Frankfurt a. M./Leipzig 1996
Kamen 1974: Henry Kamen, Golden age, iron age: a conflict of concepts in the Renaissance, in: The Journal of Medieval and Renaissance Studies 4 (1974) 135–155
Kapitza 1981: Peter K. Kapitza, Ein bürgerlicher Krieg in der gelehrten Welt. Zur Geschichte der Querelle des Anciens et des Modernes in Deutschland, München 1981
Kaplan/Méchoulan/Popkin 1989: Yosef Kaplan/Henry Méchoulan/Richard H. Popkin (Hg.), Menasseh ben Israel and his world, Leiden u. a. 1989
Kaschuba 2004: Wolfgang Kaschuba, Die Überwindung der Distanz. Zeit und Raum in der europäischen Moderne, Frankfurt a. M. 2004
Kaufmann 2007: Thomas Kaufmann, Apokalyptische Deutung und politisches Denken im lutherischen Protestantismus in der Mitte des 16. Jahrhunderts, in: Arndt Brendecke/Ralf-Peter Fuchs/Edith Koller (Hg.), Die Autorität der Zeit in der Frühen Neuzeit, Berlin 2007, 411–453
Kaufmann 2009: Thomas Kaufmann, Geschichte der Reformation, Frankfurt a. M./Leipzig 2009
Kellner 1969: Hansfried Kellner, Einleitung, in: George H. Mead, Philosophie der Sozialität. Aufsätze zur Erkenntnisanthropologie, Frankfurt a. M. 1969, 9–35
Kellner 2004: Beate Kellner, Ursprung und Kontinuität. Studien zum genealogischen Wissen im Mittelalter, München 2004
Kemler 1998: Herbert Kemler, Reformation als »Lernprogramm«. Historische, theologische, pädagogische Beobachtungen an Luthers Kleinem Katechismus, in: Jahrbuch der Hessischen Kirchengeschichtlichen Vereinigung 49 (1998) 1–12
Kern 1919: Fritz Kern, Recht und Verfassung im Mittelalter, in: Historische Zeitschrift 120 (1919) 1–79
Kiening 2006: Christian Kiening, Gegenwärtigkeit. Historische Semantik und mittelalterliche Literatur, in: Scientia Poetica 10 (2006) 19–46
Kiesant 2004: Knut Kiesant, Kalenderliteratur und Sprichwortsammlungen, in: Werner Röcke/Marina Münkler (Hg.), Hansers Sozialgeschichte der deutschen Literatur vom 16. Jahrhundert bis zur Gegenwart, Bd. 1: Die Literatur im Übergang vom Mittelalter zur Neuzeit, München/Wien 2004, 596–616

Kirov 2007: Jani Kirov, Eine andere Geschichte der Zeit, in: Rechtsgeschichte 11 (2007) 12–15

Klapisch-Zuber 2004: Christiane Klapisch-Zuber, Stammbäume. Eine illustrierte Geschichte der Ahnenkunde, München 2004

Klein 2008: Stefan Klein, Zeit. Der Stoff aus dem das Leben ist. Eine Gebrauchsanleitung, Frankfurt a. M. 2008

Kleinert 1980: Annemarie Kleinert, Die frühen Modejournale in Frankreich. Studien zur Literatur der Mode von den Anfängen bis 1848, Berlin 1980

Klempt 1960: Adalbert Klempt, Die Säkularisierung der universalhistorischen Auffassung. Zum Wandel des Geschichtsdenkens im 16. und 17. Jahrhundert, Göttingen/Berlin/Frankfurt a. M. 1960

Knebel 2000: Sven K. Knebel, Wille, Würfel und Wahrscheinlichkeit. Das System der moralischen Notwendigkeit in der Jesuitenscholastik 1550–1700, Hamburg 2000

Knopf 1982: Jan Knopf, Alltages-Ordnung. Ein Querschnitt durch den alten Volkskalender. Aus württembergischen und badischen Kalendern des 17. und 18. Jahrhunderts zusammengestellt und erläutert, Tübingen 1982

Knopf 1999: Jan Knopf, Kalender, in: Ernst Fischer/Wilhelm Haefs/York-Gothart Mix (Hg.), Von Almanach bis Zeitung. Ein Handbuch der Medien in Deutschland 1700–1800, 121–136

Knowles 1959: M. D. Knowles, Great historical enterprises II. The Maurists, in: Transactions of the Royal Historical Society 9 (1959) 169–187

Koch 1997: Klaus Koch, Europa, Rom und der Kaiser vor dem Hintergrund von zwei Jahrtausenden Rezeption des Buches Daniel, Hamburg 1997

Koenigsberger 1990: Helmut G. Koenigsberger, Sinn und Unsinn des Dekadenzproblems in der europäischen Geschichte der Frühen Neuzeit, in: Johannes Kunisch (Hg.), Spätzeit. Studien zu den Problemen eines historischen Epochenbegriffs, Berlin 1990, 137–157

Kohls 1971: Ernst-Wilhelm Kohls, Evangelische Katechismen der Reformationszeit vor und neben Luthers Kleinem Katechismus, Gütersloh 1971

Koller 2007: Edith Koller, Die Suche nach der richtigen Zeit – Die Auseinandersetzung um die Autorisierung der Gregorianischen Kalenderreform im Alten Reich, in: Arndt Brendecke/Ralf-Peter Fuchs/dies. (Hg.), Die Autorität der Zeit in der Frühen Neuzeit, Berlin 2007, 233–255

Kopplin 1987: Monika Kopplin, Turcica und Turquerien. Zur Entwicklung des Türkenbildes und Rezeption osmanischer Motive vom 16. bis 18. Jh., in: Exotische Welten – Europäische Phantasien, Stuttgart 1987, 150–163

Korn 1957: Dietrich Korn, Das Thema des Jüngsten Tages in der deutschen Literatur des 17. Jahrhunderts, Tübingen 1957

Kortum 1966: Hans Kortum, Charles Perrault und Nicolas Boileau. Der Antike-Streit im Zeitalter der klassischen französischen Literatur, Berlin 1966
Koselleck 1989: Reinhart Koselleck, Vergangene Zukunft. Zur Semantik geschichtlicher Zeiten, Frankfurt a. M. 1989
Koselleck 2003: Reinhart Koselleck, Zeitschichten. Studien zur Historik, Frankfurt a. M. 2003
Koselleck 2006: Reinhart Koselleck, Wiederholungsstrukturen in Sprache und Geschichte, in: Saeculum 57 (2006) 1–15
Koselleck/Widmer 1980: Reinhart Koselleck/Paul Widmer (Hg.), Niedergang. Studien zu einem geschichtlichen Thema, Stuttgart 1980
Koslofsky 2000: Craig M. Koslofsky, The Reformation of the dead. Death and ritual in early modern Germany, 1450–1700, Houndmills/New York 2000
Köstlbauer 2004: Josef Köstlbauer, Europa und die Osmanen. Der identitätsstiftende »Andere«, in: Wolfgang Schmale u. a., Studien zur europäischen Identität im 17. Jahrhundert, Bochum 2004, 45–71
Kottman 2001: Karl A. Kottman (Hg.), Millenarianism and messianism in early modern European culture, Bd. II: Catholic millenarianism: From Savonarola to the Abbé Grégoire, Dordrecht/Boston/London 2001
Kracauer 1971: Siegfried Kracauer, Schriften 4: Geschichte – Vor den letzten Dingen, Frankfurt a. M. 1971
Kraemer 1996: Ulrike Kraemer, Translatio imperii et studii. Zum Geschichts- und Kulturverständnis in der französischen Literatur des Mittelalters und der frühen Neuzeit, Bonn 1996
Kraus 2002: Hans-Christof Kraus, Zeitungen, Zeitschriften, Flugblätter, Pamphlete, in: Michael Maurer (Hg.), Aufriß der Historischen Wissenschaften, Bd. 4: Quellen, Stuttgart 2002, 373–401
Krause 1999: Thomas Krause, Geschichte des Strafvollzugs. Von den Kerkern des Altertums bis zur Gegenwart, Darmstadt 1999
Krauss 1966: Werner Krauss, Der Streit der Altertumsfreunde mit den Anhängern der Moderne und die Entstehung des geschichtlichen Weltbildes, in: ders./Hans Kortum (Hg.), Antike und Moderne in der Literaturdiskussion des 18. Jahrhunderts, Berlin 1966, IX–LX
Krauss 1969: Werner Krauss, Fontenelle und die Aufklärung, München 1969
Kreiser 2001: Klaus Kreiser, Der osmanische Staat, 1300–1922, München 2001
Kubler 1982: George Kubler, Die Form der Zeit. Anmerkungen zur Geschichte der Dinge, Frankfurt a. M. 1982
Kümmel 2004: Friedrich Kümmel, Zum Verhältnis von Zeit und Gegenwart, in: Siegfried Reusch (Hg.), Das Rätsel Zeit. Ein philosophischer Streifzug, Darmstadt 2004, 73–81

Kunz 1980: Erhard Kunz, Protestantische Eschatologie. Von der Reformation bis zur Aufklärung (Handbuch der Dogmengeschichte, Bd. IV, Faszikel 7c/1), Freiburg/Basel/Wien 1980

Laak 2008: Dirk van Laak, Planung. Geschichte und Gegenwart des Vorgriffs auf die Zukunft, in: Geschichte und Gesellschaft 34 (2008) 305–326

Laïdi 2000: Zaki Laïdi, Le sacre du présent, Paris 2000

Landes 1983: David S. Landes, Revolution in time. Clocks and the making of the modern world, Cambridge/London 1983

Landes 2000: Richard A. Landes (Hg.), Encyclopedia of millenialism and millenial movements, New York/London 2000

Landes 2011: Richard A. Landes, Heaven on earth. The varieties of the millenial experience, Oxford/New York 2011

Landwehr 2002: Achim Landwehr, Das Sichtbare sichtbar machen. Annäherungen an ›Wissen‹ als Kategorie historischer Forschung, in: Achim Landwehr (Hg.), Geschichte(n) der Wirklichkeit. Beiträge zur Sozial- und Kulturgeschichte des Wissens, Augsburg 2002, 61–89

Landwehr 2006: Achim Landwehr, Das Verschwinden der Pest. Soziale und kulturelle Konsequenzen in Europa um 1700, in: Zeitschrift für Geschichtswissenschaft 54 (2006) 761–785

Landwehr 2007: Achim Landwehr, Die Erschaffung Venedigs. Raum, Bevölkerung, Mythos 1570–1750, Paderborn u. a. 2007

Landwehr 2012a: Achim Landwehr (Hg.), Frühe Neue Zeiten. Zeitwissen zwischen Reformation und Revolution, Bielefeld 2012

Landwehr 2012b: Achim Landwehr, Alte Zeiten, Neue Zeiten. Aussichten auf die Zeit-Geschichte, in: ders. (Hg.), Frühe Neue Zeiten. Zeitwissen zwischen Reformation und Revolution, Bielefeld 2012, 9–40

Landwehr 2012c: Achim Landwehr, Von der ›Gleichzeitigkeit des Ungleichzeitigen‹, in: Historische Zeitschrift 295 (2012) 1–34

Landwehr 2012d: Achim Landwehr, Zeitrechnung, in: Pim den Boer u. a. (Hg.), Europäische Erinnerungsorte 1. Mythen und Grundbegriffe des europäischen Selbstverständnisses, München 2012, 227–236

Landwehr 2013: Achim Landwehr, Über den Anachronismus, in: Zeitschrift für Geschichtswissenschaft 61 (2013) 5–29

Lang 1968: Helmut W. Lang, Wiener Wandkalender des 15. und 16. Jahrhunderts, in: Biblos 17 (1968) 40–50

Lang 2004: Matthias Lang, »Der Vrsprung aber der Pestilentz ist nicht natürlich, sondern übernatürlich …«. Medizinische und theologische Erklärung der Seuche im Spiegel protestantischer Pestschriften 1527–1650, in: Otto Ulbricht

(Hg.), Die leidige Seuche. Pest-Fälle in der Frühen Neuzeit, Köln/Weimar/Wien 2004, 133–180

Langer 1989: Horst Langer, »Ala mode«-Gebaren und »altdeutsches Wesen« in J. M. Moscheroschs Satire »Wunderliche und Wahrhafftige Gesichte Philanders von Sittewalt«, in: Deutung und Wertung als Grundprobleme philologischer Arbeit, Greifswald 1989, 152–161

Latour 2002: Bruno Latour, Wir sind nie modern gewesen. Versuch einer symmetrischen Anthropologie, 2. Aufl. Frankfurt a. M. 2002

Laub/Kehl/Baumgartner 1994: Franz Laub/Medard Kehl/Hans Michael Baumgartner, Chiliasmus, in: Lexikon für Theologie und Kirche, Bd. 2, 3. Aufl., Freiburg i. Br. u. a. 1994, Sp. 1045–1049

Lazardzig 2006: Jan Lazardzig, »Masque der Possibilität«. Experiment und Spektakel barocker Projektemacherei, in: Helmar Schramm/Ludger Schwarte/ders. (Hg.), Spektakuläre Experimente. Praktiken der Evidenzproduktion im 17. Jahrhundert, Berlin/New York 2006, 176–212

Lazardzig 2007: Jan Lazardzig, Theatermaschine und Festungsbau. Paradoxien der Wissensproduktion im 17. Jahrhundert, Berlin 2007

Le Bras 2000: Hervé Le Bras, Naissance de la mortalité. L'origine politique de la statistique et de la démographie, Paris 2000

Le Goff 1977: Jacques Le Goff, Zeit der Kirche und Zeit des Händlers im Mittelalter, in: Claudia Honegger (Hg.), Schrift und Materie der Geschichte. Vorschläge zur systematischen Aneignung historischer Prozesse, Frankfurt a. M. 1977, 393–414

Le Goff 1992: Jacques Le Goff, Geschichte und Gedächtnis, Frankfurt a. M./New York/Paris 1992

Le Goff 2004: Jacques Le Goff, Auf der Suche nach dem Mittelalter. Ein Gespräch, München 2004

Le Roy Ladurie 1989: Emmanuel Le Roy Ladurie, Montaillou. Ein Dorf vor dem Inquisitor 1294 bis 1324, Frankfurt a. M./Berlin 1989

Lebovic 2010: Nitzan Lebovic, The sovereignty of modern times: different concepts of time and the modernist perspective, in: History and Theory 49 (2010) 281–288

Leclercq 1974: Jean Leclercq, Zeiterfahrung und Zeitbegriff im Spätmittelalter, in: Albert Zimmermann (Hg.), Antiqui und Moderni. Traditionsbewußtsein und Fortschrittsbewußtsein im späten Mittelalter, Berlin/New York 1974, 1–20

Leggewie/Welzer 2009: Claus Leggewie/Harald Welzer, Das Ende der Welt, wie wir sie kannten. Klima, Zukunft und die Chancen der Demokratie, Frankfurt a. M. 2009

Lehmann 1985: Hartmut Lehmann, Die Kometenflugschriften des 17. Jahrhunderts als historische Quelle, in: Wolfgang Brückner/Peter Blickle/Dieter Breuer (Hg.), Literatur und Volk im 17. Jahrhundert. Probleme populärer Kultur in Deutschland, Wiesbaden 1985, 683–700

Lehmann 1992: Hartmut Lehmann, Endzeiterwartung im Luthertum im späten 16. und im frühen 17. Jahrhundert, in: Hans-Christoph Rublack (Hg.), Die lutherische Konfessionalisierung in Deutschland, Heidelberg 1992, 545–554

Lehmann 1999: Hartmut Lehmann, Weltende 1630: Daniel Schallers Vorhersage von 1595, in: Manfred Jakubowski-Tiessen u.a. (Hg.), Jahrhundertwenden. Endzeit- und Zukunftsvorstellungen vom 15. bis zum 20. Jahrhundert, Göttingen 1999, 147–161

Lehner 1984: Julia Lehner, Die Mode im alten Nürnberg. Modische Entwicklung und sozialer Wandel in Nürnberg, aufgezeigt an den Nürnberger Kleiderordnungen, Nürnberg 1984

Leppin 2008: Volker Leppin, »... mit dem künfftigen Jüngsten Tag und Gericht vom sünden schlaff auffgeweckt«. Lutherische Apokalyptik zwischen Identitätsvergewisserung und Sozialdisziplinierung (1548–1618), in: Wolfram Brandes/Felicitas Schmieder (Hg.), Endzeiten. Eschatologie in den monotheistischen Weltreligionen, Berlin/New York 2008, 339–349

Leslie 1970: Margaret Leslie, In defence of anachronism, in: Political Studies 18 (1970) 433–447

Levin 1969: Harry Levin, The myth of the Golden Age in the Renaissance, Bloomington/London 1969

Levine 1991: Joseph M. Levine, The battle of the books. History and literature in the Augustan age, Ithaca/London 1991

Levine 1998: Robert Levine, Eine Landkarte der Zeit. Wie Kulturen mit Zeit umgehen, München/Zürich 1998

Levine 1999: Joseph M. Levine, Between the ancients and the moderns. Baroque culture in Restoration England, New Haven/London 1999

Liedtke 2009: Max Liedtke, »Wiederholungen« als umfassendes kosmologisches Strukturmerkmal. Erscheinungsformen, Funktionen und mögliche Ursachen, in: Hartmut Heller (Hg.), Wiederholungen. Von Wellengängen und Reprisen in der Kulturentwicklung, Berlin 2009, 13–29

Livi Bacci 1999: Massimo Livi Bacci, Europa und seine Menschen. Eine Bevölkerungsgeschichte, München 1999

Lovejoy 1993: Arthur O. Lovejoy, Die große Kette der Wesen. Geschichte eines Gedankens, Frankfurt a.M. 1993

Luckmann 1991: Thomas Luckmann, The constitution of human life in time, in: John Bender/David E. Wellerby (Hg.), Chronotypes. The construction of time, Stanford 1991, 151–166

Luhmann 1975: Niklas Luhmann, Weltzeit und Systemgeschichte. Über Beziehungen zwischen Zeithorizonten und sozialen Strukturen gesellschaftlicher Systeme, in: ders., Soziologische Aufklärung 2. Aufsätze zur Theorie der Gesellschaft, Opladen 1975, 103–133

Luhmann 1987: Niklas Luhmann, Soziale Systeme. Grundriß einer allgemeinen Theorie, Frankfurt a. M. 1987

Luhmann 1990: Niklas Luhmann, Die Zukunft kann nicht beginnen: Temporalstrukturen der modernen Gesellschaft, in: Peter Sloterdijk (Hg.), Vor der Jahrtausendwende: Berichte zur Lage der Zukunft, Bd. 1, Frankfurt a. M. 1990, 119–150

Luhmann 1991: Niklas Luhmann, Temporalstrukturen des Handlungssystems. Zum Zusammenhang von Handlungs- und Systemtheorie, in: ders., Soziologische Aufklärung 3. Soziales System, Gesellschaft, Organisation, 2. Aufl. Opladen 1991, 126–150

Luhmann 1993a: Niklas Luhmann, Gesellschaftsstruktur und Semantik. Studien zur Wissenssoziologie der modernen Gesellschaft, Bd. 1, Frankfurt a. M. 1993

Luhmann 1993b: Niklas Luhmann, Soziologische Aufklärung, Bd. 5: Konstruktivistische Perspektiven, 2. Aufl. Opladen 1993

Lundmark 1993: Lennart Lundmark, The historian's time, in: Time & Society 2 (1993) 61–74

MacCulloch 2008: Diarmaid MacCulloch, Die Reformation 1490–1700, München 2008

Macho 2001/2002: Thomas Macho, Zeitrechnung und Kalenderreform, in: Lab. Jahrbuch für Künste und Apparate 2001/02. Goodbye, Dear Pigeons, 204–227

Macho 2002: Thomas Macho, Stammbäume, Freiheitsbäume und Geniereligion. Anmerkungen zur Geschichte genealogischer Systeme, in: Sigrid Weigel (Hg.), Genealogie und Genetik. Schnittstellen zwischen Biologie und Kulturgeschichte, Berlin 2002, 15–43

Mackensen 1999: Ludolf v. Mackensen, Zeitmessung und Zeitvorstellungen in der Geschichte, in: Geburt der Zeit. Eine Geschichte der Bilder und Begriffe, Wolfratshausen 1999, 14–20

Maia Neto 2001: José R. Maia Neto, Vieira's epistemology of history, in: Karl A. Kottman (Hg.), Millenarianism and messianism in early modern European culture, Bd. II: Catholic millenarianism: From Savonarola to the Abbé Grégoire, Dordrecht/Boston/London 2001, 79–89

Maier 2011: Andreas Maier, Onkel J. Heimatkunde, Berlin 2011

Mainzer 1996: Klaus Mainzer, Zeit. Von der Urzeit zur Computerzeit, 2. Aufl. München 1996

Malich 2011: Lisa Malich, Zeitpfeile, Zeitfaltungen und Diskursanalyse: zu Kontinuitäten der Imaginationslehre, in: Berichte zur Wissenschaftsgeschichte 34 (2011) 363–378

Marchal 1988: Guy P. Marchal, Memoria, Fama, Mos Maiorum. Vergangenheit in mündlicher Überlieferung im Mittelalter unter besonderer Berücksichtigung der Zeugenaussagen in Arezzo von 1170/80, in: Jürgen v. Ungern-Sternberg/ Hansjörg Reinau (Hg.), Vergangenheit in mündlicher Überlieferung, Stuttgart 1988, 289–320

Masel 1997: Katharina Masel, Kalender und Volksaufklärung in Bayern. Zur Entwicklung des Kalenderwesens 1750 bis 1830, St. Ottilien 1997

Matthäus 1969: Klaus Matthäus, Zur Geschichte des Nürnberger Kalenderwesens, in: Archiv für Geschichte des Buchwesens 9 (1969) Sp. 965–1396

Matuz 1985: Josef Matuz, Das Osmanische Reich. Grundlinien seiner Geschichte, Darmstadt 1985

Mauelshagen 1998: Franz Mauelshagen, Illustrierte Kometenflugblätter in wahrnehmungsgeschichtlicher Perspektive, in: Wolfgang Harms/Michael Schilling (Hg.), Das illustrierte Flugblatt in der Kultur der Frühen Neuzeit, Frankfurt a. M. 1998, 101–136

Mauer 1999: Benedikt Mauer, Kalenderstreit und Krisenstimmung. Wahrnehmungen von Protestanten in Augsburg am Vorabend des Dreißigjährigen Krieges, in: Benigna v. Krusenstjern/Hans Medick (Hg.), Zwischen Alltag und Katastrophe. Der Dreißigjährige Krieg aus der Nähe, Göttingen 1999, 345–356

Maurer 1997: Helmut Maurer, Bäuerliches Gedächtnis und Landesherrschaft im 15. Jahrhundert. Zu einer oberschwäbischen »Kundschaft« von 1484, in: Christine Roll (Hg.), Recht und Reich im Zeitalter der Reformation. Festschrift für Horst Rabe, 2. Aufl. Frankfurt a. M. u. a. 1997, 179–198

Mayr 1980: Otto Mayr, Die Uhr als Symbol für Ordnung, Autorität und Determinismus, in: Klaus Maurice/ders. (Hg.), Die Welt als Uhr. Deutsche Uhren und Automaten 1550–1650, München/Berlin 1980, 1–9

Mayr 1987: Otto Mayr, Uhrwerk und Waage. Autorität, Freiheit und technische Systeme in der frühen Neuzeit, München 1987

McGinn 2002: Bernard McGinn, Wrestling with the millennium. Early modern catholic exegesis of Apocalypse 20, in: Abbas Amanat/Magnus Thorkell Bernhardsson (Hg.), Imagining the end. Visions of apocalypse from the ancient Middle East to modern America, London/New York, 148–167

McGlynn 2009: Margaret McGlynn, Memory, orality, and life records: proofs of age in Tudor England, in: Sixteenth Century Journal 40 (2009) 679–697

Mead 1969: George H. Mead, Philosophie der Sozialität. Aufsätze zur Erkenntnisanthropologie, Frankfurt a. M. 1969

Meid 2009: Volker Meid, Die deutsche Literatur im Zeitalter des Barock. Vom Späthumanismus zur Frühaufklärung 1570–1740, München 2009

Meierhofer 2011: Christian Meierhofer, Geplantes Durcheinander. Wissensorganisation und Zeitung im 17. Jahrhundert, in: Volker Bauer/Holger Böning (Hg.), Die Entstehung des Zeitungswesens im 17. Jahrhundert. Ein neues Medium und seine Folgen für das Kommunikationssystem der Frühen Neuzeit, Bremen 2011, 377–392

Meinzer 1992: Michael Meinzer, Der französische Revolutionskalender (1792–1805). Planung, Durchführung und Scheitern einer politischen Zeitrechnung, München 1992

Meise 1994: Helga Meise, »… bey einem jeden Monat eine wunderbare denckwürdige Historia«. Die Freundschen Kalender des ausgehenden 17. Jahrhunderts, in: Simpliciana. Schriften der Grimmelshausen-Gesellschaft 16 (1994) 167–185

Meise 2002: Helga Meise, Das archivierte Ich. Schreibkalender und höfische Repräsentation in Hessen-Darmstadt 1624–1790, Darmstadt 2002

Meise 2005: Helga Meise, Die ›Schreibfunktion‹ der frühneuzeitlichen Kalender: Ein vernachlässigter Aspekt der Kalenderliteratur, in: York-Gothart Mix (Hg.), Der Kalender als Fibel des Alltagswissens, Tübingen 2005, 1–15

Melville 1982: Gert Melville, Wozu Geschichte schreiben? Stellung und Funktion der Historie im Mittelalter, in: Reinhart Koselleck/Heinrich Lutz/Jörn Rüsen (Hg.), Formen der Geschichtsschreibung, München 1982, 86–146

Meumann 2004: Markus Meumann, Zurück in die Endzeit, oder: Ist die Moderne das Tausendjährige Reich Christi? Beobachtungen zum Verhältnis von heilsgeschichtlicher und säkularer Zukunftserwartung in der Neuzeit, in: Zeitschrift für Geschichtswissenschaft 52 (2004) 407–425

Meuthen 1983: Erich Meuthen, Der Fall von Konstantinopel und der lateinische Westen, in: Historische Zeitschrift 237 (1983) 1–35

Michelsen 1991: Peter Michelsen, Der Wahn vergnügt. Grimmelshausen als Kalendermacher, in: Simpliciana 13 (1991) 443–476

Minois 1998: Georges Minois, Geschichte der Zukunft. Orakel, Prophezeiungen, Utopien, Prognosen, Düsseldorf/Zürich 1998

Möhring 2000: Hannes Möhring, Der Weltkaiser der Endzeit. Entstehung, Wandel und Wirkung einer tausendjährigen Weissagung, Stuttgart 2000

Momigliano 1999: Arnaldo Momigliano, Alte Geschichte und antiquarische Forschung, in: Arnaldo Momigliano, Ausgewählte Schriften zur Geschichte und Geschichtsschreibung, Bd. 2: Spätantike bis Spätaufklärung, hg. v. Anthony Grafton, Stuttgart/Weimar 1999, 2–36

Mueller 2009: Markus Mueller, Beherrschte Zeit. Lebensorientierung durch Kalenderprognostik zwischen Antike und Neuzeit, Kassel 2009

Muhlack 1991: Ulrich Muhlack, Geschichtswissenschaft im Humanismus und in der Aufklärung. Die Vorgeschichte des Historismus, München 1991

Mühling 2009: Andreas Mühling, Der Heidelberger Katechismus im 16. Jahrhundert. Entstehung, Zielsetzung, Rezeption, in: Monatshefte für Evangelische Kirchengeschichte des Rheinlandes 58 (2009) 1–12

Müller u. a. 1993: Karlheinz Müller u. a., Apokalyptik, in: Lexikon für Theologie und Kirche, Bd. 1, 3. Aufl. Freiburg i. Br. u. a. 1993, Sp. 814–821

Müller 2013: Lothar Müller, Deadline. Zur Geschichte der Aktualität, in: Merkur 67 (2013) 291–304

Müller-Jahncke 1988: Wolf-Dieter Müller-Jahncke, Medizin und Pharmazie in Almanachen und Kalendern der frühen Neuzeit, in: Joachim Telle (Hg.), Pharmazie und der gemeine Mann. Hausarznei und Apotheke in der frühen Neuzeit, 2. Aufl. Weinheim 1988, 35–42

Mulsow 2012: Martin Mulsow, Prekäres Wissen. Eine andere Ideengeschichte der Frühen Neuzeit, Berlin 2012

Münch 1984: Paul Münch, Einleitung, in: ders. (Hg.), Ordnung, Fleiß und Sparsamkeit. Texte und Dokumente zur Entstehung der bürgerlichen Tugenden, München 1984, 9–38

Münch 1988: Paul Münch, Grundwerte der frühneuzeitlichen Ständegesellschaft? Aufriß einer vernachlässigten Thematik, in: Winfried Schulze (Hg.), Ständische Gesellschaft und soziale Mobilität, München 1988, 53–72

Münch 1996: Paul Münch, Lebensformen in der Frühen Neuzeit: 1500 bis 1800, Frankfurt a. M./Berlin 1996

Münch 1999: Paul Münch, Das Jahrhundert des Zwiespalts. Deutschland 1600–1700, Stuttgart/Berlin/Köln 1999

Münch 2000: Ingo v. Münch, Die Zeit im Recht, in: Neue Juristische Wochenschrift 2000, Heft 1, 1–7

Münch 2009: Paul Münch, Pest und Feuer. Die Londoner Doppelkatastrophe 1665/66, in: Historische Zeitschrift 288 (2009) 93–122

Mykkänen 1994: Juri Mykkänen, ›To methodize and to regulate them‹: William Petty's governmental science of statistics, in: History of Human Sciences 7 (1994) 65–88

Nagel/Wood 2005: Alexander Nagel/Christopher S. Wood, Interventions: toward a new model of Renaissance anachronism, in: The Art Bulletin 87 (2005) 403–415

Nassehi 2000: Armin Nassehi, Tempus fugit? ›Zeit‹ als differenzloser Begriff in Luhmanns Theorie sozialer Systeme, in: Helga Gripp-Hagelstange (Hg.), Niklas Luhmanns Denken. Interdisziplinäre Einflüsse und Wirkungen, Konstanz 2000, 23–52

Nassehi 2008: Armin Nassehi, Die Zeit der Gesellschaft. Auf dem Weg zu einer soziologischen Theorie der Zeit, 2. Aufl. Wiesbaden 2008

Nassehi 2011: Armin Nassehi, Gesellschaft der Gegenwarten. Studien zur Theorie der modernen Gesellschaft II, Berlin 2011

Neddermayer 1994: Uwe Neddermayer, »Was hat man von solchen confusionibus [...] recht und vollkömmlichen berichten können?« Der Zusammenbruch des einheitlichen europäischen Geschichtsbildes nach der Reformation, in: Archiv für Kulturgeschichte 76 (1994) 77–109

Nehlsen-von Stryk 1986: Karin Nehlsen-von Stryk, Die venezianische Seeversicherung im 15. Jahrhundert, Ebelsbach 1986

Niderst 1989: Alain Niderst (Hg.), Fontenelle, Paris 1989

Nipperdey 2012: Justus Nipperdey, Die Erfindung der Bevölkerungspolitik. Staat, politische Theorie und Population in der Frühen Neuzeit, Göttingen 2012

Nora 1990: Pierre Nora, Zwischen Geschichte und Gedächtnis, Berlin 1990

North 1983: J. D. North, The western calendar – »intolerabilis, horribilis, et derisibilis«. Four centuries of discontent, in: G. V. Coyne/M. A. Hoskin/O. Pedersen (Hg.), Gregorian reform of the calendar. Proceedings of the Vatican conference to commemorate its 400th anniversary, Vatikanstadt 1983, 75–113

Nowotny 1992: Helga Nowotny, Time and social theory. Towards a social theory of time, in: Time & Society 1 (1992) 421–454

Obst 2002: Helmut Obst, August Hermann Francke und die Franckeschen Stiftungen in Halle, Göttingen 2002

Oesterle 1985: Ingrid Oesterle, Der ›Führungswechsel der Zeithorizonte‹ in der deutschen Literatur. Korrespondenzen aus Paris, der Hauptstadt der Menschheitsgeschichte, und die Ausbildung der geschichtlichen Zeit ›Gegenwart‹, in: Dirk Grathoff (Hg.), Studien zur Ästhetik und Literaturgeschichte der Kunstperiode, Frankfurt a. M./Bern/New York 1985, 11–75

Osterhammel 2012: Jürgen Osterhammel, Zeit, in: Merkur 66 (2012) 618–624

Parr 2004: Rolf Parr, ›Wiederholen‹. Ein Strukturelement von Film, Fernsehen und neuen Medien im Fokus der Medientheorien, in: kultuRRevolution 47 (2004) 33–39

Parry 1981: Graham Parry, The Golden Age resor'd. The culture of the Stuart court, 1603–42, Manchester 1981

Parry 1995: Graham Parry, The trophies of time. English antiquarians of the sevententh century, Oxford 1995

Pause 2012: Johannes Pause, Texturen der Zeit. Zum Wandel ästhetischer Zeitkonzepte in der deutschsprachigen Gegenwartsliteratur, Köln/Weimar/Wien 2012

Pearson 2004: Robin Pearson, Insuring the Industrial Revolution. Fire insurance in Great Britain 1700–1850, Aldershot 2004

Perdikas 1966: Panayotis Perdikas, Die Entstehung der Versicherung im Mittelalter. Geschichtliche Grundlagen im Verhältnis zu Seedarlehen, Überseekauf, commenda und Bodmerei, in: Zeitschrift für die gesamte Versicherungswissenschaft 55 (1966) 425–509

Perkins 1996: Maureen Perkins, Visions of the future. Almanacs, time, and cultural change 1775–1870, Oxford 1996

Peters 1992: Jan Peters, »… dahingeflossen ins Meer der Zeiten«. Über frühmodernes Zeitverständnis der Bauern, in: Rudolf Vierhaus (Hg.), Frühe Neuzeit – Frühe Moderne? Forschungen zur Vielschichtigkeit von Übergangsprozessen, Göttingen 1992, 180–205

Peters 1995: Edward M. Peters, Prison before the prison: the ancient and medieval worlds, in: Norval Morris/David J. Rothman (Hg.), The Oxford history of the prison. The practice of punishment in Western society, New York/Oxford 1995, 3–47

Petit u. a. 1991: Jacques-Guy Petit u. a., Histoire des galères, bagnes et prisons. XIIIe–XXe siècles, Toulouse 1991

Petrat 1985: Gerhardt Petrat, Der Kalender im Hause des Illiteraten und Analphabeten: seine Inanspruchnahme als Lebenshilfe vor Beginn der Aufklärung, in: Wolfgang Brückner/Peter Blickle/Dieter Breuer (Hg.), Literatur und Volk im 17. Jahrhundert. Probleme populärer Kultur in Deutschland, Teil II, Wiesbaden 1985, 701–725

Petrat 1991: Gerhardt Petrat, Einem besseren Dasein zu Diensten. Die Spur der Aufklärung im Medium Kalender zwischen 1700 und 1919, München u. a. 1991

Petritsch 2012: Ernst Petritsch, Die Schlacht am Kahlenberg 1683, in: Pim den Boer u. a. (Hg.), Europäische Erinnerungsorte 2. Das Haus Europa, München 2012, 413–420

Pezzoli-Olgiati u. a. 1999: Daria Pezzoli-Olgiati u. a., Chiliasmus, in: Religion in Geschichte und Gegenwart, Bd. 2, 4. Aufl. Tübingen 1999, Sp. 136–144

Pfister 1994: Christian Pfister, Bevölkerungsgeschichte und historische Demographie 1500–1800, München 1994

Pircher 2002: Wolfgang Pircher, Gleichzeitigkeit, in: Erhard Chvojka/Andreas Schwarcz/Klaus Thien (Hg.), Zeit und Geschichte. Kulturgeschichtliche Perspektiven, Wien/München 2002, 44–58

Pitz 1976: Ernst Pitz, Entstehung und Umfang statistischer Quellen in der vorindustriellen Zeit, in: Historische Zeitschrift 223 (1976) 1–39

Po-chia Hsia 1989: Ronnie Po-chia Hsia, Gesellschaft und Religion in Münster 1535–1618, Münster 1989

Pohlig 2007: Matthias Pohlig, Zwischen Gelehrsamkeit und konfessioneller Identitätsstiftung. Lutherische Kirchen- und Universalgeschichtsschreibung 1546–1617, Tübingen 2007

Pohlig 2008: Matthias Pohlig, »The greatest of all events«: Zur Säkularisierung des Weltendes um 1700, in: ders. u. a., Säkularisierungen in der Frühen Neuzeit. Methodische Probleme und empirische Fallstudien, Berlin 2008, 331–371

Pomian 1993: Krzysztof Pomian, Der Ursprung des Museums. Vom Sammeln, Berlin 1993

Pompe 2012: Hedwig Pompe, Famas Medium. Zur Theorie der Zeitung in Deutschland zwischen dem 17. und dem mittleren 19. Jahrhundert, Berlin/Boston 2012

Poole 1995: Robert Poole, »Give us our eleven days!«: calendar reform in eighteenth-century England, in: Past and Present 149 (1995) 95–139

Poole 1998: Robert Poole, Time's alteration. Calendar reform in early modern England, London 1998

Popkin 1987: Richard Popkin, Isaac La Peyrère (1596–1676). His life, work and influence, Leiden 1987

Popkin 1999: Richard Popkin, Der Millenarismus des siebzehnten Jahrhunderts, in: Zeitsprünge 3 (1999) 328–349

Popkin 2005: Jeremy D. Popkin, New perspectives on the early modern European press, in: Joop W. Koopmans (Hg.), News and politics in early modern Europe (1500–1800), Leuven/Paris/Dudley 2005, 1–27

Pöppel 2000: Ernst Pöppel, Grenzen des Bewußtseins. Wie kommen wir zur Zeit, und wie entsteht Wirklichkeit?, Frankfurt a. M./Leipzig 2000

Porter 1977: Roy Porter, The making of geology. Earth science in Britain 1660–1815, Cambridge 1977

Porter 1996: Stephen Porter, The Great Fire of London, Phoenix Mill 1996

Porter 1999: Stephen Porter, The great plague, Thrupp 1999

Postill 2002: John Postill, Clock and calendar time. A missing anthropological problem, in: Time & Society 11 (2002) 251–270

Pugh 1968: Ralph B. Pugh, Imprisonment in medieval England , Cambridge 1968

Rabb 1975: Theodore K. Rabb, The struggle for stability in early modern Europe, New York 1975

Rassem/Stagl 1994: Mohammed Rassem/Justin Stagl (Hg.), Geschichte der Staatsbeschreibung. Ausgewählte Quellentexte 1456–1813, Berlin 1994

Rattansi 1993: Piyo Rattansi, Newton und die Weisheit der Alten, in: John Fauvel u. a. (Hg.), Newtons Werk. Die Begründung der modernen Naturwissenschaft, Basel/Boston/Berlin 1993, 237–256

Raulff 2013: Ulrich Raulff, Wo es langgeht. Geistige Situationen zwischen Heidelberg und Frankfurt, in: Zeitschrift für Ideengeschichte, Heft 7 (2013) 65–80

Rauschenbach 2012: Sina Rauschenbach, Judentum für Christen. Vermittlung und Selbstbehauptung Menasseh ben Israels in den gelehrten Debatten des 17. Jahrhunderts, Berlin/Boston 2012

Raymond 1996: Joad Raymond, The invention of the newspaper. English newsbooks 1641–1649, Oxford 1996

Raymond 2012: Joad Raymond, Newspapers: a national or international phenomenon?, in: Media History 18 (2012) 249–257

Reich 2005: Anne-Kathrin Reich, Kleidung als Spiegelbild sozialer Differenzierung. Städtische Kleiderordnungen vom 14. bis zum 17. Jahrhundert am Beispiel der Altstadt Hannover, Hannover 2005

Reichert 1996: Ramón Reichert, Auf die Pest antwortet die Ordnung. Zur Genealogie der Regierungsmentalität 1700–1800, in: Österreichische Zeitschrift für Geschichtswissenschaften 7 (1996) 327–357

Reinhard 1999: Wolfgang Reinhard, Geschichte der Staatsgewalt. Eine vergleichende Verfassungsgeschichte Europas von den Anfängen bis zur Gegenwart, München 1999

Reinhard/Schilling 1995: Wolfgang Reinhard/Heinz Schilling (Hg.), Die Katholische Konfessionalisierung, Gütersloh 1995

Reith 2004: Gerda Reith, Uncertain times. The notion of ›risk‹ and the development of modernity, in: Time & Society 13 (2004) 383–402

Ressel 2013: Magnus Ressel, Die Genese und der Fall des Verbotsdogmas von Lebensversicherungen in der Frühen Neuzeit, in: Christoph Kampmann/Ulrich Niggemann (Hg.), Sicherheit in der frühen Neuzeit. Norm – Praxis – Repräsentation, Köln/Weimar/Wien 2013, 400–417

Richards 1998: Edward Graham Richards, Mapping time. The calendars and its history, Oxford 1998

Richter 2008: Maren Richter, »Prädiskursive Öffentlichkeit« im Absolutismus? Zur Forschungskontroverse über Öffentlichkeit in der Frühen Neuzeit, in: Geschichte in Wissenschaft und Unterricht 59 (2008) 460–475

Riecke u. a. 2004: Jörg Riecke u. a. (Hg.), Einführung in die historische Textanalyse, Göttingen 2004

Ritt 1998: Hubert Ritt, Offenbarung des Johannes, in: Lexikon für Theologie und Kirche, Bd. 7, 3. Aufl. Freiburg i. Br. u. a. 1998, Sp. 995–998

Roche 1994: Daniel Roche, The culture of clothing. Dress and fashion in the ›ancien régime‹, Cambridge 1994

Rödel 1989: Walter G. Rödel, Die Obrigkeiten und die Pest. Abwehrmaßnahmen in der Frühen Neuzeit – dargestellt an Beispielen aus dem süddeutschen und

Schweizer Raum, in: Neithard Bulst/Robert Delort (Hg.), Maladies et société (XIIe–XVIIIe siècles), Paris 1989, 187–205

Roeck 1989: Bernd Roeck, Eine Stadt in Krieg und Frieden. Studien zur Geschichte der Reichsstadt Augsburg zwischen Kalenderstreit und Parität, 2 Bde., Göttingen 1989

Roeck 2005: Bernd Roeck, Geschichte Augsburgs, München 2005

Rohner 1978: Ludwig Rohner, Kalendergeschichte und Kalender, Wiesbaden 1978

Rohner 1982: Ludwig Rohner, »Nimm wahr die Zeit ...«, in: Badische Landesbibliothek (Hg.), Kalender im Wandel der Zeit, Karlsruhe 1982, 7–32

Rolf 2001: Malte Rolf, Feste des »roten Kalenders«: der Große Umbruch und die sowjetische Ordnung der Zeit, in: Zeitschrift für Geschichtswissenschaft 49 (2001) 101–118

Rosa 2005: Hartmut Rosa, Beschleunigung. Die Veränderung der Zeitstrukturen in der Moderne, Frankfurt a. M. 2005

Rosanvallon 2011: Pierre Rosanvallon, Für eine Begriffs- und Problemgeschichte des Politischen. Antrittsvorlesung am Collège de France, Donnerstag, den 28. März 2002, in: Mittelweg 36, Heft 6 (2011) 43–66

Rosenberg/Grafton 2010: Daniel Rosenberg/Anthony Grafton, Cartographies of time. A history of the timeline, New York 2010

Rosseaux 2004: Ulrich Rosseaux, Die Entstehung der Meßrelationen. Zur Entwicklung eines frühneuzeitlichen Nachrichtenmediums aus der Zeitgeschichtsschreibung des 16. Jahrhunderts, in: Historisches Jahrbuch 124 (2004) 97–123

Rossi 1979: I segni del tempo. Storia della terra e storia delle nazioni da Hooke a Vico, Mailand 1979

Rötzer 1979: Hans Gerd Rötzer, Traditionalität und Modernität in der europäischen Literatur. Ein Überblick vom Attizismus-Asianismus-Streit bis zur »Querelle des Anciens et des Modernes«, Darmstadt 1979

Rublack 1992: Hans-Christoph Rublack (Hg.), Die lutherische Konfessionalisierung in Deutschland, Heidelberg 1992

Ruhnau 1998: Eva Ruhnau, Zeit als Maß von Gegenwart. Von den acht Zeitbildern der Physik über eine kurze philosophische Geschichte des Jetzt zur Logistik und Zeitwahrnehmung des Gehirns. – Oder: Wie ist Gegenwart, in: Kurt Weis (Hg.), Was treibt die Zeit? Entwicklung und Herrschaft der Zeit in Wissenschaft, Technik und Religion, München 1998, 71–95

Runciman 2005: Steven Runciman, Die Eroberung von Konstantinopel 1453, 5. Aufl. München 2005

Rüpke 2006: Jörg Rüpke, Zeit und Fest. Eine Kulturgeschichte des Kalenders, München 2006

Rusnock 2002: Andrea A. Rusnock, Vital accounts. Quantifying health and population in eighteenth-century England and France, Cambridge 2002

Rutschky 2012: Michael Rutschky, Das Merkbuch. Eine Vatergeschichte, Berlin 2012

Sahin 2010: Kaya Sahin, Constantinople and the end time. The Ottoman conquest as a portent of the last hour, in: Journal of Early Modern History 14 (2010) 317–355

Sandbothe 1998: Mike Sandbothe, Die Verzeitlichung der Zeit. Grundtendenzen der modernen Zeitdebatte in Philosophie und Wissenschaft, Darmstadt 1998

Sandl 2007: Marcus Sandl, Martin Luther und die Zeit der reformatorischen Erkenntnisbildung, in: Arndt Brendecke/Ralf-Peter Fuchs/Edith Koller (Hg.), Die Autorität der Zeit in der Frühen Neuzeit, Berlin 2007, 377–409

Sandl 2011a: Marcus Sandl, Medialität und Ereignis. Eine Zeitgeschichte der Reformation, Zürich 2011

Sandl 2011b: Marcus Sandl, Kalkuliertes Risiko. Die Medialität des Spiels im Zeitalter der Krise (17. Jahrhundert), in: Deutsche Vierteljahrsschrift für Literaturwissenschaft und Geistesgeschichte 85 (2011) 335–367

Sawilla 2009: Jan Marco Sawilla, Antiquarianismus, Hagiographie und Historie im 17. Jahrhundert. Das Werk der Bollandisten. Ein wissenschaftshistorischer Versuch, Tübingen 2009

Schäfers 1997: Bernhard Schäfers, Zeit in soziologischer Perspektive, in: Trude Ehlert (Hg.), Zeitkonzeptionen – Zeiterfahrung – Zeitmessung. Stationen ihres Wandels vom Mittelalter bis zur Moderne, Paderborn u. a. 1997, 141–154

Schechner Genuth 1997: Sara Schechner Genuth, Comets, popular culture, and the birth of modern cosmology, Princeton 1997

Scheidegger 1999: Gabriele Scheidegger, Endzeit. Russland am Ende des 17. Jahrhunderts, Bern u. a. 1999

Schenda 1988: Rudolf Schenda, Volk ohne Buch. Studien zur Sozialgeschichte der populären Lesestoffe 1770–1910, 3. Aufl. Frankfurt a. M. 1988

Scheutz 2003: Martin Scheutz, »Ist mein schwalben wieder ausbliben«. Selbstzeugnisse von Gefangenen in der Frühen Neuzeit, in: Comparativ 13 (2003) Heft 5/6, 189–210

Schlobach 1978a: Jochen Schlobach, Zyklentheorie und Epochenmetaphorik. Studien zur bildlichen Sprache der Geschichtsreflexion in Frankreich von der Renaissance bis zur Frühaufklärung, München 1978

Schlobach 1978b: Jochen Schlobach, Die klassisch-humanistische Zyklentheorie und ihre Anfechtung durch das Fortschrittsbewußtsein der französischen Frühaufklärung, in: Karl-Georg Faber/Christian Meier (Hg.), Historische Prozesse, München 1978, 127–142

Schmale 1985: Franz-Josef Schmale, Funktion und Formen mittelalterlicher Geschichtsschreibung. Eine Einführung, Darmstadt 1985

Schmid 1882: J. Schmid, Zur Geschichte der Gregorianischen Kalenderreform, in: Historisches Jahrbuch 3 (1882) 388–415, 543–595

Schmidgen 2007: Henning Schmidgen, Zukunftsmaschinen. Zeit als Gegenstand der historischen Wissenschaftsforschung, in: Rechtsgeschichte 10 (2007) 51–62

Schmidt 1902: Erich Schmidt, Der Kampf gegen die Mode in der deutschen Litteratur des siebzehnten Jahrhunderts, in: ders., Charakteristiken, Bd. 1, 2. Aufl. Berlin 1902, 60–79

Schmidt 2005: Hans-Joachim Schmidt, Gesetze finden – Gesetze erfinden, in: ders. (Hg.), Tradition, Innovation, Invention. Fortschrittsverweigerung und Fortschrittsbewusstsein im Mittelalter, Berlin/New York 2005, 295–333

Schmidt-Biggemann 2007: Wilhelm Schmidt-Biggemann, Apokalypse und Philologie. Wissensgeschichten und Weltentwürfe in der Frühen Neuzeit, Göttingen 2007

Schmied 1985: Gerhard Schmied, Soziale Zeit. Umfang, »Geschwindigkeit« und Evolution, Berlin 1985

Schmitt 2005: Jean-Claude Schmitt, Le temps. »Impensé« de l'histoire ou double objet de l'historien?, in: Cahiers de Civilisation Médiévale 48 (2005) 31–52

Schmoll 2009: Friedemann Schmoll, Wiederholung und Wandlung. Skizzen zur Entwicklung des Geburtstagsfestes, in: Hartmut Heller (Hg.), Wiederholungen. Von Wellengängen und Reprisen in der Kulturentwicklung, Berlin 2009, 240–257

Schnabel-Schüle 1997: Helga Schnabel-Schüle, Überwachen und Strafen im Territorialstaat. Bedingungen und Auswirkungen des Systems strafrechtlicher Sanktionen im frühneuzeitlichen Württemberg, Köln/Weimar/Wien 1997

Schnapp 2009: Alain Schnapp, Die Entdeckung der Vergangenheit. Ursprünge und Abenteuer der Archäologie, Stuttgart 2009

Schneider 1988: Ivo Schneider, Die Entwicklung der Wahrscheinlichkeitstheorie von den Anfängen bis 1933. Einführungen und Texte, Darmstadt 1988

Schneider 2004: Martin Schneider, Das Weltbild des 17. Jahrhunderts. Philosophisches Denken zwischen Reformation und Aufklärung, Darmstadt 2004

Schnurrer 1983: Ludwig Schnurrer, Zeugenverhörsprotokolle als Quelle zur Kultur-, Landes-, Orts- und Familiengeschichte, in: Erlanger Bausteine zur fränkischen Heimatforschung 30 (1983) 57–74

Schnyder 2009: Peter Schnyder, Alea. Zählen und Erzählen im Zeichen des Glücksspiels 1650–1850, Göttingen 2009

Scholem 1992: Gershom Scholem, Sabbatai Zwi. Der mystische Messias, Frankfurt a. M. 1992

Scholz-Hänsel 2006: Michael Scholz-Hänsel, Goldenes Zeitalter, in: Friedrich Jaeger (Hg.), Enzyklopädie der Neuzeit, Bd. 4, Stuttgart 2006, 989–991

Schorn-Schütte 2009: Luise Schorn-Schütte, Geschichte Europas in der Frühen Neuzeit. Studienhandbuch 1500–1789, Paderborn u. a. 2009

Schramm 1913: Fritz Schramm, Schlagworte der Alamodezeit, Straßburg 1913

Schröcker 1977: Alfred Schröcker, Die deutsche Genealogie im 17. Jahrhundert zwischen Herrscherlob und Wissenschaft. Unter besonderer Berücksichtigung von G. W. Leibniz, in: Archiv für Kulturgeschichte 59 (1977) 426–444

Schulenburg/Thomann 2010: J.-Matthias Graf von der Schulenburg/Christian Thomann, Gottfried Wilhelm Leibniz's work on insurance, in: Geoffrey Clark u. a. (Hg.), The appeal of insurance, Toronto/Buffalo/London 2010, 43–51

Schultheiß-Heinz 2004: Sonja Schultheiß-Heinz, Politik in der europäischen Publizistik. Eine historische Inhaltsanalyse von Zeitungen des 17. Jahrhunderts, Stuttgart 2004

Schultz 2001: Uwe Schultz, Descartes, Hamburg 2001

Schultz 2006: Uwe Schultz, Der Herrscher von Versailles. Ludwig XIV. und seine Zeit, München 2006

Schulze 1978: Winfried Schulze, Reich und Türkengefahr im späten 16. Jahrhundert. Studien zu den politischen und gesellschaftlichen Auswirkungen einer äußeren Bedrohung, München 1978

Schulze 1996a: Winfried Schulze, Zur Ergiebigkeit von Zeugenbefragungen und Verhören, in: ders. (Hg.), Ego-Dokumente. Annäherung an den Menschen in der Geschichte, Berlin 1996, 319–325

Schulze 1996b: Winfried Schulze, Einführung in die Neuere Geschichte, 3. Aufl. Stuttgart 1996

Schulze 2000: Winfried Schulze, Untertanenrevolten, Hexenverfolgungen und »kleine Eiszeit«: Eine Krisenzeit um 1600?, in: Bernd Roeck/Klaus Bergdolt/Andrew John Martin (Hg.), Venedig und Oberdeutschland in der Renaissance. Beziehungen zwischen Kunst und Wirtschaft, Sigmaringen 1993, 289–309

Schulze 2007: Winfried Schulze, Zeit und Konfession oder die Erfindung des ›Temporisierens‹, in: Arndt Brendecke/Ralf-Peter Fuchs/Edith Koller (Hg.), Die Autorität der Zeit in der Frühen Neuzeit, Berlin 2007, 333–351

Schumann 2003: Jutta Schumann, Die andere Sonne. Kaiserbild und Medienstrategien im Zeitalter Leopolds I., Berlin 2003

Schunka 1999: Alexander Schunka, Verbrechen, Strafe, Obrigkeit. Zeugenaussagen aus dem Nürnberger Landgebiet, in: Zeitschrift für Historische Forschung 26 (1999) 323–348

Schunka 2000: Alexander Schunka, Soziales Wissen und dörfliche Welt. Herrschaft, Jagd und Naturwahrnehmung in Zeugenaussagen des Reichskammergerichts aus Nordschwaben (16.–17. Jahrhundert), Frankfurt a. M. 2000

Schütz/Luckmann 2003: Alfred Schütz/Thomas Luckmann, Strukturen der Lebenswelt, Konstanz 2003

Schwartz 1974: Barry Schwartz, Waiting, exchange, and power: the distribution of time in social systems, in: American Journal of Sociology 79 (1974) 841–870

Schweizer 2008: Harold Schweizer, On waiting, London/New York 2008

Schwerhoff 1990: Gerd Schwerhoff, »... die groisse oeverswenckliche costlicheyt zo messigen«. Bürgerliche Einheit und ständische Differenzierung in Kölner Aufwandsordnungen (14.–17. Jahrhundert), in: Rheinische Vierteljahrsblätter 54 (1990) 95–122

Seethaler 1985: Josef Seethaler, Das Wiener Kalenderwesen des 15. bis 17. Jahrhunderts, in: Jahrbuch des Vereins für Geschichte der Stadt Wien 41 (1985) 62–112

Seethaler 2000: Josef Seethaler, Die Kalenderdrucke – ein frühes »Massenmedium«? Anmerkungen zu einigen Charakteristika der Wiener Kalenderproduktion des 15. bis 17. Jahrhunderts, in: Astrid Blome (Hg.), Zeitung, Zeitschrift, Intelligenzblatt und Kalender. Beiträge zur historischen Presseforschung, Bremen 2000, 223–236

Seibt 1983: Ferdinand Seibt, Die Zeit als Kategorie der Geschichte und als Kondition des historischen Sinns, in: Die Zeit, München/Wien 1983, 145–188

Seifert 1983: Arno Seifert, »Verzeitlichung«. Zur Kritik einer Frühneuzeitkategorie, in: Zeitschrift für Historische Forschung 10 (1983) 447–477

Serres 1981: Michel Serres, Espace et temps, in: Sur l'aménagement du temps. Essais de chronogénie, Paris 1981, 13–29

Serres 2008: Michel Serres, Aufklärungen. Fünf Gespräche mit Bruno Latour, Berlin 2008

Shahar 2005: Shulamith Shahar, Mittelalter und Renaissance. Ein soziales Netz entsteht, in: Pat Thane (Hg.), Das Alter. Eine Kulturgeschichte, Darmstadt 2005, 71–111

Shapin 1998: Steven Shapin, Die wissenschaftliche Revolution, Frankfurt a. M. 1998

Shapiro 1983: Barbara J. Shapiro, Probability and certainty in seventeenth-century England. A study of the relationships between natural science, religion, history, law, and literature, Princeton 1983

Sharp 2000: David Sharp, England in crisis 1640–1660, Oxford 2000

Sherman 1996: Stuart Sherman, Telling time. Clocks, diaries and English diurnal form, 1660–1785, Chicago 1996

Siegel 2009: Steffen Siegel, Tabula. Figuren der Ordnung um 1600, Berlin 2009

Sievernich/Budde 1989: Gereon Sievernich/Hendrik Budde (Hg.), Europa und der Orient 800–1900, Gütersloh/München 1989

Simons 2001: Olaf Simons, Marteaus Europa oder Der Roman, bevor er Literatur wurde. Eine Untersuchung des deutschen und englischen Buchangebots der Jahre 1710 bis 1720, Amsterdam/Atlanta 2001

Sinemus 1976: Volker Sinemus, Stilordnung, Kleiderordnung und Gesellschaftsordnung im 17. Jahrhundert, in: Albrecht Schöne (Hg.), Stadt – Schule – Universität – Buchwesen und die deutsche Literatur im 17. Jahrhundert, München 1976, 22–43

Smolinski 2001: Reiner Smolinski, Caveat emtpor: pre- and postmillenarianism in the late Reformation period, in: James E. Force/Richard H. Popkin (Hg.), Millenarianism and messianism in early modern European culture, Bd. III: The millenarian turn: millenarian contexts of science, politics, and everyday Anglo-American life in the seventeenth and eighteenth centuries, Dordrecht/Boston/London 2001, 145–169

Söding u. a. 1995: Thomas Söding u. a., Eschatologie, in: Lexikon für Theologie und Kirche, Bd. 3, 3. Aufl. Freiburg i. Br. u. a. 1995, Sp. 859–880

Soeffner 1992: Hans-Georg Soeffner, Die Ordnung der Rituale. Die Auslegung des Alltags 2, Frankfurt a. M. 1992

Sofsky 1997: Wolfgang Sofsky, Die Ordnung des Terrors: Das Konzentrationslager, Frankfurt a. M. 1997

Sommerville 1996: C. John Sommerville, The news revolution in England. Cultural dynamics of daily information, New York/Oxford 1996

Sorokin/Merton 1937: Pitrim A. Sorokin/Robert K. Merton, Social time: a methodological and functional analysis, in: The American Journal of Sociology 42 (1937) 615–629

Souhami 2002: Diana Souhami, Selkirks Insel. Die wahre Geschichte von Robinson Crusoe, München 2002

Soykut 2001: Mustafa Soykut, Image of the »Turk« in Italy. A history of the »other« in early modern Europe, 1453–1683, Berlin 2001

Spierenburg 1995: Pieter Spierenburg, The body and the state. Early modern Europe, in: Norval Morris/David J. Rothman (Hg.), The Oxford history of the prison. The practice of punishment in Western society, New York/Oxford 1995, 49–77

Spierenburg 2007: Pieter Spierenburg, The prison experience. Disciplinary institutions and their inmates in early modern Europe, Amsterdam 2007

Spies 2009: Hans-Bernd Spies, Zeitrechnung und Kalenderstile in Aschaffenburg und Umgebung. Ein Beitrag zur regionalen historischen Chronologie, Aschaffenburg 2009

Spindler 1997: Max Spindler (Hg.), Handbuch der bayerischen Geschichte, Bd. 3/1: Geschichte Frankens bis zum Ausgang des 18. Jahrhunderts, 3. Aufl. München 1997

Spörl 1930: Johannes Spörl, Das Alte und das Neue im Mittelalter. Studien zum Problem des mittelalterlichen Fortschrittsbewußtseins, in: Historisches Jahrbuch 50 (1930) 297–341, 498–524

Stackelberg 1980: Jürgen v. Stackelberg, Die »Querelle des Anciens et des Modernes«. Neue Überlegungen zu einer alten Auseinandersetzung, in: Richard Toellner (Hg.), Aufklärung und Humanismus, Heidelberg 1980, 35–56

Stanko/Ritsert 1994: Lucia Stanko/Jürgen Ritsert, »Zeit« als Kategorie der Sozialwissenschaften. Eine Einführung, Münster 1994

Starn 1975: Randolph Starn, Meaning-levels in the theme of historical decline, in: History and Theory 14 (1975) 1–31

Steiner 2008: Benjamin Steiner, Die Ordnung der Geschichte. Historische Tabellenwerke in der Frühen Neuzeit, Köln/Weimar/Wien 2008

Stekl 1978: Hannes Stekl, Österreichs Zucht- und Arbeitshäuser 1671–1920. Institutionen zwischen Fürsorge und Strafvollzug, München 1978

Stekl 1986: Hannes Stekl, »Labore et fame« – Sozialdisziplinierung in Zucht- und Arbeitshäusern des 17. und 18. Jahrhunderts, in: Christoph Sachße/Florian Tennstedt (Hg.), Soziale Sicherheit und soziale Disziplinierung. Beiträge zu einer historischen Theorie der Sozialpolitik, Frankfurt a. M. 1986, 119–147

Stepath 2006: Katrin Stepath, Gegenwartskonzepte. Eine philosophisch-literaturwissenschaftliche Analyse temporaler Strukturen, Würzburg 2006

Stierle/Warning 1996: Karlheinz Stierle/Rainer Warning (Hg.), Das Ende. Figuren einer Denkform, München 1996

Stöber 2005: Rudolf Stöber, Deutsche Pressegeschichte. Von den Anfängen bis zur Gegenwart, 2. Aufl. Konstanz 2005

Stockhorst 2006: Zur Einführung. Von der Verzeitlichungsthese zur temporalen Diversität, in: Das Achtzehnte Jahrhundert 30 (2006) 157–164

Stolleis 1983: Michael Stolleis, Pecunia nervus rerum. Zur Staatsfinanzierung der frühen Neuzeit, Frankfurt a. M. 1983

Strauss 1978: Gerald Strauss, Luther's house of learning. Indoctrination of the young in the German Reformation, Baltimore/London 1978

Strosetzki 1997: Christoph Strosetzki, Probezeit und Zeitvertreib im Don Quijote, in: Trude Ehlert (Hg.), Zeitkonzeptionen – Zeiterfahrung – Zeitmessung. Stationen ihres Wandels vom Mittelalter bis zur Moderne, Paderborn u. a. 1997, 294–308

Stuckrad 2003: Kocku v. Stuckrad, Geschichte der Astrologie. Von den Anfängen bis zur Gegenwart, München 2003

Sührig 1979: Hartmut Sührig, Niedersächsische Schreibkalender im 17. Jahrhundert. Zur Kulturgeschichte eines populären Lesestoffes, in: Paul Raabe (Hg.), Bücher und Bibliotheken im 17. Jahrhundert in Deutschland, Hamburg 1979, 145–170

Sührig 1985: Hartmut Sührig, Zur Unterhaltungsfunktion des Kalenders im Barock, in: Wolfgang Brückner/Peter Blickle/Dieter Breuer (Hg.), Literatur und Volk im 17. Jahrhundert, Bd. II, Wiesbaden 1985, 727–740

Supple 1970: Brian Supple, The Royal Exchange Assurance. A history of British insurance, 1720–1970, Cambridge 1970

Tanner 2008: Jakob Tanner, Historische Anthropologie zur Einführung, 2. Aufl. Hamburg 2008

Tantner 2013: Anton Tantner, Adressbüros. Von Suchmaschinen im analogen Zeitalter, in: Merkur 67 (2013) 34–44

Tersch 2008a: Harald Tersch, Abschusslisten. Hundert Jahre habsburgischer Kalenderkultur (1600–1700), in: Mitteilungen des Instituts für Österreichische Geschichtsforschung 116 (2008) 92–120

Tersch 2008b: Harald Tersch, Schreibkalender und Schreibkultur. Zur Rezeptionsgeschichte eines frühen Massenmediums, Graz 2008

Teuscher 2007: Simon Teuscher, Erzähltes Recht. Lokale Herrschaft, Verschriftlichung und Traditionsbildung im Spätmittelalter, Frankfurt a. M./New York 2007

Thane 2005: Pat Thane, Einführung. Der alte Mensch im Wandel der Zeit, in: ders. (Hg.), Das Alter. Eine Kulturgeschichte, Darmstadt 2005, 9–29

Thomas 1971: Keith Thomas, Religion and the decline of magic. Studies in popular beliefs in sixteenth and seventeenth century England, London 1971

Thomas 1987: Keith Thomas, Numeracy in early modern England, in: Transactions of the Royal Historical Society, 5th series, 37 (1987) 103–132

Thomas 1988: Keith Thomas, Vergangenheit, Zukunft, Lebensalter. Zeitvorstellungen im England der frühen Neuzeit, Berlin 1988

Tilly 2012: Michael Tilly, Apokalyptik, Tübingen 2012

Tinniswood 2004: Adrian Tinniswood, By permission of heaven. The story of the great fire of London, London 2004

Trebilcock 1985: Clive Trebilcock, Phoenix assurance and the developement of British insurance 1720–1970, Cambridge 1985

Trevor-Roper 1972: Hugh R. Trevor-Roper, Three foreigners: the philosophers of the puritan revolution, in: ders., Religion, the Reformation and social change, 2. Aufl. London/Basingstoke 1972, 237–293

Troitzsch 2004: Ulrich Troitzsch, Erfinder, Forscher und Projektemacher. Der Aufstieg der praktischen Wissenschaften, in: Richard van Dülmen/Sina Rauschenbach (Hg.), Macht des Wissens. Die Entstehung der modernen Wissensgesellschaft, Köln/Weimar/Wien 2004, 439–464

Tschopp 2002: Silvia Serena Tschopp, Wissenschaft und Wahn. Die Inszenierung von gelehrtem Wissen als Erkenntniskritik in Grimmelshausens Ewig-währendem Calender, in: Daphnis 31 (2002) 349–368

Tschui 2009: Teresa Tschui, Wie solche Figur zeiget. Der schweizerische Volkskalender als Bildmedium vom 17. bis zum 19. Jahrhundert, Bremen 2009

Turnbull 1947: George H. Turnbull, Hartlib, Dury and Comenius. Gleanings from the Hartlib papers, Liverpool 1947

Vasold 2000: Manfred Vasold, Die Aufnahme der Gregorianischen Kalenderreform im Fränkischen Kreis, in: Zeitsprünge 4 (2000) 141–162

Veyne 1990: Paul Veyne, Geschichtsschreibung – Und was sie nicht ist, Frankfurt a. M. 1990

Völkel 1987: Markus Völkel, »Pyrrhonismus historicus« und »fides historica«. Die Entwicklung der deutschen historischen Methodologie unter dem Gesichtspunkt der historischen Skepsis, Frankfurt a. M./Bern/New York 1987

Völkel 2006: Markus Völkel, Wie man Kirchengeschichte schreiben soll. Struktur und Erzählung als konkurrierende Modelle der Kirchengeschichtsschreibung im konfessionellen Zeitalter, in: Arndt Brendecke/Ralf-Peter Fuchs/Edith Koller (Hg.), Die Autorität der Zeit in der Frühen Neuzeit, Berlin 2007, 455–489

Völkel 2007: Markus Völkel, Geschichtsschreibung. Eine Einführung in globaler Perspektive, Köln/Weimar/Wien 2006

Voß 2011: Rebekka Voß, Umstrittene Erlöser. Politik, Ideologie und jüdisch-christlicher Messianismus in Deutschland, 1500–1600, Göttingen 2011

Wahrman 2012: Dror Wahrman, Mr. Collier's letter racks. A tale of art and illusion at the threshold of the modern information age, Oxford 2012

Wallenta 2002: Wolfgang Wallenta, Der Augsburger Kalenderstreit von 1583/84. Ökonomische, politische und konfessionelle Gründe, in: Markwart Herzog (Hg.), Der Streit um die Zeit. Zeitmessung – Kalenderreform – Gegenzeit – Endzeit, Stuttgart 2002, 125–138

Wallmann 2005: Johannes Wallmann, Der Pietismus, Göttingen 2005

Walther 2006: Gerrit Walther, Genealogie, in: Friedrich Jaeger (Hg.), Enzyklopädie der Neuzeit, Bd. 4, Darmstadt 2006, 426–432

Watt 1974: Ian Watt, The rise of the novel. Studies in Defoe, Richardson and Fielding, 6. Aufl. London 1974

Weber 1994: Wolfgang Weber, Zur Bedeutung des Antiquarianismus für die Entwicklung der modernen Geschichtswissenschaft, in: Wolfgang Küttler/Jörn Rüsen/Ernst Schulin (Hg.), Geschichtsdiskurs, Bd. 2: Anfänge modernen historischen Denkens, Frankfurt a. M. 1994, 120–135

Weber 1997: Johannes Weber, Deutsche Presse im Zeitalter des Barock. Zur Vorgeschichte öffentlichen politischen Räsonnements, in: Hans-Wolf Jäger (Hg.), »Öffentlichkeit« im 18. Jahrhundert, Göttingen 1997, 137–149

Weber 2005a: Johannes Weber, Straßburg 1605: Die Geburt der Zeitung, in: Jahrbuch für Kommunikationsgeschichte 7 (2005) 3–26

Weber 2005b: Johannes Weber, Gründerzeitungen. Die Anfänge der periodischen Nachrichtenpresse im Norden des Reiches, in: Peter Albrecht/Holger Böning (Hg.), Historische Presse und ihre Leser. Studien zu Zeitungen, Zeitschriften, Intelligenzblättern und Kalendern in Nordwestdeutschland, Bremen 2005, 9–40

Weber 2010: Johannes Weber, The early German newspaper – a medium of contemporaneity, in: Brendan Dooley (Hg), The dissemination of news and the emergence of contemporaneity in early modern Europe, Farnham/Burlington 2010, 69–79

Weigel 2006: Sigrid Weigel, Genea-Logik. Generation, Tradition und Evolution zwischen Kultur- und Naturwissenschaften, München 2006

Weinrich 2004: Klaus Weinrich, Annäherungsversuche an Israel Hübner und sein neues Weltsystem, in: Zeitschrift für Siebenbürgische Landeskunde 27 (2004) 15–31

Weis 1997: Kurt Weis, Zeit der Menschen und Menschen ihrer Zeit: Zeit als soziales Konstrukt, in: Trude Ehlert (Hg.), Zeitkonzeptionen – Zeiterfahrung – Zeitmessung. Stationen ihres Wandels vom Mittelalter bis zur Moderne, Paderborn u. a. 1997, 155–178

Weis 1998: Kurt Weis, Zeit als Maß für Reife und Strafe, in: ders. (Hg.), Was treibt die Zeit? Entwicklung und Herrschaft der Zeit in Wissenschaft, Technik und Religion, München 1998, 193–226

Weitlauff 1980: Manfred Weitlauff, Die Mauriner und ihr historisch-kritisches Werk, in: Georg Schwaiger (Hg.), Historische Kritik in der Theologie. Beiträge zu ihrer Geschichte, Göttingen 1980, 153–209

Welke 2008: Martin Welke, Neues zu »Relation« und »Aviso«. Studien zur Nachrichtenbeschaffung der ersten Zeitungen, in: Astrid Blome/Holger Böning (Hg.), Presse und Geschichte. Leistungen und Perspektiven der historischen Presseforschung, Bremen 2008, 21–40

Wendorff 1985: Rudolf Wendorff, Zeit und Kultur. Geschichte des Zeitbewußtseins in Europa, 3. Aufl. Opladen 1985

Wendorff 1993: Rudolf Wendorff, Tag und Woche, Monat und Jahr. Eine Kulturgeschichte des Kalenders, Opladen 1993

Werfring 1998: Johann Werfring, Der Ursprung der Pestilenz. Zur Ätiologie der Pest im loimographischen Diskurs der frühen Neuzeit, Wien 1998

Wernicke 2011: Norbert D. Wernicke, »... kurz, was sich in den Kalender schikt.« Literarische Texte in Schweizer Volkskalendern von 1508–1848. Eine Bestandsaufnahme, Bremen 2011

Westfall 1980: Richard S. Westfall, Never at rest. A biography of Isaac Newton, Cambridge 1980

Weydt 1994: Günther Weydt, »Chaosprodukt, Dom-Opera oder eigenständiges Kunstwerk?« Betrachtungen zum »Ewig-währenden Calender« Grimmelshausens, in: Simpliciana 16 (1994) 33–44

White 1997: Michael White, Isaac Newton. The last sorcerer, Reading 1997

Whitrow 1999: Gerald J. Whitrow, Die Erfindung der Zeit, Wiesbaden 1999

Widmer 1980: Paul Widmer, Niedergangskonzeptionen zwischen Erfahrung und Erwartung, in: Reinhart Koselleck/ders. (Hg.), Niedergang. Studien zu einem geschichtlichen Thema, Stuttgart 1980, 12–30

Wilcox 1987: Donald J. Wilcox, The measure of times past. Pre-Newtonian chronologies and the rhetoric of relative time, Chicago/London 1987

Wilke 1999: Jürgen Wilke, Die Zeitung, in: Ernst Fischer/Wilhelm Haefs/York-Gothart Mix (Hg.), Von Almanach bis Zeitung. Ein Handbuch der Medien in Deutschland 1700–1800, München 1999, 388–402

Willoweit 1997: Dietmar Willoweit, Vom alten guten Recht. Normensuche zwischen Erfahrungswissen und Ursprungslegenden, in: Jahrbuch des Historischen Kollegs 1997, 23–52

Wimmer 1993: Ruprecht Wimmer, Chaos – Mischmasch – Labyrinth. Zur Poetik des »Ewig-währenden Calenders«, in: Simpliciana 15 (1993) 241–251

Wolf 2009: Burkhardt Wolf, Das Gefährlich regieren. Die neuzeitliche Universalisierung von Risiko und Versicherung, in: Archiv für Mediengeschichte 9 (2009) 23–33

Woolf 2001: Daniel Woolf, News, history and the construction of the present in early modern England, in: Brendan Dooley/Sabrina A. Baron (Hg.), The politics of information in early modern Europe, London/New York 2001, 80–118

Woolf 2003: Daniel Woolf, The social circulation of the past. English historical culture 1500–1730, Oxford 2003

Worden 2009: Blair Worden, The English civil wars, 1640–1660, London 2009

Wünsch 1911: Josef Wünsch, Wiener Kalender-Einblattdrucke des XV., XVI. und XVII. Jahrhunderts, in: Berichte und Mitteilungen des Altertums-Vereines zu Wien 44 (1911) 65–81

Yoder 1988: Joella G. Yoder, Unrolling time. Christiaan Huygens and the mathematization of nature, Cambridge 1988

Young 1975: David B. Young, Libertarian demography: Montesquieu's essay on depopulation in the Lettres persanes, in: Journal of the History of Ideas 36 (1975) 669–682

Zausch 1998: Bärbel Zausch (Hg.), Frau Hoeffart und Monsieur Alamode. Modekritik auf illustrierten Flugblättern des 16. und 17. Jahrhunderts, Halle 1998

Zedelmaier 2003: Helmut Zedelmaier, Der Anfang der Geschichte. Studien zur Ursprungsdebatte im 18. Jahrhundert, Hamburg 2003

Zeller 1994: Rosmarie Zeller, Die »ordentliche Unordnung« als poetologisches Prinzip in Grimmelshausens »Ewig-währendem Calender«, in: Simpliciana 16 (1994) 117–136

Zeller 2000: Rosmarie Zeller, Wunderzeichen und Endzeitvorstellungen in der Frühen Neuzeit. Kometenschriften als Instrumente von Warnung und Prophezeiung, in: Morgen-Glantz. Zeitschrift der Christian von Rosenroth-Gesellschaft 10 (2000) 95–132

Zielcke 2010: Andreas Zielcke, Der Bumerang. Man beschließt Milliardenpakete und beweist damit: Heute siegt das Vergangene über die Zukunft, in: Süddeutsche Zeitung, 14. Juni 2010, 11

Ziggelaar 1983: August Ziggelaar, The papal bull of 1582 promulgating a reform of the calendar, in: G. V. Coyne/M. A. Hoskin/O. Pedersen (Hg.), Gregorian reform of the calendar. Proceedings of the Vatican conference to commemorate its 400th anniversary, Vatikanstadt 1983, 201–239

Zudeick 1996: Peter Zudeick, Narr, Ketzer und Rebell: Quirinus Kuhlmann, in: Jörg-Dieter Kogel (Hg.), Schriftsteller vor Gericht. Verfolgte Literatur in vier Jahrhunderten, Frankfurt a. M. 1996, 9–25

Zwierlein 2010: Cornel Zwierlein, Gegenwartshorizonte im Mittelalter: Der Nachrichtenbrief vom Pergament- zum Papierzeitalter, in: Jahrbuch für Kommunikationsgeschichte 12 (2010) 3–60

Zwierlein 2011: Cornel Zwierlein, Der gezähmte Prometheus. Feuer und Sicherheit zwischen Früher Neuzeit und Moderne, Göttingen 2011

Zwierlein 2013: Cornel Zwierlein, Frühe Formen der Institutionalisierung von ›Versicherung‹ und die Bedeutung der Versicherungsgeschichte für eine allgemeine Sicherheitsgeschichte, in: Christoph Kampmann/Ulrich Niggemann (Hg.), Sicherheit in der frühen Neuzeit. Norm – Praxis – Repräsentation, Köln/Weimar/Wien 2013, 441–458

Abbildungsnachweis

1. Bayerische Staatsbibliothek München, Signatur Cgm 5456(1)
2. Herzog August Bibliothek Wolfenbüttel, Sign. Xb 2244 und 2245
3. Bayerische Staatsbibliothek München, Signatur Res/4 H.un. 53
4. Universitätsbibliothek Heidelberg
5. Stadtverwaltung Altenburg, Stadtarchiv, Historische Haus- und Schreibkalender
6. © bpk/Alte Pinakothek, München
7. Bayerische Staatsbibliothek München, Signatur 4 Phys.sp. 48
8. Herzog August Bibliothek Wolfenbüttel, Sign. Ne 394.1
9. Universitäts- und Landesbibliothek Sachsen-Anhalt, Sign. Dd 1805 d(1/4)
10. © Victoria and Albert Museum, London
11. Herzog August Bibliothek Wolfenbüttel, Sign. Lo 2303.2
13–15. Stadtverwaltung Altenburg, Stadtarchiv, Historische Haus- und Schreibkalender

Sachregister

Académie Française 182 f.
Adel 119–122
Aderlassen 22
Adressbüro 325
Akademie 281
Aktualität 123–125, 151, 155, 172, 175
Alamode 212–218
Alchemie 51, 287
Alltag 158
Alter 109–114, 117
Altgläubige 71 f.
Anachronismus 101, 104
Anthropologie 135
Antichrist 64, 66–68
Antike 186
Antiquarianismus 141–144
Apokalypse 48, 57 f., 62, 64, 66, 71, 73, 287, 310, 315 f., 325
Arbeitsstrafe 293 f.
Archäologie 141 f.
Archiv 120, 142
Astrologie 22, 51, 209, 309, 349
Astronomie 22, 304
Atheismus 133
Atomuhr 30
Aufklärung 196, 302 f., 305

Battle of the books 184
Beobachtung 35, 194
Beschleunigung 64
Bevölkerung 85–88

Bibel 98 f., 128–130, 133, 135–140
Blut 118 f.
Bollandisten 143
Börse 337
Bourbon 121
Brauch 220
Byzantinischer Kalender 71

Calvinismus 64, 238
Camisarden 310
Chaos 234
Chiliasmus (siehe Millenarismus)
Christentum 263
Chronistik 100
Chronologie 52, 137 f.
Chronoklasmus 273
Chronotopos 39

Danielsprophezeiung 53–56, 287, 311 f., 317
Dauer 235
Dekadenz (siehe Niedergang)
Demographie 339–343
Differenz 200, 235
Diggers 69
Diskontinuität 234
Dreißigjähriger Krieg 43, 155 f., 170, 199, 211
Dynastie 120 f., 274

Emergenz 16 f., 177, 198

Sachregister 439

Endlichkeit 27
Endzeit 46 f., 312
Erbsünde 101
Erde 81–83, 127–134
Erdgeschichte 127
Erinnerung 111 f.
Erwählungen 23
Erwartungswert 337
Eschatologie 26, 46, 48, 58, 67, 96, 312, 326, 329
Evolution 127
Ewigkeit 55 f., 57, 123, 193, 201 f., 212, 214, 331

Feuerversicherung 346–348
Fifth Monarchy Men 69
Flugblatt 158, 214 f.
Fortschritt 27, 190, 329
Fossilien 128

Gefängnis 289–294
Gegenwart 16 f., 40, 56, 64 f., 87, 115 f., 122, 124 f., 128, 151–203, 209–223, 228, 230–232, 248 f., 254, 267, 282, 290–294, 309, 322, 332–334, 339, 343 f., 347 f.
Genealogie 117–126
Generalgenealogie 123–125
Geologie 128 f.
Geschichtstheologie 99
Gesetz 113
Gleichzeitigkeit 104, 154, 201, 253
Glücksspiel 337, 339
Goldenes Zeitalter 327
Gregorianischer Kalender 265–272
Guise 121

Habsburger 121, 259–261
Hof 230, 281

Horoskop 305
Hugenotten 310 f.
Humanismus 141

Iatromathematik 22
Inaktualität 175
Independenten 69
Inschrift 142
Irreversibilität 31, 177, 233 f.

Johannes-Offenbarung 58, 67, 287
Juden 66, 101, 314, 326 f.
Julianischer Kalender 71, 264–268
Jüngstes Gericht 48–50, 67, 77, 197, 331, 336

Kalender 9–15, 19–25, 31–33, 43 f., 48, 93–95, 116, 149–152, 179 f., 196, 207–212, 237, 241, 251–254, 257–277, 299–303, 306 f., 350
Kalenderstreit 268
Katechismus 237–247
Katholizismus 64, 75
Kindheit 243
Kleiderordnung 222–231
Kleidung 213, 220–231
Komplexität 200
Kontagionstheorie 321
Kontingenz 178, 247, 308, 350
Kontinuität 118
Konversationslexikon 162–164
Konzil von Trient 155, 238
Kopie 234
Kreuzfahrt 101
Kunst- und Wunderkammer 280 f.

Landkarte 259
Lebensversicherung 346
Levellers 69

Luthertum (siehe Protestantismus)
Luxus 222
Luxussteuer 228 f.

Macht 263, 265, 271, 289 f., 294
Manufaktur 281
Mathematik 47 f., 337, 348 f.
Mauriner 143
Medien 16, 31, 200
Mensch 84 f.
Messianismus 70, 73
Miasmentheorie 321
Millenarismus 58–60, 66, 70, 310, 314, 329
Mittelalter 135
Mode 212–223, 230
Moderne 187
Modernisierung 196, 328
Modezeitschrift 221
Mondkalender 303
Münze 142
Musealisierung 125

Nachrichten 153 f., 156, 158, 169 f., 192
Natur 133
Naturalisierung 33
Naturgeschichte 127 f.
Naturphilosophie 285 f.
Naturwissenschaften 285
Neuheit 220
Niedergang 77–89, 96, 149

Offenbarung 58
Ordnung 199 f., 235
Osmanisches Reich 316–319

Paradies 129
Penduluhr 281–283

Periodizität 154 f.
Pest 319–323, 340
Physik 284, 286
Pietismus 313 f.
Planung 323, 344–347
Pluritemporalität 32, 38, 137, 176, 203, 248–253, 288–290, 303, 311
Policey 280
Politische Arithmetik 340–342
Polygamie 87
Präsentismus 122
Prognose 344 f.
Projekt 325 f., 330–336, 348
Proofs of age 108
Prophezeiung 307, 332, 344 f.
Protestantismus 62, 64, 67, 241, 312 f.

Quäker 270
Querelle des Anciens et des Modernes 182–191

Räderuhr 278–281
Ranters 69
Raumzeit 39
Realitätsverdopplung 338
Recht 113 f.
Reformation 57, 78, 238, 327
Reichskammergericht 269
Relativitätstheorie 39
Religion 263–265
Renaissance 78, 141
Revolutionskalender 271 f.
Roman 192–195
Royal Society 68, 184

Scheidung 87
Schöpfung 47
Schriftlichkeit 112
Sekunde 30, 285

Sachregister 441

Sicherheit 346
Sintflut 129–131
Sonnenuhr 279
Sprichwörter 116
Stabilität 230, 235, 246
Stammbaum 120–122
Statistik 339–342, 347
Synchronisation 249 f., 253, 274 f., 290
Statue 142

Täufer 66
Turquerie 318
Türkenfurcht 317–319

Uhr 31–33, 254, 271–282, 294
Uhren- und Kalenderzeit 271–277, 285 f.
Unordnung 209
Ungewissheit 210, 304, 349
Unsicherheit 178, 210, 338 f.
Utopie 59

Valois 121
Varianz 247
Vererbung 118
Verfall (siehe Niedergang)
Vergangenheit 77, 96–145, 162, 166–168, 173–179, 190, 197, 201, 214–219, 226, 228, 231, 248 f., 253
Versicherung 337, 344–349
Vier-Reiche-Lehre 53, 56, 80, 135

Wachstum 27
Wahrheit 133

Wahrscheinlichkeit 336–343 f., 348–350
Warten 289–291
Weltende 27, 45, 47, 51, 61–65, 326
Weltzeit 30
Westfälischer Friede 311 f.
Wettervorhersage 306–308
Wiederholung 232–237, 240–247
Wirklichkeit 198–200
Wissen 19, 23, 109
Wunder 130

Zahlenmystik 51
Zeitattraktor 233
Zeithelix 233 f., 237
Zeitmaschine 32 f.
Zeitmessung 271, 273–275, 280, 283
Zeitpfeil 233
Zeitregime 39, 272, 292
Zeitschaft 39 f., 145, 162, 175 f., 179, 198, 200, 311, 319, 333, 349 f.
Zeitung 95, 122, 153–170, 175, 180, 192 f., 196
Zeitwissen 35, 37 f., 64 f., 88, 104, 122, 124, 145, 154, 169, 182, 196, 201, 211, 221, 223, 228, 236, 248, 254, 273, 280, 283, 290, 311, 313, 321, 347, 349
Zensur 262
Zeugenverhör 105–109
Zuchthaus (siehe Gefängnis)
Zufall 337
Zukunft 28, 57, 64 f., 69 f., 87, 101, 173–178, 190, 197, 201, 248 f., 253, 295, 299, 310–351

Personenregister

Alsted, Johann Heinrich 68
Altdorfer, Albrecht 102–104
Aristoteles 35
Augustinus 30, 50, 136 f.
Augustus 265

Bachtin, Michail 39
Bacon, Francis 141 f., 302, 328
Barbon, Nicholas 347
Barrett-Kriegel, Blandine 144
Bauer, Volker 123
Baxter, Richard 245
Becher, Johann Joachim 330
Bentley, Richard 184
Bernard, Richard 240 f.
Bernoulli, Jakob 337–339
Besold, Christoph 169
Blumenberg, Hans 61
Böhme, Jakob 74
Boileau, Nicolas 183
Boleyn, Anne 93
Bourdieu, Pierre 291
Brahe, Tycho 51
Brauser, Wolfgang 24
Breitenbach, Georg Friedrich 155
Breloch, Anton 307
Burke, Peter 78 f., 257
Burnet, Thomas 127–133

Calvin, Johannes 238
Canisius, Petrus 239

Carolus, Johann 155
Cellarius, Christoph 135
Cervantes, Miguel de 193 f., 268
Chapuzeau, Samuel 124
Chyträus, David 120
Collier, Edward 180
Comenius, Johann Amos 74, 324–329, 331
Cramer, Friedrich 233

Dee, John 269
Defoe, Daniel 192 f., 275–277, 330, 334 f.
Descartes, René 127, 143, 198
Dilbaum, Samuel 155
Dohrn-van Rossum, Gerhard 279
Donne, John 84
Drake, Francis 328
Duchesne, Albert 121
Durkheim, Emile 263
Dury, John 324–329, 331

Einhard 102
Elias, Norbert 35
Elisabeth I. von England 95, 269
Escudier, Alexandre 26
Esposito, Elena 172 f., 339

Fénelon 192
Fermat, Pierre de 336 f.
Fielding, Henry 192

Personenregister 443

Fontenelle, Bernard de 184, 188–191
Foxe, John 241
Francke, August Hermann 333 f.
Freund, Markus 24, 93, 116
Friedrich Barbarossa 102
Fritsch, Ahasver 165, 169 f.
Froelich, David 48

Galen 118
Galilei, Galileo 198, 281
Gartau, Jan von der 44
Gassendi, Pierre 186
Gatterer, Johann Christoph 136 f.
Gehring, Petra 177
Gleditsch, Johann Friedrich 162
Goffman, Erving 291
Gontaut, Charles de 94
Goodman, Godfrey 82 f.
Gracián, Baltasar 235
Graunt, John 340 f.
Greaves, John 270
Gregor XIII. (Papst) 265 f.
Gregorii, Johann Gottfried 124
Grenaille, François de 220
Grimmelshausen, Hans Jakob
 Christoffel 207–211
Gryphius, Andreas 55

Halley, Edmond 198
Hamberger, Georg Albrecht 308
Happel, Eberhard Werner 160 f.
Hartlib, Samuel 324–329, 331
Hartnack, Daniel 162
Heinrich III. von Frankreich 121
Heinrich IV. von Frankreich 94, 121
Heinrich VIII. von England 93
Herder, Johann Gottfried 136, 249
Herlitz, David 44
Hiebner, Israel 299–301

Hooke, Robert 281–283
Hozier, Charles-René d'
Hozier, Pierre d'
Huber, Moritz 43
Hübner, Johann 163
Hume, David 85
Hunold, Christian Friedrich 192
Huygens, Christian 281–283, 337

Israel, Menasseh ben 69 f.

Johannes von Salisbury 185
Julius Cäsar 264 f.

Kant, Immanuel 283
Karl der Große 102, 121
Katharina von Aragon 83
Keill, John 133
Kepler, Johannes 51, 198, 305
Kirch, Gottfried 251–253
Kircher, Athanasius 127
Kleinhans, Jacob 155
Kopernikus, Nikolaus 305
Koselleck, Reinhart 102, 249
Kubler, George 39
Kuhlmann, Quirinus 73–76, 310

La Fayette, Marie-Madeleine de la 192
Lancelotti, Secondo 186
Lauterbach, Hieronymus 95
Lehmann, Peter Ambrosius 124 f.
Leibniz, Gottfried Wilhelm 127, 198,
 305, 330, 348 f.
Leopold I. (deutscher Kaiser)
 259–261
Logau, Friedrich von 213
Lohenstein, Caspar von 216
Lucae, Friedrich 125
Ludewig, Johann Peter 159

Ludwig XIV. von Frankreich 122, 182, 221, 257–259, 310
Luhmann, Niklas 172, 331
Luther, Martin 48, 56, 79, 99, 238–241
Lydiat, Thomas 270
Lyszcynski, Kazimierz 139

Mabillon, Jean 143 f.
Machaut, Guillaume de 185
Map, Walter 185
Maria Theresia von Österreich 228
Martini, Martino 138
Mead, George Herbert 248
Mede, Joseph 67
Mehmet II. (osmanischer Sultan) 316
Mehmet VI. (osmanischer Sultan) 318
Meise, Helga 116
Melanchthon, Philipp 99 f.
Mennel, Jakob 121
Mercator, Gerhard 50
Montesquieu, Charles de Secondat 85–88
Morhof, Daniel Georg 216
Moscherosch, Johann Michael 216
Müntzer, Thomas 59
Mustafa, Kara 318

Napier, John 67
Nassehi, Armin 201
Newton, Isaac 133, 198, 283–288, 305

Otto von Freising 99

Padua, Marchetto di 185
Palmer, Herbert 244, 246
Pascal, Blaise 198, 336 f.
Pepys, Samuel 68
Perrault, Charles 183 f.
Peter I. von Russland 71

Petrus von Montecassino 102
Petty, William 340 f.
Potter, Francis 67
Preysing-Hohenaschau, Johann Maximilian IV. Emanuel von 9–14, 178, 350
Pym, John 327

Rahewin 102
Ray, John 127
Reimers, Nicolaus 51
Reusner Elias 50
Richardson, Samuel 192
Ridinger, Georg 267
Rudolf II. (deutscher Kaiser) 51

Sandl, Marcus 57
Scaliger, Joseph 50, 137
Schaller, Daniel 49 f.
Schaumburg-Lippe, Wilhelm von 306
Schedel, Hartmann 63
Schlözer, August Ludwig 136
Schottelius, Justus Georg 216
Schmidt, Samuel Heinrich 126
Schütze, Heinrich Carl 302
Seidel, Abraham 149
Selkirk, Alexander 193
Serrarius, Petrus 310
Serres, Michel 249
Shakespeare, William 268
Söhne, Julius Adolph 155
Sonnenfels, Joseph von 228
Sosigenes von Alexandrien 264
Spalatin, Georg 120
Spener, Philipp Jakob 313 f.
Spinoza, Baruch 198
Steno, Nikolaus 127
Stieler, Kaspar 162, 165–168
Stuart, Mary 95

Personenregister **445**

Sueton 102
Süßmilch, Johann Peter 341 f.
Swift, Jonathan 84, 184
Syme, John 241

Tassy, Charles-François Felix de 182
Temple, William 184

Ussher, James 52

Vauban, Sébastian Le Prestre de 341
Vieira, António 70
Vignolles, Alphonse de 50
Vitry, Philippe de 185
Vives, Luis 186
Voigt, Johann Heinrich 25

Weise, Christian 165, 168
Whiston, William 127
Wilhelm von Oranien 95
Wilhelm III. von England 129
Williams, John 327
Woodward, John 127
Wotton, William 184

Yersin, Alexandre 320

Zech, Bernhard von 125
Zesen, Philipp von 216
Zielcke, Andreas 27 f.
Zwi, Sabbatai 73 f., 310
Zwierlein, Cornel 345

Die Neue Geschichte
Eine Einführung in 16 Kapiteln
Herausgegeben von Ulinka Rublack Bethencourt
Aus dem Englischen von Michael Bayer und Dr. Oliver
Grasmück und Norbert Juraschitz und Elsbeth Ranke
728 Seiten. Gebunden

Die Zeiten, in denen für Historiker der westlich-europäische Weg das Maß aller Dinge war, sind vorbei. Auf der ganzen Welt arbeiten Historiker heute daran, Geschichte im globalen Kontext zu denken, zu verstehen, zu schreiben. In 16 Kapiteln – von Wirtschaft, über Macht, Gender und Kommunikation bis zu Umwelt, Religion und Gefühlen – legen international führende Gelehrte dar, welche Herausforderungen und Bereicherungen der Perspektivenwechsel für die Geschichtswissenschaften bereithält. Eine höchst anregende und abwechslungsreiche Einführung für alle, die sich im 21. Jahrhundert zeitgemäß mit Geschichte befassen wollen.

»Ausgezeichnete Autoren
stellen die interessantesten Entwicklungen
in der Geschichtswissenschaft der
letzten Jahrzehnte vor.«
Times Literary Supplement

Das gesamte Programm gibt es unter
www.fischerverlage.de